Clemens Renker

Relationship Marketing

Clemens Renker

Relationship Marketing

Konzepte – Erfolgsfaktoren – Umsetzung

Bibliografische Information Der Deutschen Bibliothek
Die Deutsche Bibliothek verzeichnet diese Publikation in der Deutschen Nationalbibliografie;
detaillierte bibliografische Daten sind im Internet über <http://dnb.ddb.de> abrufbar.

Lizenzausgabe des Werkes „Relationship Marketing im Firmenkundengeschäft" von Clemens Renker.

Copyright der Originalausgabe: © 2005 Deutscher Sparkassen Verlag GmbH

Lektorat: Ralph Kiss

1. Auflage August 2005

Alle Rechte vorbehalten
© Betriebswirtschaftlicher Verlag Dr. Th. Gabler/GWV Fachverlage GmbH, Wiesbaden 2005

Der Gabler Verlag ist ein Unternehmen von Springer Science+Business Media.
www.gabler.de

Das Werk einschließlich aller seiner Teile ist urheberrechtlich geschützt. Jede Verwertung außerhalb der engen Grenzen des Urheberrechtsgesetzes ist ohne Zustimmung des Verlags unzulässig und strafbar. Das gilt insbesondere für Vervielfältigungen, Übersetzungen, Mikroverfilmungen und die Einspeicherung und Verarbeitung in elektronischen Systemen.

Die Wiedergabe von Gebrauchsnamen, Handelsnamen, Warenbezeichnungen usw. in diesem Werk berechtigt auch ohne besondere Kennzeichnung nicht zu der Annahme, dass solche Namen im Sinne der Warenzeichen- und Markenschutz-Gesetzgebung als frei zu betrachten wären und daher von jedermann benutzt werden dürften.

Umschlaggestaltung: Nina Faber de.sign, Wiesbaden
Druck und buchbinderische Verarbeitung: Gebr. Knöller GmbH & Co. KG, Stuttgart
Gedruckt auf säurefreiem und chlorfrei gebleichtem Papier
Printed in Germany

ISBN 3-8349-0101-6

Inhaltsverzeichnis

Vorwort 9

1 Relationship Marketing – ein neues Paradigma im Bankmarketing? 11
1.1 Zukunft des Marketings? Die Zukunft ist Marketing im Firmenkundengeschäft! 11
1.2 Relaunch des Relationship Marketing im Firmenkundengeschäft .. 15
1.3 Wesen und Erfolgsfaktoren des integrativen Relationship-Marketing-Ansatzes im Firmenkundengeschäft 18

2 Schlüsselbegriffe des Relationship Marketing im Firmenkundengeschäft 23
2.1 Corporate Banking als spezielles Marketingproblem 23
2.1.1 Bankgeschäfte als Vertrauensgüter 23
2.1.2 Bankdienstleistungen aus der Sicht der Kreditinstitute 26
2.1.3 Lebenszyklusmodelle als interaktive Gestaltungsansätze 30
2.1.4 Bankdienstleistungen aus der Sicht der Firmenkunden 34
2.2 Profilierung durch Nettonutzen-Differenzierung 36
2.2.1 Wesen »echter« Wettbewerbsvorteile im Firmenkundengeschäft .. 36
2.2.2 Nachfrageentscheidende Bedürfnisse und Motive der Firmenkunden 39
2.2.3 Nutzenniveau als Grad der Firmenkundenzufriedenheit 44
2.2.4 Firmenkundenloyalität als Hort unterscheidender Stabilität 50
2.3 Wertgenerierung durch Rentabilität des Firmenkundengeschäftes . 56
2.3.1 Ertragsorientierung im Firmenkundengeschäft 56
2.3.2 Wertorientierte Kapital- und Ressourcenallokation 58
2.3.3 Firmenkundenwerte als nachhaltige Erlösquellen 60
2.3.4 Firmenkunden als risikobehaftete Kostentreiber 62
2.4 Der Firmenkundenbetreuer als interaktiver Erfolgstreiber 66
2.4.1 Vertrauen als kritischer Erfolgsfaktor im Relationship Marketing .. 66
2.4.2 Wettbewerbsvorteile durch integrierte Kundenbetreuerpersönlichkeit 69
2.4.3 Handlungskompetenz des Firmenkundenbetreuers nach Basel II .. 70
2.4.4 Integrativer Interakteur im One-to-One-Marketing 74
2.4.5 Führungsverhalten und Leistung der Firmenkundenbetreuer 77

3 Strategische Ausrichtung des Relationship Marketing im Firmenkundengeschäft 80
3.1 Problemfelder und Herausforderungen des Relationship Marketing in der Bankpraxis 80
3.1.1 Bankspezifische Erfolgshindernisse in der Praxis 80
3.1.2 Problematik genereller Widerstände gegenüber Veränderungen .. 83

3.2	Ebenen und ganzheitlicher Prozess der Entwicklung einer Firmenkundenkonzeption	84
3.2.1	Beteiligung aller betroffenen Akteure im Firmenkundengeschäft an der Konzeptionierung	84
3.2.2	Integratives Marketingmodell als Erfolgsparadigma	85
3.3	Sachlich-inhaltliche Schritte der Firmenkundenkonzeption als Teil der Gesamtbankkonzeption	89
3.3.1	Diagnose des Firmenkundengeschäftes	91
3.3.1.1	SWOT-Analyse zur Groborientierung	91
3.3.1.2	Potenzialorientierte Segmentierung des Firmenkundengeschäftes	93
3.3.1.3	Kooperative Evaluation der Firmenkundensegmente	96
3.3.2	Zielfindung im Firmenkundengeschäft	101
3.3.2.1	Rolle des Firmenkundengeschäftes in der Vision und Mission	101
3.3.2.2	Zielzusammenhänge im Firmenkundengeschäft	103
3.3.2.3	Zielkonzentration mit Balanced Scorecard	105
3.3.3	Selektion der Strategien im Firmenkundengeschäft	107
3.3.3.1	Strukturierung von Firmenkunden-Marketingstrategien	107
3.3.3.2	Bewertung Marketingstrategien im Firmenkundengeschäft	112
3.3.4	Relationshipgerechtes Bankmarketingmix	114
3.3.4.1	Individualisierbares Corporate Finance-Programm	115
3.3.4.2	Optionale multikanale und prozessuale Vertriebsstrukturen	127
3.3.4.3	Personalisierte Kommunikationsmaßnahmen	136
4	**Operative Umsetzung des Relationship Marketing im Firmenkundengeschäft**	**139**
4.1	Führungs- und Mitarbeiterverhalten als Treiber des Erfolges der Implementierung	139
4.1.1	Beiträge der Führung und Mitarbeiter zum Erfolg	139
4.1.2	Relationshipgerechtes Zusammenspiel von Führung und Mitarbeiter	141
4.2	Wettbewerbsvorteile durch relationshipgerechte Führungsfähigkeiten	146
4.2.1	Das Sachbearbeiter-/Führungsdilemma	147
4.2.2	Markante Führungseigenschaften für das Relationship Marketing	151
4.2.2.1	Selbstwert als Führungskraft	152
4.2.2.2	Grundpositionen in der Führung	158
4.2.2.3	Führungsmacht als Motivator	162
4.2.3	Grundlegende erfolgsfördernde Führungsverhaltensweisen	168
4.2.4	Speziell erfolgskonforme Führungsverhaltensweisen	173
4.2.4.1	Deckungsbeitragsförderndes Führen	173
4.2.4.2	Produktivitätssteigerndes Führen	174
4.2.4.3	Risikoaufwandminimierendes Führen	175
4.3	Wettbewerbsvorteile durch relationshiporientierte Firmenkundenbetreuer	176

4.3.1	Findung von Firmenkundenbetreuern	176
4.3.1.1	Bankkulturgerechte Personalauswahl	176
4.3.1.2	Sozialkompetenz vor Fachkompetenz?	177
4.3.2	Entfaltungsfelder für Firmenkundenbetreuer	178
4.4	Systematisierung des operativen Relationship-Marketing-Mix	184
4.5	Erfolgsorientiertes Vorgehen in den Phasen der Beziehungslebenszyklen zu Firmenkunden	187
4.5.1	Akquisition werthaltiger neuer Firmenkundenbeziehungen – Corporate Customer Recruitment Management	187
4.5.1.1	Das Akquisitionsdilemma	187
4.5.1.2	Vorbereitung der Nochnichtkundenakquisition	189
4.5.1.3	Ablauf der Firmenkundenakquisition	191
4.5.1.4	Erfolg und Erfolgsfaktoren in der Firmenkundenakquise	198
4.5.2	Stabilisierung und Immunisierung werthaltiger Firmenkundenbeziehungen gegenüber dem Wettbewerb Corporate Customer Retention Management	200
4.5.2.1	Ansätze und Modifizierung der Kundenloyalisierung	200
4.5.2.2	Identifikation werthaltiger Kunden zur Ressourcenkonzentration	201
4.5.2.3	Intensivierung der Verbundenheit	212
4.5.2.4	Extensivierung der Gebundenheit	220
4.5.2.5	Verwurzelung in den Wertschöpfungsnetzen der Firmenkunden	223
4.5.2.6	Value Extraction für werthaltige Bankdienstleistungen	223
4.5.2.7	Erfolgsfaktoren loyaler Firmenkundenverhältnisse	227
4.5.3	Reklamationsbehandlung zur Vitalisierung gefährdeter werthaltiger Firmenkundenbeziehungen – Corporate Customer Reclamation Management	228
4.5.3.1	Wesen, Arten und Risiken von Firmenkundenreklamationen	228
4.5.3.2	Die Firmenkundenreklamationen als Chance	234
4.5.3.3	Handlungsschritte des Reklamationsmanagements	237
4.5.3.4	Erfolgsfaktoren des Reklamationsmanagements	243
4.5.4	Rückgewinnung verlorener werthaltiger Firmenkundenbeziehungen – Corporate Customer Recovery Management	244
4.5.4.1	Abwanderung von Firmenkunden als Wertverlust und -chance	244
4.5.4.2	Erfolgsfaktoren der Rückgewinnung von Firmenkunden	250
4.5.4.3	Prozessschritte des Rückgewinnungsmanagements	252
4.5.4.4	Zentrale Treiber des Return on Recovery	259
5	**Controlling des Relationship Marketing als kritischer Implemetierungsnavigator**	**264**
5.1	Mit Controlling im Relationship Marketing vom Chaos zur Ordnung	264
5.1.1	Steuerung jenseits rechnerischer Wirkungskontrollen	264
5.1.2	Controlling als permanentes Hinterfragen des Marketings	266
5.2	Ansätze und Abläufe im Controlling des Relationship Marketing	267
5.2.1	Vernetztes Self-Controlling versus Supercontroller	267

5.2.2	Sachlich-inhaltliches Controlling	268
5.2.3	Strukturen des projektierten Controllings	270
5.2.4	Informierender Dialog als Kern der psychosozialen Controllingebene	272

Literatur/Quellenverweise 274

Autor 278

Anlage 279

Vorwort

*»Geschäftsbeziehungen schaden nur dem,
der keine hat...«*

Etwa 75 Prozent der ca. 3,3 Millionen Unternehmen und Selbstständigen führen laut einer Studie des Deutschen Sparkassen- und Giroverbandes (2004) ein Konto bei einer Sparkasse oder Landesbank. Nahezu die Hälfte der unternehmerischen Organisationen nennen eine Sparkasse als ihre Hauptbankverbindung. Dennoch könnten die Erträge bei konsequenter Umsetzung von systematischem Relationship Marketing verdoppelt werden.

Seit mehr als zwei Jahrzehnten suchen mehr oder weniger alle Kreditinstitute, den von den tönenden Medienberichten getriebenen Krisenstimmungen, Wandlungsnotwendigkeiten und Geschäftsmodellwechseln mit immer neuen Managementmoden und rezeptologischen Patentlösungen – neuerdings »The Six Sigma Way« – zu begegnen. Der zusätzliche Erkenntniswert ist meist gering oder auch null, in vielen Fällen sogar unsinnig und irreführend. Auch die in den letzten Jahren ansteigende Flut an Publikationen nach mehr Kundennähe – ob unter den Titeln Customer Relationship Management, Clienting, Management von Geschäftsbeziehungen oder Kundenbindungsmanagement – sind für den erfahrenen Banker mit »*gesundem Menschenverstand*« mehr Bestätigung dessen, was er ohnehin schon so sieht. Das Problem besteht mehr darin, Relationship Marketing als Erfolgstreiber auch konsequent umzusetzen.

Wenn nun gerade im Firmenkundengeschäft in den letzten Jahren von einer Wertvernichtung gesprochen wird, weil bei relativ niedrigen Zinsmargen, rigiden Kostenstrukturen bzw. unbefriedigender Produktivität die Betriebsergebnisse im Firmenkundengeschäft noch durch eintretende Kredit- und Marktrisiken oder operationelle Risiken (Risiken aus dem technisch-organisatorischen Betriebsbereich) wie fehlerhafte Geschäftsabwicklung, Systemfehler und menschliches Fehlverhalten aufgesogen werden, so rührt das daher, dass sich betroffene Kreditinstitute zu wenig oder gar nicht auf die grundlegenden Erfolgsfaktoren im Firmenkundengeschäft konzentriert haben. Vielmehr findet man in diesen Häusern eine Inflation an Aktionismen, Projektfluten, Strategiewechseln. Dies irritiert letztlich Firmenkundenbetreuer und selbst die Firmenkunden. Tatsächlich fahren im Firmenkundengeschäft ca. 90 Prozent aller Kreditinstitute – das bestätigen auch alle Praktiker und Führungskräfte in Coachings, Seminaren und Vorträgen – ohne effektiven ganzheitlichen Fahrplan. Die Qualität des Fahrstils weist teilweise noch erhebliche Mängel auf.

Das vorliegende Buch will Zusammenhänge aus verschiedenen Sichtweisen beleuchten und eine Orientierung für die eigene, individuell und situativ wirkungsvolle Firmenkundenkonzeption geben. Die Kenntnisse der Techniken des Bankgeschäftes einschließlich des Risikomanagements mit Firmenkunden werden dabei vorausgesetzt.

Erfolgsfaktorenanalytische Interviews haben den in dieser Publikation vorgeschlagenen Weg in den vergangenen 20 Jahren nicht widerlegen können. Drei langfristig, ganzheitlich umgesetzte Firmenkundenkonzepte in unterschiedlichen Unternehmenstypen zeigten außerordentlich bedeutsame Erfolge und Auszeichnungen.

Da die meisten Kreditinstitute trotz allen vorhandenen Wissens nicht in der Lage sind, dies konsequent umzusetzen, ist es bereits durch marginale Realisierungen möglich, merkbar Wettbewerbsvorteile, Markt- und Finanzerfolge im Firmenkundengeschäft zu generieren, indem

- die Relationship-Marketing-Philosophie verstanden und bewusst gelebt wird,
- die Schlüsselbegriffe des Relationship Marketing im Firmenkundengeschäft wie die Nettonutzen-Differenzierung (werthaltige loyale Firmenkundenbeziehungen durch *»komparative Konkurrenzvorteile«*), die Eckpfeiler der Rentabilisierung (intelligentes Pricing, effiziente Durchlaufprozesse, Null-Fehler-Qualitätsorientierung) und die zentrale Rolle des Firmenkundenbetreuers internalisiert werden,
- ein konsistenter, interaktiv und kooperativ entwickelter *»Fahrplan«* (Firmenkundenkonzeption) für die individuelle Situation des Kreditinstitutes entwickelt wird,
- die Führung im Tagesgeschäft wesentlich die operative Umsetzung des Relationship Marketing voransteuert,
- die Firmenkundenbetreuung Nettonutzen generieren kann und über die begründete Kapitaldienstfähigkeit bzw. sonstige Bankdienstleistungsfähigkeit Zins- und Provisionserlöse bei Realisierung bankbetrieblichen Risikomanagements wirtschaftlich abgreift.

Noch einmal: Es nutzt nichts, neuen Consultingmoden hinterherzulaufen. Die effiziente Realisierung der Risiko-, Losgrößen- und Fristentransformation bei zufrieden stellender Gestaltung der Geschäftsbeziehung durch Lösung der Probleme von Unternehmen war und bleibt die zentrale Rechtfertigung für das Firmenkundengeschäft.

Aber gerade Basel II und die Ratingfragen sind hervorragende Möglichkeiten, um als Auslöser für eine grundlegende Revision oder Neuorientierung im Firmenkundengeschäft zu dienen.

1 Relationship Marketing – ein neues Paradigma im Bankmarketing?

1.1 Zukunft des Marketings?
Die Zukunft ist Marketing im Firmenkundengeschäft!

... so kann der immer noch provokante Titel einer Beilage der Süddeutschen Zeitung, W&V, Media und Marketing und der Kontakter zum Deutschen Marketingtag 1999 modifiziert werden. Kaum ein Begriff ist so schnell zum Schlüssel der Welt geworden, hat sich so rasant in allen Bereichen wirtschaftlichen, gesellschaftlichen, politischen, kulturellen und sozialen Lebens ausgebreitet wie Marketing. Kein Begriff ist auch so stark strapaziert wie das Phänomen Marketing. Auch Vorurteile und Illusionen, scharfe Kritik wie »*No Logo*« von Naomi Klein oder »*Die geheimen Verführer*« von Vance Packard bescheren Marketing dennoch nur eines: Aufmerksamkeit. Der Ästhetik- und Medienwissenschaftler Norbert Bolz stellt daher fest: »*Jenseits des Marketings gibt es nichts mehr.*«

Von daher ist es unmöglich, »*Nichtmarketing*« zu machen. Die Fragen sind lediglich, wie tief und ganzheitlich wird die Philosophie des Marketings verstanden, wie effektiv und effizient wird Marketing praktiziert und konsequent implementiert, wie ethisch und verantwortungsvoll reflektiert, damit nachhaltig Werte für die Stakeholder – ob als Nettonutzen für die Kunden, Umsatzquelle für Lieferanten, Profitabilität für Absatzmittler, Löhne/Gehälter für Mitarbeiter, Gewinne für Unternehmen und Eigenkapitalgeber, Steuerzahlungen für den Staat oder Zinsen für Fremdkapitalgeber – generiert werden. Oder ob Marketing lediglich der Manipulation und Effekthascherei dient.

Mehr als 20 Jahre eigene Fach- und Führungserfahrung in Industrie, Handel und Bankensektor offenbarten, dass zwar die von McCarthy initiierten 4 Ps und deren von Philip Kotler weltweit propagierte Systematik der Marketinginstrumente »*Product, Price, Place, Promotion*« verbunden mit den marketingwissenschaftlichen Systematisierungen von Heribert Meffert von der Universität Münster in aller Munde sind. Dennoch steckt die systematische Marketingimplementierung in allen Wirtschaftssektoren noch in den Kinderschuhen. Deshalb gilt es vorab, vier gravierende Fehlannahmen über die praktizierten 4 Ps im Marketing auszuräumen. Marketing ist nicht:

- »*Wenn man den Hühnern die Füße breit klopft... und sie als Enten verkauft.*«
  Dahinter steht die Annahme, dass Marketing eine Abteilung ist, die Produkte entwickelt und in den Markt drückt. Produktmanagement ist ein Teil des Marketings, aber Marketing ist nicht Produktmanagement und ist auch viel zu wichtig, um es allein einer Marketingabteilung zu überlassen.
- »*Marketing ist die Schlitzohrigkeit, Leuten Dinge anzudrehen, die sie nicht brauchen, aber mit Geld bezahlen, das sie nicht haben, um Leuten zu imponieren, die sie nicht mögen!*«

Natürlich sind Verkauf und Vertrieb eine Funktion des Marketings. Aber Marketing ist nicht Verkauf. Vertrieb ist lediglich ein Diener, der identifizierte Problemlösungen in der Absatzstrecke generiert. Marketing ist dann gut, wenn Produkte gekauft und nicht verkauft werden müssen. Schon Peter F. Drucker war der Meinung: »*Marketing verfolgt das Ziel, das Verkaufen überflüssig zu machen.*«

- »*Es gibt nichts auf der Welt, das sich nicht ein wenig schlechter (der Autor: überflüssiger, an den Bedürfnissen vorbei) herstellen ließe, um dann ein wenig billiger verkauft zu werden. Aber die, die ausschließlich auf den Preis setzen, sind die zu Recht Bestraften (der Autor: ruinieren zu Recht die Unternehmen).*«

So urteilte bereits im 19. Jahrhundert der englische Kunstkritiker John Ruskin über eine in allen Branchen vorherrschende Praxis, Preissenkung mit Marketing zu verwechseln. Menschen kaufen keine Preise, aber auch keine Produkte allein. Sie suchen Problemlösungen und Nettonutzen als positive Differenz von Nutzen und Preis einschließlich Transaktionskosten. Preis und Konditionen sind ein beliebtes und simples Instrument, das bei laxer Handhabung sehr scharf den Unternehmenserfolg beschneiden kann. Und der Preis ist nur ein Teil des Nettonutzens.

- »*Enten legen ihre Eier in aller Stille. Hühner gackern dabei wie verrückt. Was ist die Folge? Alle Welt isst Hühnereier!*«

So die Einschätzung von Henry Ford. Werbung, Verkaufsförderung und Öffentlichkeitsarbeit sind Kommunikationsinstrumente, aber nicht Marketing. Nicht umsonst behauptet Herbert Werler, die Werbung sei ein Millionengrab. Dies gilt insbesondere dann, wenn neue Angebote nicht auf ein ungestilltes Bedürfnis treffen und Nettonutzen stiften. Deshalb sind zufriedene Kunden das Unglück der Werbung. Selbst auffallende Werbung ist noch keine erfolgreiche Werbung im ökonomischen Sinn.

Die häufig zu Tage tretende mangelnde Kompetenz im praktizierten Marketing und damit einhergehende mangelnde Akzeptanz bewirken in der Regel Rechtfertigungs- und Legitimationszwänge des Marketings in Verbindung mit publizistisch vorangetriebenen Modewellen der Marketingbegrifflichkeiten von Mega- bis Turbo- und Lean-Marketing. Dann stellt sich schon die Frage, was Marketing ist und welche Faktoren seine Zukunftsfähigkeit rechtfertigen. Antworten dazu geben Marketingsichtweisen wie die von Klaus Backhaus: »*Marketing ist die Generierung und Abschöpfung von Zahlungsbereitschaften*« oder von Philip Kotler: »*Marketing ist die Kunst, Marktchancen aufzuspüren, zu entwickeln und die Chancen gewinnbringend zu nutzen.*« Wenn Ausgangspunkt jeder unternehmerischen Existenzberechtigung die Identifikation, Segmentierung und Evaluation wichtiger und relativ unbefriedigter Bedürfnisse (= wirksame Mängel) als Chancen für unternehmerische Wertschöpfung darstellen, dann bedeutet Marketing den Ausgangspunkt und das Ziel jeglicher schöpferischen Tätigkeit. Kreativ und schöpferisch ist auch die Marketingwissenschaft auf der Suche nach Ansätzen, Denkrichtungen und Lösungsmustern für akut anstehende Herausforderungen von Unternehmen. Im angelsächsischen und deutschsprachigen Raum besteht in Theorie und Praxis Einigkeit über den Managementanspruch des Marketings und die Notwendigkeit der Realisierung der Grundprinzipien einer marktorientierten Unternehmensführung zur Sicherung der Existenz im Wettbewerb.

- Marketing als Maxime:
   Alle unternehmerischen Entscheidungen und Maßnahmen werden auf der Grundlage von durch Marketingforschung gewonnenen Informationen über den Markt, die Konkurrenz, das Verhalten der Abnehmer, den Einflüssen weiterer möglicher interner und externer Anspruchsgruppen (Stakeholder) konsequent auf die Lösung der Bedürfnisse und Probleme der Kunden im Sinne von Nutzenstiftung ausgerichtet.
- Marketing als Mittel:
   Optimal aufeinander abgestimmte marktbeeinflussende Instrumente (Marketingmix) werden zur Gestaltung von ökonomischen Transaktionen mit möglichst hoher Wirkung, effizient und koordiniert eingesetzt, um Präferenzen und Wettbewerbsvorteile zur Überwindung möglicher Widerstände zwischen Angebot und Nachfrage zu schaffen.
- Marketing als Methode:
   Aus der Vielzahl der Managementtechniken werden situativ und individuell diejenigen eingesetzt, die helfen, zielgerichtet, planvoll und systematisch fundierte Entscheidungen herbeizuführen und durch geeignete Controllinginstrumente deren Umsetzung auf dem gewünschten Kurs zu halten.

Seit Beginn der 90er-Jahre des vergangenen Jahrhunderts erweiterte sich die Betrachtung über die einzelnen Transaktionen hinaus auf die Initiierung, Gestaltung und Erhaltung langfristiger Geschäftsbeziehungen, auf die Generierung und Steuerung von Wertschöpfungsprozessen und der ethischen Reflektion von Marketinghandlungen.

Dazu passend definiert heute (2004) die American Marketing Association (AMA) neu: *»Marketing is an organizational function and a set of processes for creating, communication and delivering value to customers and managing customer relationships in ways that benefit the organisation and its stakeholders.«*

Für das Bankmarketing im Firmenkundengeschäft kann folgende Definition operationalisiert und spezifiziert werden:

»Firmenkundenmarketing ist der systematische und bankintern interaktive Prozess der Planung, Koordination, konsequenten Implementierung und Steuerung (Controlling) aller firmenkunden- bzw. marktorientierten, wertschöpfenden und werthaltigen bankbetrieblichen Aktivitäten wie
- *die Entwicklung und Erstellung von Ideen, Bankdienstleistungen und Services mit den dazugehörigen, die Zahlungsbereitschaft abgreifenden, rendite- und risikoadjustierten Preisen und Konditionen (Angebotspolitik), deren Vertrieb und Verkauf (Vertriebspolitik) und die firmenkundenaktivierende Werbung, Öffent-*

lichkeitsarbeit und Verkaufsförderung (Kommunikationspolitik) sowie über die Fokussierung auf die einzelnen Transaktionen mit Firmenkunden hinausgehend,
- *die individuell vertrauensbegründende Gestaltung und loyale Erhaltung langfristig werthaltiger Geschäftsbeziehungen über den Bedarfslebenszyklus und Beziehungslebenszyklus des Firmenkunden hinweg, um darüber durch effiziente und wahrnehmbar, möglichst dauerhaft vorteilhaftere – als der Wettbewerb – Lösungen wichtiger Probleme die eigenen Bankvisionen, -ansprüche und -ziele zu realisieren.«*

Dieses heutige umfassende Marketingverständnis ist vor dem Hintergrund einzelner Fokussierungen aufgrund der Marktanforderungen in einzelnen Entwicklungsphasen zu sehen (nach Heribert Meffert). So lag in den westlichen Ländern bei der Verteilungswirtschaft der 50er-Jahre die Produkt- und Verkaufsorientierung im Marketing im Zentrum der Überlegungen.

In den 60er-Jahren war durch den beginnenden Wandel vom Verkäufer- zum Käufermarkt das endkäufergerichtete Marketing mit seinen Instrumenten »Product, Price, Promotion, Place (= 4 Ps)« vorherrschend in der Diskussion.

In den 70er-Jahren wurde die Bedeutung des Handels als Absatzmittler immer wichtiger, sodass vertikales Marketing an Bedeutung gewann.

In den 80er-Jahren trat infolge des Verdrängungswettbewerbes auf sich zunehmend sättigenden Märkten das strategische Marketing stärker in den Fokus.

Und in den 90er-Jahren waren einerseits die Ökologie und Gesellschaftsorientierung stärker im Blickpunkt, und andererseits war das auch der Beginn einer konzeptionellen Marktbearbeitung durch die Unternehmensführung.

Für das erste Jahrzehnt des neuen Jahrtausends zeichnen sich individualisiertes Relationship Marketing, interaktives Marketing in vernetzten Wertschöpfungsräumen unter Einbezug des Ressourcenansatzes (resourced based view/capabilities based view/knowledged based view) als vorherrschende Themen ab.

Die Kreditinstitute haben seit jeher Marketing betrieben, insbesondere wenn man auf die Kriterien des Einsatzes der Marketinginstrumente abstellt. Andererseits wird es keine Branche geben, die so eng wie der Bankensektor mit allen wirtschaftlichen, gesellschaftlichen und sozialen Ereignissen fundamental verwoben ist. Insofern treffen auch die genannten Entwicklungsstufen des Marketings, spezifiziert noch durch verschiedene Liberalisierungssprünge auf den Bankenmärkten, auch für den finanzwirtschaftlichen Sektor zu. Die Zeitspannen für einzelne Realisierungsphasen von entsprechenden Anspruchsspektren des Marketings differieren dabei je nach strategischem Geschäftsfeld und zwischen den verschiedenen Bankengruppierungen.

Wie in den anderen Branchen gilt auch für das Bankensystem, dass sich die Marketingsicht von einer mehr operativen Beeinflussungstechnik durch den transaktionsorientierten Marketingmix immer stärker hin zu einer funktionsübergreifenden, integrierten Interpretation als marktorientierte Bankführungskonzeption entwickelt.

Angesichts der Herausforderungen, vor der die Bankenlandschaft weltweit steht, kann die Quintessenz der Aussage führender DAX–Vorstände, der zufolge Marketing die »*Königsdisziplin der Betriebswirtschaftslehre*« ist, besonders heute für die Kreditinstitute gefordert werden.

Damit ist aber noch nicht beantwortet, in welcher Phase des Marketingdenkens sich das einzelne Kreditinstitut befindet. Es ist auch noch nicht geklärt, inwieweit die Marketingphilosophie in der Bankunternehmenskultur internalisiert ist. Und es ist damit noch nicht beantwortet, in welchem Grad und in welcher Qualität der Umsetzung sich das institutspezifische Bankmarketing befindet.

Da insbesondere der integrative Marketingansatz (Renker, C. 1989, 1997, 2001) die Erlös- und Kostenverhältnisse im Blick behält und kalkulierte Risiken zur stakeholdergerechten Wertschöpfung eingeht, lautet die Zukunft auch im Firmenkundengeschäft der Kreditinstitute »*Marketing*«. Integrativ marketinggetriebenes Firmenkundengeschäft ist ein Wertgenerator, ein Werttreiber für Banken. »*Creating Value*« durch Marketing ist mehr als »*Kundenorientiertes Corporate Banking*«, mehr als wertiger Marketingmix: es ist »*Mehrwert*« für Bank, Firmenkunden und alle Betroffenen, am Wertschöpfungsprozess Beteiligten.

1.2 Relaunch des Relationship Marketing im Firmenkundengeschäft

Das Motto des Deutschen Marketingtages 1996 »*Relationship Marketing. Beziehungen und Kompetenz erfolgreich in Szene setzen*«, lenkte erstmals das Augenmerk auf das Thema. Und die Absatzwirtschaft fragt, warum ist Relationship Marketing urplötzlich seit einigen Jahren im Blickfeld von Wissenschaft und Unternehmen? Was treibt die Manager an, den Stellenwert von Netzwerken, Transaktionen und Geschäftsbeziehungen zu überdenken, neu zu bewerten und aktiver denn je in ihren Wertschöpfungsprozess einzubeziehen? Mit der Kritik der klassischen Theorieansätze des Marketings, die strategisches Marketing als auch die Instrumente des operativen Marketings (4 Ps), – also das transaktionsorientierte Beeinflussungsmarketing – in den Mittelpunkt stellte, wird auch die These gewagt »*Marketing beginnt erst jetzt*«. Und es wird von einem Paradigma-Wechsel im Fachgebiet gesprochen. Das vorwiegend transaktionsorientierte Marketing sei manipulativ und trage zu wenig der Kernphilosophie des Marketings, nämlich der Orientierung an den Kundenbedürfnissen und der langfristigen Gestaltung von Kundenbeziehungen, Rechnung. Zudem wiesen Anfang der 90er-Jahre Reichheld, F.F. und Sasser, W.W. (Zero-Migration, 1991) auf die immense Bedeutung der Kundenbindung für den Unternehmenserfolg hin. Das Relationship Marketing stelle ein neues Paradigma dar (Grönroos, C., 1994), das eine Abkehr von den bisher gepflegten instrumentellen, eher auf kurzfristigen Erfolg ausgerichteten Einkanalbetrachtungen fordert und die Konzentration auf eine prozessuale, integrative, dynamische und individuelle Sichtweise von Austauschbeziehungen (Interaktionen) legt.

Immer wieder zwingen abrupte Veränderungen der Rahmendaten des Wirtschaftens, veränderte Verhaltensweisen am Markt, überraschende Erkenntnisse oder gesammelte Erfahrungswerte dazu, die Sachverhalte und deren Lösungskonzepte mehr oder weniger neu zu überdenken. Werden die grundlegenden, allgemein erkannten Programme von wissenschaftlichen Theorien in ihren Grundmauern eingerissen, so spricht man von einem Paradigma-Wechsel. Den Begriff Paradigma hat im Jahre 1962 der amerikanische Wissenschaftshistoriker Thomas Kuhn eingeführt. Dieser wollte zeigen, dass das Vorankommen in der Wissenschaft und folglich auch in der Praxis nicht nur mit der Logik einzelner Forschungsschritte (Determinismus) bzw. durch Widerlegung von Erfahrungen (Falsifizierungen) vorangetrieben wird, sondern auch durch Revolutionen, Verdrängung durch andere Theorien oder radikale Umbrüche. Forderungen nach einem Paradigma-Wechsel in einer Wissenschaftsdisziplin werden auch dann immer besonders deutlich, wenn die vorherrschenden Problemlösungsmuster eines Faches bzw. die akzeptierten wissenschaftlichen Leitideen, wie hier das Transaktionsmarketing, als nicht mehr zufrieden stellend für die Erklärung und Gestaltung der Wirklichkeit in der Wirtschaft erachtet werden. Paradigmen bilden dann den Rahmen für ein neues Weltbild. Sie wirken verhaltensregulativ. Die alten Bilder bzw. Handlungsanweisungen rutschen dann gewissermaßen aus dem Rahmen. Für Peter Fischer ist ein Paradigma ein Brett, das alle vor dem Kopf haben. Demzufolge gehen Wissenschaftler häufig mit gleichen Voraussetzungen an die Arbeit: mit Annahmen, die keiner mehr hinterfragt. Wenn dann irgendwann doch einer auf grundlegend Neues stößt und wenn seine Idee – wie bei Darwins Evolutionstheorie oder Einsteins Relativitätstheorie – so überzeugend ist, dass damit weitergearbeitet wird, dann ist der Paradigma-Wechsel vollzogen.

Der deutsche Nestor der Marketingwissenschaft, Heribert Meffert, vergleicht für das Fach Marketing Paradigmen mit Scheinwerfern, welche die Marketingarena zweckmäßig ausleuchten sollen.

Nach Thomas Kuhn lösen »*wissenschaftliche Krisen*« neues Denken aus. Dies sei ihm zufolge immer dann gegeben, wenn sich Beobachtungen häufen, die mit bestehenden Theorien nicht mehr erklärbar sind. Inwieweit die Ansicht des Paradigmen-Wechsels überhaupt in der Wissenschaft allgemein gültig haltbar ist und insbesondere inwieweit im Marketing echte Paradigmen-Wechsel stattfinden, ist umstritten. Dennoch spricht man allgemein von Paradigmen und von Entwicklungslinien im Fortschreiten der Marketingdisziplin.

Ob und inwieweit nun die Kernidee des Relationship Marketing mit den Phasen Akquisition (Recruitment), Bindung (Retention), Reklamation (Reclamation/Complaint) und Rückgewinnung abgewanderter Kunden (Recovery) in ihren Ausgestaltungsformen des Interaktions- bzw. Beziehungsmarketings, Database- und Netzwerkmarketing tatsächlich einen Paradigma-Wechsel – insbesondere im Firmenkundengeschäft der Banken – darstellen, kann mit Blick in die Literatur und langjähriger Praxiserfahrung angezweifelt werden. So seien nur beispielhaft erwähnt das »*Customer Relationship-Konzept*« von

Hodgman, D.R. (Illinois 1963), der Beitrag von Süchting, J. zur Frage der Bankloyalität als Grundlage zum Verständnis der Absatzbeziehungen von Kreditinstituten (Kredit & Kapital, 1972), die Implementierungskonzepte der Primärbetreuerphilosophie im Firmenkundengeschäft in der Bayerischen Landesbank (Doranth, M./Hölzl, F./Renker, C., 1981) oder in Sparkassen (Renker, 1983, 1985, 1989) sowie die Ausführungen von Juncker, K. (Innovationen im Kreditmanagement, Frankfurt 1985), der bereits Relationship-Management im Kern als ein Marketingproblem definiert und den Firmenkundenbetreuer als Manager der Beziehung zwischen Unternehmenskunde und Bank definiert. Und der langjährige Vorsitzende des Vorstandes und Aufsichtsrats der Deutschen Bank, W. Gut, sagte bereits 1984 in einem Vortrag in London: »*To survive and prosper in an atmosphere of unrestricted and vigorous competition, companies, be they industrial cooperations or banks, must constantly adapt to their customers' changing needs.*«

»*Banking is Relationship. And Corporate Banking is Relationship Marketing pure*«(Clemens Renker, Vortrag Universität Würzburg, 1984).

Der Relationship Marketer im Firmenkundengeschäft ist der Steuermann einer kundenzufriedenheitsorientierten (nutzengenerierenden), profitablen und risikoadjustierten, konkurrenzdifferenzierenden und -immunisierenden Firmenkundenbeziehung.

Relationship Marketing im Firmenkundengeschäft ist in der Idee nicht neu. Es fasst lediglich bereits existierende Modelle und Theorien zusammen und integriert verschiedene Paradigmen des Marketings – ob sie nun neoklassischer Art, neoinstitutioneller Art oder behavioristischer Art sind.

Es ist nicht nötig, die Relationship-Marketing-Philosophie für das Firmenkundengeschäft vollkommen neu zu erfinden. Sondern es gilt vielmehr, sie immer wieder neu ins Bewusstsein der Banken und deren Mitarbeiter zu bringen.

Engpässe bestehen in der bankindividuellen und situationsgerechten Entwicklung und Implementierung von Relationship-Marketing-Konzeptionen im Firmenkundengeschäft, die weit über den Fokus Beziehungspflege des Relationship Banking herkömmlicher Art hinausreichen.

Mehr oder weniger mangelt es in den einzelnen Bankunternehmen an
- einem systematisch entwickelten und konsistenten Rahmenplan für Relationship Marketing im Firmenkundengeschäft,
- Verständnis für die logische Kausalität von Ursache-/Wirkungs-Beziehungen zwischen Marketingzielen, Strukturen und Maßnahmen zur Gestaltung ertragreicher Kundenbeziehungen,
- einer bankunternehmensphilosophisch begründeten Unternehmenskultur für das Firmenkundengeschäft,
- einer Brücke von Vision und Strategien im Firmenkundengeschäft zu den Maßnahmen bzw. den strategischen Aktionen, der koordinierten Optimierung der wertschöpfenden Prozessketten und Stufen, d.h. der Ablauf- und Aufbauorganisationsstrukturen im Firmenkundengeschäft,

- der gezielten Ausschöpfung interner Leistungspotenziale und externer Marktpotenziale,
- wertschöpfenden marketingorientierten Führungsverhaltensweisen,
- aktiver Vertriebsorientierung,
- Empathie in der Firmenkundenbetreuung,
- Abbau passiven nichtproblemlösungsgerechten Verhaltens in der Bank gegenüber Firmenkunden hin zur aktiven Problem- und Bedürfnislösungsorientierung,
- einer risiko-/chancenauslotenden, deckungsbeitragsbefriedigenden, wachstums-, cross buying- und referenzbildenden, individuellen Begleitung von Unternehmen in deren Unternehmenszyklus.

1.3 Wesen und Erfolgsfaktoren des integrativen Relationship-Marketing-Ansatzes im Firmenkundengeschäft

Mag in den Konsumgütermärkten eine Art Paradigma-Wechsel von einem vorherrschenden »*inside-out*«-orientierten, klassischen Transaktionsmarketing, bei dem der Anbieter durch den Einsatz der 4 Ps sein Angebot zu vermarkten sucht, hin zu einem »*outside-in*«orientierten Relationship Marketing stattfinden, bei dem die langfristige ganzheitliche Kundenbeziehung im Fokus der Betrachtung steht. Im Dienstleistungs- aber auch im Investitionsgütermarketing (siehe Backhaus, K., 1997) war diese Idee aber schon seit langem grundsätzlich vorhanden, und eine erfolgreiche Geschäftspolitik wäre ohne deren Realisierung nicht möglich. Es fehlten zwar explizite Publikationen, aber eine individuelle praktische Umsetzung der »*4P*«-Instrumente (Product, Price, Place, Promotion) nach den Phasen des Kundenbeziehungszyklus bzw. den »*4R*«-Kriterien (Recruitment, Retention, Reclamation/Complaint, Recovery) fand in der Praxis in Form natürlicher Präferenzstrategien statt.

Die hier im Folgenden weiter ausgebreitete Philosophie eines integrativen Relationship-Marketing-Ansatzes wurzelt im traditionellen Relationship Banking im Firmenkundengeschäft und subsumiert problemlösungsgerecht hier nicht näher erläuterte Kenntnisse aus der Nutzen- und Gewinntheorie, Informationsökonomik, des Transaktionskostenansatzes, des Principal-Agentansatzes sowie sozialpsychologischer Erklärungsansätze wie Induktions- und Netzwerktheorien, Austausch- und vor allem der Durchdringungstheorien und schließlich auch Erkenntnisse aus den Lern-, Risiko- und Dissonanztheorien. Erkenntnisse aus der humanistisch geprägten Transaktionsanalyse und Gestalttherapie bilden das kommunikative Problemlösungsfundament.

Vor diesem Hintergrund ist das **Wesen des integrativen Relationship Marketing** im Firmenkundengeschäft die laufende kompetente Gestaltung ökonomisch und psychosozial wertschöpfender, interaktiver und partnerschaftlicher Prozesse in der Anbahnung, Stabilisierung, Intensivierung/Steigerung und Wiederaufnahme von nachhaltig wertigen Geschäftsbeziehungen mit

Unternehmen und Selbstständigen durch Konzentration auf deren situativ und individuell relativ wichtigen Bedürfnisse, Probleme bzw. Reklamationen im Kontext derer Marktbeziehungen und deren – unter Beachtung von zumutbaren und verantwortbar löslichen Stakeholder-Ansprüchen – systematisch entwickelte und konsequent implementierte, wahrnehmbar und nachhaltig bessere Befriedigung bzw. Lösung als der Wettbewerb unter Erfüllung der eigenen Rentabilitäts- und Sicherheitsansprüche.

Auf der Grundlage eines sich gegenseitig aufeinander Verlassenkönnens (»*Loyalty-Effect*«) werden gegenseitige Nutzenpotenziale geschaffen und ausgeschöpft (»*Win-Win-Situation*«). Die Philosophie dieses externen (outside-in) Relationship Marketing gilt auch übersetzt für bankinterne Beziehungen: den Verhältnissen in der Zusammenarbeit zwischen Führung und allen Akteuren im Firmenkundengeschäft.

Um diese Definition in der Praxis mit Leben zu erfüllen, gibt es zahlreiche Erfolgsmethoden und empfohlene Patentrezepte. Zudem gibt es im Schrifttum heute eine Vielfalt von so genannten Erfolgsfaktoren, also jenen Einflussgrößen, die den Erfolg im Firmenkundengeschäft verursachen sollen. Gerade aber die zentralen Merkmale der heutigen betrieblichen, volkswirtschaftlichen und gesellschaftlichen Verhältnisse weltweit – wie »*Komplexität*«, »*Dynamisierung*«, »*Individualisierung*« und »*Kontingenz*« –, innerhalb derer sich das Firmenkundengeschäft vollzieht, schließen schematische Rezepte aus.

Auch im einzelnen Finanzgeschäft mit Firmenkunden reichen die deterministischen Analysen zur Risikosteuerung, deren zufolge basierend auf Jahresabschlussanalysen, neuronalen Netzen und sonstigen unternehmerischen Kennzahlen zukünftiges Geschehen kausal vorberechnet werden soll, nicht mehr aus. Unternehmen sind nichtlineare soziale Systeme, die sich innerhalb selbstorganisierender Volks- und Weltwirtschaften wiederum selbst organisieren (Autopoiesis). Zwischen dem Grad der Intervention des Firmenkundenbetreuers auf das Unternehmensmanagement und der Wirkung besteht kein linearer Zusammenhang im Sinne von linearen Regressionsfunktionen. Allenfalls im Sinne von Korrelationen und/oder vernetzten Kausalitäten.

Alle Entscheidungen und Handlungen im Firmenkundengeschäft finden stets unter »*Unsicherheit*« bzw. des Risikos im weiteren Sinne statt. Diese Art von Unsicherheit beinhaltet unberechenbare Ungewissheit, Unwahrheiten und andererseits Risiken im engeren Sinne als objektiv oder subjektiv quantifizierbare Standardabweichungen von erwarteten bzw. geplanten Zielgrößen, die mit Wahrscheinlichkeiten beschrieben werden können. Das Gesamtrisiko des Firmenkundengeschäftes einer Bank (Volatilität) setzt sich aus dem einzelwirtschaftlichen oder unsystematischen (Korrelation) und dem marktinhärenten bzw. branchenspezifischen systematischen Risiko (Betafaktor) zusammen.

»*Komplexität*« im Firmenkundengeschäft meint, dass es innerhalb einer Bank zur Bewältigung dieses Geschäftsfeldes eine größere Zahl von simultan und/oder sequenziell interagierenden Wechselbeziehungen zwischen Akteuren, Strukturen, Prozessen und Sachaufgaben gibt. Und es gibt ferner eine schier unübersichtliche Zahl an Wechselbeziehungen eines Kreditinstitutes mit Firmenkunden und deren interagierenden Umfeldern. Aufgabe des Relationship Marketing im Firmenkundengeschäft ist es, die Komplexität dieser interagierenden Teilsysteme sachlich und kognitiv insoweit zu reduzieren, sodass eine Konzentration auf die Lösung erfolgsbestimmender Abläufe und Herausforderungen möglich ist.

»*Dynamisierung*« im Firmenkundengeschäft meint, dass zusätzlich zur Komplexität die Geschwindigkeit der Veränderungen und der Möglichkeiten innerhalb einer Bank und im Verhältnis zu ihrem Geschäftsfeld zunimmt. Die Frage ist, inwieweit Relationship Marketing einen Beitrag zur »*Entschleunigung*« darstellt.

Das Phänomen der »*Individualisierung*« beinhaltet einerseits die zunehmende Veränderung des Verhältnisses des Einzelnen mit seinen Vorstellungen und Bedürfnissen zum Ganzen, d.h. hier zum Bankunternehmen oder zur Gesellschaft und innerhalb des Geschäftsfeldes »*Firmenkunden*«. Daher ist es immer weniger möglich, generelle Betreuungs- und Beurteilungsverfahren allgemein auf alle Unternehmen und Selbstständige anzuwenden. Relationship Marketing sucht erfolgswirksame Antworten auf die Herausforderungen der Individualisierung in Form von
- Interaktion durch Kundennähe und Integration des Firmenkunden,
- Atmosphärenwerte durch Vertrauen, Sympathie, Commitment,
- Empathie und Intimacy,
- Langfristorientierung durch Zufriedenheit und Bindung,
- Prozessgestaltung durch Flexibilität, Schnelligkeit und persönliche Implementierung.

Spätestens mit dem 11. September 2001 ist auch der soziologische Begriff der »*Kontingenz*« schmerzlich ins Bewusstsein gerückt. Hier wurden die Grenzen des rationalen Verstehens und planenden Handelns deutlich aufgezeigt. Für den erfahrenen Firmenkundenbetreuer heißt Kontingenz, dass etwas so wie es ist (war bzw. sein wird) zwar sein kann, aber auch anders möglich ist. Oder anders gewendet: Kontingenz heißt im Firmenkundengeschäft, es passiert etwas, was weder notwendig noch unmöglich ist. Ein kontingentes bzw. emergentes Ereignis ist logisch (deterministisch) nicht notwendig, aber nicht unmöglich, es fehlt an der Unmöglichkeit. Es ist aber nicht zufällig im statistischen Sinne.

Gerade weil in der Unternehmensfinanzierung vieles prinzipiell auch anders als erwartet und errechnet möglich ist, kann Relationship-Marketing-Strukturen herausbilden, die auf eine andere Art als die finanzmathematische Denkmethode Gewissheit, Kontinuität und Vertrauen im Geschäft ermöglichen.

Integratives Relationship Marketing ähnelt also einem komplexen sozialen System, das flexibel genug ist, um offen auf die permanenten Veränderungen im Firmenkundengeschäft zu reagieren, und geordnet genug ist, um die adoptivste Veränderung zu erkennen und zu stabilisieren, wenn sie auftritt.

Aus der Sicht des Relationship Marketing im Firmenkundengeschäft haben sich aus zwei Jahrzehnten praktischer Erfahrung in verschiedensten Unternehmen und in der verantwortlichen Zusammenarbeit mit mehr als 15 000 Unternehmenskunden in Deutschland und weltweit verteilt folgende Erfolgskategorien in der Praxis als erfolgsbestimmend erwiesen. Sie stellen Engpässe im Sinne des Mangels an einer wirkungsvollen Realisierung dar. Die zehn Faktoren sind demnach Ursachen, die Erfolg mit hoher Wahrscheinlichkeit bei konsequenter Umsetzung bewirken. Es zeigt sich auch im Umkehrschluss bei befragten Bankinstituten und Unternehmen, dass, je weniger diese zehn Faktoren positiv beantwortet werden können, desto niedriger auch der jeweilige Erfolg im Firmenkundengeschäft war.

»Individuelles und integratives Relationship-Marketing-Konzept«

Erfolgreiche Bankinstitute verfolgen einen ganzheitlichen marktorientierten Relationship-Fahrplan mit einer Langzeitperspektive im Sinne von Effektivität *(»Management der Kernkompetenzen«)* – »doing the right things« –, indem sie

- eine klare, normative und weitblickende Vision als leitende Vorstellungen nach innen und eine Mission als richtungsweisende Orientierung im Firmenkundengeschäft für die Mitarbeiter nach außen haben, die komperative Konkurrenzvorteile beinhalten und von den Mitarbeitern am Markt auch gelebt werden (können),
- klare, konkrete, möglichst schriftlich formulierte Relationship-Marketing-Ziele im Geschäftsfeld Firmenkunden gemeinsam mit den Mitarbeitern erarbeiten und vereinbaren und ein System, wie etwa die Balanced Scorecard, haben, das ihnen hilft, diese Ziele methodisch und konsequent umzusetzen,
- wirksame Relationship-Marketing-Strategien gegenüber den Unternehmen und Selbstständigen, Wettbewerbern und weiteren Anspruchsgruppen umsetzen,
- strategiekonforme strategische Maßnahmen bzw. typische Relationship-Marketing-Instrumente nach den Kriterien Individualisierung, Selektion, Interaktion und Integration nutzenstiftend, werthaltig und konkurrenzdifferenzierend umsetzen.

»Individuelles und integratives Relationship-Marketing-Leadership«

Erfolgreiche Kreditinstitute setzen ihr Relationship-Marketing-Konzept konsequent und wirkungsvoll im Sinne von Effizienz *(»Management der Personalressourcen«)* – »doing the things right« – um, indem

- sie Führungspersönlichkeiten als coachende Leitpersonen haben, die mit Sachlichkeit, Fürsorglichkeit und Kreativität die Implementierungsprozesse im Geschäftsfeld in Bewegung setzen und halten, d. h. simultan und vernetzt einen Prozess der erfolgstreibenden Unternehmenskulturgestaltung in diesem Bereich generieren,
- die Führungskräfte durch kooperatives Führungsverhalten die Mitarbeiter zu firmenkundenorientiertem und leistungsorientiertem Verhalten anhal-

ten *(extrinsische Motivation durch »Fordern und Fördern«)* und Sinn *(»Synergie«,* Identifikation) für deren Tun vermitteln können,
- die Führungskräfte ein Steuerungs-/Controllingsystem anwenden, innerhalb dessen sich die Mitarbeiter fachlich (lernendes Unternehmen/produktives Wissen) und menschlich (Mitarbeiterzufriedenheit, -loyalität) weiterentwickeln können, also eine menschliche Leistung ermöglichende und begünstigende Arbeitssituation schaffen.

»Individuelles integratives Corporate Customer-Relationshipment«

Im Sinne von Effizienz *(»doing the things right«)* der Umsetzung des Relationship-Marketing-Konzeptes im Firmenkundengeschäft leben erfolgreiche Unternehmen ein Kundenmanagement *(»Management der Nachfrage-Netzwerke«),*
- indem die Mitarbeiter die Befähigung für ihre Aufgaben haben (im weitesten Sinne qualifiziert sind), wissen, was ihr Unternehmen warum will (orientiert sind). Die Mitarbeiter haben das Gefühl, dass ihre Firmenkundenbetreuungstätigkeit das Richtige für sie und die Bank ist (intrinsische Motivation) und daher Engagement, Zeit und Nervenkraft (involviert sind) in Akquisition, Betreuung, Reklamationsbehandlung und Kundenrückgewinnung investieren, d.h. insgesamt: sie identifizieren sich mit ihrer Bank, deren Werten und Zielen, Produkten und Aufgaben in der individuellen Lösung von Firmenkundenproblemen,
- das zwischen den am Markt agierenden Menschen ein Netzwerk (Networking) von Problemlösungen für Firmenkunden und eigenes Kreditinstitut schafft (Beziehungsstabilität), d.h. die Unternehmens- und Marketingstrategien betreuerisch umsetzen kann. Die Bank bietet den Firmenkunden durch Ideen, Informationen, Gespräche Anschluss zur relevanten ökonomischen Umwelt,
- bei dem Firmenkundenbetreuer und alle an der wertschöpfenden Kette beteiligten Bankenmitarbeiter die vielfältigen Problemstellungen der Firmenkunden flexibel annehmen und Kundenzufriedenheit bzw. -begeisterung (auf der Sach- und Beziehungsebene) herstellen können, wodurch langfristige Kundenbindung/-loyalität erreicht wird und nachhaltige Erfolgspotenziale für die Bank gesichert werden. Die Firmenkundenbetreuer handeln proaktiv (nicht reaktiv) als Mitgestalter des wirtschaftlichen und sozialen Lebenszyklus des Kunden.

Treffend hat einmal die Chemical Bank in einer Anzeige das Relationship-Marketing-Firmenkundengeschäft mit dem Slogan dargestellt: *»The difference in money is people.«*

2 Schlüsselbegriffe des Relationship Marketing im Firmenkundengeschäft

2.1 Corporate Banking als spezielles Marketingproblem

2.1.1 Bankgeschäfte als Vertrauensgüter

Der in jüngster Zeit stärker aufkommende angelsächsische Begriff des »*Corporate Banking*« für das Bankgeschäft mit Unternehmen deutet den dynamischen und umfassenden Veränderungsprozess an, dem das Firmenkundengeschäft der Kreditinstitute unterworfen ist.

Corporate Banking meint nicht nur das klassische Firmenkundengeschäft in Form von Vergabe von langfristigen Darlehen und kurzfristigen Krediten, Transaktionsleistungen und Cash-Management, alle bilanzwirksamen Formen von langfristigen und kurzfristigen Einlagen oder institutionelles Asset-Management und die verschiedenen Formen des Asset-Finance wie Leasing, Factoring und Forfaitierung. Kapitalmarktfinanzierungen und damit insbesondere das Investment Banking mit Firmenkunden nimmt an Bedeutung zu. Dazu gehören alle Formen des Geschäftes mit Renten (z.B. Depot-B-Anlagen bis Asset-Backed Securities) und Aktien (vom IPO über Venture Capital bis Private Equity und Handel). Derivate, Devisenhandel und Advisory (Mergers and Acquisitions) gehören ebenso zum Corporate Banking wie E-Commerce und Due Diligence. Insofern bedeutet Corporate Banking jede Art von Problemlösungen, die Kreditinstitute Unternehmen und Selbstständige anbieten können, bzw. jede Art von Problemstellungen, die Unternehmen und Selbstständigen an Banken herantragen und in deren Wertschöpfungskette integriert sind.

Corporate Banking ist in seinem Wesen eine Dienstleistung.

Unter volkswirtschaftlicher Betrachtung lässt sich das Firmenkundengeschäft dem tertiären Sektor, der vielfach vereinfachend als Dienstleistungssektor bezeichnet wird, zuordnen. Bereits 1954 hat Fourastié den so genannten »*Marsch in die Dienstleistungsgesellschaft*« apostrophiert. Nach dieser Theorie nehmen in hoch entwickelten Volkswirtschaften die Anteile des primären Sektors (im Wesentlichen Land- und Forstwirtschaft) und des sekundären Sektors (im Wesentlichen Industrie und verarbeitendes Gewerbe) zugunsten des Dienstleistungssektors ab. Dennoch ist im Vergleich zum Konsumgüter- und Industriegütermarketing der Dienstleistungsbereich in der Betriebswirtschaftslehre unter dem Marketingaspekt vernachlässigt worden. Das liegt zum einen daran, dass die Diskussion um die Charakteristika von Dienstleistungen noch nicht abgeschlossen ist. Ferner gibt es keine allgemeine »*Theorie des Dienstleistungsmarketings*«. Dazu ist der Dienstleistungssektor zu heterogen, um allgemein gültige übertragbare Aussagen zu treffen. Auch bestehen alle Problemlösungen von Unternehmen aus einem mehr oder weniger intensiven Trade Off zwischen Sachleistungs- und Dienstleistungsanteilen. So werben

Hersteller von Konsumgütern für ihre physischen Produkte (Primärnutzengenerierung) zur Präferenzsteigerung beim Abnehmer und zur Konkurrenzdifferenzierung sowohl mit Added Values (Sekundärnutzen) in Form von z. B. absatzfördernden Finanzdienstleistungen als auch mit Value-Added-Services (Tertiärnutzen) in Form von Beratung zur effizienten Schaufenstergestaltung. Umgekehrt wird die reine Dienstleistung »*ärztliche Beratung*« durch Sachleistung in Form von »*Fit-und-Fun*«-Produkten ergänzt. Beim Absatz von Investitionsgütern, z. B. einer speziellen Abfüllanlage, überwiegt über die Sachleistung hinaus bereits der Dienstleistungsanteil in Form von z. B. Beratung, Konzeption, Anwendungstraining und Servicebereitschaft. Zwischen Konsumgüter-, Investitionsgüter- und Dienstleistungsmarketing bestehen aus strategisch und operativer Sicht erhebliche Schnittmengen.

Folgt man der Differenzierung (siehe Meyer, 1994) nach den Erträgen der Dienstleistung und unterscheidet zwischen der funktionellen Dienstleistung, die als Nebenfunktion zur Sachleistung betrieben wird, und der institutionellen Dienstleistung, die als Hauptfunktion von Unternehmen durchgeführt wird, so gibt es auch strukturelle Verschiebungen zwischen dem primären, sekundären und tertiären Sektor. Aber auch innerhalb der einzelnen Sektoren gibt es strukturelle Verschiebungen. So finden auch im Dienstleistungssektor der Banken und Versicherungen erhebliche Veränderungen zu umfassenden Finanzdienstleistungskonzernen statt. Insofern ist der Begriff des integrierten Dienstleistungsmarketings als Lösungsansatz angebracht.

Im Zusammenhang mit »Six Sigma«, einer speziellen, zunächst bei Motorola und General Electric (GE) erfolgreich angewandten Methodik der Optimierung der internen Leistungsprozesse, Qualität und Kundenprozesse, spricht man auch von der »Industrialisierung« der Finanzbranche. Inwieweit Prozesse der produzierenden Industrie auf die Prozesse der Erstellung von Bankdienstleistungen übertragbar sind, wird noch zu erweisen sein.

Die Finanzdienstleistungen im Firmenkundengeschäft sind jedenfalls eine spezielle Art der Dienstleistungen. Auch wenn sich für diese Dienstleistungen schwerlich eine allgemein gültige Definition finden lässt, so verbindet sie doch, dass
- sie im Leistungsergebnis einen hohen Immaterialitätsgrad aufweisen und
- in der Leistungserstellung der Leistungsempfänger in einem hohem Umfang integriert sind, d.h., hier ist ein hoher Interaktionsgrad zwischen den Geschäftspartnern und dem Individualisierungsgrad nötig, um die spezielle Dienstleistung zufrieden stellend zu erbringen.

Beide Vertragspartner müssen sich im Firmenkundengeschäft sehr weit öffnen, Klarheit über ihre Absichten schaffen und Grenzen in der Zusammenarbeit definieren. Das führt zu einem hohen Grad an Nähe. Deshalb ist Vertrauen darauf, dass die Nähe nicht von einem Partner einseitig ausgenutzt wird und beide sich aufeinander verlassen können, Grundlage des gemeinsamen Erfolges.

Die Immaterialität von Dienstleistungen und die nötige individuelle und interaktive Integration des Kunden bei der Erstellung einer Dienstleistung führen beim Nachfrager zu Unsicherheit vor, während und nach der Inanspruchnahme der Leistungen. Der Kunde wird daher seine Kaufentscheidung von Vertrauenseigenschaften abhängig machen. Dienstleistungen sind daher zuallererst Vertrauensgüter.

Ein Firmenkunde ist einem Bankdienstleister umso stärker treu (= Vertrauen, Loyalität), je fairer, gerechter, persönlich attraktiver beziehungsweise ähnlicher und spannungsfreier die Geschäftsverbindung verläuft **(Equity-Theorie)**, je mehr ihm die Zusammenarbeit Belohnung gebracht hat beziehungsweise je mehr er glaubt, vom anderen gemocht zu werden (Reziprozität, instrumentelle Lerntheorie) je mehr Referenzpersonen loyal sind **(soziale Lerntheorie)**, je räumlich näher er dem Kreditinstitut ist und je häufiger die Kontakte sind.

Lassen diese allgemeinen groben Betrachtungen zur Frage der Dienstleistung und des Marketings bereits die Signifikanz des Relationship Marketing im Firmenkundengeschäft erkennen, so wird es noch deutlicher, wenn die Bankdienstleistung im Firmenkundengeschäft als besondere Art der Dienstleistung noch näher beleuchtet wird.

Die Abbildung 1 zeigt die unterschiedlichen Sichtweisen und Anforderungen von Bankdienstleistungen aus der Seite des anbietenden Kreditinstitutes und der nachfragenden Firmenkunden. Die deduktiven Erläuterungen zur Abbildung 1 in 2.1.2 bis 2.1.4 kommen zum Schluss, dass allein konsequent gelebtes Relationship Marketing der Schlüssel zu Überrenditen im Firmenkundengeschäft ist.

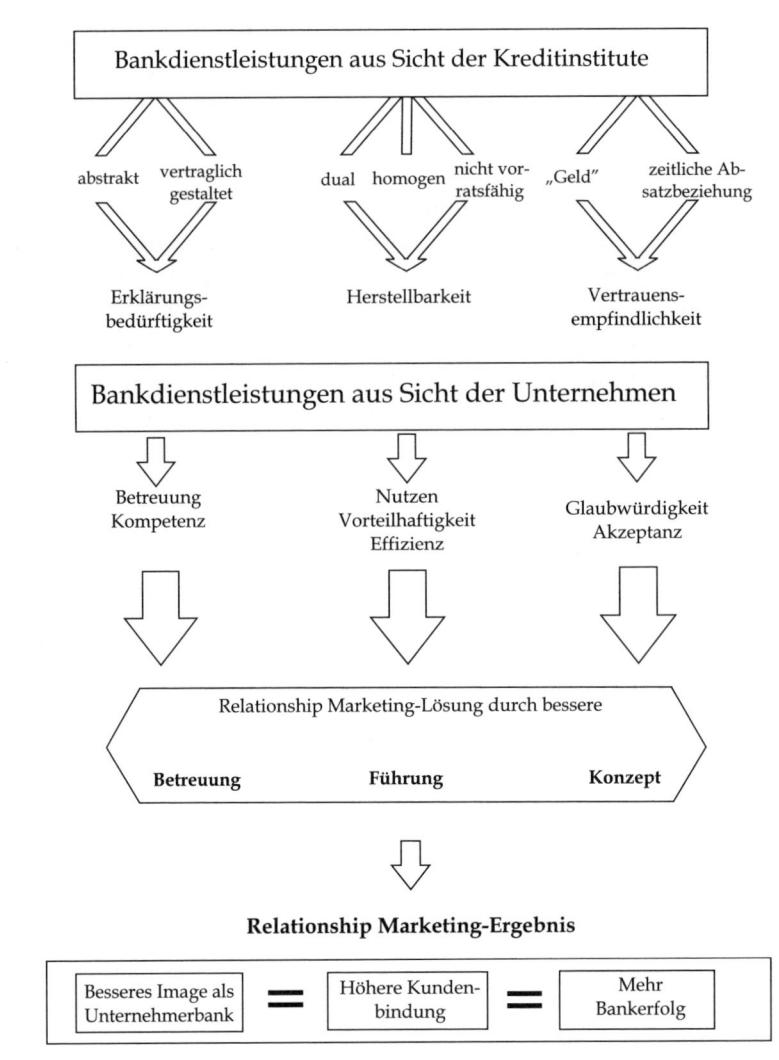

Abb. 1   Relationship Marketing als Folge der Besonderheiten der Bankdienstleistungen

2.1.2 Bankdienstleistungen aus der Sicht der Kreditinstitute

Produktions-, absatz- und erfolgswirtschaftliche Besonderheiten der Bankdienstleistung aus der Sicht der Kreditinstitute sind:
- Abstraktheit der Bankdienstleistung

Bankdienstleistungen für Unternehmen und Selbstständige sind im Wesentlichen nicht von materiellen Merkmalen geprägt, sondern abstrakt, immateriell und zunächst sinnlich nicht wahrnehmbar. Anders als bei einem Gebrauchsgut wie einem Automobil oder einem Konsumgut wie Lebensmittel, aber auch bei einem Investitionsgut fordert die Abstraktheit der Bankdienstleistung eine erhebliche Integration des nachfragenden Firmenkunden in die Leistungserstellung (Produktion). Je nachdem, ob es sich um eine kontaktintensive, eher selten vorkommende, aber erklärungshohe Problemleistung handelt (wie z.B. Investitionsdarlehen) oder eine mehr kontaktarme, jedoch häufig vorkommende und erklärungsarme Routineleistung (z.B. Überweisung), immer ist die aktive Beteiligung des nachfragenden Firmenkunden in die Produktion der Bankdienstleistung erforderlich. Der externe Faktor »Firmenkunde« ist damit für die Produktion einer Bankdienstleistung eine unabdingbare Voraussetzung. Bei diesem Zusammentreffen der bankinternen Produktionsfaktoren mit dem externen Faktor Firmenkunde kann eine positive, neutrale oder auch negative Integrationswirkung erfolgen. Es ist ferner zu unterscheiden, wie hoch die Integrationsintensität ist und inwieweit die physischen, intellektuellen und emotionalen Integrationsformen erfolgswirksam gefordert werden. Inwieweit die abstrakte Dienstleistung zufrieden stellend und erfolgswirksam wird, hängt von der Gestaltung und Steuerung des Dienstleistungserstellungsprozesses durch die Bank und von den Erwartungen und Verhaltensweisen der Firmenkunden ab.

Die Abstraktheit der Bankdienstleistung hat auch erhebliche Konsequenzen für die Gestaltung des Produktmanagements, des Pricings, des Vertriebs und vor allem der Kommunikation in Form von Werbung, Öffentlichkeitsarbeit und Verkaufsförderung.

Konsequenzen aus dieser Abstraktheit und Immaterialität für das Firmenkundenmarketing sind:
– Materialisierung der Bankdienstleistung durch Kommunikation
– begrenzte Standardisierung bzw. Six Sigma-Fähigkeit
– Materialisierung durch Personalisierung
– Unmöglichkeit der Vorratsproduktion
– erschwerte Kapazitätssteuerung
– Probleme im Qualitätsmanagement
– Generierung von Vertrauenseigenschaften
– erschwerte Preisdurchsetzung
– innovative Standort- und Vertriebsselektion.

- Kontraktliche Gestaltung

  Die immateriellen bzw. abstrakten Bankdienstleistungen werden in der Folge von interaktiv erörterten, entschiedenen und vertraglich vereinbarten Aussagen, die untereinander im Zusammenhang stehen, in Form gebracht. Die Gestaltungsvariablen können sowohl schuldrechtlicher, sachenrechtlicher, handelsrechtlicher Art oder auch auf den Allgemeinen Geschäftsbedingungen beruhen. Ferner sind es Gestaltungsvariablen wie Produktnamen, finanzmathematische Verfahren zur Einbeziehung von Konditions- und Risikoaspekten. Doch diese dienstleistungsproduktformenden Elemente stehen allen Finanzdienstleistern zur Verfügung. Damit findet eine

Profilierung darüber alleine nicht statt, sondern durch die situativ und individuell richtige Kombination.

In der Regel liegt eine asymmetrische Informationsverteilung zwischen den am vertraglichen Interaktionsprozess Beteiligten zugrunde. Das bedeutet, dass Firmenkunden und Bank auf unterschiedliche Informationen und Beurteilungsmöglichkeiten zurückgreifen und dadurch für beide Seiten Handlungsspielräume bestehen, die zum eigenen Vorteil genutzt oder missbraucht werden können.

Konsequenzen aus der vertraglichen und textuellen Formung der Bankdienstleistung sind:
- Handling der asymmetrischen Informationsverteilung durch Qualifizierung der Firmenkundenbetreuer
- Vermarktungseffizienzsteigerung durch (Teil-)Standardisierung von Potenzialen, Prozessen, Leistungen und Ergebnissen
- Profilierung spezifischer Leistungsfähigkeiten der Bank im Firmenkundengeschäft durch den Berater und Kommunikationsmittel
- Materialisierung des Fähigkeitspotenziales im Firmenkundengeschäft, ob über Erscheinungsbild des Personals, Räumlichkeiten oder designte Formatierungen der Dokumente.

- Dualität der Bankdienstleistung

Die geschäftspolitische Steuerungsproblematik einer Bank wird auch noch durch die Dualität der Bankdienstleistung herausgefordert. Nahezu jede Bankdienstleistung für Firmenkunden besteht aus einer geldwirtschaftlichen Leistung, nämlich einer Wertleistung der liquiditätsmäßig-finanziellen Sphäre (Finanzvolumen, Zinsen und Konditionen, Risiken) in Verbindung mit Betriebsleistungen aus der technisch-organisatorischen Sphäre (Humankapital, Realkapital, Informations- und Kommunikationstechnologie). Die liquiditätsmäßig-finanzielle Seite einer Bankdienstleistung braucht die dazugehörige Kombination produktiver Faktoren des technisch-organisatorischen Bereiches zur Erstellung und des Absatzes der Bankdienstleistung. Der liquiditätsmäßig-finanzielle Bereich (nach Deppe, H.-D.) im Firmenkundengeschäft ist die gedankliche Einheit aller im Zusammenhang mit dem monetären Faktor stehenden Bestands- und Strömungsgrößen mit entgeltlicher Dimension, d.h. alle die Zahlungsmittel- und finanzielle Haftungsebene betreffenden Formen. Konkret trifft es im Firmenkundengeschäft alle Zahlungsmittelformen, -bestände und -ströme sowie alle Anlage- und Finanzierungsfazilitäten. Der technisch-organisatorische Bereich beinhaltet einerseits in der Sozialsphäre die menschliche Arbeitskraft, menschliche Handlungen und alle Formen menschlicher Beziehungen in einem Bankunternehmen in ihrem Verhältnis zu den Firmenkunden. Das organisatorische Element um die Bankdienstleistung handelt in der Realsphäre der Grundstücke und Gebäude sowie Betriebs- und Geschäftsausstattungen und ist gekennzeichnet durch Interaktionen von verschiedensten Verhaltens- und Funktionsmechanismen, Vorschriften, um unter Zuhilfenahme der Informations- und Kommunikationssphäre die Bankdienstleistungsprozesse zu ermöglichen.

Eine weitere Form der Dualität der Dienstleistung für Firmenkunden ist, dass Passivprodukte eine Form der Geldbeschaffung und Aktivprodukte eine Form der Geldverwendung seitens der Kreditinstitute darstellen. Aus der Sicht des Firmenkunden sind das aber einmal Anlagefazilitäten und zum anderen Finanzierungsfazilitäten. Für das Firmenkundengeschäft bedeutet diese doppelte Dualität, dass die Marketingorientierung die grundlegende Orientierung im Firmenkundengeschäft ist und in jeder Firmenkundenbeziehung seitens der Betreuung die Ertrags-/Kosten-/Risikooptimierung als Aufgabe zu internalisieren ist.

Konsequenzen aus der Dualität der Bankdienstleistung sind:
– Transparenz der Erlös- und Kostenzusammenhänge
– integrierte Rentabilitäts-, Risiko-, Volumens- und Produktivitätssteuerung
– strategische Geschäftsfeldstrukturierung
– bankinternes funktions- und bereichsübergreifendes Beziehungsmanagement.

- Homogenität

  Die Bankdienstleistungen im Firmenkundengeschäft sind, was den liquiditätsmäßig-finanziellen Anteil betrifft, im Wesentlichen homogen. Ferner sind sie auch nicht patentierfähig. Sie können daher leicht nachgeahmt werden und sind weitgehend austauschbar. Rein austauschbare Produkte konkurrieren am Ende nur über Zinsen und Konditionen. Auf längere Sicht tendieren diese austauschbaren Produkte zu einer Nullrendite bzw. inklusive eintretender Risiken zu einer Negativrendite.

  Konsequenzen aus der Homogenität der Bankdienstleistung:
  – Differenzierung durch entsprechende Corporate Identity der Bank im Firmenkundengeschäft
  – Präferenzbildung durch Firmenkundenbetreuer
  – Kostenreduzierung durch Prozess- und Beziehungsvorteile
  – Risikoavertierung und Risikoprophylaxe durch firmenkundenbeziehungsgestützte höhere Informationseffizienz.

- Nichtlagerfähigkeit

  Aus der Immaterialität bzw. Abstraktheit der Bankdienstleistungen folgert, dass sie einerseits nicht lagerfähig sind und andererseits auch nicht transportfähig. Die Erstellung und der Absatz der Bankprodukte erfolgen im Firmenkundengeschäft gleichzeitig (Uno-Actu-Prinzip), nämlich dann, wenn der Kunde über sein Konto verfügt, Kredite beansprucht oder Termingelder anlegt. Insofern können im Firmenkundengeschäft zur Auslastung der Personal- und Sachkapazitäten nicht Kredite oder weitere Dienste auf Vorrat produziert werden.

Konsequenzen aus der Nichtlager- und Transportfähigkeit der Bankdienstleistung sind:
- Kapazitätsmanagement durch intensive Koordination der Beziehung zwischen Bank und Firmenkunden
- zeitliche und inhaltliche Flexibilisierung der Personaldienstleistungskapazitäten
- aktives Beziehungsmarketing durch kurzfristige Nachfragestimulierung
- Optimierung der Kontakt- und Distributionsdichte in Abhängigkeit von häufig bzw. selten nachgefragten Bankdienstleistungen der Firmenkunden.

- Emotionalität
  Firmenkunden würden bei der Hypothese von Firmenkundenbetreuern zufolge rational entscheiden. Für Emotionen bestünde demnach kein Raum. Tatsächlich verhält sich der Firmenkunde dahin gehend rational, dass er durch die Firmenkundenbetreuung ein Maximum an positiven, belohnenden Emotionen erzielen will (Häusel, H.-G., 2004, S. 12, 31 ff.):
  - Das »Balance«-Motiv-/Emotionssystem strebt nach Bewahrung von Sicherheit, Problemlosigkeit (»Sich um nichts kümmern«), Tradition und Treue (»Da muss ich in meiner Organisation nichts ändern«), Verlässlichkeit und Ordnung,
  - das »Dominanz«-Motiv-/Emotionssystem betont Wettbewerbsvorsprung, Karrierenutzen, Disziplin, Kontrolle, Status und Leistung,
  - das »Stimulanz«-Motiv-/Emotionssystem erfreut sich an noch nicht gekannten Möglichkeiten, an besonderen Leistungen (z.B. Schnäppchen, Informationen) oder besonders neuen Ideen aus der Bankverbindung.

  »Geld« ist im Unterschied zu anderen Dienstleistungen oder Konsum- und Gebrauchsgütern ein besonders emotionalisiertes und sensibles Produkt. Im Firmenkundengeschäft werden sehr persönliche und diskrete Informationen ausgetauscht. Viele Firmenkundenbetreuer wissen, dass sie bisweilen Kummerkasten, Beichtvater oder Psychologe sein müssen, um einen zufrieden stellenden Kontakt aufzubauen und zu erhalten.
  Konsequenzen aus der Besonderheit »Geld« sind:
  - soziale und emotionale Kompetenzen der Firmenkundenbetreuung
  - Diskretion, Verlässlichkeit und Respekt
  - Stimmigkeit, Balance und Souveränität
  - Sicherheit, Stärke und Leistungsfähigkeit.

2.1.3 Lebenszyklusmodelle als interaktive Gestaltungsansätze

Im Gegensatz zum Transaktionsmarketing liegt das Wesen des Relationship Marketing in der Gestaltung der Angebots-/Nachfrageinteraktionen über einen bedeutenden Zeitraum hinweg. Risiko-, Zinsmargen-, Provisions- oder Produktivitätsdimensionen lassen sich nicht alleine an periodisch abgegrenzten

Erfolgsbeiträgen messen. Sie lassen sich erst am Ende der Geschäftsbeziehung in ihrer Gesamtperformance darstellen. Ein Firmenkunde kann 15 Jahre lang jährlich befriedigende, risikolose Deckungsbeiträge erbringen. Wenn daraus aber ein Ausfall des Kreditengagements im 16. Jahr erwächst, kann die vorher angesammelte Rendite zunichte gemacht werden oder sogar ein Verlust über den Beziehungszeitraum resultieren.

Volumen, Qualität, Gewinnbeitrag und Intensität einer Geschäftsbeziehung im Zeitablauf lassen sich für diskursive Zwecke mit Modellen der Lebenszyklusanalyse abbilden. Die verschiedenen ökonomischen Lebenszykluskonzepte wie Produktlebenszyklus, Technologie-, Unternehmens- oder Branchenlebenszyklus lehnen sich an das biologische Konzept der evolutionären Lebenszyklen an: vom Werden zum Wachsen, Verändern bis zum Vergehen. Beim Menschen können neun Lebensphasen unterschieden werden: Zeugung, Embryonal-, Säuglings-, Kindheits-, Jugend-, Erwachsenen-, Alters-, Sterbe- und erinnernde Gedenkensphase. Allen diesen Phasen des Lebens können individuelle Bedarfsmuster und Beziehungsverhältnisse zugeteilt werden.

In Anlehnung an die empirisch durch die Diffusionsforschung (Zyklen: Innovator/frühe Übernehmer/frühe Mehrheit/späte Mehrheit/Nachzügler) bestätigten Produktlebenszyklen lässt sich ein ökonomisches Lebenszyklusmodell in folgende Phasen unterteilen:
- Einführung
- Wachstum
- Reife/Sättigung
- Wende/Niedergang
- Elimination
- Absenz
- Wiedereinführung/Relaunch.

Um die Geschäftspotenziale mit Unternehmen und Selbstständigen zum richtigen Zeitpunkt optimal zu erschließen, können für das Relationship Marketing obige Gedanken folgendermaßen analogisiert werden:
- Gestaltung des **Bedarfslebenszyklus** des Unternehmens als Kunden (Abb. 2)
  Von der Unternehmensgründung bis zur potenziellen Schließung hat ein Unternehmen phasenspezifisch Bedarf an Bankdienstleistungen. Aufgabe des Firmenkundenbetreuers ist es, in dieser Zeit einen möglichst hohen Grad an Exklusivität (share of customer), Expansivität (grow with customer), Intensität (cross selling), Stabilität (loyalty effect) und Qualität (risk averter) zu gestalten.
- Gestaltung des **Bedarfslebenszyklus** des Unternehmers/Managers als Kunden (Abb. 3)
  Häufig wird übersehen, dass die Entscheidungsträger in Unternehmen dem Geschäftsfeld »Vermögende Individualkunden« zuzuordnen sind. Finanzierung, Gestaltung und Verrentung des Vermögensaufbaus in den

privaten Verhältnissen können nach den gleichen Prinzipien wie oben erläutert durch Überleitung des Firmenkundenbetreuers in das Private Banking verfolgt werden.

- Gestaltung des **Beziehungslebenszyklus** mit Unternehmenskunden (Abb. 4)

Der Beziehungslebenszyklus kann in jeder Phase des Bedarfslebenszyklus angreifen. Jede Phase des Bedarfslebenszyklus bietet individuelle Begründungen für den Start der Akquisitionsphase (Recruitment) über Kontaktanbahnung, -vertiefung und Gewöhnung an neue Bankpartner. Nach der Eröffnung der ersten Kontoverbindung ist nun die Loyalisierung voranzutreiben (Retention). Die Geschäftsverbindung wächst. Schließlich müssen Reklamationen als Teil einer vitalen Beziehung zufrieden stellend behandelt werden (Reclamation). Kommt es dennoch zu einem Abbruch und Absenz der Geschäftsbeziehung, so lohnt bei werthaltigen verlorenen Kunden die Rückgewinnungsarbeit (Recovery).

Für rezeptartige Anwendung eignet sich das S-Kurvenmodell nicht. Jedoch kann es als leitendes gedankliches Abbild, als Diskursskizze dienen, um für individuelle Firmenkundenverhältnisse Vorstellungen
- über die künftige Geschäftsentwicklung von Kunden und daraus möglichen Bankgeschäften zu prognostizieren,
- über phasenbezogene Strategien auszulösen,
- über phasenbezogene Marketingmaßnahmen zu generieren.

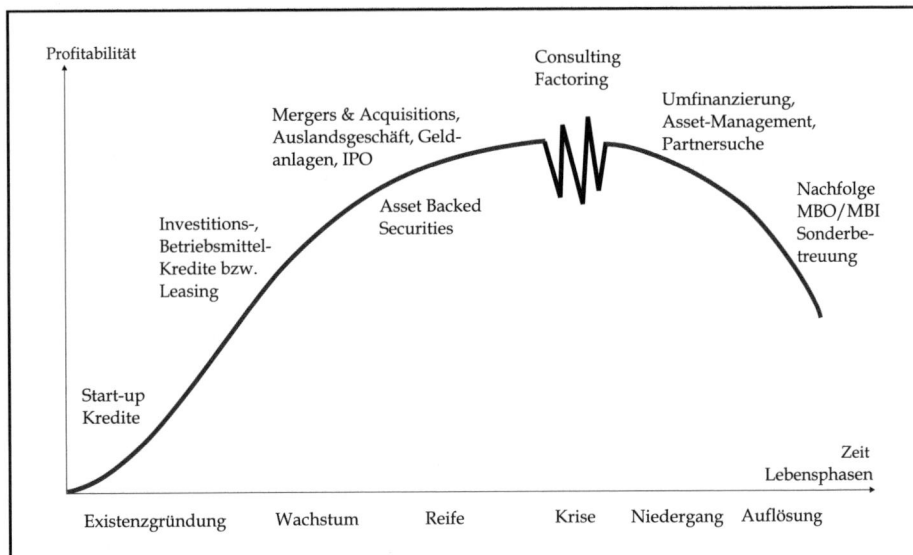

Abb. 2   Bedarfslebenszyklus des Firmenkunden

2.1 Corporate Banking als spezielles Marketingproblem 33

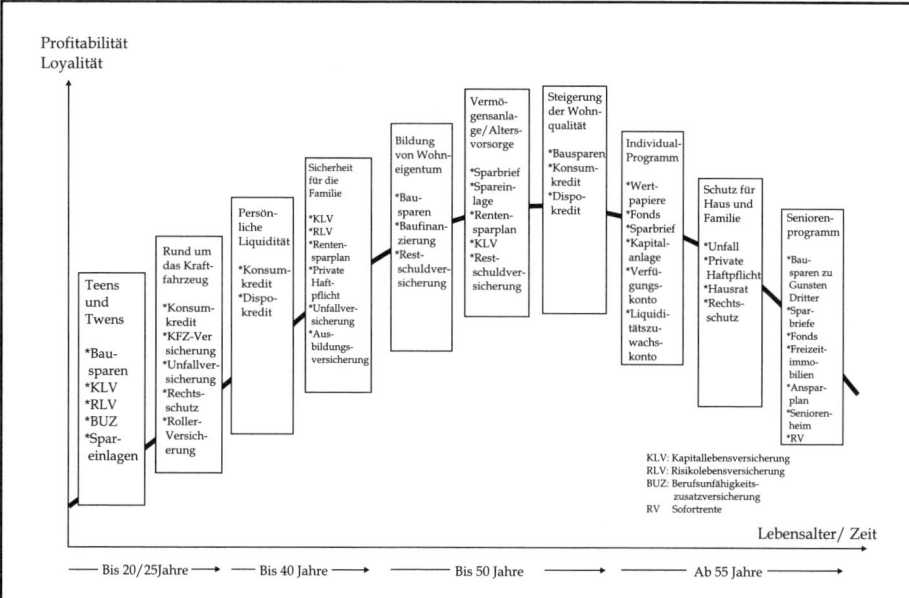

Abb. 3 Bedarfslebenszyklus des Unternehmers als Privatkunde

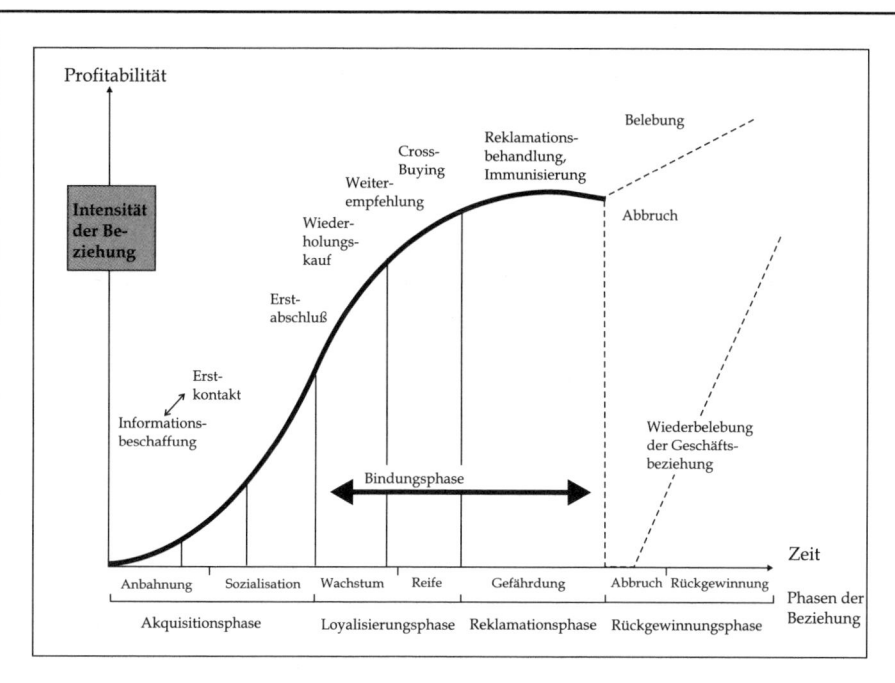

Abb. 4 Phasen des Beziehungslebenszyklus mit Firmenkunden

Relationship Marketing ist interaktive Gestaltung von Beziehungen. Und da der Beziehungsaufbau in jeder Bedarfsphase ansetzen kann, ist die Orientierung an den Beziehungslebenszyklus die Leitlinie für das weitere Vorgehen. Umgekehrt ist es nicht möglich, an jeder Phase des Bedarfslebenszyklus sofort die Qualität jeder Beziehungsphase herzustellen. Dennoch können Bedarfs- und Beziehungsphase simultan verlaufen wie Unternehmenskrisen und Reklamation durch die Bank.

Weitere Konsequenzen aus der Firmenkundenabsatzbeziehung über die Zeit hinweg sind:

- Implementierung eines Firmenkundenloyalitätsmanagements über den für die Bank relevanten Kundenlebenszyklus hinweg
- instrumentelle Konditionierung zur Nachfrageverhaltensstärkung und Interaktivierung der Firmenkundenbeziehung
- psychosoziale Immunisierung der Firmenkundenbeziehung gegenüber Wettbewerbern
- prozessuale Flexibilisierung und Beschleunigung der individuellen Problemlösungsprozesse
- kooperatives Coaching.

2.1.4 Bankdienstleistungen aus der Sicht der Firmenkunden

Aus der Sicht der Firmenkunden konzentriert sich die oben aufgeführte Charakteristika der Bankdienstleistungen auf drei zentrale Herausforderungen:

1. Erklärungsbedürftigkeit

    Die Immaterialität, die textuelle und vertraglich geformte Leistung, verbunden mit dem hohen Kundenintegrationsgrad bei der Bankdienstleistungserstellung, machen Bankdienstleistungen zu erklärungsbedürftigen Leistungen. Die Erklärungsbedürftigkeit steigt natürlich in Abhängigkeit des Komplexitätsgrads der Bankdienstleistung und des Kenntnis- und Erfahrungsgrades des Firmenkunden.

    Tendenziell kann zwar davon ausgegangen werden, dass die Kenntnisse um Finanzangelegenheiten auf Kundenseite im Bereich der Corporate Finance höher sind als auf den Bereichen des Private Finance (Privatkundensektors).

    Da aber nach allen bekannten Statistiken knapp über 99 Prozent aller Unternehmen und Selbstständigen in Deutschland klein- und mittelständische Unternehmen sind und davon wiederum mehr als 80 Prozent weniger als 10 Beschäftigte haben bzw. unter 1 Million Euro Jahresumsatz erzielen, muss im Geschäftsfeld Firmenkunden der Erklärungsbedürftigkeit eine hohe Bedeutung beigemessen werden.

    Viele Firmenkundenbetreuer überschätzen das vorhandene Wissen um Geldfragen bei Unternehmen und Selbstständigen. Fachliche Beratungsqualität ist somit im Firmenkundengeschäft ein so genannter K.o.-Faktor.

Das klingt wie eine Plausibilität. In der Praxis zeigt sich aber vielfach, dass hier in der Qualifizierung der Firmenkundenbetreuer eine erhebliche strategische Handlungsnotwendigkeit besteht, die Qualifizierung aber auch eine erhebliche strategische Wettbewerbsrelevanz aufweist. Die im Jahr bis zu 40 000 Unternehmensinsolvenzen sind auch ein Hinweis auf nötige Firmenbetreuungskompetenz.

Konsequenzen aus der Erklärungsbedürftigkeit der Bankdienstleistung für Firmenkunden sind:
a) Auswahl und Entwicklung fachlich kompetenter Firmenkundenbetreuer (Qualifikation, »*Können*«)
b) Steigerung der Bereitschaft zur Erhöhung der Firmenkundenbetreuungskompetenz (Motivation, »*Wollen*«)
c) Schaffung des organisatorischen Rahmens für die Möglichkeit der Kompetenzsteigerung im Firmenkundengeschäft (Sozialisation, »*Dürfen*«)
d) Durchführung und situative Ermöglichung der Sichtbarmachung der Kompetenz im Firmenkundengeschäft (Realisation, »*Tun*«).

So viel zu den Dimensionen zielgruppengerechter Veränderung der Kompetenz einer Bank und den Bedingungen kompetenzgerechten Verhaltens.

2. Vertrauensempfindlichkeit

Das Faszinosum »*Geld*« und die Absatzbeziehung mit Unternehmen und Selbstständigen im Zeitverlauf führen aus der Sicht der Unternehmen und Selbstständigen zur »*Vertrauensempfindlichkeit*«.

»Nichts außer Sex ist so emotional wie Geld«, äußerte sich dazu ein amerikanischer Marketingexperte.

Bankverbindungen sind in der Regel lange bis lebenslange Verbindungen. Sie sind einerseits von einem akquirierenden Bankinstitut nur unter erheblichen Mühen und Kosten aufzubauen und andererseits auch unter erheblichen Umständen vom Firmenkunden wieder auszutauschen. Insofern sind in dieser Absatzbeziehung Zeit, Glaubwürdigkeit und Akzeptanz, Problemnähe und Sympathie bzw. die Steigerung in Form von Empathie besonders notwendig.

Die Konsequenzen aus der Vertrauensempfindlichkeit der Bankleistung seitens der Firmenkunden sind:
a) Unsicherheit aus Produktkomplexität und deren Nachhaltigkeit
b) Aufbau von Vertrauen zum Kreditinstitut (»*Systemvertrauen*«)
    Risikoreduktion durch begründete Loyalität
c) Aufbau von persönlichem Vertrauen zum Firmenkundenbetreuer (»*personales Vertrauen*«)
d) »*fließende*« Vertrauensarbeit
e) Aufmerksamkeit und aktives Zuhören.

3. Effizienz der Leistungserstellung

Neben den kognitiven und emotionalen Kriterien der Erklärungsbedürftigkeit und Vertrauensempfindlichkeit von Bankleistungen werfen ihre mehr »physischen« Komponenten der Dualität, Homogenität, mangelnde Lagerbarkeit und Transportfähigkeit bei den Firmenkunden die Frage der integrativen Herstellbarkeit von Bankleistungen auf. Die Kunden werden zur Lösung ihrer eigenen Probleme in erheblichem Umfang in den Prozess der Bankdienstleistungserstellung mit einbezogen.

Von daher sind die Konsequenzen aus dem Herstellbarkeitskriterium:
a) Generierung von Nettonutzen durch die Bank als strategischer Wettbewerbsvorteil
b) Generierung von Effizienz in der Leistungserstellung als operativer Wettbewerbsvorteil.

Je mehr es einem Kreditinstitut gelingt, auf der Grundlage eines klaren Relationship-Marketing-Konzeptes durch Kompetenz, Akzeptanz und Effizienz in der Firmenkundenbeziehung und im Beziehungsverhältnis der Mitarbeiter untereinander in der Bank in der steuernden Rückkopplung mit der Führung sich von den Wettbewerbern abzuheben, umso mehr wird es über steigende Kundenwerte, immunisierende Imagewerte als Unternehmerbank zu einem höheren Erfolgsbeitrag für die einzelne Bank führen.

2.2 Profilierung durch Nettonutzen-Differenzierung

2.2.1 Wesen »echter« Wettbewerbsvorteile im Firmenkundengeschäft

Unternehmen und Selbstständige kaufen von den Kreditinstituten keine Produkte, Zinsen oder Provisionen. Sie brauchen auch kein Bankunternehmen zu kaufen, um ihre Investitionen zu finanzieren. Vielmehr suchen sie durch die Nutzung von Bankdienstleistungen ihre Probleme zu lösen bzw. ihre Bedürfnisse zu befriedigen.

Damit sind die Bedürfnisse/Probleme bzw. Erwartungen der Firmenkunden, die Kompetenz in der Problemlösung bzw. Bedürfnisbefriedigung der Bank in der Wahrnehmung der Firmenkunden die wesentlichen Bestimmungsfaktoren von Wettbewerbsvorteilen im Firmenkundengeschäft. Ein echter Wettbewerbsvorteil bzw. »komparativer Konkurrenzvorteil/KKV« (nach Backhaus, K.) wird durch die Generierung eines Firmenkundenvorteils (Effektivitätsvorteil) und Bankvorteils (relativer Effizienzvorteil) im Verhältnis zu den Konkurrenten bestimmt.

Sollen Firmenkunden bei der Bank A einen höheren Vorteil in der Zusammenarbeit als bei der Bank B erzielen (= Nettonutzen-Vorteil), genügt es nicht allein, Standard- bzw. Basisanforderungen zu befriedigen. Vielmehr geht es darum, dass die Bank bedeutsame, wichtige und individuell relativ unbefriedigte Bedürfnisse/Probleme bei den Firmenkunden identifiziert und bei diesen wahrnehmbar/sichtbar einen positiven Nettonutzen erzeugt. Dabei besteht der Nettonutzen aus der Differenz zwischen Nutzen (Art und Grad der Bedürfnisbefriedigung durch Bankdienstleistungen, Firmenkundenbetreuer, Bankimage etc.) und Kosten (die Summe der monetären Aufwendungen für Zins und Provision, Zeit, Nerven und Energie bzw. psychisches Involvement etc.). Dieser positive Nettonutzen für den Firmenkunden muss sich in seinem Problemlösungsansatz aber auch noch vom Wettbewerbsangebot vorteilhaft und nachhaltig/dauerhaft, d.h. möglichst nicht kurzfristig kopierbar, abheben. Dabei kann die Nettonutzen-Differenz sich sowohl aus einem vom Firmenkunden relativ positiver empfundenen Nutzen- als auch einem Preisvorteil zusammensetzen.

Gelingt es einer Bank, zusätzlich die Erlös-Kosten-Verhältnisse des Problemlösungs- bzw. Wertschöpfungsprozesses noch wirtschaftlicher zu gestalten als Konkurrenzbanken, so kommt eben der zusätzliche Effizienzvorteil hinzu, sodass sich in Verbindung mit dem Effektivitätsvorteil der Bank der »echte« strategische Wettbewerbsvorteil oder KKV voll entfalten kann.

Zusammengefasst (Abb. 5) lauten die Prinzipien der Schaffung strategischer Wettbewerbsvorteile im Firmenkundengeschäft von Kreditinstituten:

---

1. Sich auf die für Firmenkunden wichtigen Bedürfnisse/ Leistungsparameter...

    „Signifikanz-/ Chancenprinzip"

2. ...mit voller Kraft konzentrieren und sich...

    „Konzentrationsprinzip"

3. ...beim Firmenkunden wahrnehmbar vorteilhaft sowie...

    „Prägnanzprinzip"
    „Konsistenzprinzip"

4. ...nachhaltig/dauerhaft und kaum kopierbar von der Konkurrenzbank abheben (unterscheiden) bei gleichzeitiger...

    „Kenne deinen Gegner Prinzip"

5. ...Realisierung (vorteilhafter) produktiver Leistungserstellungs- und Verwertungsprozesse in der Bank.

    „Rentabilitätsprinzip"

Abb. 5 »KKV« durch Effektivität und Effizienz

- Nicht alleine irgendwelche Leistungsparameter erfüllen, sondern sich in der Vorteilsgenerierung auf wenige (*»Konzentrationsprinzip«;* nicht mehr als drei Bedürfnisse) für den Firmenkunden wichtige (*»Signifikanzprinzip«*) Leistungsparameter konzentrieren (*»Chancenprinzip«*). Dem Firmenkunden überall überlegene Leistung bieten zu wollen, führt zu Überforderung und Mittelmäßigkeit. Weniger gute Leistungen bei weniger wichtigen Bedürfnissen oder unbedeutenden Problemen können bzw. werden vom Firmenkunden toleriert (werden).
- Der Vorteil in der Lösung wichtiger Leistungsparameter muss vom Firmenkunden auch wahrgenommen werden (*»Prägnanzprinzip«*). Es gilt, die Wichtigkeit eines Parameters mit der Bankleistung abzustimmen (*»Konsistenzprinzip«*).
- Bei diesen wichtigen Leistungen darf der Vorteil der eigenen Bank von den Wettbewerbern nicht bzw. nur langsam eingeholt werden können. Der Vorteil soll dauerhaft sein (*»Kenne-deinen-Gegner-Prinzip«*). Eine bessere Leistung in für den Firmenkunden unwichtigen Fragen führt zur Ineffizienz im Einsatz der personalen, sachlichen und finanziellen Bankressourcen.
- Die konkurrenzdifferenzierten Prinzipien der Zufriedenstellung der Punkte 1. bis 3. sind notwendige Voraussetzungen zur Erzielung strategischer Wettbewerbsvorteile im Sinne von Effektivitätsvorteilen. Hinreichend erfüllt ist der strategische Wettbewerbsvorteil erst, wenn die Leistungserstellungs- und -verwertungsprozesse wirtschaftlich (*»Effizienzvorteil«*) erfolgen, d.h. die Differenz risikoadjustierter Einzahlungen und Auszahlungen positiv ist (*»Rentabilitätsprinzip«*). Siehe dazu auch 2.3.

In Anlehnung an Henner Schierenbeck kann von einer Integration
- der Prinzipien 1. bis 3. als der (firmen-)kundennutzenorientierten Optimierung des Bankgeschäftes (*»Benefit Corporate Banking«*) und
- des Prinzips 4. als produktivitäts- und kostenorientierte Optimierung des Bankgeschäftes (*»Lean Corporate Banking«*) gesprochen werden.

Die Generierung und Alimentierung von strategischen Wettbewerbsvorteilen im Firmenkundengeschäft sind eine Conditio sine qua non, um überdurchschnittliche Erfolgsbeiträge zum gesamten Bankunternehmenserfolg zu erzielen. Der Bankerfolg speist sich aus dem Markterfolg und ökonomischen Erfolg. Der Markterfolg bezieht sich auf Neukundenakquisition, Kundenerhalt, Marktanteile, Image etc. Der ökonomische Erfolg betrifft Aktiv-, Passiv- und Handelsvolumen, Zinsspanne, Provisionsüberschuss, Risikomarge, Produktivitäts-, Prozess-, Produkt- und Personalaufwandsvorteile.

Alle Erfolgskategorien wurzeln in
- der Identifikation von wichtigen unbefriedigten Bedürfnissen, Problemen, Erwartungen, Krisen, Ansprüchen (effektives Nachfragemanegement),

- deren zufriedenstellendere Lösung/Befriedigung als der Wettbewerb (effizientes Ressourcenmanagement) und
- der Schaffung von Kundenloyalität.

2.2.2 Nachfrageentscheidende Bedürfnisse und Motive der Firmenkunden

Wie oben angesprochen, ist der strategisch relevante Ansatzpunkt für den Erfolg im Firmenkundengeschäft die Identifizierung und Lösung möglichst wichtiger und/oder dringender Bedürfnisse/Probleme von Firmenkunden. Dabei ist ein Bedürfnis ein situativer und individueller Mangel an Zufriedenstellung seitens des Firmenkunden oder der dort Handelnden. Ein Problem ist ein Zielkonflikt aufseiten des Firmenkunden bzw. eine Entscheidungssituation, in der die Alternative A mit der Alternative B als Lösungsvariante verglichen wird. Wenn die strategisch relevanten Bedürfnisse identifiziert sind, werden daraus die Ansprüche als konkrete Forderungen der Firmenkunden an Banken abgeleitet. Dann gilt es seitens der Bank, die Erwartungen der Firmenkunden zu erfüllen.

Wettbewerbsvorteile und damit Kundenbindung und Kundenakquisition können nicht mehr erzielt werden durch die Befriedigung von so genannten Basis- oder Standardbedürfnissen. Diesen Basisbedürfnissen stehen die Kategorien der Basisdienstleistungen wie laufendes Konto, der Inlands- und Auslandszahlungsverkehr, das Cash-Management, das Wertpapiergeschäft sowie das Dokumentengeschäft und allgemeine Kreditgeschäft gegenüber. Diese Leistungen haben zunehmend den Charakter von Commodities. Der auf diesen Standardansprüchen ausgetragene Wettbewerb verkommt in der Regel in einem reinen Zins- und Konditionskampf. Es gibt nur minimale Möglichkeiten der Nutzendifferenzierung, etwa in einer Reduzierung der Fehlerquote auf null, in einer schnellen und flexiblen Abwicklung. Die Werttreiber zur Erzielung von den oben genannten Effizienzvorteilen in Form von Stückkostendegression und zahlungsunempfindlichkeitsabschöpfenden Konditionstableaus sind nur marginal und schnell kopierbar. Echte Economic Value Addeds (EVA) können darüber nicht mehr erzielt werden, weil die Bank keinen besonderen Mehrwert schafft.

Von daher gilt es, diejenigen strategisch relevanten Bedürfnisse und Erwartungen im Firmenkundengeschäft zu treffen, die sowohl eine Wettbewerbsrelevanz haben und/oder im Verhältnis zu Konkurrenzbanken eine hohe Handlungsnotwendigkeit im eigenen Hause besitzen. Je genauer und situationsgerechter es gelingt, in der Firmenkundenbetreuung die jeweils individuell vorliegenden Bedürfnisse zu identifizieren und daraufhin Marketingmaßnahmen auszurichten, umso leichter sind Wettbewerbsvorteile zu erzielen. Dabei soll hier nicht auf die vielfältigen Bedürfnisstrukturierungen der Theorie eingegangen werden. Vielmehr soll aus einer Vielzahl von regionalen und nationalen bankspezifischen Untersuchungen ein qualitatives Ranking von Unternehmererwartungen an Banken bzw. die relative Wichtigkeit der einzelnen Leistungsparameter für die Höhe der Kundenzufriedenheit aufgelistet werden. Dabei zeigt sich immer wieder, dass die Sicht der Firmenkundenbetreuung mit »*den Augen der Bank*« erheblich abweicht von der Sichtweise der Wahrnehmung der Ansprüche und Bedürfnisse aus der Sicht »*der Augen der Firmenkunden*«. Demnach zeigen sich für den deutschen Bankenmarkt als strategisch relevant und handlungsnotwendig folgende (Abb. 6, Unternehmenserwartungen) zentralen Bedürfnisse mit den nachfrageentscheidenden Motiven und Emotionen (siehe hierzu Limbic Map, Gruppe Nymphenburg, 2000, 2001, 2004) des Firmenkunden:

1. Vertrauensvolle, offene, zuverlässige und einfühlsame Betreuung
   = Persönlichkeit
   (Akzeptanz)

2. Qualität in der Beratung
   = Fachwissen
   (Kompetenz)

3. Bessere Information, Kommunikation
   = Aktivität
   (Intensität)

4. Gute transparente, marktgerechte Zinsen für die Bankleistungen
   = Preis-/ Leistungsverhältnis
   (Angebot)

5. Schnelligkeit, Flexibilität und Entscheidungsfreudigkeit
   = Effizienz
   (Organisation/ Prozesse)

6. Einheitlichkeit in Verhalten, Erscheinung und Kommunikation
   = Corporate Identity
   (Image)

7. Beratungsleistungen wie z.B. Marktanalysen, Erfolgsplanung, Zukunftsvorsorge
   = Service
   (Kontakt)

Abb. 6   Unternehmenserwartungen (Ranking der Bedürfnisse)

1. Eine sich gegenseitig vertrauende (Loyalität), offene und einfühlsame (Empathie) Betreuungsleistung für die Firmenkunden
   Diese Erwartung kann in Qualitäts- und Akzeptanzvorteilen durch die Persönlichkeit des Firmenkundenbetreuers selbst gelöst werden. Die Erfül-

lung von Geborgenheit, Sicherheit und Harmonie (Balance-Motiv) hat die stärkste Bindungskraft im Gehirn des Firmenkunden.
2. Qualitativ hochwertige Firmenkundenberatung in allen Bedarfssituationen, in denen Bankdienstleistungen als Problemlöser infrage kommen

Das Fachwissen in Form der nötigen sachlichen Kompetenz bietet weitere Ansatzpunkte, um Qualitätsvorteile zu erzielen. Es spricht das emotionale Dominanzsystem beim Firmenkunden an: den Wunsch nach Leistung, Effizienz, aktivierende Macht, Überlegenheit und Status, nach Qualität, Disziplin und Kontrolle..

Hinsichtlich der Wichtigkeit des Bedürfnisses bei Firmenkunden bzw. der Wichtigkeit der aufgeführten Leistungsparameter nehmen die Punkte 1 und 2, also die menschliche und fachliche Betreuungsqualität der Firmenkundenbetreuer, mit 60 bis 80 Prozent eine überragende Bedeutung ein. Das heißt nicht, dass die weiteren hier genannten fünf bedeutsamen Bedürfnisse und Erwartungen der Firmenkunden an Banken überflüssig in der Leistungserstellung sind. Vielmehr deutet es darauf hin, dass es sich dabei zwar um über Basisanforderungen hinausgehende Leistungsparameter im Firmenkundengeschäft handelt, aber dennoch nur notwendige Bedingungen bzw. so genannte K.o.-Faktoren darstellen.

Andererseits zeigen alle Erfahrungen und Verlautbarungen in den letzten 15 Jahren, dass tendenziell die Zufriedenheit von Unternehmen und Selbstständigen mit der Betreuungsqualität der Kreditinstitute abnimmt.

Auf die Frage, wie stark die Unternehmen und Selbstständigen die Kriterien der fachlichen Problemlösungskompetenz im Verhältnis zur personalbegründeten Vertrauenswürdigkeit bei der Entscheidung über die Zusammenarbeit mit einer Bank gewichten, überwiegen mit knapp 55 Prozent Anteil die psychosozialen Aspekte. Gerade vor dem Hintergrund der Diskussion um Basel II und den damit einhergehenden verstärkten qualitativen Anforderungen im Firmenkundengeschäft kommt den Bedürfnissen nach Vertrauen und Loyalität eine noch höhere Bedeutung zu. Insgesamt lässt sich aber damit feststellen, dass Relationship Marketing der zentrale Erfolgsansatz im Firmenkundengeschäft auch in Zukunft sein wird. Und dies unabhängig von modischen und zeitlichen Trends. Nur wenn mit einer hohen Priorität diejenigen Problemlösungsparameter im Firmenkundengeschäft verfolgt werden, bei der sowohl eine hohe Wichtigkeit und auch gleichzeitig eine vergleichsweise geringe Zufriedenheit vorliegt, kann ein deutlicher Mehrwert im Firmenkundengeschäft generiert werden.
3. Bessere Information und interaktive Kommunikation

Das Stimulanzmotiv fordert optimistische Aktivitäten, verlangt nach Neuem, nach Erlebnis und nach Individualität.

Unternehmen und Selbstständige erleben die Banken als zu passiv. Sie erwarten mehr Aktivität im Sinne der Lösung von Problemen und oft auch eine intensivere Zusammenarbeit. Auffallend dabei ist das Phänomen der nonverbalen *»Aneinander-vorbei-Kommunikation«*. Firmenkundenbetreuer sind überwiegend der Meinung, dass Unternehmen und Selbstständige weniger Ansprache erwünschen, dass es als aufdringlich empfunden werde, wenn Banken zu oft nachfassten. Diese Meinungen beruhen oft auf Vorurteilen, auf zu viel Beschäftigung mit Backoffice-Arbeiten und damit zu wenig Zeit für aktive Kundenberatung und schließlich auch auf mangelnde Extrovertiertheit und Fähigkeit in der sozialen Kompetenz.

Andererseits äußern zwar befragte Unternehmen und Selbstständige ihre Unzufriedenheit über die Passivität der Banken, geben aber zu, dass sie dies selbst nicht direkt reklamieren. Es ist nach wie vor erstaunlich, wie viele Erfolgstrübungen in Form von Vorurteilen und Illusionen im Firmenkundengeschäft auf beiden Seiten vorliegen.

4. Gute, transparente und marktgerechte Zinsenkonditionen für die Bankdienstleistungen

Dies betrifft die Angebotsseite und damit implizit das Preis-Leistungs-Verhältnis als Möglichkeit, sich über Leistungsvorteile zu profilieren. Selbst wenn in allen Befragungen festzustellen ist, dass Unternehmen und Selbstständige doch noch relativ wenig über Bankleistungen wissen als Banker vermuten, so gehen sie doch davon aus, dass durch die intensive Kommunikation aller Kreditinstitute Universalbankleistungen zu rechtfertigungsfähigen und marktgerechten Konditionen angeboten werden. Eine Profilierung ist möglich, wenn Produktschwerpunkte bei anspruchsvollen, know-how-intensiven Finanzdienstleistungen erreicht werden.

Das Marketinginstrument »*Price*«, wie wohl von den Firmenkundenbetreuern in internen Gesprächen immer als das Wichtigste eingeschätzt, findet sich in manchen Untersuchungen nicht einmal auf Rang 4, sondern lediglich auf Rang 6. Firmenkunden gehen ohnehin davon aus, dass sie bei ihrer Hausbank gut und fair behandelt werden und dass immer wieder Preiszugeständnisse die Praxis sind. Tatsächlich ist es aber auch so, dass bei Tiefeninterviews festgestellt wurde, dass die Mehrzahl der Firmenkunden überhaupt nicht über die aktuellen Konditionen Bescheid weiß. Gerade bei Unternehmen wäre das Modell der traditionellen Theorie der Wirtschaftswissenschaften, der homo oeconomicus, der rational auf beste Preise reagiert, zu erwarten gewesen. In der Praxis agieren jedoch die Unternehmen und deren handelnde Organe überwiegend ganz anders. Es lässt sich kein eindeutiger Nachweis in den empirischen Beobachtungen über einen positiv korrelierten Zusammenhang zwischen niedrigen Konditionen und Bankabsatzerfolg belegen. Unabhängig davon »*kaufen*« sich gerade im Firmenkundengeschäft die Banken überdimensionierte Risiken ein, denen keine adäquate Risikoprämie und -sicherung gegenüberstehen. Der Crowding-Out zwischen persönlicher und fachlicher Betreuungsqualität und Konditionsvorteilen scheint eher noch zuzunehmen. Gerade die Charakteristika der Bankdienstleistungen durch die Absatzbeziehung über eine Zeit hinweg mit den Kriterien Loyalität, Verlässlichkeit, Kontinuität und problemlösender Dienstleistung für das Unternehmen lassen die Konditionspolitik der Banken in einer anderen Bedeutung erscheinen. Unternehmen kaufen eben keine Produkte und Preise bei Banken, sondern bezahlen zufrieden stellende Leistungsparameter zur Lösung ihrer betrieblichen Probleme. Auch Unternehmer können reale und nominale Werte nur unzureichend unterscheiden; sie unterliegen auch der Geldillusion und internalisieren die Komplexität von Finanzentscheidungen nur schwach in ihrer Unternehmensführung.

5. Schnelligkeit, Flexibilität und Entscheidungsfreudigkeit

    Dies betrifft die gewünschte Effizienz in der Leistungserstellung, in Form von Zeitvorteilen und dem optimalen Management der Wertschöpfungskette innerhalb der Bank. Effiziente Ablauf- und Aufbauorganisationen, Lösung der Schnittstellenproblematiken und der kundengerechten Aufteilung von Kundenbetreuungsaufgaben, Kompetenz unter Verantwortung sind die nötigen Handlungsparameter für Banken.

6. Einheitlichkeit in Verhalten, Erscheinung und Kommunikation

    Die Corporate Identity als Markierungsvorteil im Firmenkundengeschäft und das damit auch generierte Image als beim Firmenkunden subjektiv wahrgenommene Bank, die in diesem Geschäftsfeld Bedeutung hat, nimmt gerade in turbulenten Bankenzeiten an Bedeutung zu.

7. Beratungsleistungen und Dienstleistungen, die über das klassische Commercial Banking hinausgehen

    Die Profilierungsansätze betreffen hier nicht nur Leistungen wie Corporate Bonds, Währungsmanagement, Zinsmanagement, Asset-Management und diverse Finanzinnovationen, sondern vor allem können verschiedene Formen von Value-Added-Services Innovationsvorteile erzielt werden. Diese müssen aber auch wieder im direkten Kontakt dem Firmenkunden nahe gebracht werden.

    Neben den grundlegenden Erfahrungswerten zeigt Anlage 1 die Untersuchungsmaske mit Ergebnissen in einem hoch kompetitiven Geschäftsgebiet.

    Den verschiedenen Statistiken zufolge zählen weniger als 1 Prozent oder nur ca. 6500 Betriebe zu den so genannten großen Unternehmen mit den Abgrenzungskriterien mehr als 500 Beschäftigte bzw. mehr als 50 Millionen Euro Jahresumsatz. Über 99 Prozent aller inländischen Unternehmer zählen zu den kleinen und mittelständischen Unternehmen.

    Das Konstrukt der akzeptanz- und kompetenztransferierenden persönlichen Kommunikation trifft bei allen Unternehmen und Selbstständigen ein wichtiges, relativ unbefriedigtes Bedürfnis/Problem. Dann ist für alle Kreditinstitute der zentrale Ansatz zur Erzielung von Effektivitätsvorteilen durch eine Nettonutzen-Differenzierung. Dies gilt tendenziell, je kleiner der Unternehmenskunde ist und je höher die Komplexität der Bankdienstleistung ausfällt. Aber auch bei den Finanzmanagern der Großunternehmen konnte signifikant festgestellt werden, dass die Größe des Unternehmens nicht eindeutig positiv korreliert ist mit rein konditionsbedingten Erfolgsparametern, sondern dass der Finanzmanager sein Bedürfnis nach Anerkennung, Aufmerksamkeit über psychosoziale Interaktionen mit dem Firmenkundenbetreuer zu befriedigen sucht.

2.2.3 Nutzenniveau als Grad der Firmenkundenzufriedenheit

»Nur vom Nutzen wird die Welt regiert«, so äußert sich bereits Friedrich Schiller. Der Nutzen für Firmenkunden als Grundlage für die Zusammenarbeit mit einem Kreditinstitut ist definiert als Art und Grad individueller und situativer Bedürfnisbefriedigung bzw. Problemlösung. Erfolgreiche Banken sind virtuose Bedürfnisbefriediger/Problemlöser. Sie erlangen dadurch wirtschaftlich, sozial und ethisch begründbare Macht gegenüber Kunden, differenzieren sich vom Wettbewerber, positionieren sich am Markt und erzeugen Attraktivität gegenüber Mitarbeitern. Bereits der griechische Philosoph Platon stellte dazu passend fest: *»Indem wir das Wohl anderer erstreben, fördern wir unser eigenes.«*

Ausgehend von der Verankerung der Kundenorientierung in der Unternehmensphilosophie einer Bank führt Kundenzufriedenheit zu Kundenbindung und Loyalität und daraus wiederum zu Erfolg im Markt, für Firmenkunden und Kunden zu ökonomischem Profit.

Der Zufriedenheitsgrad bzw. das Nutzenniveau, das ein Firmenkunde aus der Zusammenarbeit mit einer Bank zieht, hängt vom Niveau der Konfirmation (Diskonfirmation) wahrgenommener Problemlösung mit einem Problem/Erwartung und dem mehr oder weniger konkurrenzbeeinflussten Vergleichsmaßstab ab (Abb. 7: C/D-Paradigma). Ob ein Firmenkunde in Zusammenarbeit mit einem Kreditinstitut

- ein vollkommen zufrieden gestellter, überzeugter (begeisterter) Kunde ist, weil er mehr erhält als erwartet hat, oder
- ein zufriedengestellter Kunde ist, weil er in etwa erhält, was er erwartet hat, oder
- ein wenig zufrieden gestellter bzw. enttäuschter Kunde ist, weil er weniger erhält, als er erwartet hat,

hängt ab vom Ergebnis des Vergleichsprozesses mit
- den individuellen Erwartungen, Bedürfnissen, Ansprüchen (sollte wichtiges Leistungsmerkmal betreffen) im Verhältnis zur
- subjektiv wahrgenommenen Leistung in Form des Bankdienstleistungsergebnisses und der Art des Leistungserstellungsprozesses durch die Firmenkundenbetreuung (Mitarbeiterverhalten),
- der wahrgenommenen Differenz des Leistungsniveaus zu Angeboten konkurrierender Kreditinstituten und
- dem Abgleich mit idealen Erwartungen.

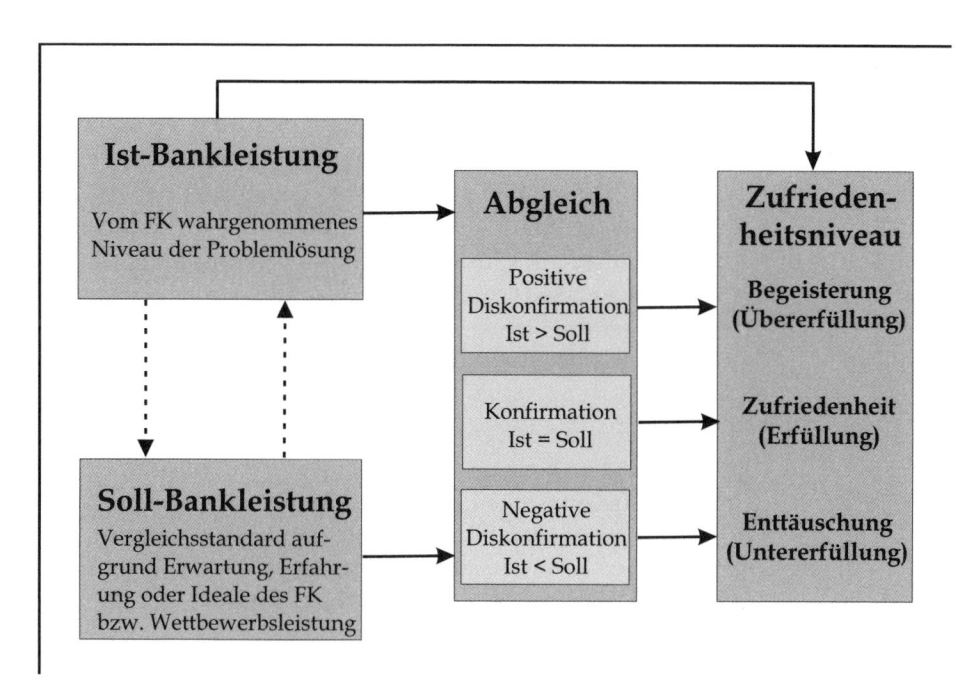

```
┌─────────────────────────────────────────────────────────────────────┐
│   ┌──────────────────┐         ┌──────────┐        ┌──────────────┐ │
│   │ Ist-Bankleistung │────────▶│ Abgleich │───────▶│ Zufrieden-   │ │
│   │ Vom FK wahr-     │         └──────────┘        │ heitsniveau  │ │
│   │ genommenes       │         ┌──────────┐        │ Begeisterung │ │
│   │ Niveau der       │         │ Positive │───────▶│(Übererfüllung)││
│   │ Problemlösung    │         │ Diskonf. │        │              │ │
│   └──────────────────┘         │ Ist>Soll │        │ Zufriedenheit│ │
│                                │Konfirm.  │───────▶│ (Erfüllung)  │ │
│   ┌──────────────────┐         │Ist=Soll  │        │              │ │
│   │ Soll-Bankleistung│         │ Negative │        │ Enttäuschung │ │
│   │ ...              │────────▶│ Diskonf. │───────▶│(Untererf.)   │ │
│   └──────────────────┘         │ Ist<Soll │        │              │ │
│                                └──────────┘        └──────────────┘ │
└─────────────────────────────────────────────────────────────────────┘
```

Abb. 7 Confirmation/Disconfirmation-Paradigma im Firmenkundengeschäft

Der subjektiv (kognitiv und affektiv) wahrgenommene Zufriedenheitsgrad der Firmenkunden wird umso höher sein, je höher der Kunde die erhaltene Bankleistung bewertet, d.h. je besser beim Kunden der Abgleich von erwarteter und wahrgenommener Leistung der jeweiligen Bank in Konkurrenzdifferenzierung bewerkstelligt werden kann.

Im Firmenkundengeschäft kann jede Bank Aktionsvariablen einsetzen, um sowohl die Kundenerwartungen (= Soll-Leistung) als auch das wahrgenommene Bankleistungsniveau (= Ist-Leistung) zu beeinflussen. So werden z.B. dem Lebensmitteldiscounter Aldi höchste Kundenzufriedenheitswerte zugemessen. Ein Grund hierfür ist, dass Aldi in bestimmten Luxuskategorien kaum Kundenerwartungen weckt und somit mit seinem eher standardisierten niederen Leistungsniveau leicht Kundenbegeisterung erzeugen kann und damit überdurchschnittliche Werte schöpft.

Eine Bank beeinflusst das erwartete Niveau ihrer Soll-Leistung durch die Art, wie sie ihr Angebot gestaltet, sich der Vertrieb verhält, die Persönlichkeitsstruktur der Finanzmanager auf der Unternehmerseite mit ihren Erfahrungen und Lernquoten sowie die Beeinflussung durch kommunikative Maßnahmen wirkt. Gestaltungsvariablen für die Ist-Leistung (das wahrgenommene Bankleistungsniveau) sind unter anderem die fachliche Kompetenz der Beratung, die soziale Kompetenz, das Preis-Leistungs-Verhältnis, die telefonische Erreichbarkeit, Zuverlässigkeit und Termintreue, Öffnungszeiten und Erreichbarkeit, Verständlichkeit von Angeboten und Korrespondenz, Reklamationsverhalten, Ausbildungsniveau der Bankdienstleistungsersteller, Firmenkundenbetreuerverhalten, Motivations- und Vergütungssysteme, Mitarbeiterzufriedenheit und Mitarbeiterloyalität.

Über die Entstehung von Kundenzufriedenheit und dem Niveau von Kundenzufriedenheit als Bestätigungsprozess (Konfirmation) von der wahrgenommenen Bankdienstleistung und von der erwarteten Leistungsqualität von Banken als Vergleichsstandard gibt es zahlreiche theoretische Erklärungsansätze (ein Überblick findet sich in Christian Homburg [Herausgeber, 4. Auflage 2001, S. 24]). In der Praxis des Firmenkundengeschäftes gibt es Bestätigungen für alle Theorieansätze, jedoch keinen allgemein gültigen Ansatz über die Entstehung von Firmenkundenzufriedenheit. Dazu ist die Geschäftsbeziehung zwischen Firmenkunden und Bank zu komplex, dynamisch und individuell in der Problemstellung und auch zunehmend mehr diskontinuierlich. In Anlehnung an das Lebenszykluskonzept kann der Konfirmationsprozess zu entsprechenden Zufriedenstellungsniveaus betrachtet werden in Abhängigkeit
- des Lebenszyklus der Unternehmen und Selbstständigen und dem in den einzelnen Zyklen vorkommenden Bedarf nach Bankdienstleistungen und
- den einzelnen Phasen des zeitlichen Verlaufes einer Firmenkundenbeziehung zu einer Bank.

Wird der Kundenbedarfslebenszyklus betrachtet, so hängt die gegenwärtige und zukünftige Kundenzufriedenheit je nachdem davon ab, ob sich ein Unternehmen in der Existenzgründung befindet, im Markteinstieg, in der Wachstums- und Expansionsphase, in der Reifephase, in der Wende-, Niedergangs- oder Konkursphase.

Und in der Art der Gestaltung der Geschäftsbeziehung (Kundenbeziehungslebenszyklus) differieren Kundenerwartung und Zufriedenstellung je nachdem, ob es sich um die Kundenakquisitions- bzw. Kundenanbahnungsphase, die Sozialisations- bzw. Betreuungsphase, um Kunden zu binden, die Phase der Reklamation seitens des Firmenkunden, die Phase der Rückgewinnung verlorener Kunden und um die Phase des endgültigen Kundenverlustes handelt.

In allen diesen Lebenszyklusphasen gibt es verschiedene Betrachtungen zur Entstehung von Kundenzufriedenheit: So zeigt die praktische Erfahrung, dass Unternehmen und Selbstständige überwiegend nach einer konsistenten bzw. konsonanten Bankbeziehung streben. Das liegt auch daran, dass Firmenkunden Bankgeschäfte nicht als ihr originäres Geschäft erleben und es daher störungsfrei, d. h. in einem kognitiven Gleichgewicht verlaufen soll. Harmonisch ausgewogene Beziehungen werden dann gegenüber unharmonischen bevorzugt. Liegt also eine Diskrepanz zwischen den Erwartungen und Bedürfnissen der Firmenkunden und der wahrgenommenen Problemlösungsrealität der Bank vor (kognitive Dissonanz), so hat der Unternehmerkunde das Bedürfnis, diese Dissonanz irgendwie zu verringern und stärkere Konsonanz/Konsistenz wieder herzustellen. Dies führen Firmenkunden dadurch aus, dass sie entweder eine Anpassung ihrer Erwartungen oder eine nachträgliche Anpassung der Wahrnehmung der Leistung vornehmen, damit die Zufriedenheit wieder an das

Konfirmationsniveau angeglichen wird (Assimilations- bzw. Konsistenztheorie als Weiterentwicklung der Dissonanztheorie von Festinger, 1957). Im Gegensatz zur Assimilationstheorie gibt es aber auch Fälle, in denen begeisterte Firmenkunden (Übererfüllung der Erwartungen und Bedürfnisse) die erbrachten Leistungen noch positiver einschätzen als geschehen. Also das Zufriedenheitsniveau wird noch mehr erhöht. Andererseits passiert es, dass bei einer Enttäuschung der Zufriedenstellung gemessen an den Erwartungen die Unzufriedenheit des Firmenkunden noch mehr steigt und Eskalationen möglich sind (Kontrasttheorie).

Allerdings ist die Empfindlichkeitsschwelle im Firmenkundengeschäft hinsichtlich des »emotional Schönredens« einer Erfahrung mit Bankdienstleistungen nach der Assimilationstheorie und des Umkippens der Zufriedenstellungsempfindung nach der Devise »himmelhoch jauchzend« oder »zu Tode betrübt« nach der Kontrasttheorie sehr eng. Die Erfahrung trifft vor allem in nachträglicher Betrachtung von Konditionen zu, aber insbesondere in den Situationen der Störung der Firmenkundenbeziehung und vor allem in Krisenzeiten.

In einem engen Zusammenhang dazu steht die so genannte Gewinn-Verlust-Theorie (nach Aronson, 1969). Nach dieser Anschauung wird die interpersonelle Attraktion des Firmenkundenbetreuers bzw. die Sympathie zu einer Bank stärker beeinflusst, wenn diese ihre Einschätzung für den Firmenkunden verändern, als wenn sie sie konstant belassen. So findet ein Unternehmer einen Firmenkundenbetreuer noch sympathischer und damit die Geschäftsbeziehung noch zufrieden stellender, wenn dieser ihn im Laufe der Zeit immer höher einschätzt und ein Mehr an Zuwendungen gibt als ein anderer Betreuer, der ihm schon immer zugetan war. Im umgekehrten Fall wird die Firmenkundenbetreuung als noch unsympathischer bzw. als nicht zufrieden stellend empfunden, wenn eine Bank ihre Einschätzung zum Unternehmen allmählich immer negativer äußert, als wenn sie mit der Qualität des Firmenkunden noch nie zufrieden gewesen ist.

Das rührt daher, dass, wenn ein Firmenkundenbetreuer eine positive Beurteilung über einen Unternehmer abgibt, dies zunächst Freude, d.h. eine höher als erwartete Zufriedenstellung erzeugt. Wird später daraus eine negative Aussage (= Verlust), so wirkt diese auf doppelte Weise negativ verstärkend. Einmal hat die negative Aussage für sich allein genommen einen bestrafenden Effekt, und zum anderen reduziert sie darüber hinaus auch noch die vorher gemachte positive Erfahrung und damit Zufriedenstellung.

Macht andererseits der Firmenkundenbetreuer zunächst negative Beurteilungen über ein Unternehmen, so erzeugt er Angst und Unzufriedenheit. Revidiert er aber diese später hinsichtlich einer positiven Aussage (= Gewinn), dann wirkt diese auf doppelte Weise emotional verstärkend als sie tatsächlich kognitiv war. Eine einmal getätigte positive Aussage für sich allein genommen ist schon ein belohnender Effekt und zum anderen reduziert sie darüber hinaus noch die vorher vorherrschende Angst und Unzufriedenheit. Darüber hinaus gibt es Mehrfaktorenmodelle der Kundenzufriedenheit, die zeigen, dass nicht alle von einer Bank erbrachten Dienstleistungen gleichermaßen die Firmenkundenzufriedenheit bewirken. Demgemäß kann unterschieden werden in Leistungsfaktoren, die nicht zur Erfüllung der Erwartungen der Firmenkunden führen (Firmenkundenzufriedenheit unter dem Konfirmationsniveau), in Leistungsfaktoren, die zur exakten Erfüllung der Firmenkundenerwartungen führen (Firmenkundenzufriedenheit auf dem Konfirmationsniveau), und Leistungsfaktoren, die mehr als die Firmenkundenerwartungen erfüllen (Firmenkundenzufriedenheit über dem Konfirmationsniveau). Diesen Modellen zufolge wird also Firmenkundenzufriedenheit direkt vom Erfüllungsgrad der Firmenkundenerwartungen bestimmt. Das Konfirmationsniveau und damit Zufriedenheitsniveau von Firmenkunden hängt also immer vom Abgleich des Erwartungsniveaus und Leistungsniveaus ab.

Demgemäß kann unterschieden werden in Leistungsfaktoren einer Bank, die lediglich Basisfaktoren (Basics) darstellen. Basics im Firmenkundengeschäft sind unter anderem ansprechende Geschäftsräume, Nähe zum Kunden, zeitgemäße technische und materielle Ausstattung, gepflegtes Erscheinungsbild der Mitarbeiter, Mindeststandards an Leistungskompetenz und Reagibilität sowie Diskretion und Verlässlichkeit. Die Erfüllung dieser Basics im Firmenkundengeschäft führt lediglich zu einer Vermeidung von Unzufriedenheit. Das Konfirmationsniveau der Firmenkundenzufriedenheit ist damit noch nicht erreicht. Basics gelten als Selbstverständlichkeiten. Eine Nichterfüllung dieser grundlegenden Leistungsfaktoren führt zu erheblicher Unzufriedenheit, d.h. zu einem Absinken der Zufriedenheit unter das Konfirmationsniveau. Eine Steigerung des Leistungsniveaus in den Basisfaktoren führt beim Firmenkunden zu keiner signifikanten Nutzensteigerung. Der Grenznutzen der Profilierung über diesen Weg ist null bzw. wird sogar negativ.

Anders steht es um die handlungsnotwendigen Leistungsfaktoren (Satisfying) für die Firmenkunden. Handlungsnotwendige Faktoren betreffen eine auf den individuellen Fall und auf die individuelle Firmenkundensituation abgestimmte Problemlösung, bei der die spezielle Bedürfnisbefriedigung das Konfirmationsniveau erreicht und damit eine Voraussetzung für stabile Kundenbeziehung und Kundenbindung darstellt. Handlungsnotwendige Faktoren sind einerseits, dass die Problemlösung von der Bank für Firmenkunden maßgeschneidert auf deren Bedürfnis stattfindet (Customized), bequem (Convenience) und leistungsgerecht (Competence) in der erwarteten Zeit angenommen, bearbeitet und entschieden wird und zudem die Konditionen marktgerecht im Erwartungshorizont liegen. Die Erfüllung von handlungsnotwendigen Faktoren führt zu zufriedenen Kunden, die weniger abwanderungsgefährdet sind und in zwei von drei Fällen die Bank auch Geschäftsfreunden weiterempfehlen würden.

Bezüglich der strategisch relevanten Leistungsfaktoren (Surprising) kann zwar unterstellt werden, dass Firmenkunden zunächst bezüglich dieser erfüllten Leistungen keine konkreten Erwartungshaltungen haben. Insofern führt es auch zu keiner Kundenabwanderung oder Geschäftseinschränkung, wenn diese Leistungen nicht erfüllt werden. Andererseits ist es möglich, durch Aufbau strategisch relevanter Leistungsfaktoren bei bestehenden Kunden ein Zufriedenheitsniveau oberhalb des Konfirmationsniveaus zu erzeugen. Dies ist möglich dadurch, dass eine Bank im Firmenkundengeschäft auf der Grundlage vorteilhafter Personal-, Produkt- und Prozesspolitik die oben genannten Leistungsfaktoren besser, schneller und wirtschaftlicher in der Wahrnehmung der Kunden und potenziellen Nichtkunden erbringt. Dadurch ist es möglich, mit bestehenden Kunden noch exklusiver und expansiver zu arbeiten, d. h., sie werden noch bestehende Bankverbindungen abbauen oder Geschäfte verlagern. Ferner ist es auch dadurch möglich, gewünschte und ertragversprechende bzw. risikoadjustierte Nichtkunden im Firmenkundengeschäft zu gewinnen.

Neben den ausgewählten Erklärungsbeiträgen zur Entstehung von Firmenkundenzufriedenheit stellt sich natürlich auch die Frage nach den verschiedenen Dimensionen der Kundenzufriedenheit. Es herrscht allgemeiner Konsens, dass im Firmenkundengeschäft die Dienstleistungs- bzw. Produktqualität als der bedeutendste strategische Wettbewerbsfaktor gilt. Nur bei einer bestimmten Bankdienstleistungsqualität zu einem marktgerecht akzeptierten Preis kann der Nutzen für den Kunden und damit das Konfirmationsniveau gesteigert werden. In Anlehnung an das so genannte SERVQAL-Konzept (Zeithaml/Berry/Parasuraman, 1988) aus dem Dienstleistungsbereich lassen sich folgende allgemeine Qualitätsmerkmale für das Firmenkundengeschäft herauskristallisieren:

- physisches Umfeld/Erscheinungsbild (*»Tangibles«*): aus den grundlegenden Firmenkundenerwartungen nach angenehmen und leicht zu erreichenden Räumlichkeiten, gepflegten Mitarbeitern und geeigneter technischer Ausstattung sowie Arbeitsmaterialien
- Leistungskompetenz (*»Assurance«*): auf der Grundlage der Fachkompetenz und Fähigkeitspotenziale der Mitarbeiter gilt es, diese Potenziale auch durch den aktiven Einsatz und offensives Informationsverhalten im Prozess mit dem Firmenkunden wirksam werden zu lassen
- Einfühlungsvermögen (*»Empathy«*): durch Kommunikations- und Kontaktfähigkeit, Begeisterungsfähigkeit und Liebe zur Problemlösung gilt es für den Firmenkundenbetreuer, sich in die individuelle Situation des jeweiligen Unternehmenskunden zu versetzen und mit
- Leistungswillen (*»Responsiveness«*): reagibel durch Schnelligkeit, Flexibilität, Erreichbarkeit merkbar für einen Kunden Erwartungen zu erfüllen und somit Bindung und Vertrauen aufzubauen durch
- Zuverlässigkeit (*»Reliability«*): durch Richtigkeit und Rechtzeitigkeit der versprochenen Leistungsstellung erzeugt die Firmenkundenbetreuung ein Ergebnis, das eine *»Win-Win-Position«* ermöglicht.

Über diese realisierten Leistungsdimensionen kann Firmenkundenzufriedenheit entstehen. Firmenkundenzufriedenheit wirkt sich aus in Kundentreue,

Kundenbindung und Kundenloyalität. Auf dieses Ziel der Kundenzufriedenheit und dessen Wirkungen gilt es im Weiteren einzugehen.

2.2.4 Firmenkundenloyalität als Hort unterscheidender Stabilität

Während das herkömmliche Transaktionsmarketing den Kaufakt mit Tauschware gegen Geld zum gleichen Zeitpunkt im Visier hat, zielt das Relationship Marketing auf eine Kundeninvestition zum jetzigen Zeitpunkt mit der Absicht, später bzw. über langfristige Zeiträume hinweg wiederkehrende Kaufakte zu ermöglichen und den Kunden als nachhaltige Ertragsquelle zu sehen.

Von daher ist auch im Firmenkundengeschäft der Banken wie in anderen Branchen die Kundenzufriedenheit der Ausgangspunkt für einen langfristigen Beziehungsaufbau und damit eine wichtige Zielgröße im Marketingmanagement. In zahlreichen empirischen Untersuchungen mittels Regressions- bzw. Kausalanalyse ist ein Zusammenhang zwischen Kundenzufriedenheit und -loyalität nachgewiesen worden (siehe dazu Homburg, Christian [Herausgeber, 2001, S. 55, 56], Abb. 8: Wirkungskette der FK-Loyalität). Alle Untersuchungen bestätigen einen Zusammenhang zwischen Kundenzufriedenheit und positivem Effekt auf die Kaufabsicht bzw. Kundenzufriedenheit und Kundenloyalität (Abb. 9 und 10). Aus langjähriger Erfahrung kann auch für den Bankenbereich, und insbesondere hier im Firmenkundengeschäft festgehalten werden, dass zufriedene Firmenkunden ein loyales Kundenverhalten zu ihrer Bank pflegen und sich gegenseitig aufeinander verlassen können. Und aus dieser Kundenloyalität speist sich der Erfolg einer Bank am Markt und in Zahlen ausgedrückt in ihrer Bilanz. Je stärker ein Unternehmer mit seiner Bank zufrieden ist, desto stärker ist die Bindung des Unternehmens an diese Bank. Allerdings lässt sich ein eindeutiger funktionaler Zusammenhang zwischen Kundenzufriedenheit und dessen bewirkende Kundenloyalität nicht feststellen. So sind progressive, sattelförmige, degressive oder s-förmige funktionale Zusammenhänge möglich. Im Wesentlichen hängt es von der einzelnen Situation, dem Marktumfeld, der Konkurrenzsituation, dem jeweiligen Bankdienstleistungsprodukt, dem Status des Kunden und dem Verlauf seiner bisherigen Geschäftsbeziehung mit der Bank ab. Erstmalig hatten Reichheld/Sasser (Abb. 11) mit ihrer Konzeption der »Zero-Migration« eindeutig belegt, dass die Verhinderung einer 5-prozentigen Kundenabwanderungsrate Gewinnbeitragsentwicklungen in Höhe von 25 Prozent bis 85 Prozent, differenziert nach Branchen, erbringt. Grundsätzlich gilt, dass die Kundenloyalität zu einer höheren Kundenprofitabilität führt und profitable Kunden zu profitablen Bankergebnissen beitragen. Letztlich spiegeln sich die unter dynamischen und potenzialorientierten Aspekten betrachteten risikoadjustierten Firmenkundenwerte als Teil des Shareholder Value einer Bank wider.

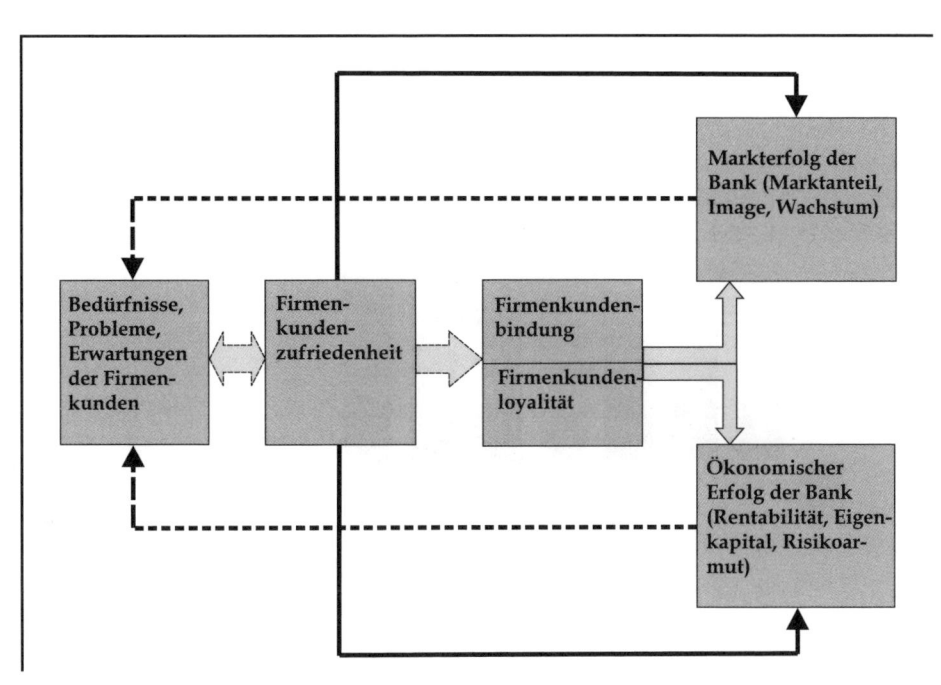

Abb. 8 Wirkungsketten der FK-Loyalität

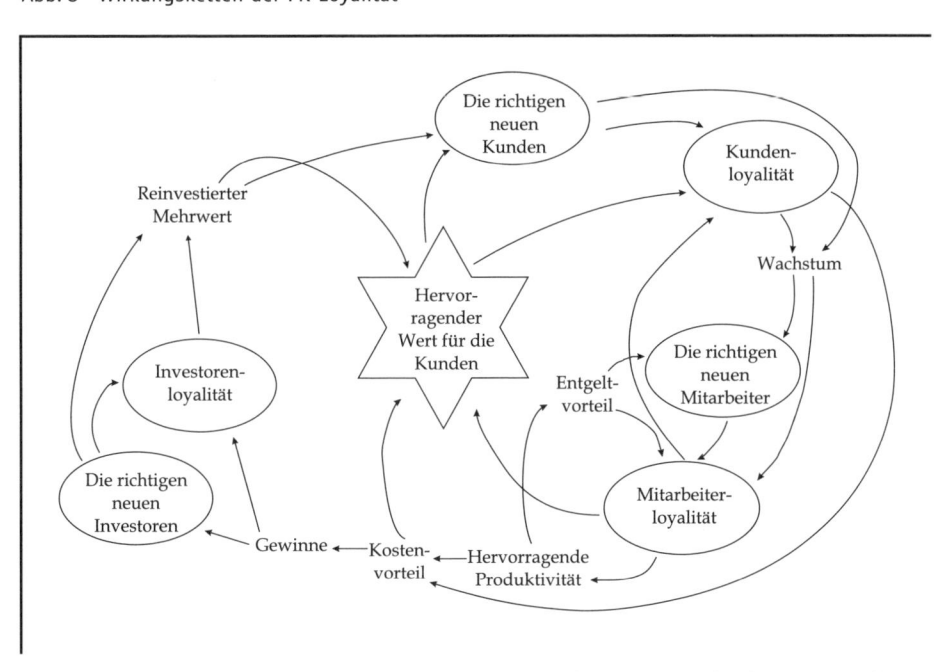

Abb. 9 Auswirkungen des Modells »Loyalität« (von Reichheld, S. 19, 20, 39) auf Gewinn, Wachstum und Mitarbeiterverhalten

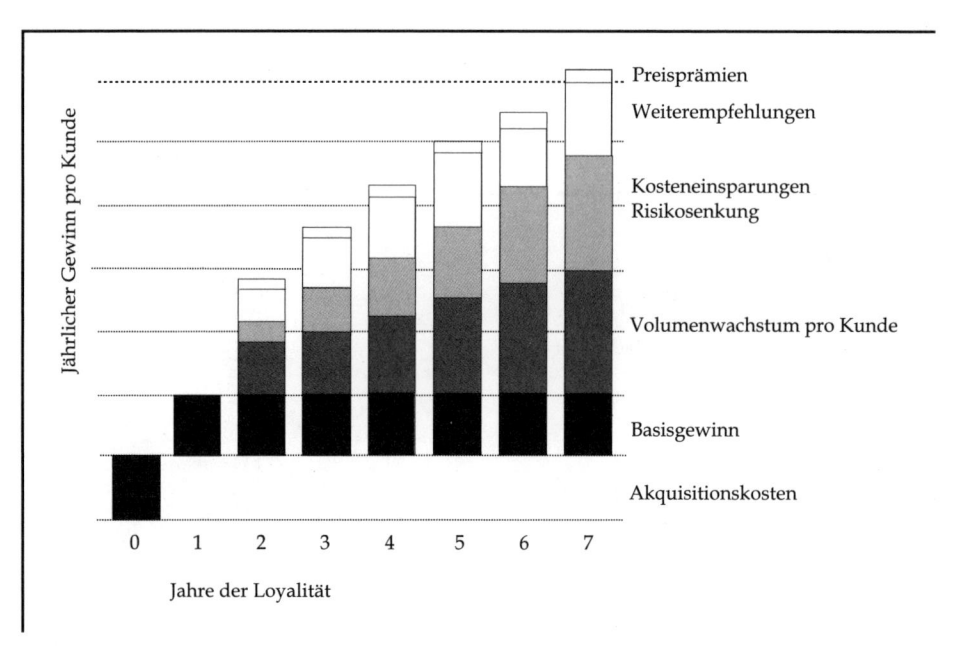

Abb. 10 Auswirkungen des Modells »Loyalität« (von Reichheld, S. 19, 20, 39) auf Gewinn und Wachstum

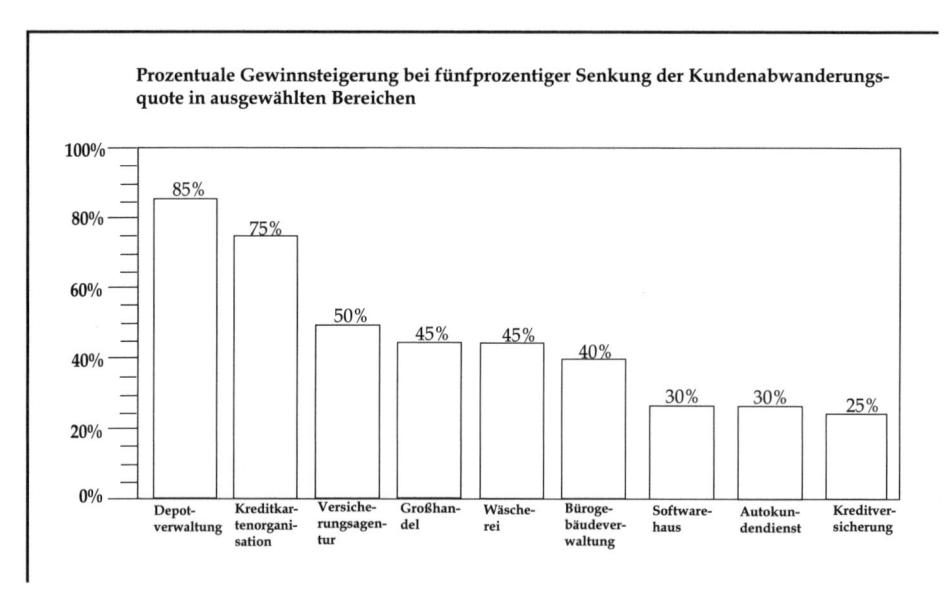

Abb. 11 Zero-Migration und Gewinn

Loyale Unternehmenskunden
- fragen bei Bedarf gleiche Bankdienstleistungen wieder nach,
- fragen weitere noch nicht genutzte Bankdienstleistungen nach (Cross-Selling/Cross-Buying) und
- empfehlen ihre Bank weiter, dienen als Referenzunternehmen i.S.v. »der Kunde dein bester Verkäufer« (Referenzwert).

Zahlreiche Untersuchungen in verschiedenen Branchen weisen ausdrücklich auf den positiven Zusammenhang zwischen Kundenzufriedenheit und Kundenloyalität zum Markterfolg und dem ökonomischen Erfolg von Unternehmen hin. So konnte auch für den Bankenbereich Cora et al., 2000 nachweisen, dass Bankfilialen mit hoher Kundenzufriedenheit und hoher Kundenloyalität wesentlich profitabler arbeiten als Filialen, bei denen Kundenzufriedenheit und Kundenloyalität geringer waren. Der Autor hat in mehreren Sparkassen und Banken Firmenkundenkonzeptionen entwickelt und umgesetzt. Dabei hat es sich jeweils gezeigt, dass die Deckungsbeiträge aus dem Kundengeschäft durch zunehmende Intensivierung des Relationship Marketing mit Firmenkunden zu rasch ansteigenden Deckungsbeiträgen führten. Diese Kurve flachte sich bei zunehmender Auslastung des Marktpotenziales und Relationship-Maßnahmen ab.

Die wesentlichen Argumente der integrativen Wirkung der Kundenloyalität auf umfassende Sicherheitsbedürfnisse des Kreditinstitutes, auf den Wunsch nach mehr Wachstum im Aktiv-, Passiv- und Dienstleistungsgeschäft sowie insbesondere auf die Rentabilitätssituation (Return on Invest) im Firmenkundengeschäft lassen sich folgendermaßen begründen:
- Mehr Sicherheit für die Bank

    Loyale Kunden führen zu einer Stabilisierung der Geschäftsbeziehung. Dies ist zurückzuführen einmal auf entsprechende Gewohnheit (Habitualisierung), der möglichen Immunisierung gegenüber Angeboten von Wettbewerbern, der höheren Toleranz gegenüber eigenen Fehlern der Bank und entsprechenden Sympathie- bzw. Empathiewerten und dem abnehmenden Wunsch nach Abwechslung (variety seeking).

    Der Banker hat intimeren Einblick in die Entwicklung der wirtschaftlichen Verhältnisse des Unternehmens und die Qualität der schuld- oder sachenrechtlichen Sicherheiten. Ratings können qualifizierter durchgeführt werden. Der Kunde kann leichter risikominimierend, -prophylaktisch gesteuert werden. Die Risikokosten sinken aber zudem durch Switch auf Kreditleistungen mit niedrigerer Eigenkapitalunterlegung (Eigenkapitalentlastung).

    Zudem ist die Feedbackbereitschaft infolge höherer Offenheit für das Kreditinstitut zu nutzen. So steigt die Auskunftsbereitschaft, die Bereitschaft zur Mitarbeit bei gemeinsamen Problemlösungen, die Kontakthäufigkeit und auch die Chance, Beschwerden offener auszudrücken und gezielter zu behandeln.

Zudem ist der Aktionsspielraum, mit dem Kunden neue Produkte zu probieren, neue Bankdienstleistungen einzusetzen, höher, weil der Kunde auch offener der Bank gegenüber ist und die Beziehung von mehr Vertrauen über die Zeit hinweg getragen wird.

Andererseits führen natürlich zu loyale Beziehungen mit Firmenkunden auch dazu, dass die Trägheit zunimmt, die Inflexibilität steigt und auch die Gefahr der Reaktanz überhand nimmt. Loyale Kunden können auch die freundschaftliche, familiäre Beziehung und das Vertrauen sowie die Verlässlichkeit einseitig ausnutzen. Sie erwarten mehr, als ihnen unter fairen Bedingungen zusteht. Firmenkunden werden dann zu »Kletten«, die Vorzugsbehandlungen erwarten und nach immer mehr Aufmerksamkeit und Zuwendung gieren. In diesem Kontext erwarten sie eine Risikobereitschaft ihrer Bank mit einhergehenden Kreditgewährungen, die nicht durch notwendige bzw. hinreichende Risikotragfähigkeit ihrerseits belegt werden kann.

- Mehr Wachstum des Geschäftsvolumens durch Kundenloyalität

  Aktiv-, Passiv- und Dienstleistungsgeschäfte können durch eine bessere Kundenpenetration gesteigert werden. Dies ist zurückzuführen auf die Möglichkeit der Steigerung der Nachfragehäufigkeit und -intensität, der Konzentration der Bankdienstleistungsnachfrage auf das eigene Institut und der damit verbundenen Möglichkeit zum Cross-Buying/Cross-Selling.

  Schließlich erwachsen aus stabilen Kundenbeziehungen mehr Kundenempfehlungen (Mund-zu-Mund-Propaganda). Je höher der Referenzwert des Firmenkunden, umso höher ist die Wahrscheinlichkeit, ein zusätzliches Wachstum zu generieren.

  Ferner besteht die Möglichkeit, den Kunden stärker in den Prozess der Bankdienstleistungserstellung zu integrieren. So können zum Beispiel in den gemeinsamen Gesprächen entweder gemeinsame Produktideen entstehen oder neue Märkte erschlossen werden, für die Finanzdienstleistungen nötig sind.

  Eine Gefahr besteht natürlich in einer negativen Mund-zu-Mund-Werbung und einer zu einseitigen Kundenstruktur. Man wird mit dem Kunden alt oder geht mit ihm in eine negative Risikopartnerschaft. Mit dem Wachstum des Volumens der Kundenbeziehung steigen auch die Fragen nach der Risikolage.

- Mehr Gewinn/Rentabilität durch Kundenloyalität

  Die Zins- und Provisionserlöse sind sicherlich einerseits durch die Cross-Buying-Effekte zu steigern, aber andererseits auch durch die gestiegene Preisbereitschaft. Es ist ein positiver Zusammenhang zwischen einer Veränderung von Kundenzufriedenheit und Preistoleranz zu erkennen. Die Preiselastizität sinkt. Firmenkunden vergleichen nicht mehr so intensiv die Konditionen und verfolgen auch nicht mehr die Geld- und Kapitalmarktentwicklungen im gleichen Umfang. Zudem führen nur marginale Zins- und Provisionsunterschiede bei sonst vorherrschender globaler Zufriedenheit nicht zum Verlagern der Geschäftsbeziehung oder der Gesamtbeziehung auf eine andere Bank.

Kosteneinsparungen bzw. degressive Effekte entstehen durch die höheren Amortisationsmöglichkeiten von Akquisitionskosten, durch die niedrigen Opportunitätskosten der Kundengewinnung, durch ein Sinken der Kundenbearbeitungskosten, eine Effizienz von Orderverfahren und geringere Streuverluste bei Werbeaktionen. Grundsätzlich eröffnen sich Spielräume für die Senkung der Transaktionskosten, was nicht in den Konditionen dem Kunden gegenüber weitergegeben werden muss (niedrigere Bedarfsspanne). Auch die Sicherheitsposition der Bank nimmt zu. Das betrifft nicht nur die Sicherheit der Kundenbeziehung, sondern auch die Sicherheit (Bonität) aus der Kundenbeziehung. Bei intensiver Kundenbetreuungsarbeit weiß der Firmenkundenbetreuer rechtzeitig drohende Risiken einzuschätzen, Risikoprophylaxe oder Risikoverhinderungsmaßnahmen gemeinsam mit dem Kunden durchzuführen. Das wirkt sich positiv auf die fehlende Notwendigkeit aus, Abschreibungen bzw. Wertberichtigungen auf Forderungen durchzuführen.

Allerdings muss berücksichtigt werden, dass die Kundenbindung entsprechende Kosten verursacht. Der Kunde erwartet mehr Aufmerksamkeit, mehr Informationsaktivitäten und teils Vorzugskonditionen.

Um diese Auswirkungen von Kundenzufriedenheit zu Kundenloyalität auf den Bankerfolg zu gewährleisten, ist es notwendig, auch die Instrumente als Verursacher dieses Ergebnisses zielorientiert zu gestalten und einzusetzen. Die wesentlichen Ansatzpunkte sind

- die Marketingkonzeption im Firmenkundengeschäft als Rahmen für das Relationship Marketing:
- strategische Geschäftsfeldbildung und Diagnose
- Marketingziele im Firmenkundengeschäft
- Marketingstrategien in dem Firmenkundengeschäft
- firmenkundenorientierte Gestaltung der Marketingmaßnahmen wie Produkte, Dienstleistung, Konditionen, Kommunikation und Vertrieb
- die firmenkundenorientierte Führung des Geschäftsfeldes
- kundenorientierte Aufbau- und Ablauforganisation
- firmenkundenorientierte Personalführung
- firmenkundenorientiertes Informationssystem
- firmenkundenorientierte Steuerung
- firmenkundenorientierte Unternehmenskultur
- das firmenkundenorientierte Kundenmanagement
- Firmenkundenakquisition
- Firmenkundenbetreuungsmaßnahmen
- Firmenkundenreklamationsmaßnahmen
- Firmenkundenrückgewinnung.

2.3 Wertgenerierung durch Rentabilität des Firmenkundengeschäftes

Das Ergebnis aus dem Firmenkundengeschäft setzt sich zusammen aus dem
- Marktergebnis,
- Risikoergebnis und dem
- Produktivitätsergebnis.

Wenn wir von dieser grundlegenden Gewinnformel für das strategische Geschäftsfeld »Unternehmen und Selbstständige« ausgehen, so gibt es vier Rentabilisierungstreiber zur Entwicklung, Strukturierung und Steigerung dessen Wertes:
- Geschäftsvolumen, -struktur (Aktiv-, Passiv- und Dienstleistungsgeschäfte),
- Zins- und Provisionssätze (Konditions-, Struktur-, Erlösbeitrag),
- Betriebskosten (Personal-, Sachkosten etc.) und
- Risikokosten (Forderungsverluste).

Der stärkste Gewinnhebel ist ein intelligentes »Pricing«, das die Zahlungsbereitschaft der risikoadjustierten Bankdienstleistungsfähigkeit optimal abgreift.

Der Weg der Gewinnbeitragssteigerung über die Ausweitung des Geschäftsvolumens ist bei stagnierenden Märkten nur über Marktanteilsgewinnung durch Verdrängung, unter Inkaufnahme von Standard-Risikokosten und Eigenkapitalkosten sowie zusätzlichen Betriebskosten, zu erreichen. Dies führt zu erheblichen Grenzkosten und daher zu nur geringeren Gewinnsteigerungen als über den Multiplikatoreffekt des »Pricinghebels«. In Einzelfällen allerdings sogar zu Minderungen des Gewinnes.

2.3.1 Ertragsorientierung im Firmenkundengeschäft

Die Profilierung einer Bank im Firmenkundengeschäft durch Nettonutzen-Differenzierung zielt darauf ab, Markterfolge dadurch zu erzielen, dass die Bank Geschäftsbeziehungen zu Firmenkunden dadurch aufbaut, erhält bzw. intensiviert, indem sie für die Firmenkunden einen Nutzen erzeugt, der höher ist als der zu erbringende Aufwand von den Firmenkunden, und dies gleichzeitig besser als Wettbewerbsbanken vollzieht. Dadurch werden bei Firmenkunden Zahlungsbereitschaften generiert und über Zinserlös- und Provisionserlöskomponenten abgegriffen. Die Verfolgung der Kundenperspektive macht aber nur dann Sinn, wenn es gleichzeitig gelingt, die Ansprüche der Finanzperspektive durch Kostenwirtschaftlichkeit der Leistungsprozesse zu gewährleisten: Erlöse minus Kosten im Firmenkundengeschäft müssen positiv sein. Möglichst hoher Firmenkundennutzen muss zu Geschäftsvolumen und -erträgen aus dem Firmenkundengeschäft führen, die die zuordenbaren Kosten übersteigen, sodass die Rentabilität bzw. der Return on Invest aus dem Firmenkundengeschäft positiv ist und ein positiver Wertbeitrag zum Gesamtergebnis der Bank erfolgt. Zum Markterfolg muss der Finanzerfolg hinzukommen.

Nur wenn eine Bank im Firmenkundengeschäft gleichzeitig Nettonutzen-Differenzierung erfolgreich am Markt durchsetzt und eigene Rentabilitätsansprüche bei Befriedigung der Mitarbeiteransprüche erreicht, ist für die Bank ein Gesamtoptimum erzielt. Dies scheint aber in der Vergangenheit in Banken nicht gelungen zu sein. Wie sonst ist zu erklären, dass das Firmenkundengeschäft als »*Wertfalle*« (Stehman, A.) oder als »*Wertvernichter*« (Rometsch, S./Dolfes, B.) deutscher Banken bezeichnet wird. Offensichtlich gelingt es einigen Sparkassen und Banken nicht,

- den Firmenkunden Nettonutzen zu bieten, um notwendige Zinserlöse (Zinsmarge) und Provisionserlöse zu erwirtschaften,
- dem sich ändernden Leistungsbedarf und neuen Ansprüchen der Firmenkunden gewachsen zu sein,
- sich im zunehmenden Wettbewerbsumfeld im Firmenkundengeschäft aus der Vergleichbarkeit und Substituierbarkeit von bestehenden Wettbewerbern zu lösen,
- neue Wettbewerber, Versicherungen oder Non-Banks abzuwehren, Ersatzprodukte für traditionelle Problemlösungen zu bieten,
- die Bankdienstleistungserstellungs- und Vermarktungsprozesse kontinuierlich zu verbessern,
- die Produktkomplexität auf die Wirtschaftlichkeit hin zu reduzieren, die Personalproduktivität zu erhöhen,
- die Kreditrisiken im Firmenkundengeschäft qualifiziert einzuschätzen und zu steuern und
- die Zinsänderungsrisiken im Kreditgeschäft zu managen.

Von daher ist es notwendig, sowohl bezüglich des Geschäftsfeldes Firmenkunden als auch bezüglich des Ergebnisses aus dem Firmenkundengeschäft die einzelnen rentabilitätsbeeinflussenden Komponenten
- Marktpreisergebnis
- Risikoergebnis
- Produktivitätsergebnis

in hinreichender Weise bzw. gemessen an den Ansprüchen der Bank im Blick zu behalten und zu steuern.

Handelsergebnis, Treasuryergebnis und Anlageergebnis repräsentieren im Gegensatz zu den vorgenannten Komponenten das Zentralergebnis einer Bank aus im Wesentlichen Nichtkundengeschäften. Auch wenn diese drei Ergebnisbeiträge vom Grundsatz her erwirtschaftet werden können, ohne dass die Bank einen Kundenkontakt und hier speziell Firmenkundenkontakt hat. Dennoch sind aber in der Praxis ein Hineinwirken und die Mitnahme von Synergieeffekten aus dem Firmenkundengeschäft nicht klar zu trennen.

KALKULATIONSSCHEMA Das folgende vereinfachte Kalkulationsschema macht die zu steuernden rentabilitätsbeeinflussenden Determinanten (Return on Invest-Management) im Firmenkundengeschäft deutlich:

    Brutto-Konditionsbeitrag (Brutto-Zinsmarge)
./. Standard-Risikokosten
./. Standard-Betriebskosten
+ Provisionserlöse/Dienstleistungserträge
./. zuordenbare Overhead-Kosten
./. Eigenkapitalkosten
+ Handelsergebnis
+ Treasury-Ergebnis
+ Anlageergebnis
./. zentrale Overhead-Kosten
= **Betriebsergebnis der Gesamtbank**
+ sonstiges und außerordentliches Ergebnis = **Reingewinn der Gesamtbank**

Andererseits macht dieser schematische Überblick die Philosophie der Notwendigkeit der Ertragsorientierung im Firmenkundengeschäft deutlich. Darin sind bereits alle Determinanten enthalten, die Ansätze und Hebel für die Rentabilisierung und damit die Wertgenerierung aus dem Bankgeschäft, insbesondere hier vom Firmenkundengeschäft her betrachtet, ermöglichen. Das Kalkulationsschema zeigt auch ferner einen Hinweis daraufhin, dass es neben den Firmenkundengeschäften noch die Entscheidung gibt, in welchen weiteren Geschäftsfeldern wie etwa Private Banking, Jugendmarkt, Seniorenmarkt etc. die Bank noch weiterhin tätig werden will. Das Schema gibt auch Hinweise auf weitere Möglichkeiten, über die Allokation der Kapitalanlagefazilitäten in andere Bereiche, die nicht kundenrelevant sind, eine wertorientierte und damit shareholder-orientierte Bankpolitik zu betreiben.

2.3.2 Wertorientierte Kapital- und Ressourcenallokation

Der Wert des Firmenkundengeschäftes bzw. der Beitrag dieses Geschäftsfeldes zum Gesamtergebnis von Sparkassen und Banken wird in den vergangenen zehn Jahren von drei Seiten in die Zange genommen:

- Das Zinsergebnis nähert sich dem historischen Tief von durchschnittlich 2,0 bis 2,3 Prozent der DBS.
- Die Zahl der Unternehmensinsolvenzen nimmt inzwischen Rekordergebnisse an.
- Die Wertberichtigungen verzehren zwischen 1994 und 2000 teilweise bei Großbanken 58,5 Prozent, bei Sparkassen 38,3 Prozent und bei Kreditgenossenschaften 45,4 Prozent des Teilbetriebsergebnisses von Kreditinstituten (Paul/Stein: Rating, Basel II und die Unternehmensfinanzierung, Köln 2002).
- Und zudem verbleiben die Personalsachkosten nach unten rigide bzw. steigen noch verhältnismäßig an.

Insofern wirft vielerorts das klassische Firmenkundengeschäft in den Banken zurzeit keinen positiven Economic Value Added (EVA) ab, d.h. der Ertrag aus dem risikoadjustierten Kapital im Firmenkundengeschäft wird durch Verluste und Betriebskosten aufgezehrt. Das EVA-Konzept unterstellt erst dann einen Beitrag des Firmenkundengeschäfts zur Wertsteigerung einer Bank, wenn nach Abzug der Eigenkapitalkosten vom im Firmenkundengeschäft erzielten Gewinn ein so genannter »ökonomischer« Gewinn erfolgt.

Auch ohne Verfolgung des Shareholder-Ansatzes, demzufolge grundlegende Zielsetzung der Unternehmensführung die nachhaltige Steigerung des Unternehmenswertes (Value) bzw. der Anlegerrendite (Performance) darstellt, ist es offensichtlich für die nachhaltig gesunde Entwicklung einer Bank, dass die vorhandenen liquiditätsmäßig-finanziellen Mittel in die Geschäftsfelder zu investieren sind, die rentierlich und werthaltig sind: d.h., es soll eine Rendite erzielt werden, welche über den Kapitalkosten bzw. der geforderten Zielrendite liegt. Insofern rentiert sich die Investition in das Geschäftsfeld Firmenkunden nur dann, wenn dessen nachhaltige Erträge, adjustiert um die Risikokomponente, positiv sind. Anders ausgedrückt ist es notwendig, dass das risikoadjustierte Performancemaß »*Risk adjusted return on risk adjusted capital (RARORAC)*« größer als null ist oder anders gewendet, wenn der Economic Value Added (also der Mehrwert) über die Ziel-Risikoprämie des Geschäftsfeldes hinaus ebenfalls positiv ist.

Der RARORAC für das Firmenkundengeschäft ergibt sich aus dem Verhältnis von Bruttoerträgen minus Betriebskosten minus Standardrisikokosten minus Kosten für Risikokapital im Verhältnis zum Risikokapital.

Neben den eher ernüchternden empirischen Ergebnissen im Firmenkundengeschäft in den letzten Jahren gilt es für die Zukunft zu berücksichtigen, dass der Wertbeitrag und damit die Kapitalallokation und Ressourcenallokation für das Firmenkundengeschäft umso begründeter sind,
- je mehr es gelingt, durch qualifiziertes Relationship Marketing im Firmenkundengeschäft ertragreiche und risikoadjustierte Geschäftsbeziehungen aufzubauen und zu pflegen,
- je besser es gelingt, die Personal- und Sachkosten für die Gestaltung der Firmenkundenleistungsprozesse durch ein konsequentes Produktivitätsmanagement im Griff zu behalten,
- je mehr es gelingt, die Risikokosten i.S.v. erwarteten Verlusten durch ein entsprechendes Firmenkundenrisikomanagement vernachlässigbar zu halten und
- je mehr es gelingt, die Eigenkapitalkosten durch ein diversifiziertes Kreditportfolio (siehe Auswirkungen Basel II) zu reduzieren.

In der Praxis zeigt sich, dass 20 bis 30 Prozent Reduktion der Betriebskosten und Eigenkapitalkosten durch gezielte Prozessoptimierung und gezielte Kapitalmarkttransaktionen möglich sind und damit eine erhebliche Steigerung des Wertbeitrages aus dem Firmenkundengeschäft erzielt werden kann.

2.3.3 Firmenkundenwerte als nachhaltige Erlösquellen

Der Economic Value Added (EVA) aus dem Firmenkundengeschäft ist das die Eigenkapitalkosten übersteigende Konstrukt
- aus Werthaltigkeit der Bankdienstleistungsarten (Bonität/Risiko),
- deren nachhaltige Erlöspotenziale (Konditions-, Strukturbeitrag, Provisionen) und
- deren Chancen auf Expansion (Wachstum, Cross-Buying, Referenzen),
- deren Exklusivitätsgrad gegenüber der Konkurrenz abzüglich Betreuungskosten und liquiditätsmäßig-finanzielle Kosten.

EVA ist der Spiegel der Summe der einzelnen aktuellen und potenziellen Firmenkundenwerte und -potenziale im jeweiligen Marktgebiet einer Sparkasse bzw. Bank.

Von daher sind die Firmenkundenwerte (corporate customer values) die zentralen Ansatzpunkte, nachhaltige Erlösquellen zu generieren.

Zur Aufgabe der Rentabilisierung des Firmenkundengeschäftes und damit der Generierung von Werten für die Gesamtbank aus dem Firmenkundengeschäft gehört es, die ökonomisch »*wertvollen*« Firmenkunden zu akquirieren, zu selektieren, zu evaluieren, zufrieden zu stellen und an die Bank zu binden. Die in der Praxis oft vorzufindende Kundenbetreuungspolitik nach der Methode Gießkanne, Zufall oder persönliche Präferenzen von Firmenkundenbetreuern führt nicht selten dazu, dass 80 Prozent der Personal- und Sachressourcen und erhebliche Kapitalvolumina in 20 Prozent ökonomisch »*wertlosen*« Firmenkunden investiert werden. Dementsprechend sind die Ergebnisse.

Voraussetzung für die Rentabilisierung im Firmenkundengeschäft ist die Kenntnis des Firmenkundenwertes und die Einsetzung systematischer Kundenwertanalysen.

Die Verfahren zur Bewertung von Kunden können je nach Aufwand und Pragmatik sein:
- Erstellen einer Kundenloyalitätsleiter
- ABC-Analysen nach Geschäftsvolumenbedeutung Kundendeckungsbeitragsrechnungen
- Kundenscoring wie etwa das RFMR-Schema (Recency, Frequency, Monetary Ratio), angewandt auf Banken
- die Kundenportfolioanalyse (Kundenattraktivitäts- und relative Wettbewerbspositionsanalyse) oder auch die Customer Lifetime Value Analyse.

Der Kundenwert aus Bankensicht setzt sich aus mehreren Kriterien (Abb. 12) zusammen:
- monetäres Kunden- bzw. Geschäftsvolumenpotenzial als ökonomische Kernpotenzialgröße: Treiber des Firmenkundenwertes sind hier die nachgefragten Aktiv- und Passivvolumina, die Häufigkeit der Bankdienstleis-

tungsnachfrage, die durchzusetzenden Zins- und Provisionserlöse, vermindert um die kundenspezifischen Prozesskosten.
- Cross-Selling-Wert, also die Wahrscheinlichkeit, dass der Firmenkunde zu den bestehenden Produkten noch weitere nachfragt: Kundenwerttreiber sind hier die Affinität des Firmenkunden zur Bankdienstleistung und die jeweilige Lebenszyklusphase hinsichtlich Bedarf und Nachfragezeit.
- Informationswert: Kundenwerttreiber sind hier die Menge, Häufigkeit und Qualität der Informationen, die in einem interaktiven Prozess von Firmenkunden ermittelt oder zugebracht werden.
- Referenzwert als ökonomischer Wert persönlicher Empfehlungen: Werttreiber sind hier, gespeist aus der Persönlichkeit des Ansprechpartners auf der Firmenkundenseite, die Größe des von ihm zu beeinflussenden sozialen Netzes, die Meinungsführerschaft i.S.v. Stärke des Einflusses auf das Verhalten anderer Firmenkunden und die Qualität der Kundenzufriedenheit mit der bestehenden Bankverbindung. In Verbindung mit der Referenzreaktionselastizität der potenziellen von den Referenzen beeinflussten Firmenkunden ergibt sich dann ein gesamter Referenzwert.
- Kundenbindungsqualität: Kundenwerttreiber sind hier der Zufriedenheitsgrad, die Höhe der Wechselbarrieren, um zu wechseln, und das mögliche Verlangen nach Variety Seeking.
- Share of corporate customer value: Der Geschäftsanteil der Bank am Firmenkundenwert im Verhältnis zu den Anteilen anderer Banken am gleichen Kunden. Er zeigt, wie groß das Wachstumspotenzial durch Verdrängung ist.

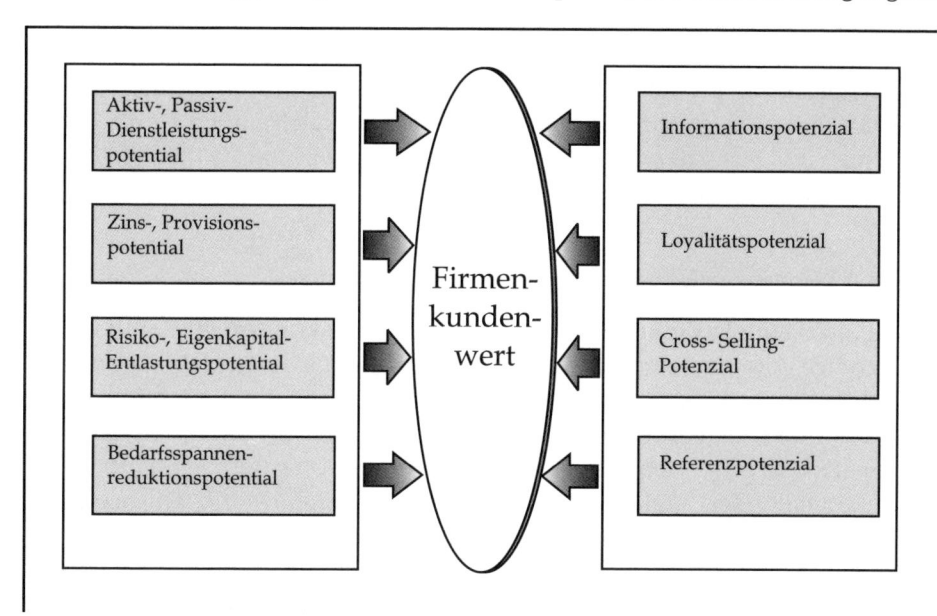

Abb. 12   Bestimmungsfaktoren des Firmenkundenwertes

Eine weitere Erlösquelle und ein meist in der Praxis vernachlässigter Ansatz ist die Betrachtung des Firmenkunden als vermögender Privatkunde. Denn aus dem Unternehmen werden Arbeits- bzw. Gewinneinkommen bezogen. Tendenziell gilt, dass Firmenkunden private Bankgeschäfte (Private Banking) bei Konkurrenzinstituten tätigen.

Insgesamt ist festzuhalten, dass Relationship Marketing in erheblichem Umfang zur Rentabilisierung des Firmenkundengeschäftes beiträgt, indem es einerseits zur positiven Gestaltung des Firmenkundenwertes beiträgt und andererseits die daraus möglichen Erlösquellen »*abzapft*«. Neben den Zinskonditionsbeiträgen aus dem Kreditgeschäft und Einlagengeschäft sowie dem Zinserfolg aus der Fristentransformation mit Firmenkunden ist es insbesondere das Provisionsgeschäft, das künftig noch stärker erlöstreibend sein wird.

Die finanzwirtschaftlichen Erlösquellen im Firmenkundengeschäft sind somit

- die Aktiv- und Passivgeschäftsvolumina sowie Handelsvolumina oder weitere Bestandsgrößen und
- die korrespondierenden Zinssätze, Provisionssätze oder sonstige Erlös- und Gebührensätze.

Das jeweilige Zins- oder Provisionsergebnis ergibt sich aus der Multiplikation dieser beiden Quellen. Erlöstreiber im Firmenkundengeschäft können insofern sowohl die entsprechende Entwicklung der Volumina sein als auch die Gestaltung der einzelnen Konditionssätze. Über Jahre hinweg hat sich in den Banken und auch in den Köpfen der Firmenkundenbetreuer ein Volumendenken als Erfolgskriterium im Firmenkundengeschäft manifestiert. Bei zunehmender Risikoproblematik, höheren Konkurrenzlagen im Firmenkundengeschäft und auch geringeren Volumenwachstumsspielräumen ist die Pflege der Preise für Firmenkunden-Bankleistungen der wirkungsvollere Hebel für höhere Erlöse aus diesem Geschäftsfeld.

2.3.4 Firmenkunden als risikobehaftete Kostentreiber

Die marketingbasierende erlösorientierte Firmenkundenbetreuung ist die notwendige Voraussetzung zur Wertgenerierung durch die Rentabilisierung im Firmenkundengeschäft. Hinreichend zufrieden stellen wird die Profitabilitätssituation im Firmenkundengeschäft aber erst, wenn auch eine hinreichende Kostenorientierung erfolgt. Dazu gilt es, dass die Aufwandsrentabilität bzw. -produktivität oder, anders gewendet, die Cost-Income-Ratio entsprechend angepasst wird. Während die Aufwandsrentabilität angibt, wie viel eine Einheit Kosteneinsatz an Erlöseinheiten erwirtschaftet, gibt die Cost-Income-Ratio an, wie hoch die Kosten, ausgedrückt in Prozent der Erlöse, sind.

Das Klagen der Kreditinstitute über die sinkende Profitabilität des Firmenkundengeschäftes insbesondere im Kreditbereich hat in den letzten Jahren über alle Bankensektoren hinweg zugenommen und hat verschiedene Ursachen. Zum einen ist festzuhalten, dass aufgrund der Wettbewerbssituation, der Verhandlungsmacht und Aufgeklärtheit von Firmenkunden der Konditionsbeitrag aus den Aktivgeschäften beeinträchtigt wird. Aus gleichen Gründen ist auch ein Druck auf den Konditionsbeitrag im Passivgeschäft festzustellen.

Zudem resultieren zentral verursachte Verschlechterungen der Profitabilität im Firmenkundengeschäft aus dem Strukturergebnis, d.h. dem Transformationsbeitrag der Aktiv- und Passivgeschäfte in Abhängigkeit der Zinsänderungsrisiken bzw. der Zinsstrukturkurve (normale bzw. inverse Zinsstruktur).

Unter Außerachtlassung der kapitalmarktbedingten Gegebenheiten bzw. der zentralen Liquiditäts- und Finanzsteuerung einer Bank sind die am schnellsten wirksamen Kostentreiber die mehr oder weniger gelungenen Verhandlungsgespräche des Firmenkundenbetreuers bei Passivgeschäften (Refinanzierungskosten) mit Firmenkunden. Ansonsten sind die weiteren operativen und strukturellen Kosteneinflussgrößen (*»Cost Drivers«*) die diversen dem Firmenkundengeschäft zuordenbaren und von ihm verursachten Personal- und Sachkosten, Risikokosten und Eigenkapitalkosten. Im Wesentlichen lassen sich folgende *»Cost Drivers«* im Firmenkundengeschäft identifizieren, evaluieren und rentabilitätskonform managen:

- Direkte Standard-Betriebsprozesskosten

    Der Prozess der bankbetrieblichen Gestaltung des Firmenkundengeschäftes ist als wertschöpfende Ablauffolge (*»Wertschöpfungskette«*) direkt zähl- und messbarer Input-Output-Vernetzungen innerhalb bestimmter Zeiträume abbildbar. Mittels der auf die traditionelle Kostenrechnung aufbauenden Prozesskostenrechnung (*»Activity Based Costing«*) lassen sich die einzelnen Tätigkeiten und Prozesse im Firmenkundengeschäft abbilden und die operativen und strukturellen Cost Driver in Beziehung setzen.

    Können die operativen Kosten im Firmenkundengeschäft als sich prinzipiell wiederholende ähnliche Geschäftsvorgänge noch einigermaßen leicht identifiziert werden, so wird es schwieriger bei den strukturellen Kostentreibern.

    Hier zeigt sich, dass die Firmenkundenbetreuung auch noch durch Komplexitätskosten gekennzeichnet ist. Strukturelle Kostentreiber sind die organisatorischen Abläufe, die eingesetzten Technologien und vor allem die Flut an rechtlichen Vorschriften, wie z.B. durch die Bankenaufsicht, aber auch an Vorschriften, die aus den innerbetrieblichen Überwachungsprozessen resultieren.

    Eine Besonderheit stellen auch die Projektkosten in Firmenkundengeschäften dar. Zunehmend klagen Firmenkundenbetreuer über die Flut an Projekten, die von einzelnen Stabsabteilungen initiiert und über das Management zur Umsetzung entschieden worden sind.

- Indirekte Standard-Betriebsprozesskosten

    Dürften die direkten Standard-Betriebsprozesskosten je nach Rechnungsansatz zwischen 60 und 80 Prozent des bankbetrieblichen Kostenvolumens ausmachen, so gibt es im Firmenkundengeschäft noch anteilige Overhead-Kosten im Umfang von ca. 10 Prozent der Gesamtkosten. Diese indirekt das Firmenkundengeschäft belastenden Kosten rühren aus den Hierarchien und Managementbesonderheiten von Banken her. Sie sind oft nicht sachlich begründet. Selbst wenn sich die durch Overheads ausgelösten Personal- und Sachkosten direkt dem Firmenkundenbereich zuschlüsseln lassen, so sind darin die nicht rechenbaren Auswirkungen aus der Frustration und den psychosozialen Beeinträchtigungen des Firmenkundengeschäftes aus der Organisationsmacht berücksichtigt.

- Ineffektivitäts-Prozesskosten

    Weitere Kostenantriebskräfte entstehen aus der ineffizienten Auslastung kostenverursachender Personal- und Sachkapazitäten.

    Hauptursachen für die Cost Driver von dieser Seite ist zum einen die mangelnde Transparenz über die Profitabilität einzelner Firmenkunden und Bankdienstleistungen. Daraus entspringt ein unwirtschaftlicher Einsatz der Ressourcen.

    Des Weiteren wird gerade in Boomzeiten knappes Fachpersonal mit überhöhtem Jahreseinkommen eingekauft. Diese Kosten sind bei Geschäftsrückgängen rigide und haben oft auch negative Motivationseffekte auf die niedriger dotierten älteren Mitarbeiter zur Folge.

    Ineffektive Prozesskosten rühren auch von der Unterauslastung von Mitarbeitern her.

    Sind Firmenkundenbetreuer im Rahmen der Geschäftspolitik aktiv, aber nicht fähig, im Verkaufsgespräch den erfolgreichen Geschäftsabschluss herbeizuführen, so ergibt sich eine ineffektive Relation zwischen dem Personalinput bei der Bankdienstleistungserstellung und dem Output im Aktivvolumen und bei Finanzerlösen.

    Schließlich gibt es Ineffektivitäts-Prozesskosten dadurch, dass die Mitarbeiter im Firmenkundengeschäft mangels Zeitmanagement, Fach- und Methodenkompetenz unwirtschaftlich arbeiten.

- Standard-Risikokosten

    »*Kreditverluste stellen somit ordentliche Ereignisse der Banktätigkeit dar, die mit einer statistischen Wahrscheinlichkeit voraussehbar sind*«, so die Schweizerische Bankenkommission (1997). Da das Firmenkundengeschäft traditionell vom Kreditgeschäft dominiert wird, sind Risiken als Abweichung von der »erwarteten« Vertragserfüllung zentraler Wesenszug dieses Geschäftsfeldes. Von daher liegt es nahe, diesen bereits bei der Kreditvergabe »*erwarteten Kreditverlust*« als Minderung des ordentlichen Betriebsergebnisses um die Standard-Risikokosten zu berücksichtigen. Lediglich darüber hinausgehende und nicht erwartete Verluste sollten dann in den außerordentlichen Kosten verbucht werden.

Für das einzelne Kreditgeschäft kann unterschieden werden in das Risiko des teilweisen oder totalen Ausfalles der vereinbarten Kapitaldienstleistungen (Ausfallrisiko) und das Risiko der während der Kreditlaufzeit sich allmählichen Verschlechterung der Bonität des Kreditnehmers (Bonitätsrisiko).

Die Standard-Risikokosten, die den erwarteten Verlust bemessen, bestimmen sich multiplikativ aus dem existierenden Kreditvolumen im Insolvenzfall (Credit Exposure at Default), aus der erwarteten Rückzahlungsquote bei Ausfall inklusive Zinsen (Expected Recovery Rate) und der Ausfallwahrscheinlichkeit (Expected Default Probability):

Expected Loss = Credit Exposure at Default × (1-Expected Recovery Rate) × Expected Default Probability

Die Wahrscheinlichkeit des Kreditausfalles kann nach internen oder externen Ratingsystemen ermittelt werden. Diese Variable ist ein Ansatzpunkt für den Firmenkundenbetreuer, die Standard-Risikokosten prophylaktisch niedrig zu halten. Was die Rückzahlungsquote anbelangt, können effektive Risikokosten durch die Qualität realisierbarer Kreditsicherheiten gesenkt werden. Ferner ist es möglich, durch vorrangige Gläubigerpositionen den erwarteten Verlust zu senken. Und außerdem hängt es von der Kreditsonderbetreuung ab (Recovery-Abteilung), inwieweit es möglich ist, durch einen geschickten Umgang in der Verwertung oder im Management eines Kreditproblemfalles Kostentreiber aus dem Risikobereich zu entschärfen.

- Eigenkapitalkosten
    Für den ökonomisch handelnden Firmenkundenbetreuer war schon seit jeher der § 18 KWG der gesetzliche Anstoß, im einzelnen Firmenkundengeschäft die Anforderungen für die Eigenkapitaldotierung mit einzupreisen. Nun verschärft das Baseler Abkommen (Basel II) mit seinen neuen Richtlinien die Hinterlegung von Eigenkapital für Risikokapital. Dies zwingt zu einem stärkeren risikobasierenden »*Pricing*« und zu einer aktiven Reduktion der Risikokosten durch ein besseres Management des Firmenkundenkreditportfolios.

Neben den Kreditrisiken und den Marktpreisrisiken müssen nun auch erstmals nach dem Basel-II-Akkord operative Risiken mit Eigenmitteln hinterlegt werden. Wenn auch strategische Geschäftsrisiken, Reputationsrisiken und das Fixkostenrisiko noch außen vor bleiben, so werden zu den operativen Risiken im Firmenkundengeschäft gezählt:
- mögliche Verluste aufgrund menschlichen Versagens oder Betrugs von Mitarbeitern,
- Verluste aufgrund des Ausfalls von Systemen,
- Verluste aufgrund unzureichender betrieblicher Abläufe und
- Verluste aufgrund anderer externer Ereignisse.

Sicherlich sind die Kostentreiber im Firmenkundengeschäft sehr vielfältig, komplex, entwickeln eine oft nicht berechenbare Dynamik und haben einen hohen Individualitätsgrad. Aufgabe des Relationship Marketing ist es, nicht vor der Kostenproblematik zu erstarren, sondern ein individuelles Kostenmanagement für das Firmenkundengeschäft zu handhaben. Ein Instrumentarium dazu ist das so genannte Zielkostenmanagement bzw. Target Costing. Aufbauend auf den Nettonutzen-Erfordernissen im Firmenkundengeschäft ermöglicht das Zielkostenmanagement zur erfolgreichen Durchsetzung von Marktkonditionen (Target Price), die technisch-organisatorischen und liquiditätsmäßig-finanziellen Kosten (Target Costs) zu realisieren. Diese Methode des Target Pricings auf der Grundlage von Target Costing erlaubt es, einerseits die richtige Verfolgung der Rentabilisierung des Firmenkundengeschäftes über die Reduktion von erheblichen Prozesskosten und Risikokosten zu betreiben und andererseits die Chance, über die relationshipbasierende aktive Generierung von Erlössteigerungen durch Zins- und Provisionssatzerhöhungen zu erreichen (»*Power Pricing*«, »*Preisintelligenz*«).

2.4 Der Firmenkundenbetreuer als interaktiver Erfolgstreiber

Zufriedene und treue Firmenkunden stehen in engem Zusammenhang und Ursache-/Wirkungs-Beziehung mit zufriedenen und loyalen Mitarbeitern. Und zufriedene Firmenkundenbetreuer weisen eine höhere Mitarbeiterproduktivität aus. Sie tragen zu einer effizienten Gestaltung der Innovationsprozesse, betrieblichen Prozesse (Backoffice) und Kundendienstprozesse bei. Firmenkundenbetreuerpotenziale und deren Realisierung in einem motivierenden Arbeitsklima mit technologischer Infrastrukturunterstützung sind die ursächlichen Befähiger zur effizienten Gestaltung der Geschäftsprozesse im Firmenkundengeschäft, zum Erfolg am Kunden und im Markt und damit zum Finanzerfolg.

Der Grad der realisierten **Handlungskompetenz** des Firmenkundenbetreuers und deren permanente Entwicklung durch Lernbereitschaft und -fähigkeit bestimmen das Ausmaß der Erreichung von Kunden-, Finanz- und Prozesszielen. Im Firmenkundengeschäft: wie Loyalität und Anziehungskraft auf werthaltige und rentable Kunden, Zins-, Provisions- und Handelsergebnis, Wahrscheinlichkeit und Umfang möglicher Forderungs- und Zinsausfälle, Ausschöpfungsgrad von Wachstumspotenzialen, positive Differenzierung von Konkurrenzbanken sowie Produktivität (»Cost-Income-Ratio«).

2.4.1 Vertrauen als kritischer Erfolgsfaktor im Relationship Marketing

»*Geschönte*« Bilanzen, »*geschönte*« Geschäfts- und Gewinnaussichten..., so lauten aktuelle Schlagzeilen in der Wirtschaft. Schönes, ohne dem Wahren und

Guten verpflichtet zu sein, vergiftet die Atmosphäre und zerstört das Vertrauen in der Geschäftsbeziehung zwischen Bank und Firmenkunden und den dort handelnden Personen.

Andererseits führten auf der Firmenkundenseite Indiskretion, fehlende Zuverlässigkeit, mangelnde Integrität und leichtfertige Kreditzusagen auch zu Misstrauen und Enttäuschungen gegenüber dem Firmenkundenbetreuer.

Kredit kommt von »*credere*«, und credere meint ein gegenseitiges Vertrauen darauf, dass beide Partner Verpflichtungen erfüllen.

Vertrauen ist damit in der Welt unternehmerischer Entscheidungen unter Risiko (Unsicherheit) eine **begründet verantwortbare Vorleistung** in Kreditinstitute und den für sie handelnden Kundenbetreuern in der Erwartung des Eintrittes künftig gewünschter, günstigerer Ergebnisse.

Insbesondere bei Kreditentscheidungen muss Vertrauen in das kreditnehmende Unternehmen, dessen Management, den zur Verfügung gestellten Informationen, Analysen und Prognosen sowie den dort tätigen Mitarbeitern bestehen. Und umgekehrt muss der Firmenkunde in die Aussagen und Fähigkeiten der Bank vertrauen können. Ohne Vertrauen sind keine Geschäfte möglich.

Vertrauen braucht Reifezeit, ist auf Wechselseitigkeit angelegt und ist ein risikoreiches Unterfangen. Vertrauen in Geschäftsbeziehungen lässt sich nicht herstellen wie ein Produkt oder der Kauf einer Organisation. Vertrauen stellt sich allenfalls ein, wächst langsam wie ein Organismus.

»Vertrauen bezieht sich also stets auf eine kritische Alternative, in der der Schaden beim Vertrauensbruch größer sein kann als der Vorteil, der aus dem Vertrauenserweis gezogen wird« (Luhmann, Niklas, S. 24). Ansonsten ist es bloße Hoffnung oder Vertrauensseligkeit, die sich unreflektiert und spekulativ in Geschäftsbeziehungen einlässt. Oder es ist Misstrauen, das krampfhaft Misserfolg verhindern will und daher Unsicherheiten als Risiken im weiteren Sinne (= nicht messbare Ungewissheit und subjektiv bzw. objektiv messbare Risiken im engeren Sinne) aus dem Wege zu gehen trachtet. Damit verlässt man aber das Wesen des Firmenkundengeschäftes, zu dem das Risiko als Abweichung von geplanten Größen in beiden Richtungen als wesentlicher Bestandteil gehört.

Relationship Marketing im Firmenkundengeschäft ist daher in zentraler Weise auf Vertrauen in die firmenkundenbetreuenden Personen, Informationen und Banken als soziale Systeme angewiesen. Und dies umso mehr, je mehr von einer allgemeinen *»Vertrauenskrise«* gesprochen wird: der Vertrauenskrise des Systems *»Bank und Finanzwelt«* mit den sie repräsentierenden Personen. Gewinnung, Entwicklung, Wachstum, Stabilisierung, Krisenbewältigung und eventuelle Rückgewinnung von Firmenkundenbeziehungen gründen zuallererst in Vertrauen. *»Lieber Geld verlieren als Vertrauen verlieren«*, stellte bereits der große Unternehmer Robert Bosch fest. Der Firmenkundenbetreuer ist dabei die zentrale Vertrauensperson und der Katalysator für Vertrauen. Nur durch begründetes Vertrauen lohnt es sich für Bank und Unternehmen, auf Alternativen zugunsten späterer positiverer Transaktionsergebnisse zu verzichten.

Geschäftliche Bindungen, aber auch Bindungen der Mitarbeiter zu ihrem Unternehmen Bank bedürfen nicht nur sachlicher, sondern insbesondere sozialer und psychischer Bindungskonstrukte. Vertrauen steht im engen beziehungsstabilisierenden Zusammenhang mit den Begriffen Involvement, Commitment, Harmonie und Stabilität, Loyalität, Banktreue, Sympathie, Empathie, Integration bis Dankbarkeit.

Die strategisch vorteilhaften Wirkungen von Vertrauen sind unter anderem:
- Reduktion von Komplexität im Firmenkundengeschäft
- flexibles Eingehen auf die Phänomene der Dynamisierung, Individualisierung und tragfähige Reflexion von Kontingenz
- Vertrauen stärkt Selbstvertrauen und damit die Bereitschaft und Begeisterung zur Übernahme von Verantwortung.

Die operativen Wirkungen von Vertrauen sind:
- mehr Klarheit und größere Offenheit in der Kommunikation
- Verbesserung der Zusammenarbeit zur Entwicklung gemeinsamer Erfolgspotenziale
- Verringerung der ökonomischen und psychosozialen Transaktionskosten
- Begünstigung von Innovationen
- Reduzierung der Kundenbindungskosten
- leichtere Rechtfertigung von Konditionen
- mehr Effizienz in der Lösung von Kundenwünschen
- höhere Mitarbeiterzufriedenheit und damit -produktivität.

Für den Firmenkunden sind Personal- und Systemvertrauen im Firmenkundenbetreuer fokussiert. Der Mechanismus der Reduktion von Komplexität und Individualität der Bankleistung ist das Vertrauen in die Kompetenz und Akzeptanz des Firmenkundenbetreuers.

Auf dem 7. Deutschen Trendtag 2002 unter dem Titel »*Sofortvertrauen: die neue Moral der Netzwerkkinder*« herrschte Einigkeit unter den Wissenschaftlern, dass Vertrauen die Währung der Zukunft ist. Im Firmenkundengeschäft zerstört ein Erfolg, der auf Egozentrik, Raffgier, Werteverfall oder indem er die Dummheit seiner Kunden ausnutzt, aufbaut, genau die Felder, auf denen Erfolg gepflanzt, gepflegt wird, wachsen kann und nachhaltige Ernte bringt. Gerade die vernetzten Teilwelten (Komplexität), die immer sich rascher ändernden Spielregeln im Firmenkundengeschäft (Dynamisierung), die immer spezieller werdenden Herausforderungen im Firmenkundengeschäft (Individualisierung) und die Zunahme des Auftretens von diskontinuierlichen Erscheinungen wie Börsencrash, Terror, politischen Einflüssen, Technologiesprüngen etc. (Kontingenz) verstärken noch das Bedürfnis nach Vertrauen und dauerhaften Beziehungen im Firmenkundengeschäft. Die ursprüngliche Aufgabe des Marketings, Vertrauen am Kunden zu schaffen, hat im Firmenkundengeschäft der Zukunft eine noch höhere Geltung. In Anlehnung an die Vorstellungen von Niklas Luhmann, dass Vertrauen die soziale Komplexität reduziert und damit auch für das Firmenkundenmarketing immer wichtiger wird, lässt sich für das Firmenkundengeschäft feststellen: Wo es Vertrauen zwischen Bank und Unternehmen gibt, gibt es viel mehr Möglichkeiten des gemeinsamen Aktivwerdens und wachsenden Erlebens. Wo Vertrauen vorherrscht, steigt die Komplexität des sozialen Systems der geschäftlichen Zusammenarbeit, also damit auch die Zahl der geschäftlichen Möglichkeiten, die es mit seiner Struktur vereinbaren kann.

Wer im Firmenkundengeschäft Vertrauen erweist, nimmt die geschäftliche Zukunft vorweg, erhält heute schon den Barwert seines Arbeitens. Der Firmenkundenbetreuer handelt so, als ob er der Zukunft sicher wäre, er überwindet die Zeit. Wiewohl Vertrauen im Firmenkundengeschäft durch verschiedenste Arten der Kreditwürdigkeitsanalyse datengestützt begründet wird, bleibt es doch immer unbegründbar. Vertrauen kommt durch Überziehen vorhandener Informationen zustande. Insofern mischt sich Vertrauen aus Wissen und Nichtwissen. Wenn die vertrauensvolle Erwartung bei einem Kreditgeschäft den Ausschlag gibt, dann liegt der Fall von Vertrauen vor; ansonsten ist es Vertrauensseligkeit oder bloße Hoffnung darauf, dass das Geschäft schon gut geht.

Vertrauensvolles Relationshipment im Firmenkundengeschäft lässt sich nicht durch Forderungen entwickeln oder verlangen, sondern nur durch nachvollziehbare Vorleistungen. Vertrauen will damit geschenkt und auch angenommen sein.

Vertrauenswürdig als Firmenkundenbetreuer ist, wer, wenn er kein besseres Wissen hat, bei dem bleibt, was er vorher auch bewusst oder im Unbewussten über sich selbst und seine Bank mitgeteilt hat.

Vertrauen ist die zentrale Größe der Relationship-Qualität. In ihrem Fahrwasser fährt »*Vertrautheit*« als weitere Dimension der Beziehungsqualität mit Firmenkunden.

2.4.2 Wettbewerbsvorteile durch integrierte Kundenbetreuerpersönlichkeit

»The difference in corporate banking is corporate banker«, lassen sich die bisherigen Ausführungen fortführen. Diese alte Erkenntnis scheint in der Praxis vieler Kreditinstitute in den Hintergrund zu rücken. Obwohl sie als »mission« für das Firmenkundengeschäft nach Basel II aktueller denn je ist.

Der Firmenkundenbetreuer steht wie wohl wenige berufliche Aufgaben in einem extremen Fadenkreuz von Ansprüchen, Interessen, Konflikten und Zielstellungen. Die kognitiven Herausforderungen, die psychischen und auch die physischen Belastungen im Firmenkundengeschäft sind enorm. Wer in den vielfältigen Vernetzungen der Ansprüche im Firmenkundengeschäft auch noch Vertrauen generieren muss und will, muss sich vor allem selber vertrauen. Vertrauen ist im Firmenkundengeschäft ohne Selbstvertrauen nicht möglich. Selbstvertrauen ist das Herzstück der Persönlichkeitsstruktur eines Firmenkundenbetreuers. Der Einfluss der Persönlichkeitsstruktur auf den Kundenbetreuungserfolg ist in Literatur und Praxis unbestritten und wird häufig bestätigt (vgl. Churchill at al., 1985).

Dabei steht die Idealvorstellung einer integrierten Persönlichkeitsstruktur im Raum als integrierte Erwachsenhaftigkeit mit Ethos und Pathos. Die Erwachsenhaftigkeit äußert sich in realitätsbezogenen Handlungen, mit rationaler, logisch denkerischer Besonnenheit unterlegt. Gleichzeitig ist ein einfühlendes, empathisches Verhalten möglich, das Schutz und Erlaubnis geben kann. Ein Betreuer, der eine solche Haltung einnimmt, zeichnet sich auch durch eine positive Ausstrahlung und soziales Verantwortungsgefühl aus. Dabei gehen ihm die natürliche Offenheit und Charme, der Humor und die Spontanität – der Kontakt zum inneren Kind – nicht verloren.

Integrierte Firmenkundenpersönlichkeiten mögen sich selbst und daher andere in ihrer Person. Sie lieben ihren Beruf, und daraus wird Begeisterung für die Aufgaben im Firmenkundengeschäft. Diese Begeisterung steckt auch die Kunden an. Diese Hinwendung und Wertschätzung der Arbeit am Firmenkunden ist mächtig genug, um die Geschäftspartner loyal aneinander zu binden. Sie vermitteln ihr Wissen und ihre Fachkenntnisse mit der Fähigkeit ihrer hohen Kommunikations- und Kontaktfähigkeit. Diese nutzen sie aber nicht um zu reden, sondern einfühlsam und optimistisch Geschäftsbeziehungen zu gestalten.

Die integrierte Persönlichkeit steht auf vier Beinen: dem Selbstvertrauen/ hohem Selbstwertgefühl, der Kommunikations- und Kontaktfähigkeit, dem Optimismus/der Begeisterung der Empathie/des Einfühlungsvermögens.

2.4.3 Handlungskompetenz des Firmenkundenbetreuers nach Basel II

Die integrierte Kundenpersönlichkeit ist der halbe Weg für eine erfolgreiche Firmenkundenbetreuung. Nun sind allerdings Persönlichkeitsstrukturen in Teilen überhaupt nicht änderbar und müssen daher akzeptiert werden. Dennoch gibt es Stärken, die es gilt, bewusst zu erkennen, zu betonen und hervorzukehren. Es gibt aber auch Teile der Persönlichkeit, die durch Coaching und Training ausgebaut bzw. Defizite behoben werden können. Die Persönlichkeitsstruktur an sich bewegt noch wenig, wenn sie passiv bleibt im Sinne der Unterlassung eines Beitrages zur Lösung der Fragen des Relationship Marketing. Vielmehr muss die Persönlichkeitsstruktur aktiviert werden zur Lösung anstehender Probleme. Dazu bedarf es Handlungsorientierung, wofür firmenkundenbetreuerspezifische Schlüsselqualifikationen bzw. Handlungskompetenz notwendig sind.

Die Begriffe Schlüsselqualifikationen oder synonym angewandt der Begriff Handlungskompetenz besetzt heute viele Disziplinen in der schulischen Ausbildung, der beruflichen Fortbildung und neuerdings auch in postgraduierten Studiengängen. Beck (1993, S. 17) stellt fest: »*Schlüsselqualifikationen sind relative lange verwertbare Kenntnisse, Fähigkeiten, Fertigkeiten, Einstellungen und Werthaltungen zum Lösen gesellschaftlicher Probleme. Als Berufsqualifikationen sind es funktions- und berufsübergreifende Qualifikationen zur Bewältigung beruflicher Anforderungssituationen. Diese Fähigkeiten, Einstellungen und Haltungen* reichen über die fachlichen Kenntnisse und Fähigkeiten hinaus und überdauern sie. Qualifikationsziel ist die berufliche Flexibilität und Mobilität.«

Übersetzt auf das Firmenkundengeschäft bedeutet dies, dass der Firmenkundenbetreuer die Grundfähigkeiten hat, sich permanent auf Neues, Ungewohntes, Fremdes konstruktiv einzustellen und dies relativ angstfrei und erfolgreich zu bewältigen. Der handlungskompetente Firmenkundenbetreuer vermag initiativ und reflexiv die individuellen und auch neuen Probleme von seinen Kunden zu erkennen. Er führt selbst organisierte zufrieden stellende Lösungen herbei, die auch die Ansprüche der eigenen Bank nach Wachstum, Ertrag, Sicherheit und Image erfüllen helfen.

Dem Firmenkundenbetreuer geht es bei den Schlüsselqualifikationen nicht um das Antrainieren bestimmter Reaktionsmuster nach einem Schema F in der Bearbeitung und Akquisition bestimmter Geschäftsvorfälle, sondern um das Reaktionsvermögen selbst, um die Wendigkeit und Fähigkeit im Umgang mit komplexen, sich schnell verändernden und individuellen Aufgabenstellungen. Die im oben angesprochenen Katalog von Schlüsselqualifikation anklingenden Fähigkeiten wie soziale Kompetenz, Konfliktfähigkeit, Durchsetzungsvermögen oder Teamfähigkeit und problemlösendes Denken können allerdings nicht im direkten Zugriff erarbeitet und erobert werden. Die eigentlichen Fähigkeiten lassen sich nie direkt lehren und lernen. Sie entziehen sich einer didaktisch pädagogischen Absicht und enthüllen sich, wie es Konrad Adam sagt, »im Rücken der Handelnden«. Für den Firmenkundenbetreuer sollen hier dennoch die über die Definition der Schlüsselqualifikation hinausreichenden Teilkompetenzen von Handlungskompetenz mit den jeweils entsprechenden Strukturkomponenten (zur Systematik siehe u. a. Moczadlo, Lips, Alsbach 1995, S. 29, ansonsten Renker, C.: Bankmagazin 11/04) dargestellt werden:

Personale Kompetenz

Die personale Kompetenz des Firmenkundenbetreuers liegt in der Bereitschaft und Fähigkeit der permanenten kritischen Entwicklung zu einer integrierten erwachsenen Persönlichkeitsstruktur. In deren Zentrum regieren die analytischen, abwägenden Fähigkeiten, flankiert von extrovertierten, kreativen Kontaktfähigkeiten und kritische Grenzen setzender, vorsichtiger Distanz, ohne die Nähe zu verlieren. Weitere fordernde Kriterien der Ich-Kompetenz sind:
- intrinsische Motivation, Commitment, Leistungsbereitschaft
- Übernahme von Verantwortung für das eigene Denken, Handeln und Fühlen
- Profilierung zu einer glaubwürdigen Berateridentität
- Selbstkritik, Kritik-/Feedbackfähigkeit
- Verlässlichkeit, Sorgfalt, Klarheit, Ordnungssinn
- Offenheit, Flexibilität und kalkulierte Risikobereitschaft
- aktives Problemlösungsverhalten
- Frustrations- und Stresstoleranz, Belastbarkeit
- produktive Macht, Durchsetzungsvermögen

- Leidenschaft, Begeisterung
- Mut, Stehvermögen.

Fachkompetenz
Erst auf den Boden der personalen Kompetenz kann die Fachkompetenz sich hinreichend wirksam entfalten. Ein fachkompetenter Mitarbeiter ist laufend bereit und fähig, auf Basis einer (teil-)unternehmerischen Haltung ein sachlich begründetes (credere/Kredit) und empathisches Verständnis aktueller und künftiger Chancen und Risiken bzw. Stärken und Schwächen seiner Firmenkunden mit einem verantwortungsbewussten Verstehen nachhaltig möglicher Ertrags- und Risikobeiträge seiner Geschäfte mit Firmenkunden zu verbinden.

Zu den Pflichtkenntnissen eines Firmenkundenbetreuers gehören:
- Corporate Finance-Produkte wie Aktivgeschäfte und alternatives Eigenkapital bzw. Fremdkapitalfinanzierungen
- Anwendung und Auswertung hausinterner Ratingverfahren: permanente ratingrelevante Diagnose (Analyse und Prognose) der kundenspezifischen Ertrags-, Finanz- und Vermögensverhältnisse; Diagnose der Qualität der wertschöpfungs- und marktgerechten Unternehmensführung/Management, der Unternehmenskonzeption/Business-Plan, des Controllings; der Kontoführung der Branche, des Kreditportfolios und der Perspektiven mit dem Ziel der Bonitätseinstufung
- Kenntnisse der Ratingsysteme der Konkurrenz und externer Ratingagenturen
- konstruktiver Umgang mit Kredit-, Markt- und operationellen Risiken
- risikogerechtes und nutzengerechtes Pricing
- Bewertung der Nachhaltigkeit von Sicherheiten
- Handling betrieblicher Prozesskosten
- vertragsrechtliche Grundlagen
- funktionelle BWL-, VWL-, Rechts- und IT-Kenntnisse
- Zusammenhänge des Risikogehaltes von Forderungen der Bank mit den Eigenkapitalkosten.

Zu den Ergänzungskenntnissen können gezählt werden:
- Grundlagen der Geld- und Kapitalanlagen
- Grundlagen des Auslandsgeschäftes
- sonstige Bankdienstleistungen
- Einblick in die Instrumente des Bankmanagements, -controllings.

Als Profilierungskenntnissen können dienen:
- branchenspezifische Kenntnisse
- Generierung von Kernkompetenzen im Firmenkundengeschäft
- aktuelle Geschäftseinflüsse
- Consulting-Tools

- Anbieten eigener Fachvorträge
- Kreativität und innovative Fähigkeiten.

Impulskenntnisse/aktuelles Wissen können sein:
- aktuelle wirtschaftliche, geldpolitische, politische oder kulturelle Themen
- Netzwerke, Vereinigungen
- zielgruppengerechte Small-Talk-Themen
- spontane Empathie.

Methodenkompetenz

Die Fachkompetenz muss über spezielle Verfahren und Wege situativ und individuell auf die jeweiligen Praxisfälle angewendet werden können. Der Firmenkundenbetreuer schließt die »Implementierungslücke« sachlicher, organisatorischer und prozessualer Art, indem er eigenständig und initiativ die Lösungswege unter Einbeziehung von Basel II aufzeigt und als »implementation owner« zum Ergebnis führt. Im Wesentlichen zählen dazu folgende Fertigkeiten:
- Erkennen und Priorisieren der richtigen, wichtigen und dringenden Probleme
- Ratingprozess-Fertigkeiten
- vernetztes Denken und interaktives Vorgehen
- Planungs- und Moderationstechniken, Projektmanagement
- Darstellungsmethoden, Präsentation
- Schnittstellenbewältigung mit internen Abteilungen und externen Partnern
- Akquisitions- und Abschlusstechniken
- effiziente Strukturierung der Zeit, Kundenpriorisierung
- Beherrschung der jeweiligen innerbetrieblichen Abläufe.

Sozialkompetenz

Die bisher genannten Kompetenzarten sind ohne die Fähigkeit, mit Menschen in unterschiedlicher Art und in unterschiedlichen komplexen, auch spannungsvollen Situationen problemlösend umgehen zu können, wenig wert. Sozialkompetenz in der Firmenkundenbetreuung umfasst die Bereitschaft und Fähigkeit, zu allen bankinternen und -externen Bezugspersonen (Stakeholder) tragfähige Beziehungen anbahnen, pflegen, festigen oder vertiefen zu können. Ebenso sollen Störungen behoben oder verloren gegangene Kundenbeziehungen wieder belebt werden können. Kurz: Der Firmenkundenbetreuer kann sich individuell und situativ so verhalten, dass die Anforderungen der Geschäftsbeziehung bearbeitet werden, ohne Gefährdungen oder Brüche auf der persönlichen Ebene zu verursachen. Vertrauen bei akzeptierter Fachkompetenz lautet das Entwicklungsziel. Gerade die Ratingverfahren erfordern besondere Dialogfähigkeiten. Des Weiteren sind der Sozialkompetenz förderlich:
- Kommunikations- und Kontaktfertigkeiten
- Menschenkenntnis, Anpassungsfähigkeit an Persönlichkeitsstrukturen

- Team-, Konflikt- und Kooperationsfähigkeiten
- gruppendynamische Kompetenz
- Einfühlungsvermögen, Toleranz, Freundlichkeit
- emotionale Intelligenz
- Wandlungsfähigkeit, Bankkultur-Fit
- personales Schnittstellenmanagement.

Interkulturelle Kompetenz

Nachdem sich die Menschheit in ihrer ersten Phase der Globalisierung auf alle Erdteile ausgebreitet hatte, in der zweiten Phase Amerika, Afrika und Australien in die Handelsnetze der »alten Welt« einbezogen hat, sind die aktuellen Globalisierungsschübe gekennzeichnet durch den zeitlichen Kollaps der räumlichen Entfernungen, der Tendenz zur Monopolisierung der weltweiten Beziehungsnetze, einer Entmedialisierung der Kontakte über Kontinente und vor allem der Entregionalisierung der kulturellen Verschiedenheiten (siehe auch Holenstein, E.).

Globalisierung erfordert nicht nur die Auseinandersetzung mit anderen Kulturen im Ausland, sondern auch mit fremden Kulturen im Inland. Von daher muss der Firmenkundenbetreuer nicht nur seine Klienten mit den verschiedenen Arten und Techniken des Auslandsgeschäftes betreuen, sondern auch die Usancen und Plausibilität deren Geschäfte verstehen. Auch der Betreuer von Inlandskunden braucht Fähigkeiten wie:

- Sprachkenntnisse, evtl. Englisch als zweite »Muttersprache«
- Verständnis, Akzeptanz und wissendes Eingehen auf fremde Kulturen
- Verfahren der Bewertung von Länderrisiken
- Verständnis der Zusammenhänge internationaler Wirtschaftsverflechtungen.

Auswahl und Entwicklung handlungskompetenter Firmenkundenbetreuer sind eine kontinuierliche Aufgabe. Sie ist mit Systematik in der Linienabteilung zu betreiben und von den Personalabteilungen unter Hilfe externer Trainer zu begleiten. Gerade Basel II mit seinen alle Bankbereiche betreffenden Auswirkungen kann als Auslöser für eine grundlegende Neuorientierung des Bankgeschäftes mit Unternehmen und Selbstständigen genutzt werden.

2.4.4 Integrativer Interakteur im One-to-One-Marketing

Im Firmenkundengeschäft sind Preise und Produkte austauschbar. Sie sind bei allen Banken weitgehend gleich. Differenzierung kann, wie schon angesprochen, letztlich nur nachhaltig und dauerhaft über Akzeptanz und Kompetenz der Firmenkundenbetreuer erfolgen. Der Firmenkundenbetreuer ist für eine Bank im Verhältnis nach innen und im Kontakt zum Kunden umso weniger ersetzbar und umso mehr erfolgreich, je mehr es ihm gelingt, die Funktion eines integrativen Interakteurs einzunehmen. Der Firmenkunden-

2.4 Der Firmenkundenbetreuer als interaktiver Erfolgstreiber

betreuer ist im Geschäft der zentrale Akteur ganzheitlicher Problemlösungsprozesse (Abb. 13). Er steuert dazu die zwischen den Geschäftspartnern stattfindenden Wechselbeziehungen (Interaktionen in Gestalt von verschiedenen ökonomischen Transaktionen, d.h. alles, was zu den üblichen sachlichen Inhalten des Bankgeschäftes gehört) und die sie treibenden und begünstigenden psycho-sozialen Transaktionen (alles, was die zwischenmenschliche Beziehungsebene angeht) optimiert und zielorientiert zur Zufriedenheit aller

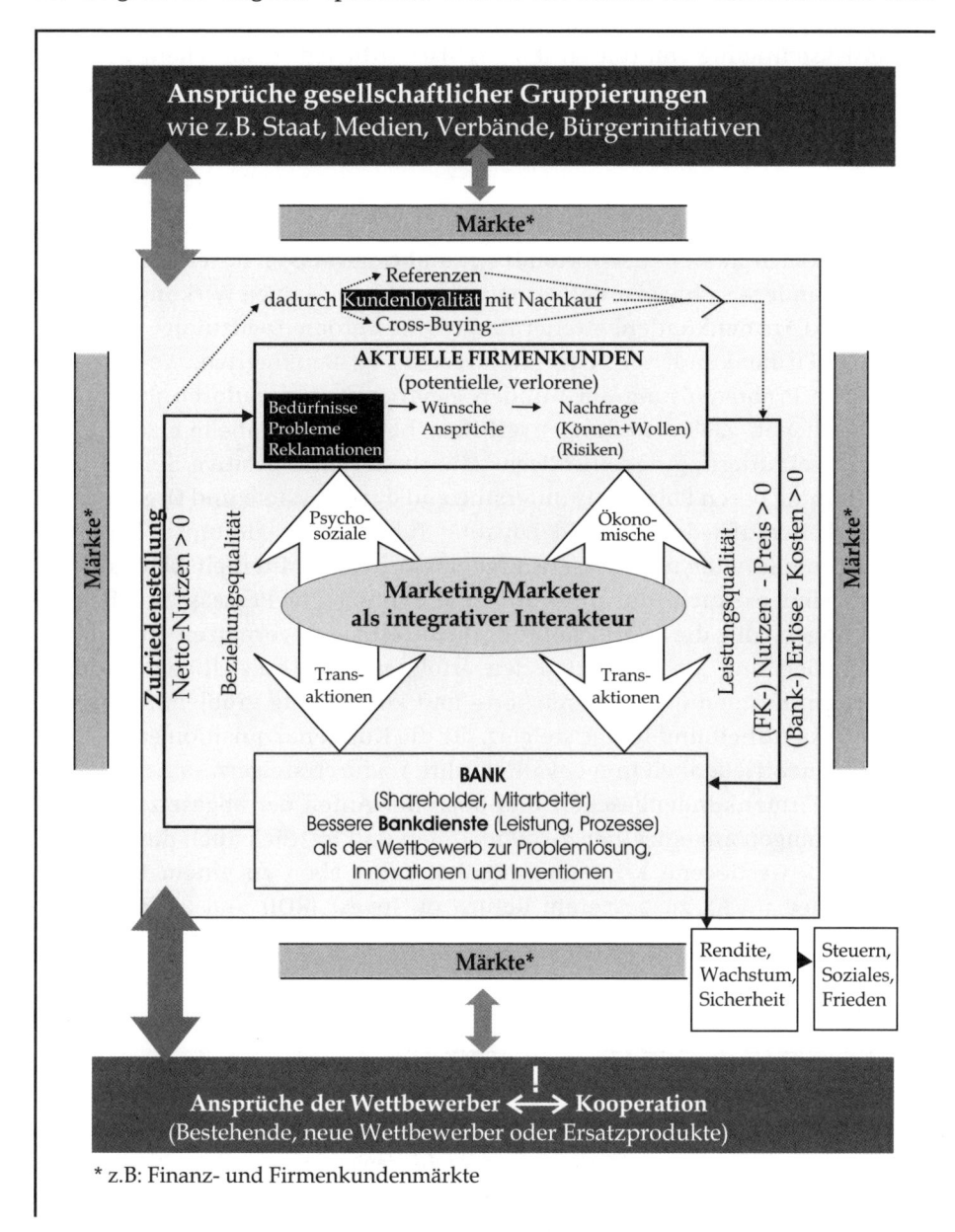

Abb. 13   Prädikatoren integrativen Relationship Marketing (Stakeholder-Ansatz)

Betroffenen. In einem dynamischen Prozess integriert der Firmenkundenbetreuer
- die Innenwelt einer Bank wie die Backoffice-Bereiche, das Kreditgeschäft, die Zusammenarbeit mit den verschiedenen Fachabteilungen, Stabsabteilungen und externen Partnern zielgerichtet (effektiv) und wirkungsvoll (effizient),
- mit der Außenwelt unter Kenntnis und Bereitstellung von Problemlösungen für die Firmenkunden in Abgrenzung zu den Wettbewerbern und unter Berücksichtigung von relevanten gesellschaftlichen Ansprüchen,
- damit die Innen- und Außenwelt einer Bank in diesem iterativen Optimierungsprozess in ihren Ansprüchen nach Profitabilität, Existenzsicherung und Nettonutzen-Stiftung zufrieden gestellt wird.

Durch eine Erweiterung der Ursache-/Wirkungs-Hypothese der Balanced Scorecard (nach Kaplan R.S./Norton D.P., Cambridge/Massachusetts 1996) kann auch eine andere Sichtweise der vernetzten und interaktiven Wirkung mit dem Angelpunkt Firmenkundenbetreuer dargestellt werden. Demzufolge gestalten geeignete Firmenkundenbetreuer die Prozesse im Bankbetrieb, die eine wirkungsvolle Problemlösung am Kunden generieren und dadurch die finanzwirtschaftlichen Zielvorstellungen erfüllen helfen. Die Tabelle 1 zeigt, dass über die Rekrutierung der »richtigen« Mitarbeiter eine positive Spirale über die Entfaltung deren Potenziale unterstützend durch System und Organisation zu Mitarbeiterzufriedenheit und Loyalität führt, die wiederum höhere Mitarbeiterproduktivität und bessere Ergebnisse in der Mitarbeit bewirkt. Mitarbeiter sind es auch, die innovativ und schnell die Prozesse im Betrieb voranbringen, die die Wertschöpfungskette effizient vernetzen und damit die Dienstleistung am Firmenkunden erfolgreich bewerkstelligen. Dadurch passiert am Kunden eine differenzierte und kompetente Problemlösung, die wieder Bekanntheit und Image steigert, die die Kundenakquisition erleichtert, zur Kundenzufriedenheit und Loyalität führt. Dadurch steigern sich der Marktanteil im Firmenkundengeschäft und auch der Anteil der abgesetzten Bankdienstleistungen am einzelnen Firmenkunden und letztlich auch die Kundenrentabilität. Gestiegene Kundenrentabilität führt eben zu einem Economic Value Added (EVA), zu besserem Return on Invest (ROI) und zu Return on Capital Employment (ROCE).

Tab. 1 Ursache-/Wirkungs-Hypothese der Balanced Scorecard

Finanzen	ROCE/EVA/ROI
Kunden	Kundenrentabilität, Marktanteil, Kundenanteil, Kundenloyalität, Kundenzufriedenheit, Kundenakquisition, Bekanntheit, Image, Problemlösungskompetenz
	→

Finanzen	ROCE/EVA/ROI
Prozesse	Kundendienst
	Supply Chain-Betrieb, Produktion, Innovation (Effektivität und Effizienz, Schnelligkeit und Flexibilität)
Mitarbeiter	Mitarbeiterergebnisse, Mitarbeiterproduktivität, Mitarbeiterzufriedenheit, -loyalität System- und Organisationspotenziale, Mitarbeiterpotenziale, Mitarbeiterrekrutierung

2.4.5 Führungsverhalten und Leistung der Firmenkundenbetreuer

Intrinsisch motivierte Mitarbeiter müssen auch wissen, was sie »sollen« im Sinne herausfordernder Ziele. Und es bedarf Führungsverhaltensweisen und Führungssysteme, die zumindest die Arbeitsunzufriedenheit reduzieren bzw. die Demotivation minimieren. Erst dann kann sich die Handlungskompetenz effektiv entfalten. Unmittelbare Motivierung oder absolute Mitarbeiterzufriedenheit sind von der Führung ohnehin nicht zu leisten. In vielen Kreditinstituten bewirken teils erhebliche Defizite in den »Hygienefaktoren« Führungssysteme und -verhalten spürbare Effektivitäts- und Effizienzverluste.

Mangelhafte Unternehmensführung und mangelhafte Mitarbeiterführung sind zentrale Risikofaktoren für eine Bank. Vice versa tragen Führungspersönlichkeiten maßgeblich zur Realisierung von Chancen im Firmenkundengeschäft bei.

In Theorie und Praxis ist unbestritten, dass die Führungsqualität mittelbar Einfluss auf die Qualität der Firmenkundenbeziehung zum Firmenkundenbetreuer hat. Der Relationship-Erfolg hängt – in Abhängigkeit der jeweiligen Bedürfnisse und Erwartungen der Beziehungspartner – einerseits von der Beziehungsqualität zwischen Führung und Firmenkundenbetreuer in der Bank ab und andererseits von der Beziehungsqualität zwischen Firmenkundenbetreuer und Kunden. Insofern meint Beziehungsqualität grundsätzlich die Fähigkeit der Führung, in der Bank die Komplexität der psychosozialen Transaktionen zwischen Mitarbeiter und Führung und der Unsicherheit der jeweiligen Beziehungspartner zu reduzieren und darüber hinaus die Wirksamkeit der Interaktionen zwischen beiden zu erhöhen. Ferner wird unter Beziehungsqualität zwischen dem Firmenkundenbetreuer und dem Firmenkunden die Fähigkeit verstanden, die Komplexität der Bankgeschäfte zwischen den Partnern und die darin enthaltene Unsicherheit zu reduzieren und ebenso die Wirksamkeit der Interaktionen zwischen Firmenkunden und Bank zu erhöhen. Tendenziell gilt, dass je höher die Beziehungsqualität zwischen den jeweiligen Partnern ist, desto leichter ist hoher Gesamterfolg zu erzielen. Wie zum Firmenkunden, so begünstigen folgende grundlegenden Führungsgrundsätze das engagierte Mitarbeiterverhalten:

- von Sympathie zu Empathie

    Nicht nur Verbundenheit zum anderen Partner und Ähnlichkeiten der Art des Erlebens und Reagierens, Freundlichkeit oder übereinstimmende »*Chemie*« der Partner, sondern darüber hinausgehend die Bereitschaft und Fähigkeit, sich in andere Menschen und deren Probleme einzufühlen.

- von Aufmerksamkeit zu Anerkennung und Respekt

    Führungsgespräche und Kundengespräche werden häufig durch unaufmerksames »Wegsein« belastet. Dabei ist das Bedürfnis nach aufmerksamem »Dasein« für den Kunden und seitens der Führung für den Firmenkundenbetreuer nahezu unstillbar. Lebendige zwischenmenschliche Aufmerksamkeit ist, wenn auch objektiv nicht messbar, aber subjektiv fühlbar, eine knappe Ressource, deren geglückter zwischenmenschlicher Tausch nahezu magische Kräfte hat. Auf zu wenig Aufmerksamkeit reagieren Menschen empfindlich. Für Georg Franck ist die Aufmerksamkeit anderer Menschen: »*... die unwiderstehlichste aller Drogen. Ihr Bezug sticht jedes andere Einkommen aus.*« Über diese persönliche Akzeptanz und Bestätigung hinausgehende positive immaterielle und materielle Anerkennung des Partners wirkt wie ein Akzelerator der Aufmerksamkeit.

- von Selbstvertrauen zu Vertrauen

    Der Grad der Offenheit und Ehrlichkeit schafft tragfähige Brücken zwischen den Partnern.

- von Egozentrik zu Gegenseitigkeit

    Dialog, Lebendigkeit, Flexibilität und gelebte Kooperation in Verbindung mit gemeinsamen Interessen sind Beziehungsqualitäten ebenso wie gerechtfertigtes Geben und Nehmen.

- von Spontanität zu Intensität

    Wiewohl spontanes Handeln erfrischend sein und eine Beziehung lebendig gestalten kann, so ist auch die Häufigkeit der Zusammenarbeitskontakte und die Kontinuität, d.h. die Intensität der Beziehung auf Dauer qualitätsformend. Mitarbeiter bevorzugen den unkomplizierten Kontakt zu den Vorgesetzten.

- von Blendwerk zu Kompetenz

    Rhetorisch fein gewobene Worthülsen in Führung und Kundenbetreuung entblößen sich schnell. Fundierte Erfahrungen, fachliche Qualifikationen und realitätsbezogene sachliche Unterstützungen sind die grundlegenden Bedingungen von Beziehungsstabilität.

- von Versprechen zu Stimmigkeit/Glaubwürdigkeit

    Worte und Taten müssen übereinstimmen.

Zusammengefasst kann im Verhältnis zwischen Führungskräften und Firmenkundenbetreuung und zwischen Firmenkundenbetreuung und Firmenkunden festgestellt werden, dass Beziehungsqualität die Fähigkeit zur Kooperation und Partnerschaft voraussetzt. Vertrauensvolle Partnerschaft

- setzt auf Vertrauen, ohne die Vorsicht außer Acht zu lassen, anstatt auf naive Vertrauensseligkeit oder paranoides Misstrauen,
- setzt auf Akzeptierung der Probleme der Mitarbeiter und Kunden und deren Konfrontation (d.h. der Streit ist ein konstruktiver Teil einer »*intimen*« Beziehung), anstatt auf »*Friedhöflichkeit*« oder feindselige Vernichtung,
- setzt auf Flexibilität, Improvisationsfähigkeit bei klar unterlegter konzeptioneller Struktur, anstatt auf Aktionismus, Hysterie und starre, zwanghafte Überreglementierung,
- setzt auf innere Verbundenheit (Kooperation) bei gleichzeitiger innerer Unabhängigkeit (= Auseinandersetzungsfähigkeit), anstatt auf symbiotische Verschmelzung oder depressive Unterwerfung und Konkurrenzkampf, die zu Isolierung führen.

Bereits Ende der 80er-Jahre haben Gebert, D./Ulrich, J.G. (1990) den Einfluss des Führungsverhaltens auf den Absatz im Kreditgeschäft untersucht. Dabei haben sie festgestellt, dass ca. 25 Prozent des Absatzerfolges im Kreditgeschäft durch das Führungsverhalten erklärt werden können.

Führungskultur, Führungsstil und die konkreten situativen Führungshandlungen in Verbindung mit dem Rahmen, innerhalb dessen der Firmenkundenbetreuer arbeitet, sind also weitere Schlüsselbegriffe und Erfolgstreiber für das Relationship Marketing im Firmenkundengeschäft.

3 Strategische Ausrichtung des Relationship Marketing im Firmenkundengeschäft

3.1 Problemfelder und Herausforderungen des Relationship Marketing in der Bankpraxis

3.1.1 Bankspezifische Erfolgshindernisse in der Praxis

Der bisher in der Praxis noch nicht zufrieden stellende Erfolg im Relationship Marketing rührt auch von Defiziten aus der Wissenschaft her. Mit dem Einzug des Relationship Marketing im Konsum- und Gebrauchsgüterbereich Anfang der 90er-Jahre beginnt auch dieses Feld sich allmählich in der Hochschullehre zu verbreiten. Dennoch ist Relationship Marketing im Mittelstand oder Bankgeschäft mit Firmenkunden noch in wenigen Lehrplänen vorgesehen (siehe insbesondere an der Hochschule Zittau-Görlitz). Durch die zahlreichen Praxistransferprojekte mit Studierenden und Berufsanfängern nach dem Diplomabschluss muss aber festgestellt werden, dass die Einführung systematischen Relationship Marketing in der betrieblichen Laufbahn auf viele Widerstände stößt. Somit versanden gute Ansätze wieder im Alltag.

Hinzu kommt, dass in der Theorie kein übergreifendes ganzheitliches Relationship-Marketing-Konzept vorhanden ist. Und schon gar nicht für das Firmenkundenmarketing. Gleiches gilt für die konstitutiven Elemente von konzeptionellen theoretischen Bezugsrahmen. So existiert keine sofort umsetzbare Analyse- und Diagnosemethode im Relationship Marketing. Ferner gibt es noch keine fertig abgreifbaren Strategieselektionsverfahren. Ebenso sind die klassischen Marketingmaßnahmen aus der Angebots-, Vertriebs- und Kommunikationspolitik noch nicht relationshipgerecht adaptiert. Ferner mangelt es auch noch an schlüssigen unmittelbaren relationshiporientierten Maßnahmen und deren Systematik.

Wirft man den Blick in die bankbetriebliche Praxis im Firmenkundengeschäft, so stellt der Autor aus 20 Jahren Management-, Beratungs- und Lehrerfahrung mit Praktikern fest, dass es zahlreiche operative Ansätze gibt. Diese reichen von individualisierten Bankdienstleistungsangeboten, Firmenkundenveranstaltungen bis Direct Mailing. Und es finden sich auch einzelne – sehr seltene – Praktiker in den Banken, die quasi »*natürlich*« Relationship Marketing im Firmenkundengeschäft sehr erfolgreich leben. Gerade in den derzeit hektischen und von Insolvenzrekord begleiteten Erscheinungen im Firmenkundengeschäft sind offensichtlich ganzheitliche Konzeptionen des Relationship Marketing in der Firmenkundengeschäftspraxis noch schwerer zu entwickeln. In kursorischer Aufzählung sind es folgende Herausforderungen und Probleme, die erfolgreicher Relationship-Marketing-Politik in der Praxis entgegenstehen:

- mangelnde Internalisierung der Schlüsselbegriffe

    Die Schlüsselbegriffe des Firmenkunden-Relationship-Marketing sind zwar zunehmend in den Kreditinstituten bekannt, sie sind aber nicht hinreichend bei den Firmenkundenbetreuern und weiteren Beteiligten internalisiert. In Seminarumfragen bemängeln Führungskräfte häufig in diesem Zusammenhang zu geringe fachliche und methodische Kompetenz bei ihren Firmenkundenbetreuern.

- konzeptionelle Defizite

    Trotz aller Schaufensterreden und stilisierten Publikationen zu diesem Thema herrscht in den Kreditinstituten im Firmenkundengeschäft überwiegend Aktionismus statt Konzept.

    Es fehlt ein systematisch abgestimmter Fahrplan im Firmenkundengeschäft. Das beginnt damit, dass zwar Database Marketing-Ansätze in allen Häusern vorhanden sind, aber kaum entscheidungsorientierte Diagnosen (Analysen und Prognosen), die im Sinne einer Controllingphilosophie Basis für fundierte strategische Entscheidungen im Firmenkundengeschäft darstellen können.

    Dementsprechend ist Firmenkundenorientierung oft ein reines »*Lippenbekenntnis*«. Konkrete, mess- und steuerbare Relationship-Ziele, die auch noch strategische Relevanz erfüllen, fehlen. Dafür herrschen irgendwie zentral vorgegebene oder in einer Art »*kooperativen Basars*« mit den Betroffenen vereinbarte Volumenziele vor. Und selbst wenn Ziele vorhanden sind, so werden sie nicht in Strategien zu konkreten Handlungsbahnen übersetzt. Kundensegmentierung und Kundenstrategien fehlen. Konsequenterweise sind dann die Relationship-Marketing-Maßnahmen eine Sammlung von Aktionen und Aktionismen, Kopien von Konkurrenzmaßnahmen und bürokratischen Innovationen.

    Die Mitarbeiter im Firmenkundengeschäft ersticken häufig im Alltagsgeschäft und von den Zentralabteilungen initiierten Projekten. Es mangelt an strategisch relevanten Marketingmaßnahmen.

    Das sachlich-inhaltliche Konzept im Relationship Marketing wird kaum durch eine konforme Unternehmenskultur als die psychosoziale Stoßkraft getragen.

    In vielen Banken wirken aber noch auf der Grundlage von Fundamentalannahmen, Erfahrungen, geteilten Werten und Normen Verhaltensweisen im Firmenkundengeschäft vor, die eher gekennzeichnet sind mit den Begriffen Bürokratie, Rechtsfertigungszwängen, unproduktiven Konflikten innerhalb der Abteilung und mit anderen Abteilungen, Misstrauenssyndromen, Sinn- und Identifikationsdefiziten sowie schlechtes Abteilungsklima, sodass die vorwiegende Aufgabe der Kundenorientierung in den Hintergrund rückt. In Firmenkundenseminaren äußern sich die Teilnehmer oft dahin gehend zynisch, dass sie sich »*schon ohne Firmenkunden ganz gut selbst verwalten könnten*«.

- strukturelle und prozessuale Hürden

    Die Aufbau- und Ablauforganisationen im Firmenkundengeschäft gründen nach wie vor auf hierarchischen und traditionellen Prinzipien. Die Verwaltungs- und Absicherungsorientierung hat auch, beschleunigt durch externe Einflüsse aus dem politischen und rechtlichen Umfeld der Banken, wieder zugenommen. Zu kurz kommt dabei eine aufbau- und ablauforganisatorische Ausrichtung auf die Anforderung von Wertschöpfungsprozessen des Relationship Marketing.

    Die aufbauorganisatorische Abstimmung von Macht-, Prozess- und Fachpromotoren zur Realisierung des Relationship Marketing kommt zu kurz. Auch in den Prozessabläufen wird zu sehr auf IT-gestützte Virtualisierung als auf virtuosen Umgang mit den Prozessen gesetzt. Firmenkundenkulturen und deren steuernde sachlich-inhaltliche Firmenkundenkonzeptionen brauchen auch den organisatorischen Rahmen, in dem die Prozesse der Firmenkundenbetreuung wirksam werden können.

- Realisierungslücke

    Selbst wenn fundierte konzeptionelle Ansätze bestehen, mangelt es an der konsequenten Implementierung des Firmenkunden-Relationship-Marketing. Und zudem erlahmt schnell die Realisierungskraft wegen vielfältiger Widerstände auf dem komplexen Weg der Steuerung von sozialen Systemen, wie sie nun einmal Firmenkundenabteilungen im Kern sind. Informations-, Wissens- und Kommunikationsdefizite, Motivationsmängel, fehlende Integration und Kooperation führen dazu, dass die Lücke zwischen einem formulierten Relationship-Marketing-Konzept, dessen Verstehen und Verständnis dafür und deren Implementierung letztlich der eigentliche Engpass zum Erfolg im Firmenkundengeschäft darstellen.

- CRM-Technologiefetisch

    Immer noch wird Relationship Marketing als Zauberformel in das Kürzel CRM (Customer Relationship Management) gegossen. Aufbauend auf Data Base Marketing (DBM) und Computer Aided Selling (CAS) werden über technologische Aufrüstungen Rationalisierungseffekte und intensivere Kundenbetreuung verfolgt. Diese durch Software und Hardware begründete CRM-Philosophie baut aber letztlich auf die Kontrolle des Außendienstes und den »*gläsernen*« Kunden als Erfolgsfaktoren.

    Hoch technisiertes Kundenmanagement als Kernstück eines Relationship Marketing bringt der Praxis des Firmenkundengeschäftes kaum relevante Vorteile. Die aktuellen CRM-Technologien sind zwar an sich faszinierende ingenieurwissenschaftliche Lösungen. Die Probleme im Firmenkundengeschäft bewegen sich aber auf einer anderen Ebene.

- Beziehungsmarketing als Belästigung

    Es wird in der Wissenschaft darüber gestritten, ob Relationship Marketing oder Beziehungsmarketing die geeignetere Bezeichnung darstellt. Beziehungsmarketing im Firmenkundengeschäft geht davon aus, dass Kunden zur Bank zu »*ziehen*« sind, weil sie sonst nicht wollen. »*Ziehen*« in Form von

Hochdruckverkauf, Schmeicheln oder Übereifer wirkt belästigend. Firmenkunden lassen sich nicht einseitig zugunsten der Verkaufsziele einer Bank ziehen. Ziehen erzeugt Widerstand. Firmenkundenbeziehungen beinhalten schon begrifflich nur eine Sicht des Firmenkundenverhältnisses als Verhalten zur Problemlösung. Relationship heißt, dass sich Partner wechselseitig bedingen, eigentlich gegenseitig Nutzen »zurücktragen« (»relatus« → Relation). Insofern ist auch der CRM-Ansatz zu einseitig in den Verhältnissen und zu einseitig in den Instrumentenvariablen angelegt. »Lieben« und Hinwenden zu den Firmenkunden und deren Probleme ist etwas anderes als ein »Ziehen« zu den Bankgeschäften.

3.1.2 Problematik genereller Widerstände gegenüber Veränderungen

Die Arbeit an neuen Wegen im Firmenkundengeschäft oder Änderungen in Details der Umsetzung rufen bei vielen Mitarbeitern Widerstände hervor. Das Balance-System als mächtigstes Emotions- und Motivsystem im menschlichen Gehirn (Häusel, H.G., 2004) strebt nach Sicherheit und innerer bzw. äußerer Stabilität, nach Fürsorge und verlässlich bekannten Orientierungen, Ritualen und Bindungen. Es wehrt sich gegen Störung, Gewohnheitsänderung und Unsicherheit durch Neues. Angst, Furcht bis Panik erleben Mitarbeiter, wenn dieses Sicherheits- und Geborgenheitsgefühl nicht erfüllt wird. Dieses Empfinden kann sich von passiver Ablehnung bis zu aggressiver Wut und Protest steigern.

Arthur Schopenhauer erkannte bereits: »*Jedes neue Ding durchläuft bis zur Anerkennung drei Stufen: Erst erscheint es lächerlich, dann wird es bekämpft, dann gilt es als selbstverständlich.*« » ... und ist das Neue dann erfolgreich, melden sich viele als Väter des Erfolges« (der Autor). Philip Kotler sieht drei Hürden auf dem Weg der Ausrichtung einer Organisation zu einer Marketingkultur: »*In the course of converting to a marketing-oriented company, a company faces three hurdles: Organized resistance, slow learning, fast forgetting.*«

Das »3 M-Prinzip« (Renker, C. u.a., 1990) beschreibt die Situation bei Transformationen, Change-Management oder Neuerungsprozessen so: Eine entschlossene »Minderheit« von 10 Prozent an »Machern« steht einer unentschlossenen Mehrheit von 70 Prozent »Mitmachern« und einem aktiven Widerstand von 20 Prozent »Miesmachern« gegenüber. Wenn es den Machern gelingt, in einer offenen Auseinandersetzung mit den anderen Parteien wenigsten 11 Prozent dazuzugewinnen, dann kippt der Verlauf der »Schweigespirale« zu ihren Gunsten.

Ein konstruktives Verfahren, das auf kooperativen, interaktiven, fachlich und ethisch begründeten Fundamenten ruht, ist die ganzheitliche Sicht des integrativen Marketingmodells.

3.2 Ebenen und ganzheitlicher Prozess der Entwicklung einer Firmenkundenkonzeption

3.2.1 Beteiligung aller betroffenen Akteure im Firmenkundengeschäft an der Konzeptionierung

Damit den Herausforderungen des Relationship Marketing wie oben angesprochen erfolgreich begegnet werden kann, reicht es nicht aus, nur monokausale Ursache-/Wirkungs-Beziehungen auf einer Ebene zu sehen. Die Verkürzung des Relationship Marketing auf die One-to-One-Marketingebene ist ebenfalls zu eng. Notwendig ist ein ganzheitlicher und interaktiver Ansatz. Die integrative Betrachtung erfordert eine Sichtweise, die die Einheit im Firmenkunden-Relationship aus Differenziertem herstellt und die Eingliederung von verschiedenen Ebenen und Entscheidungen in ein größeres Ganzes stellt. Interaktion bedeutet die vernetzte Sicht des Relationship Marketing in Form von wechselseitiger Beeinflussung und aufeinander bezogenes Handeln von mehreren Ebenen und Personen. Die zentralen Sichtweisen des Relationship Marketing sind

- das **interne Beziehungsmarketing** im Firmenkundengeschäft: Es zielt auf die Steigerung der Mitarbeiterzufriedenheit, Kompetenz und Loyalität, um darüber eine steigende Produktivität, Erlösstabilität, Risikoprophylaxe und sinkende Kosten zu erzielen.
- das **externe Beziehungsmarketing**: Dieses betrachtet zum einen die mittelbare Beziehungsebene der Bank zum Firmenkunden über zentrale Maßnahmen und zum anderen die unmittelbare Beziehungsebene des Unternehmenskunden durch den Kontakt über den Firmenkundenbetreuer.

Der Erfolg im Firmenkundengeschäft ist nach empirischen Beobachtungen immer dann am höchsten, wenn das Tagesgeschäft sich an ein fundiertes, realistisches, realisierbares und motivierendes Konzept im Relationship Marketing für Firmenkunden orientiert. Dazu muss das Relationship-Marketing-Konzept von allen betroffenen Mitarbeitern und Führungskräften gemeinsam erarbeitet, inhaltlich verstanden und akzeptiert werden, d.h., es müssen Verständnis, Bereitschaft und Energie, diese auch in die Praxis umzusetzen, vorhanden sein.

Aus praktischen Erfahrungen lässt sich verallgemeinert feststellen, dass die das Relationship Marketing tragenden erfolgreichen Unternehmenskulturen gleichermaßen höchstmöglich die Ansprüche des Firmenkunden, der Bank und der Mitarbeiter zu erfüllen suchen und insbesondere durch folgende Merkmale gekennzeichnet sind:
- Partizipation der betroffenen Mitarbeiter
    Beteiligung und aktive Mitwirkung der Linienverantwortlichen, Stabsmitarbeiter und Führungskräfte an der Analyse, Entwicklung und Bewertung des Relationship-Marketing-Konzeptes.

Diese Einbindung setzt Kooperationsbereitschaft voraus. Und Kooperation entsteht durch Vertrauen, und Vertrauen nährt sich aus erfahrener Kooperation.

Auch in der Umsetzung des Relationship Marketing werden die innerbetrieblichen Arbeits- und Produktionsprozesse beteiligungsorientiert gestaltet. Die Hierarchien werden flach gehalten.

- Relationship-Marketing-Promotoren

  im Sinne von Fach- und Führungspersönlichkeiten, die die Relationship-Marketing-Kultur prägen, tragen und vorantreiben können.

  Diese Personen können unterschieden werden in Machtpromotoren, die formelle oder informelle Entscheidungsbefugnisse in diesem Geschäft haben, in Fachpromotoren, die im Tagesgeschäft Konzeption lebendig werden lassen, und die Prozesspromotoren, die die firmenkundenorientierte Bankpolitik auf allen Ebenen vorantreiben.

- Offenheit, Transparenz und Involvement

  Je mehr die betroffenen Mitarbeiter in die Entscheidungsfindung und Konzeptrealisierung mit einbezogen, verwickelt bzw. verstrickt werden, umso mehr erfolgt über die Erzielung der emotionalen Betroffenheit hinaus eine stärkere Identifizierung mit dem Relationship Marketing.

- kooperative Konfliktbewältigung

  Konflikte sind wesentlicher Bestandteil von Innovationen und höherwertigeren Ergebnissen. Effizientes Konfliktmanagement trägt damit erheblich zu einer besseren Funktionsfähigkeit des Firmenkundengeschäftes bei.

- Commitment

  als allgemeiner, sich selbst verpflichtender Grundkonsens im Hinblick auf die Realisierung der Relationship-Marketing-Konzeption im Firmenkundengeschäft.

  »Tell me and I'll forget. Show me and I might remember. Involve me and I'll understand«, lautet der gern kolportierte Trainersatz.

  Über Partizipation, Involvement, Transparenz und Konfliktbewältigung wird leichter eine Selbstverpflichtung der am Konzept Beteiligten (Commitment) und die Bereitschaft, die gemeinsam akzeptierten ökonomischen und sozialen Ziele zu erreichen, erzielt. Die innere Bereitschaft der Mitarbeiter, sich verstärkt im Firmenkundengeschäft zu engagieren, und damit Flexibilität und Produktivität in der Umsetzung, nimmt erheblich zu.

3.2.2 Integratives Marketingmodell als Erfolgsparadigma

Unter Beachtung der oben genannten Prinzipien hat sich in der Praxis des Relationship Marketing im Bankgeschäft mit Firmenkunden, aber auch im Relationship Marketing zwischen Industrie und Handel (Business to Business-Marketing) bei der Entwicklung und Umsetzung von Konzeptionen folgendes integrative Marketingmodell bewährt und signifikant überdurchschnittliche Ergebnisse erzielt (Abbildung 14 Integratives Relationship-Marketing-Modell).

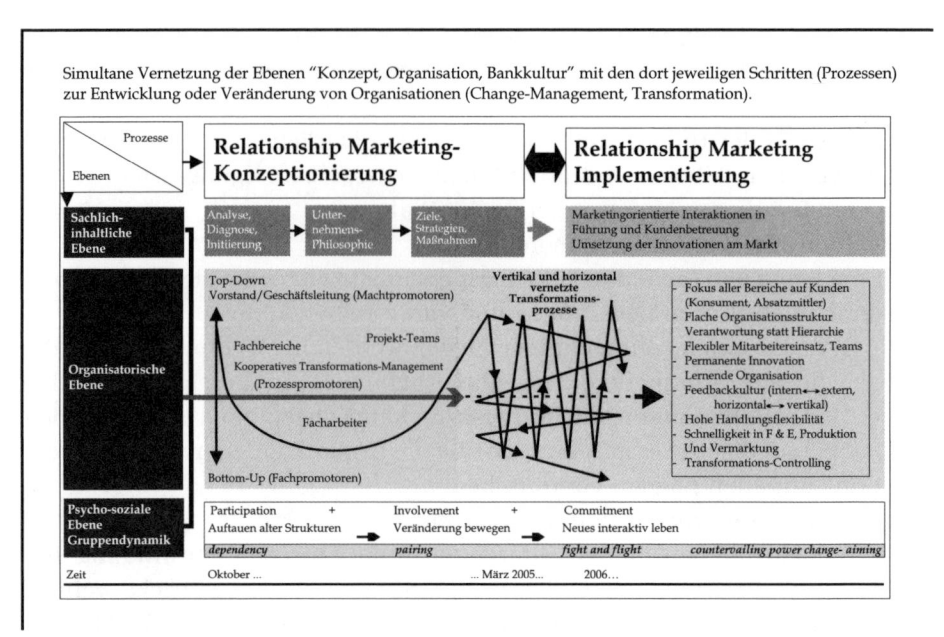

Simultane Vernetzung der Ebenen "Konzept, Organisation, Bankkultur" mit den dort jeweiligen Schritten (Prozessen) zur Entwicklung oder Veränderung von Organisationen (Change-Management, Transformation).

Prozesse / Ebenen	Relationship Marketing-Konzeptionierung			Relationship Marketing Implementierung
Sachlich-inhaltliche Ebene	Analyse, Diagnose, Initiierung	Unternehmens-Philosophie	Ziele, Strategien, Maßnahmen	Marketingorientierte Interaktionen in Führung und Kundenbetreuung Umsetzung der Innovationen am Markt
Organisatorische Ebene	Top-Down Vorstand/Geschäftsleitung (Machtpromotoren) Fachbereiche Projekt-Teams Kooperatives Transformations-Management (Prozesspromotoren) Facharbeiter Bottom-Up (Fachpromotoren)		Vertikal und horizontal vernetzte Transformations-prozesse	– Fokus aller Bereiche auf Kunden (Konsument, Absatzmittler) – Flache Organisationsstruktur Verantwortung statt Hierarchie – Flexibler Mitarbeitereinsatz, Teams – Permanente Innovation – Lernende Organisation – Feedbackkultur (intern↔extern, horizontal↔vertikal) – Hohe Handlungsflexibilität – Schnelligkeit in F & E, Produktion Und Vermarktung – Transformations-Controlling
Psycho-soziale Ebene Gruppendynamik	Participation + Auftauen alter Strukturen *dependency*	Involvement + Veränderung bewegen *pairing*	Commitment Neues interaktiv leben *fight and flight*	*countervailing power change- aiming*
Zeit	Oktober ...		... März 2005... 2006...	

Abb. 14   Integratives Relationship-Marketing-Modell

Die Umsetzung des Relationship Marketing gelingt umso leichter und wirkungsvoller, je qualifizierter das Prozessmanagement bei der Entwicklung der Konzeption gearbeitet hat.

Das integrative Marketingmodell vernetzt dabei die verschiedenen parallel bzw. simultan ablaufenden und vernetzten Teilprozesse und Schritte auf der

- sachlich-inhaltlichen Ebene,
- organisatorisch-strukturellen und prozessualen Ebene und der
- psychosozialen Ebene.

In der Praxis werden Konzeptionen meist nur auf der sachlich-inhaltlichen Ebene entwickelt und vorangetrieben. Die organisatorischen Prozesse und Einflüsse aus der zwischenmenschlichen Ebene werden vernachlässigt oder bleiben gänzlich unberücksichtigt. Dementsprechend frustrierend verläuft die Realisation und erfolgen die Ergebnisse. Das Bankmanagement unterliegt dabei der Illusion, dass es mathematisch exakt verfolgbare wertfreie Wahrheiten gibt, dass Mitarbeiter sich direktiv verändern lassen und dass Management sachlich und objektiv führen kann. Vielmehr handeln Menschen nicht rational, sondern überwiegend emotional. Es gibt keine Handlung ohne Gefühle, die auf Emotionen basieren. Mitarbeiter lassen sich nicht durch externe manipulative Maßnahmen verändern.

Auf der **sachlich-inhaltlichen Ebene** sind nach der grundlegenden strategischen Ausrichtung der Gesamtbank durch umfassende Diagnose, Festlegung der Vision und Mission (Bankunternehmensphilosophie), der generellen Gesamtbankziele/strategischen Ziele und der Konkretisierung der zu bearbeiten-

den strategischen Geschäftsfelder die einzelnen Prozessschritte im Geschäftsfeld Firmenkunden diskursiv zu bearbeiten und zu entscheiden:
- die Diagnose bzw. Situationsanalyse im Firmenkundengeschäft,
- die daraufhin abgeleiteten Ansprüche (Marketingziele),
- die Evaluation und Selektion der zu verfolgenden Strategien im Firmenkundengeschäft und
- die effiziente Kombination der Maßnahmenpakete.

Die organisatorische und psychosoziale Ebene werden prozesskonform daraufhin abgestellt, sodass ein qualitativ hochwertiger Fahrplan in diesem Geschäftsfeld entsteht und umgesetzt werden kann.

Auf der **organisatorischen Ebene** sind folgende Prozessschritte sinnvoll:
- organisatorische Verankerung der Initiierung der neuen Firmenkundenkonzeption
- Festlegung der organisatorischen Architektur der Konzeptentwicklung wie Grad an Top down/Bottom up und Gegenstromverfahren, Besetzung der Macht-, Prozess- und Fachpromotoren, Klarheit hinsichtlich Aufgaben, Kompetenz und Verantwortung, Integrations- und Partizipationsgrad von internen und externen Prozessbeteiligten
- Projektorganistion für die einzelnen Aufgaben
- Gestaltung der Projektabläufe
- effiziente Bereitstellung relevanter Informationen, produktive Kommunikation
- Gewährleistung von »Arbeitshygienefaktoren«
- Transparenz der Entscheidungswege und Entscheidungen.

Einhergehend mit den sachlich-inhaltlichen und organisatorischen Schritten der Konzeptionierung erweisen sich die Prozesse auf der **psychosozialen Ebene** als die eigentlichen, nicht exakt quantifizierbaren limitationalen Faktoren des Erfolges:

Machtspiele, Konfliktaustragungen und die Fähigkeit zur strategischen Flexibilität einer Bank werden maßgeblich von dieser Ebene bestimmt. Strategische Flexibilität meint hier die Fähigkeit der Bank, sich im Denken und Handeln rasch veränderten Umfeldbedingungen anzupassen, oder die organisationalen Fähigkeiten, sich komplett neu im Firmenkundengeschäft zu konfigurieren.

Damit das Konzept auch seine emotionale und damit unternehmenskulturelle Stoßkraft entwickeln kann, ist es oft notwendig, vorher gefestigte Denkmuster »*aufzutauen*« *(Unfreezing)*, Veränderungen im Denken und Handeln im Firmenkundengeschäft einzuleiten (Changing/Moving) und schließlich wieder die neue Kultur und die neue Konzeption bei den Betroffenen zu festigen (Refreezing). Nur damit kann künftiges koordiniertes Handeln im Sinne der erarbeiteten Konzeption gesichert werden.

Participation, Involvement und Commitment werden hinsichtlich ihrer Wirksamkeit insbesondere von psychologischen Faktoren bestimmt. Das zeigt sich auch daran, dass gruppendynamische Prozesse ein wesentlicher Bestandteil an konzeptioneller Führung und Umsetzung sind. So werden in der Regel am Anfang die Menschen in den Firmenkundenbereichen passiv und abhängig darauf warten, was vom Bankmanagement neu initiiert wird (Dependency). Oft kommt es dann nach der initiierenden Veranstaltung zu Gruppenbildung verschiedenster Arten (Pairing) im Unternehmen. Diese Gruppen beobachten sich meist argwöhnisch, haben divergierende Interessen. Auch konstruktive Vorschläge aus einzelnen Initiativen finden keine Anerkennung, weil es eben von einer bestimmten Gruppierung kommt. Dann schwenkt die Auseinandersetzung um die neue Firmenkundenkonzeption schnell in die Phasen der Auseinandersetzung und Streitigkeiten (Fight and Flight). Diese prozessbegleitenden Umstände lassen sich weder aussetzen noch verhindern bzw. »vernichten«. Es gilt sie zu akzeptieren, als wesentlichen Bestandteil eines erfolgreichen Prozesses zu sehen und die Gruppendynamik zu steuern. In der Fähigkeit, sachlich-inhaltliche Themen in vielschichtig strukturierten Organisationseinheiten unter Berücksichtigung der Gruppendynamiken zielorientiert zu führen, wurzelt die Qualität und Akzeptanz der Konzeption.

Die Vorteile des integrativen Prozesses der Erstellung einer Firmenkundenkonzeption sind:
- Die Mitarbeiter sind im Dialog laufend aktuell informiert.
- Die Mitarbeiter verstehen den geschäftspolitischen Weg. Sie akzeptieren ihn, die Widerstände werden unbedeutend und sie haben Verständnis für die Vorgehensweise.
- Die Mitarbeiter investieren mehr Energie, Nerven und Zeit in die Umsetzung, weil es »ihr« selbst miterstellter Fahrplan im Firmenkundengeschäft ist: nicht vom Management verkündet, von Consultants übergestülpt oder von den Stabsabteilungen an die Linie »verkauft«.
- Durch das diskursive und kritisch-rationale Verfahren nähert sich bei Einbezug des impliziten Wissens der Bank die Qualität des dem »wahren« Erfolgskonzept.
- Das Konzept wird realitätsgerecht, den Potenzialen der Bank angemessen und auf die Gegebenheiten des Marktes abgestimmt.
- Der Koordinierungs-, Motivations- und Kontrollaufwand geht signifikant zurück.
- Die Aktivitäten konzentrieren sich auf die wettbewerbsrelevanten und/oder handlungsnotwendigen Richtungen. Die Ressourcen werden nicht durch Basic-Maßnahmen verschwendet.

Die Vorteile der integrativen Umsetzung der Firmenkundenkonzeption liegen (u.a. Renker, C.: Theorie und..., 2001) in signifikant
- besserer Firmenkundenqualität und höherer Kundenzufriedenheit
- höherem Markterfolg gemessen an Reputation, Marktanteil durch professionellere Marktbearbeitung und verstärkte Kundenorientierung der Betreuer

- höherem Finanzerfolg durch nachhaltige Verbesserung des Marktpreisergebnisses, mehr Konsequenz im Risikomanagement und produktiverer bzw. kostengünstigerer Leistungsprozesse
- höherem Grad an Mitarbeiterzufriedenheit
- tragfähigem Arbeitsplatzerhalt bzw. -aufbau.

3.3 Sachlich-inhaltliche Schritte der Firmenkundenkonzeption als Teil der Gesamtbankkonzeption

Das Firmenkundenkonzept ist Teil der Entscheidung über die gesamte Ausrichtung und Führung des Kreditinstitutes (Abb. 15). Die Gesamtbankkonzeption gibt die Antworten darauf, wie

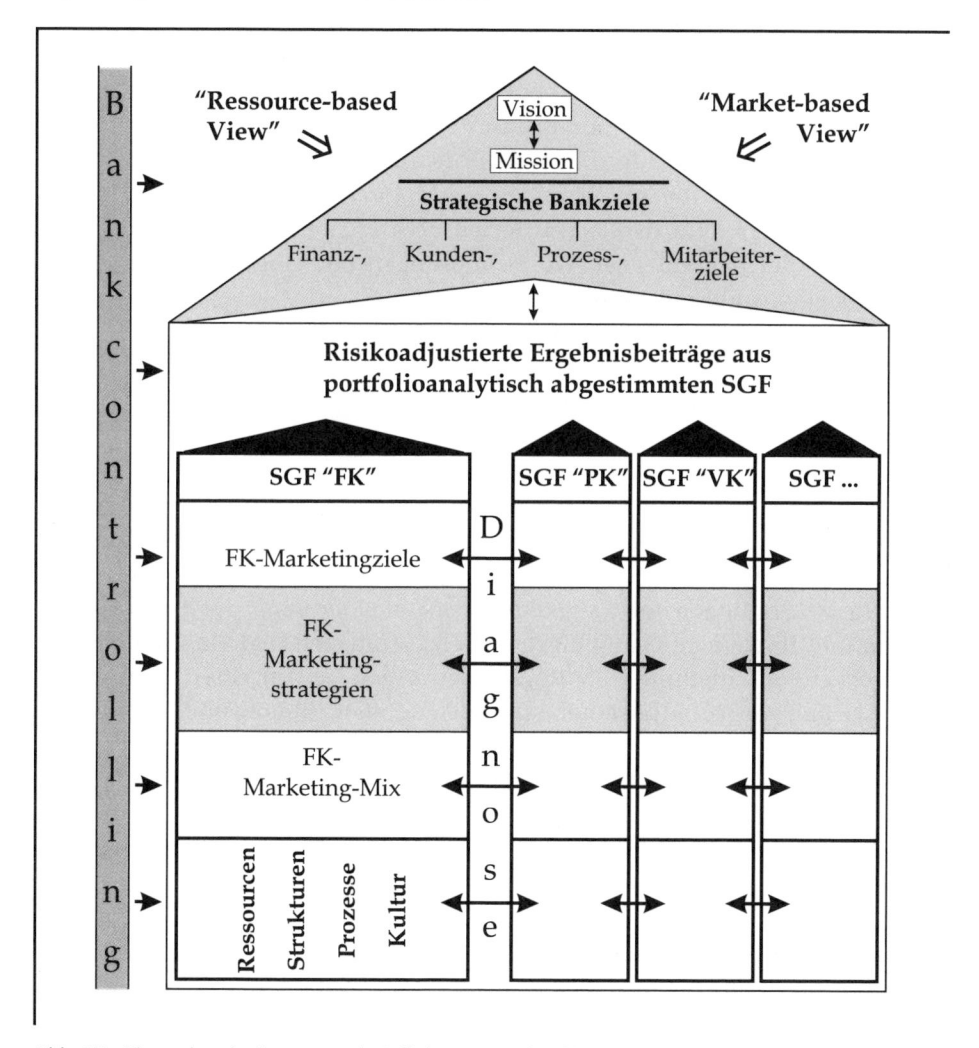

Abb. 15 Firmenkundenkonzepte als Teil der Gesamtbankkonzeption

- die nachhaltigen Nutzenpotenziale des Marktes (»**Market-based View**«) optimal
- durch bessere Ressourcen wie Management (»**Leadership-based View**«), Mitarbeiter, Kapitalausstattung, Kernkompetenzen, Organisation etc. (»**Resource-based View**«), durch den besseren und effizienteren Einsatz der Ressourcen (»**Capability-based View**«), die bessere Nutzung des expliziten und impliziten Wissens im Rahmen einer lernenden Bankorganisation (»**Knowledged-based View**«) bzw. durch markt- und ressourcenkonforme Bankkultur (»**Cultur-based View**«)
- innerhalb der Gestaltungsmöglichkeiten der Wertschöpfungsräume mit den Wertschöpfungspartnern (»**Network-based View**«)

abgeschöpft werden können bzw. sollen.

In diesem Kontext sucht eine Bank ihren anzustrebenden Zustand als Vision und den Auftrag dorthin als Mission zu artikulieren. Zur konkreten Orientierung der Bank dienen jährlich zu erarbeitende strategische Ziele. Ein portfolioanalytisch nach erwarteter Rendite und Risiko ausgewogenes Portefeuille an strategischen Geschäftsfeldern sichert die detaillierte Ausnutzung der Möglichkeiten des Marktes. Die strategischen Geschäftsfelder liefern ihren jeweils potenzial-, ertrags- und risikoadjustierten Beitrag zum Gesamtbankergebnis. Unabhängig der bankinternen Wortschöpfungen und Absichten können die Geschäftsfelder unterteilt werden in:

- Unternehmen und Selbstständige
- Privatkunden
- vermögende Individualkunden
- Seniorenkunden
- Jugendkunden.

Die strategischen Geschäftsfelder sind aus der gesamten Geschäftsumwelt (Stakeholder) herauskristallisierte und inhaltlich eigenständige, marktorientierte Strukturierungen von Tätigkeitsbereichen einer Bank, die durch Formulierung und Implementierung eigener Ziele, Strategien und Maßnahmen bei entsprechender Zuteilung von Ressourcen einen gewünschten Beitrag zur Ergebnis- und Wertsituation einer Bank leisten sollen. Bildung und Abgrenzung erfolgen nach

- homogenisierbaren Bedürfnis-, Problembündeln
- von abgrenzbaren Zielgruppen,
- für die alternative Angebote zur individuellen Problemlösung erbracht werden können.

Unter situativer Anpassung der organisatorischen, strukturellen Ebene und der psychosozialen Ebene an die Gegebenheiten der Bank werden nun nur die einzelnen Schritte auf der sachlich-inhaltlichen Ebene im Firmenkundengeschäft in den wesentlichen Grundzügen dargestellt.

3.3.1 Diagnose des Firmenkundengeschäftes

3.3.1.1 SWOT-Analyse zur Groborientierung

Die Diagnosephase erfasst auf der einen Seite die Analyse der Situation im Firmenkundengeschäft einer Bank, und zum anderen sucht sie die Prognose möglicher Entwicklungen. Die Diagnose soll für alle im Firmenkundengeschäft Beteiligten Klarheit über die Lage bringen, die Attraktivität des Geschäftsfeldes einschätzen helfen und die Position der eigenen Bank und ihre Potenziale offen legen, um daraufhin strategische Wettbewerbsvorteile im Relationship Marketing gegenüber Firmenkunden zu entwickeln und umzusetzen. Unter der Vielzahl von Diagnoseinstrumenten bieten sich an
- die so genannte SWOT-Matrix (Strength, Weaknesses, Opportunities, Threats) und
- eine für das Relationship Marketing adaptierte Portfolio-Analyse.

Eine kooperativ durchgeführte SWOT-Analyse ermöglicht es, erste Erkenntnisse über Verständnis für Relationship im Firmenkundengeschäft zu gewinnen. Diese Diagnoseform setzt sich in »grober« Betrachtung auseinander mit:

1. Unternehmensexterne Faktoren: Chancen-Risiken-Analyse

Der Blick richtet sich auf externe Einflüsse und Anspruchsgruppen (Stakeholder), die für die Bank im Firmenkundengeschäft von Bedeutung sind, aber nicht bis kaum steuerbar sind. Analysiert werden die Zahl, Entwicklung und Qualität der Firmenkunden in dem jeweiligen Geschäftsgebiet, die Marktverhältnisse im Firmenkundengeschäft, die Konkurrenzzahl, -intensität und Machtverhältnisse, die möglichen Kooperationspartner und das Umfeld im politischen, rechtlichen, gesellschaftlichen, konjunkturellen und strukturellen Sinne. »*Strategische Diskontinuitäten*« (Ansoff) als schwer vorhersehbare Ereignisse in Form der Gefahr (Konkursrisiken) oder der Chance als Auslöser schnellen Handels (Kairologie) sollen ebenso erkannt werden. Aufgrund dieser allgemeinen Situationserklärungen im Firmenkundengeschäft einer Bank lassen sich erste Kenntnisse über die möglichen Wirkungen von Maßnahmen im Relationship Marketing transparent machen:
- psychologische Wirkungen wie z. B. Beziehungsqualität, Image, Bekanntheit, Kundenzufriedenheit etc.
- Verhaltenswirkungen wie das Nachfrageverhalten, die Firmenkundenloyalität und die sich daraus ergebenden ökonomischen Wirkungen wie Aktiv- und Passivgeschäfte, Deckungsbeiträge, Risikobewertung.

Die externe Situationsanalyse schafft auch Klarheit über die absolute Anzahl potenzieller Kunden (Nochnichtkunden), aktuelle Kunden und abgewanderte Kunden (Nichtmehrkunden).

Die Chancen-Risiko-Analyse gibt einen Aufschluss darüber, ob durch das Relationship Marketing notwendiger- und hinreichenderweise Ertragspotenziale gehalten bzw. neue erschlossen werden können und ob die Risiken dazu in einem rechtfertigungsfähigen und tragbaren Verhältnis stehen.

2. Unternehmensinterne Faktoren: Stärken-Schwächen-Analyse

Während im Punkt 1 der Möglichkeitsraum einer Bank für die strategische Vorgehensweise im Firmenkundengeschäft grob gezeichnet wird, geht es nun um die Frage, was auf der Grundlage des jeweiligen Ressourcenprofils sowie der identifizierten Kompetenzen einer Bank sinnvoll getan werden kann. Im Wesentlichen ist es dazu nötig, die Ergebniszahlen der Kostenrechnung, die finanzwirtschaftlichen Verhältnisse, die Wirtschaftlichkeit der Prozesse im Firmenkundengeschäft auf der Beschaffungs-, Leistungs-, Erstellungs- und Verwertungsseite, die bestehenden Leistungsqualitäten des Marketings, die Unternehmenskultur, die Persönlichkeitspotenziale und Führungsfähigkeiten in die Waagschale zu legen.

Die Abbildung 16 zeigt eine Maske einer SWOT-Analyse. Es hat sich in der Praxis gezeigt, dass in einem kooperativen Verfahren auf der Grundlage des integrativen Marketingmodells mit jeweils drei signifikanten Chancen- und Risikenkomponenten sowie Stärken- und Schwächenkomponenten eine für die Praxis gut brauchbare Arbeitsgrundlage für die anstehende Zielstrategie- und Maßnahmenfindung gegeben ist. Eine regelmäßig – z.B. jährlich-kooperativ – durchgeführte SWOT-Analyse muss aber bei den meisten Kreditinstituten noch verfeinert, vertieft und für die Entscheidung und Umsetzung greifbarer gemacht werden. Dazu ist aus der Vielzahl der strategischen Entscheidungsinstrumente hier das Geschäftsfeld Firmenkunde noch einmal gemäß den Individualisierungsanforderungen zu segmentieren und diese Segmente zu bewerten. Bewährt hat sich hier eine integrative Portfolio-Analyse, die durch einen kooperativen Bewertungsprozess (Evaluation) Bewusstsein, Verständnis und Motivation für Relationship Marketing auf der Firmenkundenbetreuerseite nachhaltig anstößt.

	Umfeld	Opportunities/ Chancen	Threats/ Risiken
Infeld			
Strenghts/ Stärken		SO-Strategien	ST-Strategien
Weakness/ Schwächen		WO-Strategien	WT-Strategien

Abb. 16   SWOT-Analyse

3.3.1.2 Potenzialorientierte Segmentierung des Firmenkundengeschäftes

Die EU-Kommission (2003) unterteilt selbstständige unternehmerische Organisationen in

- groß: > 250 Mitarbeiter,   > 50 Mio. Euro Umsatz,   > 43 Mio. Euro BS
- mittel: < 250 Mitarbeiter,   < 50 Mio. Euro Umsatz,   < 43 Mio. Euro BS
- klein: < 50 Mitarbeiter,   < 10 Mio. Euro Umsatz,   < 10 Mio. Euro BS
- mikro: < 10 Mitarbeiter,   < 2 Mio. Euro Umsatz,   < 2 Mio. Euro BS.

Demnach zählen von den ca. 3,3 Millionen Unternehmen und Selbstständigen mehr als 99 Prozent zu den KMU.

Nach der grundlegenden Entscheidung für die Gestaltung des Firmenkundengeschäftes als wesentlicher Erfolgsbeitrag für eine Bank gilt es nun, im nächsten Schritt auf dem Weg zum direkten Kontakt im operativen Relationship Marketing eine Segmentierung der Firmenkunden vorzunehmen. Die Segmentierung ist eine Vorstufe zur persönlichen Kundennähe. Aufgabe der Kundensegmentierung ist es, sämtliche potenziellen und aktuellen Kunden so in homogene Einheiten aufzuteilen, dass eine kostenwirtschaftliche, erlöswirksame, unter Vermeidung von Risiken konsequente Betreuung von Firmenkunden möglich ist.

Für das Bankmarketing müssen, um in sich homogene und untereinander aber auch heterogene Firmenkundensegmente aus der Gesamtheit der Unternehmen und Selbstständigen bilden zu können, bestimmte Kriterien erfüllt werden (Meffert/Bruhn, S. 100 ff.):

- Die Kriterien der Firmenkundenmarktsegmentierung müssen mit der Marktforschung erfassbar und messbar sein.
- Es sind konstitutive Merkmale, Verhaltensweisen bzw. Bedürfnisse und Erwartungshaltungen herauszukristallisieren, die bestimmte Bankdienstleistungen zur Folge haben und damit eine homogene Marktabgrenzung ermöglichen.
- Die Segmentierung muss dazu führen, dass der sich daraus ergebende Nutzen für alle Beteiligten größer ist als die hierfür anfallenden Kosten.
- Die Marktsegmentierung muss für die darauf folgende Maßnahmenimplementierung zeitlich stabil sein.
- Die Marktsegmentierung muss eine Handlungsfähigkeit im Sinne des gezielten Einsatzes eines Relationship-Marketing-Instrumentariums ermöglichen.
- Die Abgrenzungskriterien müssen die Besonderheiten der Bankdienstleistung berücksichtigen. Eine unreflektierte Übernahme aus den Marktsegmentierungsvorschlägen der Konsumgüter- oder Investitionsgüterbereiche ist daher nicht empfehlenswert.

Unter Beachtung dieser Segmentierungskriterien sucht jede Bank jeweils individuell und pragmatisch für ihr Geschäftsgebiet die geeignete Segmentierung. Die illusorische Suche nach Patentlösungen oder das Nachahmen der Wettbewerber sind aus praktischer Erfahrung nicht zu empfehlen und widerstreben auch den eingangs aufgeführten Schlüsselbegriffen des Relationship Marketing im Firmenkundengeschäft. Dennoch seien das Beispiel einer Schweizer Bank und der Sparkasse Freiburg als mögliche Segmentierungen in den Abbildungen 17 und 18 dargestellt. In der Praxis existiert eine Vielzahl an Modifikationen dieser im Wesentlichen umsatz-, mitarbeiter- und branchenbezogenen Segmentierungen. Sie sind einfach zu handhaben und stoßen auch bankintern auf hohe Akzeptanz.

Innerhalb dieser Teilsegmente kann als weitere Groborientierung bei der Auswahl zu akquirierender und betreuender Firmenkunden unterschieden werden in sektorale Anteilsgewinner, sektorale Anteilsstagnierer und sektorale Anteilsverlierer.

Und innerhalb dieser könnte wieder eine Selektion vorgenommen werden in akquisitions- und betreuungsfähige und -würdige Firmen und nichtakquisitionsfähige und -würdige Firmen.

Eine Verfeinerung und wissenschaftliche Vertiefung dieses Pragmatikeransatzes wäre (nach Bruhn, M., 2001 S. 100 ff.) innerhalb dieser Bereiche eine weitere relationshiporientierte Segmentierung nach den Kundenakquisitions-, Kundenbindungs-, Reklamations- und Kundenrückgewinnungsphasen.

3.3 Sachlich-inhaltliche Schritte der Firmenkundenkonzeption

Firmen-umsatz*	Gewerbliches Obligo*	Weitere Kriterien*		Betreuungs-intensität	Kunden-verant-wortlich	Rolle	Schlag-zahl
≥ 1 Mio €	≥ 250 T€	Komplexe Kreditfälle Multifaktorwirkung im FK-Segment	Firmen- kunden	Intensive Betreuung	FKB	"Vertrieb-licher Anchor-man"	nach Branche
≥ 250 T€	≥ 50 T€	Anlagevolumen > 75 T€ Multifaktor-Wirkung im GK-Segment	Gewerbekunden	Betreuung	GKB	Allround-Verkäufer	180 - 200
< 250 T€	< 50 T€		Geschäftskunden	Beratung	GSL/ GSKKB**	Effizienter Berater/ Kredit-Spezialist	> 500

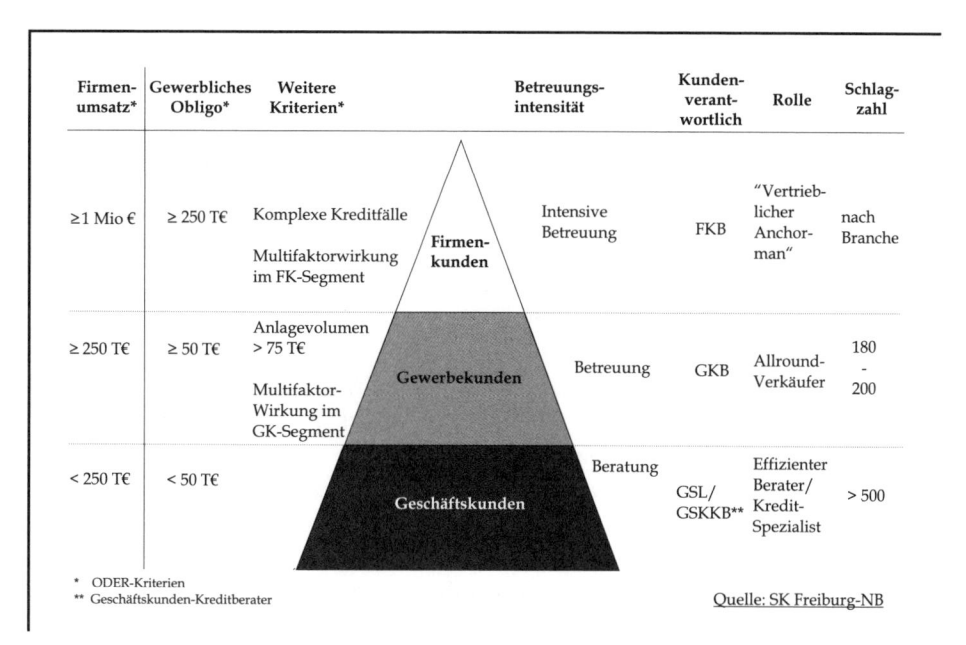

* ODER-Kriterien
** Geschäftskunden-Kreditberater

Quelle: SK Freiburg-NB

Abb. 17 Segmentierungskriterien und Betreuungsansätze für Firmen-, Gewerbe- und Geschäftskunden am Beispiel der Sparkasse Freiburg-Nördlicher Breisgau

Branche Anzahl beschäftigte	Industrie technische Produkte	Industrie Rest	Bau-Haupt-gewerbe Immobilien	Bau-Neben-gewerbe übr. Gew.	Beratungs-Dienstleistg. sonst. DL	Versicher-ungen	Öffentliche Verwaltung Utilities	Gross-handel	Einzel-handel	Hotellerie Gastgew. Sp.bahnen
1 - 10	Klein(st)firmen Retailgeschäft				Klein(st)firmen Retailgeschäft				Klein(st)firmen Retailgeschäft	
10 - 250	Industrie		Baugewerbe Immobilien-handel		Dienstleistungen			Gross-handel	Einzel-handel	Gastgewerbe, Tourismus
Über 250 bis ca. 500	Grossbetriebe (*)									
	(*) Schnittstelle zu Konzernbetreuung / Wholesale-Geschäft									
Marktvolumen: total rund 60.000 Firmen mit total rund 2,5 Mio. Beschäftigten										

Abb. 18 Basissegmente im Firmenkundengeschäft am Beispiel einer Schweizer Bank

Sparkassen nehmen vorwiegend eine Basissegmentierung nach Firmenumsatz und gewerblichem Obligo vor hinsichtlich
- Firmenkunden,
- Gewerbekunden und
- Geschäftskunden.

Ergänzende Segmentierungskriterien sind die Komplexität der Kreditfälle bzw. Anlagevolumina und die mögliche Multiplikatorenwirkung.

Aufgrund dieser Zielgruppenabgrenzung können segmentspezifisch
- verantwortliche Firmenkundenbetreuer (FKB), Gewerbekundenbetreuer (GKB) oder Geschäftskundenbetreuer (GSKB) benannt werden,
- jeweils Aufgabe, Kompetenzrahmen und Verantwortung zugeteilt werden,
- die Betreuungsintensität und Schlagkraft fixiert werden,
- das Angebotsspektrum spezifiziert werden,
- der Vertrieb strukturiert werden und
- die Kommunikationspolitik zielgerichtet gestaltet werden.

Nach dem Ratingsystem (Basel II) werden die Kunden grob segmentiert in Firmenkunden (mehr als 2,5 Mio. Euro Umsatz), Gewerbekunden (weniger als 2,5 Mio. Euro Umsatz), Geschäftskunden (weniger als 0,25 Mio. Umsatz), Freie Berufe, Existenzgründer, Investoren, Bauträger, Betreiber von Wohnungsbaugesellschaften.

3.3.1.3 Kooperative Evaluation der Firmenkundensegmente

Nach der Festlegung der zu betreuenden Firmenkundensegmente gilt es, diese strategisch relevant dahin gehend zu bewerten, inwieweit sie für die Bank attraktiv und möglichst wenig riskant sind. Die Diskussion um die Zukunft der Mittelstandsfinanzierung, die damit einhergehenden neuen Eigenkapitalvorschriften unter dem Stichwort Basel II und die allgemein publizierten schlechten Ergebnisse im Firmenkundengeschäft vieler Kreditinstitute belegen einmal mehr die Notwendigkeit einer grundsätzlichen Internalisierung der Ertrags-, Produktivitäts- und Risikoaspekte im Firmenkundengeschäft über alle strategisch und operativ betroffenen Abteilungen und Mitarbeiter einer Bank hinweg. Ein empirisch erfolgreich getestetes Evaluationsverfahren ist eine integrative Portfolio-Analyse (siehe dazu ein jeweils im Einzelfall zu modifizierendes Muster in den Tabellen 2 und 3).

Tab. 2 Faktoren der Marktattraktivität

MARKTATTRAKTIVITÄT	Firmenkundengeschäft/Segment x 1		
Kriterium	Gewicht	Wert	Gew. Wert
1. Marktpotenzial	0,25		
– Anzahl/Struktur des Firmenkunden			
– Wirtschaftsstruktur			
– mögliches Aktiv-/Passivolumen			
– Marktwachstum/-ausschöpfung			
– Bonität			
2. Umfeldeinflusspotenzial	0,15		
3. Nachfrageverhaltensweisen	0,20		
– Bankloyalität			
– Cross-Selling-Chancen			
– Preiselastizität			
– Substituierbarkeit			
– Referenzbereitschaft			
4. Profitabilität	0,25		
– Erlöse (Zinsen, Margen, Provisionen)			
– Risiken			
– Personal-, Sachkosten (Cost/Income)			
– Produktivität			
5. Beschaffungsverhältnisse	0,1		
6. Marketingopportunität	0,05		
– Crowding out für SGF X2,3..			
– Image, Know-how			
	1,0		

0 sehr unattraktiv
1 unattraktiv
2 attraktiv
3 sehr attraktiv

Tab. 3 Faktoren der relativen Wettbewerbsstärke

WETTBEWERBSSTÄRKE (relativ)	Firmenkundengeschäft/Segment x 1		
Kriterium	Gewicht	Wert	Gew. Wert
1. Marktleistungserfordernisse	0,30		
– Programm, Preis, Qualität			
– Betreuer, Vertriebsnetz			
– Kommunikation (PR, VK, W)			
			→

WETTBEWERBSSTÄRKE (relativ)	Firmenkundengeschäft/Segment x 1		
Kriterium	Gewicht	Wert	Gew. Wert
2. Vermarktungsstärke – absatzorientiertes Führen – Akquisitions- und Betreuungspower	0,20		
3. Marktposition – Image, CI – Marktanteil	0,15		
4. Betriebsvorteile – Eigenkapital (Basel II) – Refipotenzial – Kooperationspotenzial – Kostenelastizität – Ergebnisstabilität	0,20		
5. Bankkultur	0,1		
	1,00		

0 sehr unattraktiv
1 unattraktiv
2 attraktiv
3 sehr attraktiv

Die Durchführung dieser portfolioanalytischen Segmentbewertung über das integrative Marketingmodell erfordert:
- Festlegung des organisatorischen Aufbaus und Ablaufs der Durchführung der Portfolio-Analyse
- Teilhabe, Einbindung und Commitment von betroffenen und qualifizierten internen Mitarbeitern und externen Beratern in die Ergebnisfindung (= psychosozialer Prozess)
- sachlich-inhaltliche Erörterung und Bewertung der Chancen und Risiken einer Bank sowie deren Stärken und Schwächen im definierten Segment innerhalb des Firmenkundengeschäftes unter Zuhilfenahme der Erkenntnisse der Marketingforschung und betriebswirtschaftlichen Abteilung
  - Festlegung der jeweils die »*erwartete Rendite*« = Marktattraktivität und das »*erwartete Risiko*« = relative Wettbewerbsstärke beschreibenden relevanten Einflussfaktoren auf das Segment im Firmenkundengeschäft
  - Gewichtung dieser Einflussfaktoren hinsichtlich ihrer Einflussstärke
  - Punktbewertung (Scoring-Verfahren) der einzelnen Einflussfaktoren
  - Ermittlung des gewichteten Wertes pro Einflussfaktor
  - Ermittlung der Gesamtpunktzahl aus den jeweils gewichteten Einzelwerten
  - Positionierung im Ist-Portfolio (Abb. 19)
  - szenariohaftes Soll-Portfolio als Basis für die Festlegung von Marketingzielen

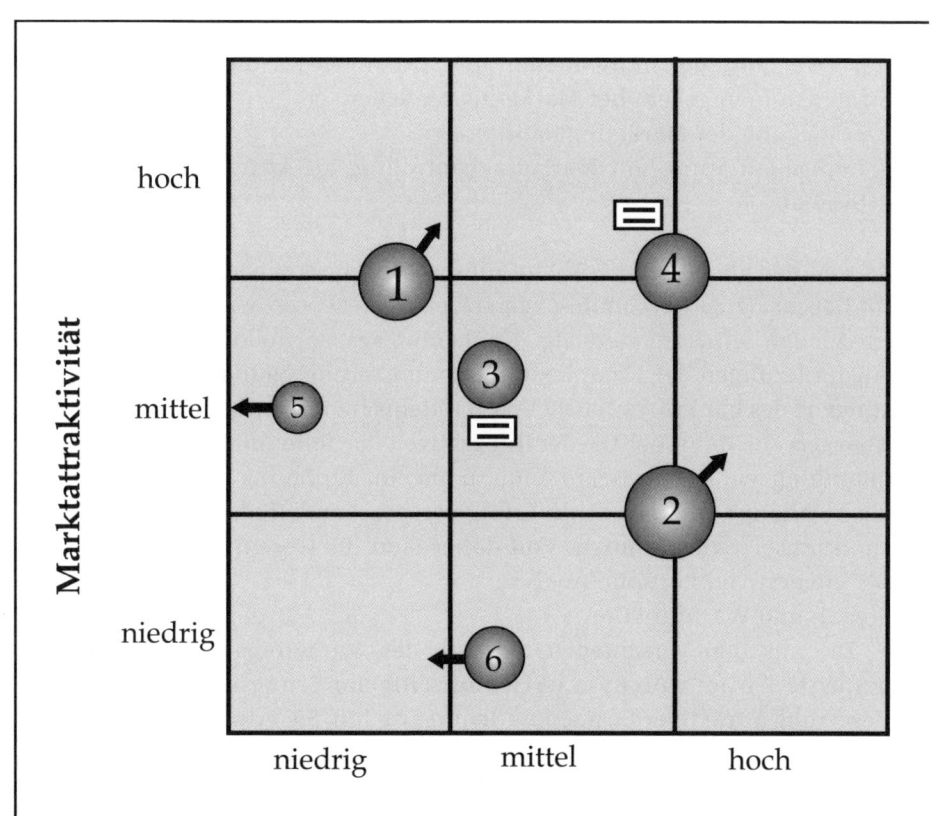

3.3 Sachlich-inhaltliche Schritte der Firmenkundenkonzeption 99

relative Wettbewerbssituation

○ Kann Volumen, Deckungsbeitrag, etc. sein

1 Dienstleistung 4 mittelständische Industrie
2 Handel 5 Großindustrie
3 Handwerk 6 Landwirtschaft

Mögliche normstrategische Stoßrichtungen

⊟ Halten

➡ Investieren

⬅ Desinvestieren

Abb. 19 Positionierung im Ist-Portfolio

- Ableitung der Normstrategien zur Vorgehensbewusstmachung und daraufhin Festlegung der individuellen und situativen für die Bank geeigneten Firmenkunden gegenüber Marketingstrategien
  - Festlegung der Marketingmaßnahmen
  - Implementierung mit Marketingcontrolling als kritisches kooperatives System.

So weit der idealtypische Ablauf dieser Portfolio-Analyse.

Im Gegensatz zu herkömmlichen starr bzw. rezeptartig angewandten Analysemethoden wird ein derartig durchgeführtes Portfolio-Management den Herausforderungen der Komplexität, Dynamisierung, Individualisierung und Kontingenz des bankwirtschaftlichen Handelns im Firmenkundengeschäft am ehesten gerecht. Dabei geht es der integrativen Portfolio-Analyse nicht um eine Ansammlung von Kenntnissen, sondern um eine Erhöhung der Erkenntnis der Zusammenhänge, um daraufhin Erfolg versprechende Entscheidungen ableiten und umsetzen zu können. Von daher sind die wesentlichen Funktionen dieser integrativen Portfolio-Analyse:

- Signal- und Warnfunktion:

  Die aus den verschiedenen Daten des Marketings und Controllings gespeiste Portfolio-Analyse weist frühzeitig auf Ertragschancen durch die Besetzung attraktiver Firmenkundenmärkte hin. Sie ermöglicht, rechtzeitig den Vorsprung vor dem Wettbewerb zu erzielen. Andererseits ist es möglich, dass Risiken frühzeitig erkannt werden können. Die Bank kann sich rechtzeitig aus Firmensegmenten zurückziehen bzw. eine Risikostreuung vornehmen.

- Innovationsfunktion:

  Die integrative und partizipative Portfolio-Analyse trägt dazu bei, dass rechtzeitig Wachstumschancen aufgedeckt werden und antizipativ genutzt werden können. Sie ist in der Praxis ein Ideengenerator zur Diskussion der einzelnen Kriterien. Sie kann bankunternehmerische Fantasie kanalisieren und in effiziente Bahnen leiten.

- Wissensverstärkerfunktion:

  Insofern ist diese Portfolio-Analyse auch ein »*Fragengenerator*«, der komplexe Zusammenhänge aufzeigen hilft und dazu anregt, die möglichen Ursache-/Wirkungs-Beziehungen sowie Abhängigkeiten im Firmenkundengeschäft zu hinterfragen, um die Firmenkundenbetreuer zukunftsorientiert und strategieorientiert leiten zu können. Diese Auseinandersetzung über eine fundierte Datenbasis trägt dazu bei, dass die Firmenkundenbetreuer das Marktgeschehen besser verstehen, die Planungsqualität verbessert wird und auch die Kommunikation in der Bank effizienter gestaltet werden wird. Anstehende Probleme werden schneller identifiziert, und es können rascher gezielte Gegenmaßnahmen ergriffen werden.

- Unsicherheitsreduktionsfunktion:

Gerade in der Phase der Entscheidungsfindung trägt die Portfolio-Analyse zu einer Präzisierung und zu einer Objektivierung der Sachverhalte bei. Sie hilft, mehr Licht in das Dunkel der firmenkundengeschäftlichen Gegenwart und Zukunft zu werfen.
- Strukturierungsfunktion:
    Das Verständnis für die Zielfestlegung, die systematische Verfolgung von Marketingstrategien sowie die dazugehörige Umsetzung von strategisch relevanten Maßnahmen im Relationship Marketing wird gefördert. Die Bank kann ihre Ressourcen auf optimale Verwendungsrichtungen konzentrieren.
- Selektionsfunktion:
    Aus der umweltbedingten Informationsflut (Information-Overload) werden die entscheidungsrelevanten Informationen ausgefiltert und fundiert aufbereitet (= drastische Komplexitätsreduktion).
- Implementierungsfunktion:
    Die kooperativ durchgeführte integrative Portfolio-Analyse erleichtert die rasche, flexible und qualifizierte Umsetzung der vereinbarten Konzeption im Relationship Marketing.

3.3.2 Zielfindung im Firmenkundengeschäft

3.3.2.1 Rolle des Firmenkundengeschäftes in der Vision und Mission

Die Diagnosephase orientiert sich an der strategischen Planungsmaxime: *»Wer hohe und feste Türme bauen will, muss lange am Fundament verweilen.«*

Die integrative Diagnose zeigt allen am Firmenkundengeschäft Beteiligten, dass Bankunternehmen unabhängig von Eigentümer und Rechtsform längst *»quasi-öffentliche Institutionen«* (Ulrich, P., S. 60) geworden sind. Bankunternehmen sind wie kein anderer Bereich der Wirtschaft in ihren Wirkungszusammenhängen im Verhältnis zu internen und externen Stakeholdern permanent öffentlich präsent.

Gerade im Firmenkundengeschäft werden Kreditinstitute als *»pluralistisch legitimierte Wertschöpfungseinheit«* (Ulrich, P.) angesehen, die ökonomische und psychosoziale Funktionen für Stakeholder wie Kunden, Arbeitgeber, Arbeitnehmer, Staat und Öffentlichkeit erfüllen sollen.

Die Schaffung von ökonomischen Werten durch die Erstellung und den Vertrieb von entgeltlichen Bankdienstleistungen als Grundaufgabe des Bankmarketings ermöglicht es erst, die Wertschöpfung in Einkommen für beschäftigte Mitarbeiter, in Dividenden und Gewinnausschüttungen für die Eigentümer, Steueraufkommen für den Staat und für weitere soziale, ökologische und kulturelle Belange bereitzustellen.

Die Erarbeitung einer individuellen Bankunternehmensphilosophie ist daher notwendige Leitlinie für das unternehmerische Verhalten bzw. für die gelebte Unternehmenskultur. Diese Bankunternehmensphilosophie ist der Ausgangspunkt jeglicher sinn- und zweckorientierter unternehmerischer Aktivität. Sie drückt die individuellen, grundsätzlichen ökonomischen, gesellschaftlichen, sozialen und ökologischen Wert-, Richtungs- und Kompetenzvorstellungen einer Bank bezüglich ihrer selbst und im Verhältnis zu ihren Anspruchsgruppen aus. Die Bankunternehmensphilosophie hat nach innen gerichtet oft den Charakter einer Vision als konzentriert formulierter anzustrebender Zustand der Bank in der Zukunft. Nach außen hin wird sie als eine »*Mission*« verfasst, die gegenüber den Stakeholdern kommuniziert, wie die visionären Ansprüche konkret realisiert werden.

Das Konstrukt »*Vision*« nimmt in der mittelalterlichen Theologie einen höheren Rang als Verstand und Vernunft ein. Die herrschende Meinung der betriebswirtschaftlichen Literatur unterstellt grundlegend eine strategische Bedeutung von Visionen von Unternehmen jeder Art. Die Begründung wird janusköpfig geführt:

- Gründer, Manager oder Unternehmer, die über einen längeren Zeitraum erfolgreich wirtschafteten, sehen in der Rückschau eine klare Vision mit Langfristperspektive zu Beginn als treibendes Leitmotiv.
- In der Vorschau sind Visionen das Bewusstwerden eines unternehmerischen Wunschtraumes. Visionen fungieren bei hinreichender diskursiver Reflektion als Leitvorstellungen bzw. als »leitender Gedanke« (von der Eichen, S.F./Stahl, H.K., in SZ,14.2.2005, S. 20). Als »realisierbare Utopien« helfen Visionen einerseits, die Mission, Kultur, Identität, Strategien und Maßnahmen mit Bezug zu Markt, Wettbewerb, Kompetenz und eigenen Ressourcen konsistent abzuleiten. Andererseits können diese sich in der Umsetzung daran ausrichten.

Bankbetriebliche Visionen sind demnach keine spontanen Gedankenblitze, seherische Eingebungen, illusionäre Phantasmagorien Einzelner oder vage Heilsbotschaften, die zufällig eintreten. Dafür ist bei sich laufend neu konfigurierenden Wertschöpfungsnetzen kein Raum. Visionen müssen in einem interaktiv geführten Diskurs in kritisch-rationaler Auseinandersetzung hinreichend stabil aufzeigen, in welchen Wertschöpfungsräumen für die eigene Bank welche Anteile abzugreifen sind, und intrinsische Motivation dazu freisetzen können. Visionen müssen demnach Sinn stiften, Ressourcen konzentrieren, Handlungen koordinieren, permanent kommuniziert werden, verständlich sein und glaubhaft vorgelebt werden.

Für eine Sparkasse könnte die Vision lauten: »Wir wollen bis... ein Betriebsergebnis erreichen, das zu den Top 10 unserer Organisation zählt.«

Für das Geschäftsfeld Unternehmen und Selbstständige könnte die untergeordnete Vision dazu lauten: »Wir wollen als führende Unternehmerbank der Region ein risikoadjustiertes Ergebnis von... erwirtschaften.«

Das Firmenkundengeschäft ist also eingebettet in die zentralen unternehmensphilosophischen Fragestellungen:

- Welche Probleme lösen wir (Problemlösungskompetenz)?
- Wessen Problem lösen wir (Orientierungsfunktion)?

- Wie sollen sich Mitarbeiter zur Problemlösung verhalten (Motivationsfunktion, Koordinationsfunktion)?
- Wie soll das Verhältnis der Mitarbeiter zur Bank sein (Identifikationsfunktion, Integrationsfunktion)?
- Wie grenzen wir uns als Bank nach außen und zum Wettbewerb einzigartig ab (Profilierungsfunktion)?
- Welche Rolle in Markt und Gesellschaft wollen wir einnehmen (Positionierungsfunktion)?
- Welches Führungsverhalten wollen wir pflegen (Vorbildfunktion)?

Diese Mindestinhalte einer konkreten Bankunternehmensphilosophie – im Detail als Unternehmensgrundsätze festgehalten – stellen auch die Leitlinien für die Gestaltung der Unternehmenskultur dar.

Die Bankunternehmenskultur ist die Gesamtheit aller Werte und Normvorstellungen sowie Denk- und Verhaltensmuster, die die Qualität der Entscheidungen, Handlungen und Aktivitäten der Bank mit ihren Mitarbeitern prägen. Als gelebtes Wertesystem ist es die strategische Stoßkraft, die die einzelnen Marketingkonzepte in den Geschäftsfeldern erst mit Leben erfüllt und deren Erfolgsgrad maßgeblich bestimmt. Sie ist kaum quantitativ messbar, daher auch schwer kopierbar und ermöglicht es, nachhaltige Wettbewerbsvorteile zu generieren.

3.3.2.2 Zielzusammenhänge im Firmenkundengeschäft

Aus den mehr grundlegenden unternehmensphilosophischen Vorstellungen einer Bank über die gewünschte Wirklichkeit werden globale Bankunternehmensziele zu deren Realisierung abgeleitet. Diese sind im Verhältnis zu den Zielen im Firmenkundengeschäft Oberziele.

Unternehmenserfolg ist Art und Grad der Zielerreichung. Ohne Ziele gibt es demnach keinen Erfolg.

Neben der Beachtung der möglichen logischen Zielhierarchien im Sinne einer Mittel-Zweck-Beziehung zwischen Ober- und Unterzielen bzw. Haupt- und Nebenzielen müssen im Firmenkundengeschäft auch noch die Zielbeziehungen innerhalb komplexer Zielsysteme berücksichtigt werden. Dabei werden folgende Zielbeziehungstypen unterschieden:
- komplementäre Ziele (z.B. die Realisierung des Gewinnzieles unterstützt das Rentabilitätsziel),
- konkurrierende Ziele (z.B. extensive Kreditvolumensteigerung steht im Konflikt mit dem Risikoziel) und
- indifferente Ziele (z.B. Marktanteilsziel und Arbeitszufriedenheitsziel).

Außerdem müssen Ziele im Firmenkundengeschäft operationalisierbar sein, d.h., es müssen Zielinhalt, Zielausmaß, Zielperiode konkretisiert werden. Ferner müssen Ziele realistisch, d.h. den jeweiligen Märkten und Bankpotenzialen gerecht werden, akzeptiert werden und motivierend sein.

In Literatur und Praxis gibt es viele Arten der Strukturierung von Zielen. Übliche Zielkategorien, aus denen Banken ihr Menü an Firmenkundenzielen zusammenstellen können, sind:
- Marktstellungsziele
- Rentabilitätsziele
- finanzielle Ziele
- Macht- und Prestigeziele
- soziale Ziele
- Anteilseignerziele
- ökologische Ziele.

In der Praxis orientiert sich die Zielsuche und -festlegung noch vorwiegend an diesen Basiskategorien. Daraus entsteht die Problematik, dass Zielzusammenhänge und das Verständnis für die Notwendigkeit der Zielerreichung zu gering ausgeprägt sind.

Eine erweiterte und in der Praxis erfolgreich getestete Art ist die Zielplanung im Zusammenhang von Kerngrößen des Relationship Marketing. Die Abbildung 20 zeigt die Marketingzielgrößen im Kontext der »*Kundenloyalität*« von Unternehmen und Selbstständigen zu einer Bank. Dabei werden die Zusammenhänge der bankbezogenen ökonomischen und psychosozialen Ziele und kundenbezogenen ökonomischen und psychosozialen Ziele mit dem erwarteten Kundenverhalten transparent. Wird diese Betrachtungsweise für Firmenkundenziele weiter fortgesetzt und in den Zusammenhang der 4 Rs gesetzt, so kann die Zielfindung für die einzelnen Firmenkundensegmente den einzelnen Relationship-Marketing-Phasen angepasst werden.

Bruhn, M. unterscheidet die Zielsetzungen je nachdem, ob Kundenakquisitionsphase, -bindungsphase oder -rückgewinnungsphase vorherrschen.

Für die praktische Umsetzung im Firmenkundengeschäft entsteht aber ein sehr hoher Abstimmungs- und Steuerungsaufwand.

Um diesen Problemen zu entgehen, bietet es sich an, die Idee der Balanced Scorecard (BSC) von Kaplan, R. S./Norton, D. anzuwenden. Sie stellt ein aus der Kernphilosophie einer Bank abgeleitetes, auf wenige wettbewerbsentscheidende Ziele konzentrierendes Steuerungskonzept dar. Um die Schlüsselbegriffe des Relationship Marketing im Firmenkundengeschäft konzeptionell zu operationalisieren, bietet die Balanced Scorecard eine Zielfokussierung und Systematisierung an,
- um interaktive (Nähe, Integration), atmosphärische (Vertrauen, Sympathie, Commitment) und langfristige (Kundenbindung) Komponenten,
- die Prozesskomponente (Flexibilität, Schnelligkeit, Individualität, Wertschöpfungsketten),
- die Mitarbeiterkomponente (Involvierung, Aktivierung, loyale Implementierung)

mit der sich daraus erwirkenden finanzwirtschaftlichen Komponente (ROCE; EVA; RORORAC) zu verbinden.

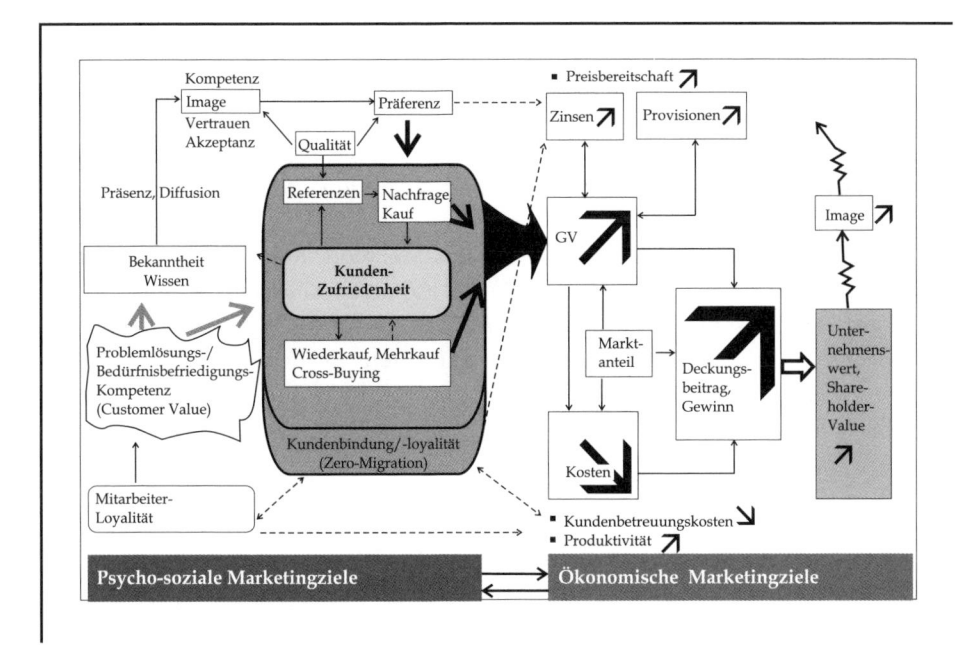

Abb. 20 Marketingzielgrößen im Kontext »Firmenkundenloyalität«

3.3.2.3 Zielkonzentration mit Balanced Scorecard

Im Gegensatz zu den klassischen Kennzahlensystemen ist die Balanced Scorecard für das Firmenkundengeschäft ein ausgewogenes, in Ursache-/Wirkungs-Ketten denkendes und handelndes, vernetztes System von Treibern des zukünftigen Erfolges. Als Brücke von der Bankunternehmensphilosophie (Vision, Mission) über das strategische Geschäftsfeld zu den entsprechenden strategischen Maßnahmen setzt die Balanced Scorecard mindestens vier Betrachtungsebenen in einem ausgewogenen Verhältnis zueinander und mit den jeweiligen vier Erfolgstreibern in Bewegung:

- Aus der Finanzperspektive wird gefragt: Welche Zielsetzungen im Firmenkundengeschäft leiten sich aus den finanziellen Erwartungen der Gesamtbank und damit seiner Eigentümer ab?
- Aus der Kundenperspektive wird gefragt: Welche Ziele sind im Firmenkundengeschäft hinsichtlich der Struktur und Anforderung der Firmenkunden zu setzen, um die Ziele der Finanzperspektive zu erreichen?
- Aus der Prozessperspektive wird gefragt: Welche Ziele sind hinsichtlich der Prozesse im Firmenkundengeschäft zu setzen, um die Ziele der Finanz- und Kundenperspektive zu erfüllen?

- Die Mitarbeiter- oder Potenzialperspektive fragt: Welche Ziele sind hinsichtlich der (Mitarbeiter-)Potenziale für das Firmenkundengeschäft zu setzen, um den Finanz-, Kunden- und Prozessperspektiven und ihren Zielen Genüge zu leisten und den künftigen Herausforderungen gewachsen zu sein?

Diese vier Perspektiven wirken in ihrer Ursache-/Wirkungs-Vernetzung als autopoietische Erfolgstreiber, d. h., die Balanced Scorecard hat die Fähigkeit, das Firmenkundengeschäft selbsterhaltend, wandelnd und erneuernd voranzutreiben.

Die Abbildung 21 zeigt das praktische Beispiel einer Balanced Scorecard im Firmenkundengeschäft. Das Kernstück der Balanced Scorecard stellt die Findung der strategischen Ziele (Objectives) dar. Zu deren Erreichung müssen entsprechende Messgrößen (Measures) gefunden werden. Diese werden in konkreten Zielwerten (Targets) festgelegt. Daraufhin können die Relationship-Marketing-Maßnahmen als so genannte strategische Aktionen (Initiatives) abgeleitet werden.

Balanced Scorecard	Strategische Ziele	Messgrößen	Zielwerte	Strategische Aktionen
Finanzielle Perspektive Was für Zielsetzungen leiten sich aus den finanziellen Erwartungen unserer Kapitalgeber ab?	- Kreditvolumen steigern - Konkurrenzfähige Kostenstrukturen schaffen - Risikoquote senken	- Aktivarten - Personalkosten, Sachkosten - EWB Abschreibungen auf Forderungen	+4% - Aufwandsrentabilität +8% Personalaufwand -4% Sachaufwand -2% - ≤ 0,x% der Aktiva	- Produktentwicklung, Konditionsbündel, Kommunikationsmaßnahmen - Produktivitätssteigerungen - Rating einführen
Kundenperspektive Welche Ziele sind hinsichtlich Struktur und Anforderungen unserer Prozesse zu setzen, um die Ziele der Finanz- und Kundenperspektive erfüllen zu können?	- Neukunden gewinnen - A-Kunden stabilisieren - Key-Account-Management implementieren	- Gewichtete Nichtkundenmenge - Prolongationsquote, Besuche - KAM- Anzahl	- 20% der Nichtkunden - 80% der Kunden Kontaktquote 1,5 - 2,5 - 4 KAM → 10 KAM	- systematische Akquise - Referenz-Nutzung - Veranstaltungen - Gesprächskultur - Organisationssystem - Ablaufsystem - EDV-System
Prozessperspektive Welche Ziele sind hinsichtlich unserer Prozesse zu setzen, um die Ziele der Finanz- und Kundenperspektive erfüllen zu können?	- Cross-Selling installieren - Kreditgewährung beschleunigen	- Programmbreite - Durchlaufzeit - Qualitätsgrad	- Nutzungsgrad 80% - 48 Stunden - Fehlerquote senken	- Info-Material - Info-Kreise - Verrechnungspreise - GWA - Ablaufverkürzung - EDV - ECR - Quality Circle
Potenzialperspektive Welche Ziele sind hinsichtlich unserer Potenziale zu setzen, um den aktuellen und zukünftigen Herausforderungen gewachsen zu sein?	- Beraterpersönlichkeit entwickeln - Mitarbeiter als Teilnehmer fördern	- Assessmentwerte - Feedbackkultur - Fluktuationsrate	- 60% --> 80% - Meeting 1 pro Woche 30 Minuten täglich - 4% → 2%	- Personalselektion - Personalentwicklungsprogramme - Profitcenter - AKV - Projektmanagement

Abb. 21   Balanced Scorecard im Firmenkundengeschäft

Die Balanced Scorecard begnügt sich nicht damit, lediglich so genannte Basisziele zur Sicherung der Basisanforderungen im Firmenkundengeschäft, gemessen an den Standards des Wettbewerbs, zu suchen. Diese reichen lediglich aus, um das laufende Geschäft zu beherrschen. Hinreichend für eine grundsätzliche strategische Positionierung im Wettbewerb sind erst die so genannten strategischen Ziele. Diese stellen Erfolgsfaktoren bzw. Erfolgsgaranten in Konkurrenzdifferenzierungen dar. Strategische Ziele haben eine hohe

Wettbewerbsbedeutung und/oder eine hohe Handlungsrelevanz bezogen auf das eigene Kreditinstitut im Geschäftsfeld Firmenkunden. Es hängt von der Situation und von der Position der Bank ab, ob ein Ziel ein strategisches Ziel oder lediglich ein Basisziel darstellt.

Strategische Ziele als das Herz der Balanced Scorecard können nicht nach Rezept oder in Ableitung von »Referenz-Scorecards« ermittelt werden, sondern sie sind individuell, bankspezifisch und als nicht austauschbar zu eruieren. Ferner sollen sie eine informative, kommunikative, emotionale und appellative Kraft im Firmenkundengeschäft entfalten.

Die Zielwerte im Firmenkundengeschäft sind nicht im Sinne einer rechnerischen Kausalität miteinander verknüpft, sondern in einer logischen Kausalität. Verändert sich ein Zielwert, so ist die Beeinflussung eines anderen Wertes des Firmenkundenzielsystems in der Regel nicht genau vorherzusehen. Die Suche nach einem optimalen Zielsystem anhand der Balanced Scorecard im Firmenkundengeschäft stellt ein sehr komplexes, individuelles und involvierendes Verfahren dar. Es lohnt aber, diesen Zielprozess zu gehen.

3.3.3 Selektion der Strategien im Firmenkundengeschäft

3.3.3.1 Strukturierung von Firmenkunden-Marketingstrategien

Wiewohl die Diskussion um die Balanced Scorecard bereits strategische Elemente enthält und ebenso einen Blick voraus in den Maßnahmenbereich macht, soll die Strategieselektion im Relationship Marketing getrennt behandelt werden. Es stellen sich in Theorie und Praxis im Relationship Marketing bezüglich der Strategiefindung mehrere Probleme. Zum einen ist der Begriff Strategie ein viel benutzter, aber missverständlich und oft diffus eingesetzter Begriff. Beim Hinterfragen stellt man noch fest, dass der Begriff Strategie für alles und jedes herhalten muss, ohne konkret seine Leistung für ein Unternehmen zu erweisen. Ferner kommt hinzu, dass gerade im Relationship Marketing und speziell im Relationship Marketing gegenüber Firmenkunden sich in der Literatur noch keine allgemein gültigen Strategiekonzepte finden lassen. In der Praxis schaut es noch unvollkommener aus. Es finden sich »naive« Relationship Marketer, die intuitiv Strategien verfolgen. Ferner sind gerade im Bankdienstleistungsbereich selektive Relationship-Marketing-Ansätze zu finden. Aber die überwiegende Mehrheit verfolgt – gemessen an den harten Definitionskriterien von Strategien – keine systematisch entwickelten Relationship-Strategien.

Im Kern sind Strategien die »Wege«, auf denen die Relationship-Marketing-Maßnahmen (»Fahrzeuge«) zu den Zielansprüchen (»Wunschorte«) führen sollen. Strategien legen also notwendige Handlungsrahmen fest, um sicherzustellen, dass alle operativen Maßnahmen (z.B. Marketingmix, Mitarbeitereinsatz und liquiditätsmäßig-finanzielle Bereiche) auch zielorientiert eingesetzt werden. Marketingstrategien beantworten die Frage: »*Wie kommen wir zu unseren Zielvorstellungen?*«

- sind in die Zukunft gerichtet
- sind langfristiger Natur
- sind Handlungsbahnen bzw. Bindeglieder zwischen Zielen und Instrumenten
- haben Kanalisierungsfunktion für Instrumente
- verhindern Aktionismus und ineffizienten Mitteleinsatz
- ermöglichen flexiblen taktischen Mitteleinsatz, d.h. operative Freiheit statt operative Hektik
- sind auf logisch analytischer Basis entwickelt
- ermöglichen »gelenkte Kreativität«.

Für eine erste Orientierung der Strategieselektion soll ein Menü an strategischen Alternativen (Abb. 22) sorgen, das zeigt, in welchen Märkten eine Bank tätig sein kann und welche strategischen Stoßrichtungen sie verfolgen will. Die in der Abbildung 22 gezeigten Strategien – beispielhaft zu einem Strategieprofil selektiert –, können als strategische Grundlage für die Fokussierung in den Relationship-Strategien gesehen werden. Auf ihre ausführliche Darstellung wird hier aus Raumgründen verzichtet.

Strategische Stossrichtungen	Marketing-Strategie-Ebenen	Strategie-„Menue" und Strategieprofil- Beispiel			
Firmenkunden	1. Marktfeldstrategien	Marktdurchdringungsstrategie (Intensivierung / Loyalität)	Marktentwicklungsstrategie (Extensivierung)	Produktentwicklungsstrategie (Innovation)	Neu-Markt-Produktstrategie (Diversifikation)
	2. Marktstimulierungsstrategien (Netto-Nutzen/Loyalität)	Präferenzstrategie „Qualität" (Personality - Marke - CI - Innovation – Programm - Added Value)		Preis-Mengen-Strategie „Discount"	
	3. Marktparzellierungsstrategie	totale Massenmarktstrategie	partiale	totale	partiale Segmentierungsstrategie
	4. Marktarealstrategien	lokale Regionale	Überregionale Nationale Strategie	Multinationale	Internationale Weltmarkt
Absatzmitteln de Partner	1. Machtstrategien (Konkurrenz)	Push-Strategie Pull-Strategie	Konfliktstrategie	Anpassungsstrategie Ausweichstrategie (Umgehung)	Vorwärtsintegration
	2. Relationship Strategien (Kooperation)	Difference Selling Strategie	Partnerstrategie (Loyalität)	Kontraktstrategie (Strategische Allianz)	Category-Strategie
Wettbewerber	1. Vorteilsstrategien	Differenzierungsstrategie (branchenweit)	Konzentrationsstrategie (Spezialisierung/Nische)	Kostenführerschaft (umfassend)	Outpacingstrategie (mehrdimens. Strategie, dynamisch)
	2. Verhaltensstrategien	Konfliktstrategie (innovativ)	Kooperationsstrategie (imitativ)	Anpassungsstrategie (imitativ)	Ausweichstrategie (innovativ)
Gesellschaftl. Anspruchsgruppen	Situative Verhaltensstrategien	Innovativ-aktive Strategie	Widerstandsstrategie	Ausweichstrategie durch Rückzug/Problemverlagerung	
Lieferanten	1. Machtstrategien	Unterwerfungsstrategie „Lopez"-Effekt	Push-Strategie (Power-Play)	Konfliktstrategie	Rückwärtsintegration
	2. Relationship Strategien (Kooperation)	Indifference-Buying-Strategie	Fortlaufende Beziehung	Partnerschaftsstrategie (Loyalität)	Strategische Allianz
Bank intern: Mitarbeiter, Führung	1. Durchsetzungsstrategien	Participation-Strategie (Teilnahme, Kenntnis, Wissen)	Involvement-Strategie (Verstehen, Können, Betroffensein, Motivation)		Commitment-Strategie (Wollen, Identifikation, Verantwortung)
	2. Umsetzungsstrategien	Unternehmenskulturanpassungsstrategien (Pflege – Änderung – Neugestaltung)		U.-strukturanpassungsstrategie (Funktional – Prozessual – Interaktiv)	U.-systemeanpassungsstrategie (Informations- und Kommunikationstechnologie)
	3. Personalentwicklungsstrategien	Personalauswahlstrategie	Qualifikationsstrategie	Loyalitätsstrategie	

Abb. 22 Alternative Marketingstrategien zur Findung individueller Strategieprofile im Firmenkundengeschäft

Die geborenen Relationship-Marketing-Strategien können am Bedarfslebenszyklus der Firmenkunden ansetzen. Dann lassen sie sich unterteilen in:
- Relationship-Start-up-Strategie:
  Ihr Wesen ist die Beziehungsaufnahme in der Existenzgründung als Weg zum Bankerfolg.

- Wachstumsstrategie:
  Ihr Inhalt ist die Begleitung eines Unternehmens mit allen Finanzdienstleistungen während der Wachstums- und Entwicklungsphase.
- Reifestrategie:
  Aktiv-, Passiv- und Dienstleistungsgeschäfte werden während der Zeit der relativen Stärke eines Unternehmens offeriert.
- Niedergangsstrategie:
  Das Unternehmen wird auch in Krisenzeiten, Verkauf oder Fusion bis zur Schließung begleitet.

Diese strategischen Ansätze am Lebenszyklus eines Kunden sind zwar logisch, bedürfen aber dennoch des Einstiegs über den Beziehungslebenszyklus mit Firmenkunden. Relationship Marketing im Firmenkundengeschäft strebt innerhalb des Rahmens des Bedarfslebenszyklus des Firmenkunden an, die Dauer der Geschäftsbeziehung zu erhalten bzw. zu verlängern und gleichzeitig die Intensität und Qualität der Beziehung für die Bank optimal auszuschöpfen. In Anlehnung und Erweiterung von Bruhn, M. (S. 46–51) lassen sich durch schematische Unterteilung des Beziehungslebenszyklus, mit Firmenkunden und den beispielhaften Kennzeichnungen, von kundenbezogenen Merkmalen und bankbezogenen Merkmalen die relationshipstrategischen Ansätze festmachen. Demgemäß können aus der Diagnose, insbesondere unter Berücksichtigung der Firmenkundensegmentierung, folgende phasenbezogene Relationship-Strategien situativ verfolgt werden:
- Firmenkundenakquisitionsstrategie (Recruitment)
- Firmenkundenbindungsstrategie (Retention)
- Firmenkundenreklamationsstrategie (Reclamation)
- Firmenkundenrückgewinnungsstrategie (Recovery).

Firmenkundenakquisitionsstrategien
Findet ein Kreditinstitut seinen Firmenkundenstamm als zu gering, zeigt die Diagnose, dass die aktuellen Kunden zu risikobehaftet und zu wenig profitabel sind, oder entstehen bzw. siedeln sich im Geschäftsgebiet neue Firmenkunden im Markt an, die zur Profitabilisierung des Firmenkundengeschäfts beitragen können, so wird die Akquisitionsstrategie im Firmenkundengeschäft für eine Bank eine besondere Handlungsrelevanz darstellen.
Die Firmenkundenakquisitionsstrategie ist dann letztlich die relationshipgerechte Ausgestaltung der oben genannten Marktentwicklungsstrategie (Extensivierung). Sie kann auch differenziert werden in:
- Firmenkundenstimulierungsstrategie:
  Durch diverse konditionelle und nichtkonditionelle Aktionen versucht die Bank, die Aufmerksamkeit auf sich zu ziehen und mit Anreizen zum ersten Abschluss einer Kontobeziehung zu ermuntern.

- Firmenkundenkompetenzstrategie:
    Die Bank sucht durch ihr kommunikatives Verhalten ein Image aufzubauen, das potenzielle Firmenkunden von deren Fähigkeiten überzeugt, damit diese von sich aus den Weg zur Bank suchen.

Firmenkundenbindungsstrategien

Wenn es im Firmenkundengeschäft zu wenig gelingt, Cross-Selling umzusetzen, bestehende Firmenkunden zu unwirtschaftlich betreut werden, eine starke Fluktuation im Firmenkundenportfolio stattfindet oder viele Firmenkunden über viele Konkurrenzbankverbindungen verfügen, so ist es notwendig, durch Firmenkundenbindungsstrategien eine Erhöhung der Bindung der aktuellen Firmenkunden zu verfolgen.

Diese Firmenkundenstrategie ist die relationshiporientierte Vertiefung der Marktdurchdringungsstrategie (Intensivierung). Bei der Firmenkundenbindungsstrategie kann differenziert werden in:

- Kontrakt- oder Gebundenheitsstrategie:
    Durch langfristige Kreditverträge, sachenrechtliche Sicherheitenbestellung oder den Vertrieb mehrerer Bankdienstleistungsprodukte werden Wechselbarrieren aufgebaut, die es dem Firmenkunden erschweren oder fast unmöglich machen, die Bankverbindung zu wechseln.
- Konfidenz- oder Verbundenheitsstrategie:
    Der Firmenkunde wird durch psychosoziale Faktoren, wie Beziehungsqualität, Vertrautheit und Vertraulichkeit, Intimacy, über den Firmenkundenbetreuer an das Kreditinstitut gebunden.

Firmenkundenreklamationsstrategien

Treffen zu viele oder zu wenige Beschwerden von Firmenkunden auf die Bank, werden sich beschwerende Firmenkunden als Querulanten oder Nörgler eingestuft, nehmen die Beschwerdekosten zu, gibt es signifikante Probleme bei der Beschwerdeannahme, -behandlung und -lösung, dann gibt es Interaktionsprobleme zwischen Bank und Firmenkunden aufgrund von Unfähigkeit der Firmenkundenbetreuer (Inkompetenz, Kommunikationsprobleme) oder aufgrund von Unwilligkeit (Unfreundlichkeit, mangelnde Hilfsbereitschaft). Oder sind die Leistungen mangelhaft, irrtümlich, nicht vereinbarungsgemäß, unfair oder eben einfach unzulänglich, so wird es notwendig sein, eine gezielte Firmenkundenreklamationsstrategie zu verfolgen.

Reklamationen werden vom Firmenkundenbetreuer immer noch eher mit dem Beigeschmack der Katastrophe gesehen. Der in ihr verborgene produktive Zustand, die Chance, die sich in einer Reklamation verbirgt, wenn das ängstigende Misstrauen genommen wird, wird meist nicht erkannt.

In der Psychologie geht die so genannte Gewinn-Verlust-Theorie (Aronson, 1969) davon aus, dass unsere Sympathie für eine andere Person stärker beeinflusst wird, wenn diese ihre Einschätzung für uns verändert, als es bei einer konstanten Beurteilung der Fall ist. Wenn nämlich ein Mensch eine negative

Beurteilung über uns gibt, so erzeugt es zunächst Widerstand und Angst. Erfolgt von ihm aber später eine positive Aussage (= Gewinn), dann wirkt sie auf doppelte Weise verstärkend: einmal hat die positive Aussage für sich allein genommen einen belohnenden Effekt, und zum anderen reduziert sie darüber hinaus auch noch die vorher erregte Angst.

Insofern sind Firmenkunden, deren Reklamationen offen angenommen, sofort behandelt und möglicherweise positiv gelöst werden, noch zufriedener mit einer Bank als vorher. Nicht behandelte Reklamationen verursachen Unzufriedenheit, weil ein Bedürfnis oder Problem nicht gelöst worden ist. Solches Verhalten erschüttert und verunsichert die Firmenkundenbeziehung.

Allerdings kann auch das Firmenkundengeschäft tendenziell durch die Untersuchung von der Direct Selling Education Foundation bestätigt werden. Sie behauptet, dass 80 Prozent der reklamierenden Kunden, deren Reklamationen umgehend beantwortet werden, gehalten werden können, 54 Prozent bleiben bei der Bank, deren Beschwerden lediglich beantwortet werden, und selbst 19 Prozent bleiben noch, obwohl ihre Beschwerden und Reklamationen nicht behandelt worden sind.

Andererseits muss davon ausgegangen werden, dass mehr als 9 von 10 Firmenkunden bei Unzufriedenheit nicht reklamieren. Von daher sind Meinungen darüber, dass Firmenkunden nicht reklamieren, kein positives Zeichen und mit großer Vorsicht zu behandeln. Unzufriedene und reklamierende Kunden erzeugen einen wesentlich höheren (negativen) Multiplikator- und Akzeleratoreffekt als zufriedene Kunden. Außerdem kostet es fünfmal mehr, einen Kunden zu gewinnen, als einen zu halten. Reklamationen von Firmenkunden sollten daher auch als Schlüsselbegriff des Relationship Marketing gesehen werden und in zwei Differenzierungen strategisch verfolgt werden:

- Reklamationsaktivierungsstrategie:
  Firmenkundenbetreuer sind in den Gesprächen mit den Firmenkunden dahin gehend tätig, dass sie offene oder verborgene Probleme bei ihren Adressaten ansprechen. Einerseits, um durch Reklamationen zu neuen Ideen und Modifikationen von Bankdienstleistungen zur Kundenfestigung zu kommen, und andererseits, um die Firmenkundenbeziehung vital, offen und lebendig zu gestalten. Denn dieses offensive Herangehen und Stimulieren von Reklamationen ist ein kreativer Akt, um die Kundenbeziehung offensiv gestalten zu können und gleichzeitig Konkurrenzabwerbungsabsichten abzuwehren.
- Reklamationsprozessstrategie:
  In ihr wird ein systematischer Ablauf eines Complaint Management von der Reklamationsannahme über die Bearbeitung und Reaktion bis zur Auswertung mit einhergehenden personellen, organisatorischen und technischen Konsequenzen verfolgt.

Firmenkundenrückgewinnungsstrategien

Firmenkunden haben tendenziell eine geringere Wechselbereitschaft, als das Unternehmen in anderen Branchen oder Privatkunden haben. Dafür sind die Aufwendungen eines Bankwechsels zu hoch. Dennoch können Abwanderungen in Teilgeschäften durch Verlagerungen auf andere Kreditinstitute erfolgen, ohne alle Kontoverbindungen abzubrechen. Wechseln verstärkt Firmenkunden und sind die Gründe bei der eigenen Bank zu finden, verlegen insbesondere wertvolle Firmenkunden Teile der Bankverbindung oder die ganze Bankverbindung, meiden die Firmenkundenbetreuer die Auseinandersetzung mit abwandernden bzw. abgewanderten Firmenkunden, können Firmenkundenbetreuer mit verlorenen Kundensituationen nicht umgehen, so bietet sich die Firmenkundenrückgewinnungsstrategie an.

Die Consulting Group (TCC) hat festgestellt, dass es bis zu viermal kostengünstiger ist, verlorene Firmenkunden zurückzugewinnen als neue zu akquirieren. Bis zu 40 Prozent der Banken können ihre alten Kunden dazu bewegen, wieder zurückzukommen.

Andererseits fragen nicht einmal die Hälfte der Banken nach den Gründen der Unzufriedenheit abgewanderter Kunden. Firmenkundenbetreuer zeigen sich oft zu empfindlich und verletzt gegenüber verlorenen Kunden. Meist verfügen sie nicht über die fachlichen und psychosozialen Fähigkeiten, »Nichtmehr«-Firmenkunden für die eigene Bank wieder zurückzugewinnen.

Die Abwanderungsgründe können verschiedenste Arten von mangelnder Zufriedenstellung über die Mitarbeiterdienstleistungen der Bank sein, es können bessere Problemlösungen von Wettbewerbern sein oder es entfällt aus Kundensicht die Notwendigkeit einer Geschäftsbeziehung (Konkurs, Firmenschließung etc.).

Da die Erfolgsquoten der Kundenrückgewinnung (siehe Untersuchung von Sauerbrey, Ch., 2000) hoch sind und auch der Rentabilisierungsbeitrag sehr vorteilhaft ist, sollte die Firmenkundenrückgewinnungsstrategie in zwei Teilstrategien verfolgt werden:
- die Aktivierungsstrategie:
  Nach der Selektion und Bewertung der verlorenen Kunden hinsichtlich ihrer Attraktivität gilt es, rechtzeitig Mitarbeiter zu motivieren, fachliche und kommunikative Fähigkeiten zu entwickeln und konsequent verloren gegangene Firmenkunden anzugehen.
- Anreizstrategie:
  Finanzielle und immaterielle Anreize verschiedenster Art, die individuell auf den Einzelfall zugeschnitten sind, werden eingesetzt, um die Gründe der Abwanderung in Form von Bedürfnisverletzung durch Wiedergutmachung oder Verbesserung der Leistung zu kompensieren.

3.3.3.2 Bewertung Marketingstrategien im Firmenkundengeschäft

Die bisher dargestellten Relationship-Marketing-Strategien stellen ein Menü an möglichen gerichteten Wegen dar, auf denen die Marketingaktivitäten gebündelt werden können, die Akquisitionsprozesse angepasst werden können und eine langfristige Beständigkeit in der Vorgehensweise möglich ist. Derzeit existiert allerdings kein Königsweg, der Auskunft gibt, wie »*formelhaft*« Strategien auszuwählen sind. In der Literatur finden sich zahlreiche, kaum mehr zu überschauende Vorschläge. Henry Mintzberg unterscheidet in seiner »*Strategiesafari*« die Strategieentwickelung als

- konzeptionellen Prozess (Designschule)
- formalen Prozess (Planungsschule)
- analytischen Prozess (Positionierungsschule)
- missionären Prozess (Unternehmerschule)
- mentalen Prozess (kognitive Schule)
- sich allmählich herausbildenden Prozess (Lernschule)
- Verhandlungsprozess (Machtschule)
- kollektiven Prozess (Kulturschule)
- reaktiven Prozess (Umfeldschule)
- Transformationsprozess (Konfigurationsschule).

Alle diese strategischen Denkschulen, in dieser verkürzten und pointierten Terminologie dargestellt, haben ihre Berechtigung und helfen Entscheidungen zu klären. Eine ausführliche Diskussion ist hier nicht möglich, und Rezeptologie führt in der Praxis auch nicht weiter. Dazu sind die Verhältnisse in den einzelnen Kreditinstituten zu speziell, und sie verändern sich auch zu rasch. Deshalb werden einige wenige Gedanken als Leitkriterien für den Diskurs der bankindividuellen Strategieselektion und -evaluation im Relationship Marketing gegenüber Firmenkunden dargestellt. Die Strategien hängen ab:

- von der jeweiligen Situation und Position der einzelnen Bank im Firmenkundengeschäft

    Entscheidungsstützen sind die Stärken-, Schwächen- und Chancen-Risiko-Analysen sowie die integrative Portfolioanalyse zur individuellen Strategiefindung.

- von den individuellen bankpolitischen Ansprüchen

    Die Bankunternehmensphilosophie, die globalen Bankziele sowie die Auswahl der verschiedenen strategischen Geschäftsfelder wie Private Banking, Jugendmarkt etc. sind die übergeordnete Leitlinie für die Strategiewahl.

- von den möglichen künftigen Entwicklungen, die das Geschäftsfeld in ihrer Rentabilität und Risikosituation beeinflussen könnten.

Prognosemodelle, Szenarien und Trendeinschätzungen sind dazu gängige Hilfsmittel

- von der Phase des Lebenszyklus, in dem sich die einzelne Bank im Firmenkundengeschäft in einer bestimmten Region befindet.

Firmenkundenbedarflebenszyklus und -beziehungszyklus müssen im Groben skizziert werden.
- von der Kompetenz der Strategien
- von der Konsistenz der gewählten Strategien innerhalb des gesamten Konzeptes im Zusammenhang mit den Zielen und den noch folgenden Maßnahmen

Daher sind Geschlossenheit, Widerspruchsfreiheit hinsichtlich der Wirkungsvernetzung zwischen den weiteren konzeptionellen Ebenen zu hinterfragen.

Die Relationship-Marketing-Strategien sind hinsichtlich ihrer Geeignetheit (Effektivität) und Wirtschaftlichkeit (Effizienz) in der Realisierung zu hinterfragen.
- von der Verknüpfung von Analyse, Intuition/Kreativität und Pragmatik.
- Die Komplexität des Firmenkundengeschäftes nötigt dazu, nicht nur auf kognitive und formalanalytische Entscheidungen zu vertrauen, sondern in den »gesunden Menschenverstand«. Außerdem wird der Erfolg letztlich durch die Konsequenz in der Umsetzung der Strategien ermöglicht.

3.3.4 Relationshipgerechtes Bankmarketingmix

Nachdem auf der Grundlage der Diagnose die Ziele und die Strategien im Relationship Marketing in einem diskursiven Prozess entwickelt und festgelegt worden sind, geht es nun darum, für den konzeptionellen Rahmen konforme Marketingmaßnahmen zu entwickeln. Für den konzeptionellen Maßnahmenrahmen hat nun jedes Kreditinstitut für sich in einem analytischen und kreativen Prozess die vier Ps im Marketing (Bankdienstleistungen, Zinsen/Konditionen, Distribution und Kommunikation) relationshipkonform und dies nach den Prinzipien zu gestalten:
- Individualisierung
- Interaktion
- Integration.

Im Wesentlichen wird es darum gehen, die bestehenden Marketinginstrumente im Firmenkundengeschäft auf die beziehungsorientierte Sichtweise hin neu zu formen. Das bestehende Instrumentenmix erfährt eine Bereicherung und Transformation hinsichtlich Beziehungsqualitäten.

Der eigentliche operative Einsatz des Relationship Marketing wird im nächsten Kapitel dargestellt. Er erfordert eine Strukturierung der Maßnahmen nach den beziehungsorientierten Kriterien der 4 Rs (Recruitment, Retention, Reclamation, Recovery). Dafür bietet sich eine Neugestaltung der Marketinginstrumente in Abhängigkeit der Beziehungsorientierung in den einzelnen Phasen des Kundenbeziehungslebenszyklus an. Demzufolge gilt es, Relationship-Marketing-Instrumente zu entwickeln für die Phase der Kundenakquisition (Anbahnung), der Kundenbindung, Sozialisation (Wachstum und Reife), der Kundenreklamation (Störung und Gefährdung der Beziehung) und der Kundenrückgewinnung (Auflösung und Rückkehr).

Beispielhaft und um die Struktur zu verdeutlichen, sollen aber vorab die konzeptionellen Relationship-Marketing-Instrumente mit ihrer Beziehungsorientierung kurz dargestellt werden. Dabei geht es nur um die Bewusstseinsmachung der Vorgehensweise.

Der Instrumentenkasten für das Relationship Marketing im Firmenkundengeschäft orientiert sich folglich einerseits
- an den Anforderungen der Individualisierung, um Firmenkundengeschäftsbeziehungen aufzubauen, zu erhalten und weiterzuentwickeln, und
- andererseits an einer hinreichenden Standardisierung, um im Leistungs-, Erstellungs- und Verwertungsprozess den Anspruchskriterien nach »*Erlösen, Kosten und Risiko*« hinreichend Genüge zu leisten.

3.3.4.1 Individualisierbares Corporate Finance-Programm

1. Relationshipgerechte Bankdienstleistungsgestaltung

Die einzelne Bankdienstleistung wird unabhängig der Kundenbeziehungszyklusphase derart gestaltet, dass sie einerseits die Schlüsselbegriffe des Relationship Marketing zu verwirklichen hilft und andererseits in ihrer notwendigen Standardisierung eine built-in-flexibility enthält, die die jeweilige Firmenkundenbeziehungssituation zu bewältigen hilft. Als eine Art Checkliste für die Pflege und Innovation von Firmenkundendienstleistungen können folgende Kriterien herangezogen werden:
- Qualität der Problemlösungserfüllung:
  - Sicherheit, Zuverlässigkeit, Diskretion
  - Schnelligkeit, Pünktlichkeit
  - Komfort, Individualität und Flexibilität
- Beratungsqualität:
  - Verwendungsmerkmale wie Namen, Logo, Symbole
  - Konditionen wie Zins, Gebühren, Sicherheiten
- Konkurrenzdifferenzierungsmerkmale:
  - Wahrnehmbarkeit und Wichtigkeit des Abstandes in den Konditionen zu den Wettbewerbern
  - Wahrnehmbarkeit und Wichtigkeit des Abstandes in der Leistungsqualität zu den Konkurrenzbanken
  - wahrnehmbare Vertrauensdifferenzierung zu den Konkurrenzbanken
  - wahrnehmbare Firmenkundenbetreuungsdifferenzierung zu den Konkurrenzbanken.
- Direkte Wirkung auf den bankbetrieblichen Erfolg:
  - volumenswirksamkeit im Aktiv-, Passiv- und Dienstleistungsgeschäft
- Generierung von Werterlösen und Senkung von Wertkosten (Zinsen):
  - Generierung von Betriebserlösen und Senkung von Betriebskosten (Provisionen, Personal)

- veränderbares oder vernachlässigbares erwartetes Risiko
- indirekte Wirkungen auf den bankbetrieblichen Erfolg:
  - Missstände aus Defiziten in der Handlungskompetenz der Firmenkundenbetreuer
  - vertriebswirtschaftliche Synergien durch Cross-Selling
- Leistungs-Erstellungs-Synergien:
  - finanzwirtschaftliche Verbundeffekte (Grundsätze, Affinitätseffekte).

2. *Gestaltung eines Bankdienstleistungsprogrammes für Firmenkunden*

Die Zusammenstellung eines Bankdienstleistungsprogrammes für Firmenkunden hat eine bankbetriebs- und marktbezogene Dimension.

Einige zentrale Kriterien, die es bei der Entscheidung für die Breite des Bankdienstleistungsprogrammes für die jeweilige Bank zu erörtern gilt, sind Allfinanz versus Spezialist.

Die Vorteile des Allfinanzangebots, das auf alle individuellen Firmenkundenprobleme eingehen kann, sind:
- Mehroptionen zur Kundenbindung, Kundenakquisition und Rückgewinnung
- »Alles unter einem Dach« bietet Möglichkeiten zum Cross-Selling und Abschöpfung der Bankfähigkeit
- Erhöhung der konditionspolitischen Spielräume
- Stabilisierung der Ertragsentwicklung
- Nutzung von Wachstumschancen
- bessere Personal- und Sachkapazitätsauslastung
- vertiefter Einblick in die wirtschaftlichen Verhältnisse (Bonität)
- Profilierung gegenüber der Zielgruppe
- Konkurrenzabschottung.

Nachteile hingegen sind:
- mangelnde Konzentration auf ertragbringende Geschäfte
- höhere Betriebskosten, denen nicht immer entsprechende Erträge gegenüberstehen
- Verlust von Spezialisierungsvorteilen mit eventuell einhergehenden Kostenerhöhungen oder Qualitätsverschlechterungen, was zu Imageeinbußen führen kann
- Leistungsmängel in einer Produktvariante übertragen sich auf das gesamte Programm
- Verzettelung und Überforderung
- Fokussierung des Bankdienstleistungsprogrammes auf einzelne Zielgruppen innerhalb des gesamten Geschäftsfeldes Firmenkunden (z.B. Abb. 23 von Bauer, Chr./Berg, M., in: Kary, H. [Hrsg.] S. 275). Das könnten z.B. spezielle Programme für Handwerksbetriebe, Einzelhändler, Industrieunternehmen oder Dienstleister sein. Dem Spezialisierungsvorteil stehen aber hohe Fix- bzw. Prozesskosten gegenüber.

- Orientierung des Bankdienstleistungsprogrammes an den Bedarfslebenszyklus von Unternehmen
- individuelle Orientierung des Standardbankdienstleistungsprogrammes an Firmenkunden
- ein möglicher Baustein ist die Erstellung eines S-Kreditrahmens für Firmenkunden. Dieser enthält ein Gesamtpaket, das individuell ausnutzbar ist für Kontokorrentkredite, Avale, Eurokredite und verschiedene Finanzierungsarten. Eine andere Variante wäre, verschiedene Bausteine von Aktiv-, Passiv- und Dienstleistungsprodukten so miteinander zu vernetzen, dass für den Kunden Effizienzvorteile und für die Bank mehrere sich ergänzende Erlösbringer entstehen.
- Hinsichtlich der Tiefe des Bankdienstleistungsprogrammes gegenüber Firmenkunden wäre zu überlegen, wie viele Leistungsarten bzw. wie viele Produktvarianten (Produktdifferenzierung) pro Dienstleistung angeboten werden sollen. Damit kann einerseits spezieller auf einzelne Bedürfnisse eingegangen werden. Es entsteht ein starker akquisitorischer Effekt und möglicherweise auch ein nach draußen transportierter Imageeffekt. Andererseits besteht die Gefahr bei einer zu starken Sortimentsvertiefung, dass die Mitarbeiter und auch der Kunde überfordert werden. Es werden zu geringe Volumina pro Produkt generiert. Möglicherweise findet auch eine Umschichtung zwischen Bankdienstleistungsarten statt und somit kein »echtes« Wachstum.

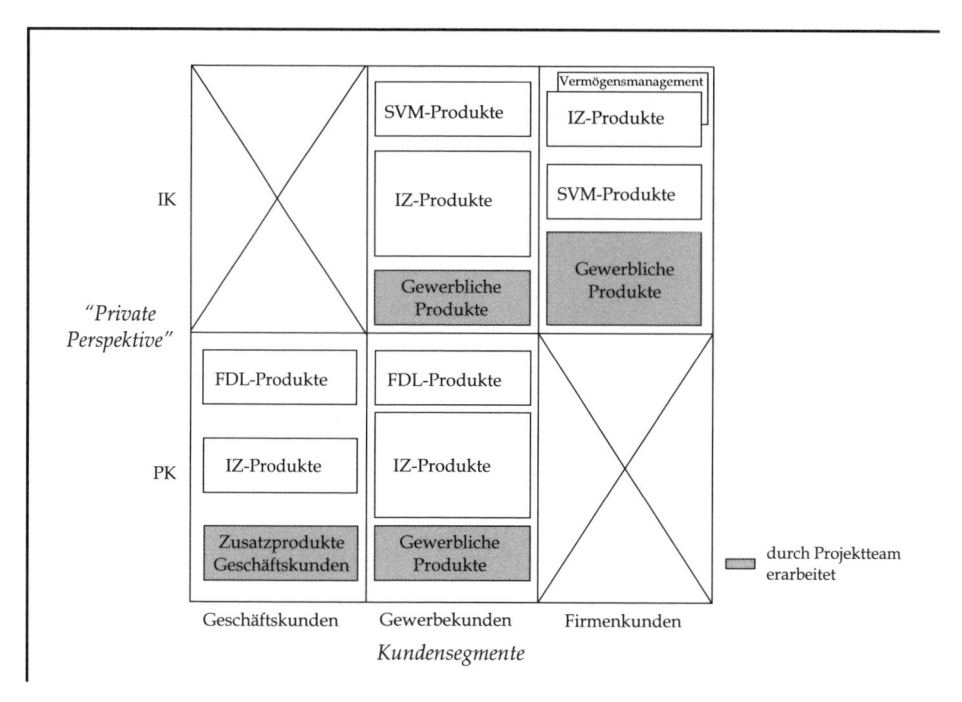

Abb. 23 Bankprogramm und Kundentypisierung

Übersicht über Bankdienstleistungsarten gegenüber Firmenkunden:
In Literatur und Praxis (z.B. Abb. 23, 24 und 25 von Bauer/Berg bzw. Hass-Chiandetti, in: Kary, H. [Hrsg.] S. 275, 292, 293) gibt es zahlreiche Ansätze für die Systematisierung und Gliederung von Bankdienstleistungen gegenüber Firmenkunden. Im Folgenden sollen die wesentlichen Bankdienstleistungsarten genannt werden, die wiederum nach den Differenzierungsmerkmalen wie Fristigkeiten, Technik der Bankdienstleistungsgewährung, Besicherung und Sicherheit, Art der Bereitstellung und Art des Mitteleinsatzes und -verwendung unterschieden werden.

Anlage/Finanzmärkte	ZV/Liquiditätsman.	Traditionelle Finanzierung
• FDL-Produkte	• Herkömmlicher ZV beleghaft	• Darlehensfinanzierung Eigenmittel
• Geldmarktkonto	• IZV S-Firm	• Standard Ömi**
• Geldmarktfonds standard (DEKA)	• Kontoinformationen	• Betriebsmittelkredit
• Betriebliche Altersvorsorge	• DFÜ Zahlungsaufträge	• ṡLeasing Direkt
	• AZV	• Avale
	• E-Cash/Geldkarte	• Wechseldiskont
	• SET	

Überleitung an Spezialisten*

Risikomanagement
• Versicherungen für betriebliche Risiken (Standardkatalog)

*Potenzialerkennung und Überleitung an Spezialisten durch GKB
**Zugriff auf alle Ömi-Programme, eigenständige Abwicklung aber nur in wenigen (3-5) Standardprogrammen, ansonsten Überleitung zu Spezialist

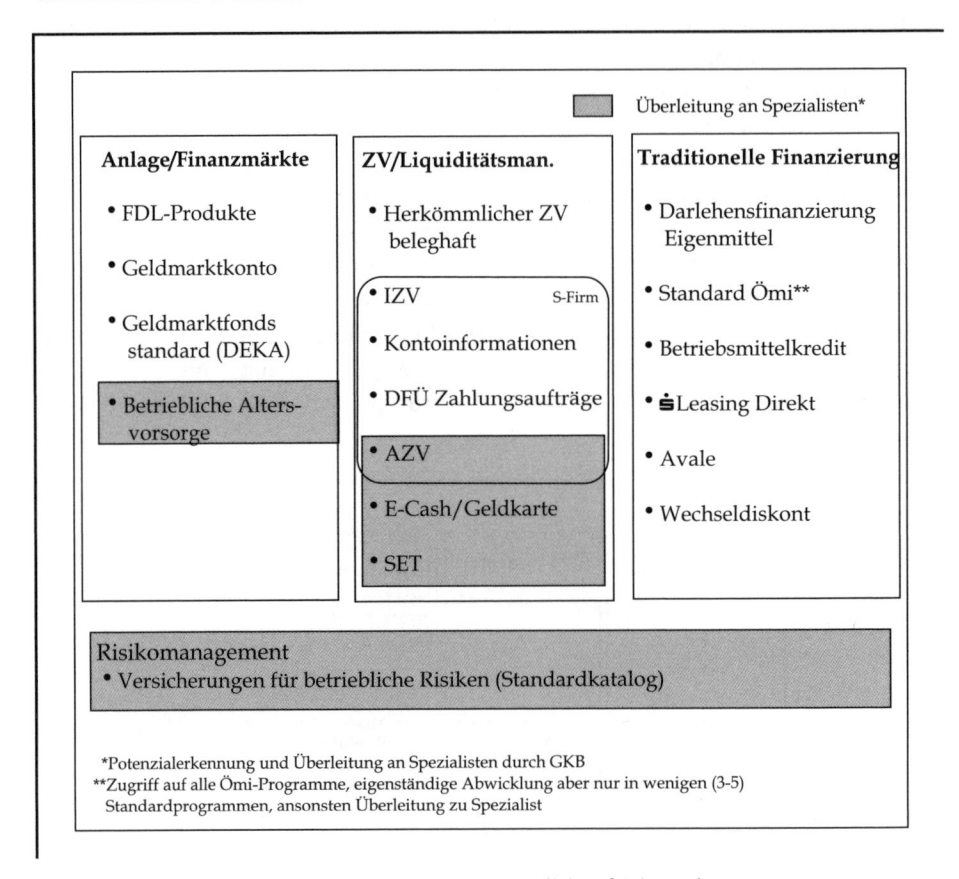

Abb. 24 Programm für kleinere Gewerbekunden mit Blick auf Privatsphäre

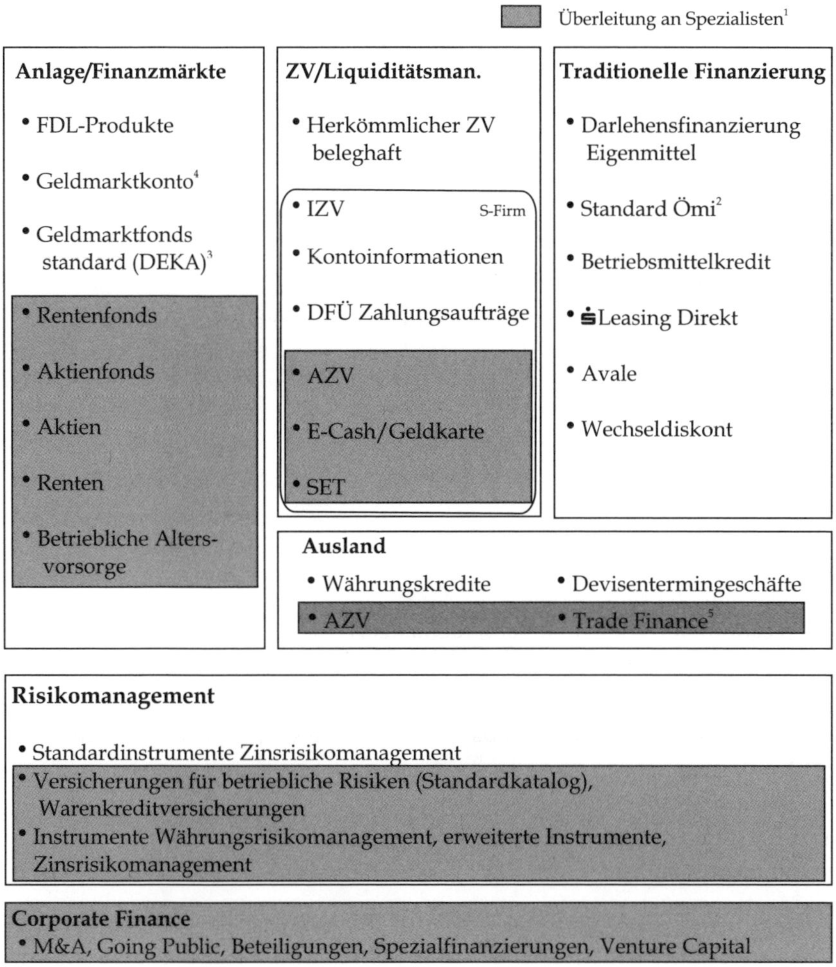

3.3 Sachlich-inhaltliche Schritte der Firmenkundenkonzeption

▨ Überleitung an Spezialisten[1]

Anlage/Finanzmärkte

- FDL-Produkte
- Geldmarktkonto[4]
- Geldmarktfonds standard (DEKA)[3]
- Rentenfonds
- Aktienfonds
- Aktien
- Renten
- Betriebliche Altersvorsorge

ZV/Liquiditätsman.

- Herkömmlicher ZV beleghaft
- IZV   S-Firm
- Kontoinformationen
- DFÜ Zahlungsaufträge
- AZV
- E-Cash/Geldkarte
- SET

Traditionelle Finanzierung

- Darlehensfinanzierung Eigenmittel
- Standard Ömi[2]
- Betriebsmittelkredit
- ṡLeasing Direkt
- Avale
- Wechseldiskont

Ausland

- Währungskredite
- Devisentermingeschäfte
- AZV
- Trade Finance[5]

Risikomanagement

- Standardinstrumente Zinsrisikomanagement
- Versicherungen für betriebliche Risiken (Standardkatalog), Warenkreditversicherungen
- Instrumente Währungsrisikomanagement, erweiterte Instrumente, Zinsrisikomanagement

Corporate Finance
- M&A, Going Public, Beteiligungen, Spezialfinanzierungen, Venture Capital

[1]Potenzialerkennung und Überleitung an Spezialisten durch FKB
[2]Zugriff auf alle Ömi-Programme, eigenständige Abwicklung aber nur in wenigen (3-5) Standardprogramme, ansonsten Überleitung zu Spezialist
[3]Erweiterte/Internationale Geldmarktfonds: Überleitung an Spezialisten
[4]Inklusive Tagesgeld
[5]auch S-Firm-Modul

Abb. 25 Programm für Firmenkunden

EIN PROGRAMM für die Unternehmens- bzw. Firmenkundenbetreuung könnte folgende Struktur haben:

I. Finanzierungsfazilitäten für Unternehmen
1. Kreditarten der Geldleihe
   a) Kontokorrentkredit
   b) Betriebsmittelkredit
   c) Betriebsmitteldarlehen
   d) Eurokredite
   e) Wechseldiskontkredite
   f) Investitionsdarlehen (aus eigenen Mitteln)
   g) Investitionsdarlehen aus fremden Mitteln (öffentliche Finanzierungshilfen)
   h) Realkredite
2. Finanzierungsarten der Kreditleihe
   a) Avalkredite
   b) Akzeptkredite
   c) Kreditauftrag
3. Kreditsurrogate
   a) Leasing
   b) Factoring und Forfaitierung
   c) Securization (verbriefte Kreditforderungen)
   d) Commercial Paper (CP)
   e) Asset-Backed-Securities (ABS)
   f) Mezzanine (als nachrangiges Darlehen, stille Beteiligung oder Genussrecht)
   g) Anleiheemissionen
4. Spezialfinanzierungen/Eigenfinanzierung
   a) rechtsformabhängige Eigenkapitalbeschaffung
   b) IPO/Aktienemission
   c) Venture Capital
   d) Beteiligungkapital
   e) Projektfinanzierungen
   f) strukturierte Finanzierungen
   g) Securization

II. Anlagefazilitäten für Firmenkunden
   a) kurz-, mittel- und langfristige Bankanlagen
   b) Aktien, Wertpapiere, Fonds
   c) Immobilienanlagen
   d) Beteiligungen

III. Auslandsgeschäft
   a) Auslandszahlungsverkehr
   b) Dokumentengeschäfte
   c) Devisenhandelsgeschäfte
   d) Kurssicherungsgeschäfte
   e) Auslandsfinanzierungen
   f) Exportfinanzierung

g) Bankgarantien
h) Hedge und Nutzenoptimierer
i) Geschäftspartnervermittlung
j) Ausfuhrkreditversicherung/Hermes
k) Transportversicherung

IV. Corporate Cash-Management
a) Geschäftskonto
b) elektronischer Zahlungsverkehr ins In- und Ausland
c) Elektronic Banking
d) E-Commerce

V. Sicherheit und Vorsorge
a) Sachversicherungen
b) Haftpflichtversicherungen
c) Kfz-Versicherungen
d) Transportversicherungen
e) Maschinenversicherungen
f) Vermögensversicherungen
g) Personenversicherungen
h) Kreditversicherungen
i) Absicherung von Zins- und Währungsrisiken (Zinsbegrenzungsverträge, Forward Rate Agreement, Financial Swaps), Derivate
j) Absicherung von Auslandsgeschäften
k) Betriebliche Altersvorsorge
l) private Vorsorge für Inhaber etc.

VI. Beratungsdienstleistungen
a) Existenzgründungsberatung
b) finanz- und betriebswirtschaftliche Beratung
c) Marketingberatung
d) Organisationsberatung
e) Datenbank- und Branchendienste
f) E-Commerce
g) Unternehmensnachfolge
h) Corporate Finance
i) Gang an die Börse
j) Mergers & Acquisitions
k) spezielle Beratungsarten.

In der praktischen Umsetzung dieses Programmes für Firmenkunden besteht die Aufgabe darin, dieses relationshipgerecht auf die jeweilige individuelle Situation hin anzupassen. Auf den Firmenkundenbedarfslebenszyklus angewandt, könnte zusätzlich jenseits der klassischen Bankkredite das Angebot für Unternehmer im Wesentlichen folgendermaßen strukturiert angepasst werden:

- Startphase: Existenzgründerdarlehen, Business Angel, Betriebsmittelleasing
- Wachstumsphase: Venture Capital, Mezzanine Capital, öffentliche Zuschüsse
- Reifephase: Mitarbeiterbeteiligungskapital, Forfaitierung, Factoring, Asset-Backed-Securities
- abermalige Expansionsphase: Anleiheemissionen, Aktienemissionen, Private Equity Capital.

3. Corporate Pricing

Die Bestimmung der Konditionen (Zinsen, Provisionen etc.) im Firmenkundengeschäft hängt ab von
- den Verhaltenweisen der Firmenkunden (Konditionsobergrenze),
- den zuordenbaren Kosten der Bank (Preisuntergrenze) und
- den Konditionen der Konkurrenz in Verbindung mit deren Bankdienstleistungsprogramm (Konditionsdifferenzierung).

Die Möglichkeit der Ausschöpfung der Konditionsbereitschaft (»*Abgreifen von Zahlungsbereitschaften*«) als Erlöstreiber zur Rentabilisierung des Firmenkundengeschäftes, d.h. die Konditionselastizität der Firmenkundennachfrage (Preisempfindlichkeit bzw. Belastbarkeit) hängt im Wesentlichen von folgenden Bestimmungsgrößen ab:
- nachgefragtes Bankdienstleistungsvolumen
- Verhandlungsmacht, Position und Lebenszyklus des Firmenkunden
- Kreditwürdigkeit, Kapitaldienstfähigkeit (Bonitätsklasse)
- Problemlösungskompetenz und persönliche Akzeptanz des Firmenkundenbetreuers
- Art der Bankdienstleistung
- Konkurrenzverhalten im jeweiligen Markt
- Wirkung der übrigen eingesetzten Marketinginstrumente
- Sicherheiten (Besicherungsklasse).

Die Konditionspolitik der Kreditinstitute gegenüber Firmenkunden orientiert sich immer noch an herkömmlichen und traditionellen Mustern der Preisfindung:
- Kosten bestimmen die Konditionen. Der Grundgedanke der kostenorientierten Konditionspolitik ist es, die durch den Kostenträger (Geschäft, Kunde) verursachten Kosten über die Konditionen abzudecken (Cost-Plus-Aufschläge).
- Die wichtigen Bedürfnisse der Firmenkunden und die von diesen wahrnehmbaren Konditionspolitiken der Konkurrenzbanken bleiben unberücksichtigt.
- Es mangelt an fundierter Kenntnis der Konditionssensitivitäten.

- In Firmenkundenabteilungen herrscht Over-Engineering vor (Orientierung an Sachbearbeitung, Backoffice, Bürokratie). Dadurch werden die Bankdienstleistungen durch«*technisch-organisatorische*» Werte bestimmt.
- Bei Konditionsänderungen wird häufig die Reaktion der Konkurrenzbanken falsch eingeschätzt.
- Oft werden Konditionen nur als Reaktion auf Konkurrenzmaßnahmen angepasst.
- Konditionelle Maßnahmen werden in der Linie passiv erduldet und zu wenig aktiv umgesetzt.
- Schließlich ist das Konditionsmanagement in den meisten Banken organisatorisch nur ungenügend verankert.

Die Konsequenz aus diesem mangelnden integrativen Preismanagement ist, dass die Gefahr der Konditionsfehlentscheidungen hoch ist und die Risiko- und Betriebskostenfalle zuschlägt. Nötig ist im Firmenkundengeschäft eine Hinwendung zu einem integrativen Preismanagement (oder Power-Pricing nach Simon, H.), das die nötigen Handlungsspielräume im Relationship Marketing gewährt und gleichzeitig die Ertragspotenziale im Firmenkundengeschäft auszuschöpfen hilft:

- Die Kostenkalkulation bestimmt nicht die Kondition. Die Abbildung 26 zeigt ein langfristiges Preisuntergrenzenmodell für Unternehmenskredite (Lentes, Th., S. 158).
- Die Konditionsfindung orientiert sich an der Priorisierung der Bedürfnisse und Probleme der Firmenkunden (Conjoint Measurement-Verfahren) und dem Wettbewerb. Die methodische Grundlage der Konditionspolitik ist das Zielkostenmanagement (siehe Abb. 27 nach Rudolph, B.) bzw. Target Pricing, das die subjektive Nutzen-Präferenz-Kurve der Firmenkunden in der Konditionsfindung internalisiert.
- Target-Costing und Target-Pricing reflektieren die Erhöhung der Preissensitivität. Damit ist es möglich, Preisspielräume und -schwellen zu quantifizieren und gegenüber Firmenkunden auszuschöpfen.
- Nicht die durch den Bankdienstleistungserstellungs- und Verwertungsprozess entstehenden Kosten bestimmen die Konditionen, sondern der vom Kunden »*wahrgenommene*« subjektive und objektive Wert der Bankdienstleistung (Perceived Value Pricing).
- Das mögliche Konkurrenzverhalten wird über verschiedene Preisszenarien am Markt simuliert.
- Proaktives Konditionsmanagement schafft Überraschungsmomente und Relationship Marketing konformes Individualisierungspotenzial.
- Konditionspolitik wird aktiv, intensiv und zielorientiert umgesetzt. Das Bankmanagement sieht die Konditionspolitik als ihre originäre Aufgabe.

Effektivzins der Opportunität (in %) / Marktzinsmethode
+ Risikokosten (in % p.a.)
+ Eigenkapitalkosten (in % p.a.)
+ beeinflußbare Kosten des Betriebsbereiches (in % p.a.)
= kurzfristige Preisuntergrenze des Unternehmenskredites (in % p.a.)
+ nicht beeinflußbare Kosten des Betriebsbereiches (in % p.a.)
= langfristige Preisuntergrenze des Unternehmenskredites (in % p.a.) = Standardkosten

Effektivzins der Opportunität	= 6,50
+ Risikokosten	= 0,45
+ Eigenkapitalkosten	= 0,20
+ beeinflußbare Kosten des Betriebsbereiches	= 0,12
= kurzfristige Preisuntergrenze des Unternehmenskredites	= 7,27
+ nicht beeinflußbare Kosten des Betriebsbereiches	= 0,13
= langfristige Preisuntergrenze des Unternehmenskredites	= 7,40

Abb. 26 Preiskalkulationsmodell im Firmenkundengeschäft

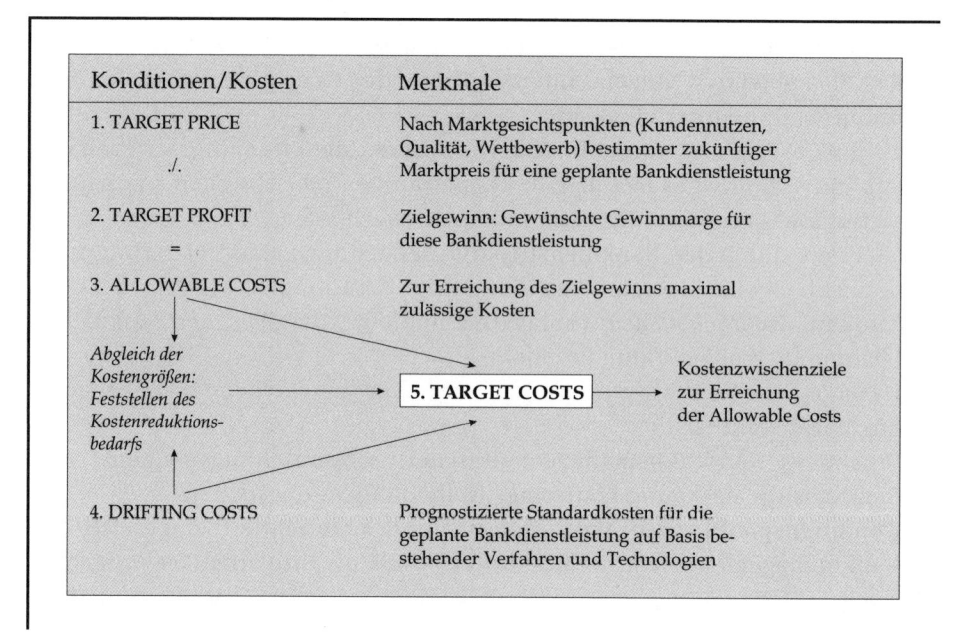

Konditionen/Kosten	Merkmale
1. TARGET PRICE ./.	Nach Marktgesichtspunkten (Kundennutzen, Qualität, Wettbewerb) bestimmter zukünftiger Marktpreis für eine geplante Bankdienstleistung
2. TARGET PROFIT =	Zielgewinn: Gewünschte Gewinnmarge für diese Bankdienstleistung
3. ALLOWABLE COSTS	Zur Erreichung des Zielgewinns maximal zulässige Kosten
Abgleich der Kostengrößen: Feststellen des Kostenreduktionsbedarfs → 5. TARGET COSTS	Kostenzwischenziele zur Erreichung der Allowable Costs
4. DRIFTING COSTS	Prognostizierte Standardkosten für die geplante Bankdienstleistung auf Basis bestehender Verfahren und Technologien

Abb. 27 Zielkostenmanagementmodell im Firmenkundengeschäft

IM ZUSAMMENHANG mit Firmenkunden, Konkurrenz und Kosten sind bedeutsame Fragestellungen des integrativen Konditionsmangements zur Erkennung von Konditionsobergrenzen und Konditionsspielräumen:
- Firmenkunden:
    - Wer sind die bestehenden potenziellen Firmenkunden?
    - Wie hoch ist die Preisempfindlichkeit der Firmenkunden?
    - Ist es möglich, Firmenkundensegmente mit unterschiedlicher Preisempfindlichkeit zu identifizieren?
    - Inwieweit sind unterschiedliche konditionelle Maßnahmen in Abhängigkeit des Firmenkundenbedarfszyklus bzw. Firmenkundenbeziehungszyklus möglich? Welche konditionspolitischen Maßnahmen beeinflussen besonders positiv die langfristige Kundenbindung?
- Konkurrenz:
    - Welche Konditionen sind gegenüber Konkurrenzbanken noch durchsetzbar?
    - Welche Bankdienstleistungen bieten im jeweiligen regionalen Markt Konkurrenzinstitute an?
    - Wie stark werden von Firmenkunden Konkurrenzdienstleistungen wahrgenommen?
    - Wie hoch ist der tatsächliche Effektivpreis, den Konkurrenten realisieren?
    - Wie reagieren die Konkurrenzbanken auf die eigenen Konditionen?
- Kosten:
    - Wie kann durch Target-Costing die Preisuntergrenze gesenkt werden?
    - Welche Konditionen sind derzeit kostendeckend?
    - Wie verändern sich die Kosten bei anderer Betriebs- und Risikopolitik?
    - Welche Konsequenzen hat es für die Konditionen?

Um im Firmenkundengeschäft den Prinzipien der Individualisierung, der Interaktion und der Integration gerecht zu werden, bietet sich im Relationship Marketing gegenüber Firmenkundengeschäft an, auf der Grundlage der Philosophie des Target-Pricing ein flexibilisierbares Pricing-Step-Modell zu erstellen. Die Tabelle 4 zeigt die Bestandteile und deren flexible Handhabung auf.

Tab. 4 Bestandteile und flexible Handhabung des Pricing-Step-Modells

Nominalzins	3,65 %	5,30 %	5,43 %
Nominaldarlehen	100 000	100 000	100 000
Auszahlung – $_a$	90 000	100 000	100 000
Auszahlung – %	90 %	100 %	100 %
Zinsbindungsdauer	10 Jahre	10 Jahre	10 Jahre
Freiperioden	0	0	0
Tilgungsperioden	12 p.a.	12 p.a.	12 p.a.
Tilgung in % anfänglich	4,35 %	2,70 %	2,57 %
Tilgung in % fest	nein	nein	nein
			→

Rate pro Periode	666,60	666,60	8000
Zinsverrechnungen p.a.	12	12	1
Tilgungsanrechnung sofort/nächster Zinstermin	sofort	sofort	sofort
Vorfälligkeit in Tagen	sofort Anr.	sofort Anr.	sofort Anr.
Restschuld nach 10 Jahren	47 513,50	64 390,35	68 018,00
Effektivzins	5,43 %	5,43 %	5,43 %
Bearbeitungsentgelt in %/a	–	0,10 %	0,50 %
Wertermittlungskosten	–	300 a	–
Restkreditversicherung	–	–	–
Bereitstellungsprovision	–	–	–
Abstandsprovision	1,00 %	–	–
Verwaltungskostenpauschale	20 a	–	100 a
sonstige Kosten	–	–	–
Rechnungspreis 1. Jahr	4,65 %	5,70 %	6,03 %

Zudem ist es wesentlicher Bestandteil des integrativen Konditionsmanagements, dass Zinsen und Gebühren im Gesamtzusammenhang des Relationship-Marketing-Mix zu sehen sind. Die Konditionsentscheidungen können nicht isoliert getroffen werden, sondern im interaktiven Zusammenspiel mit dem gesamten Bankdienstleistungsprogramm gegenüber Firmenkunden, der Distribution und der Kommunikation.

IM ZUSAMMENHANG mit dem Relationship-Marketing-Mix sind relevante Fragestellungen unter anderem:
- Bankdienstleistung/Programm:
    - Wie wichtig sind dem Firmenkunden einzelne Merkmale der Bankdienstleistung?
    - Was sind sie dem Firmenkunden wert?
    - Welche Leistungen schaffen für den Firmenkunden einen »*Added Value*«?
    - Welche Leistungen erzeugen beim Firmenkunden »*Value-Added-Services*«?
    - Wie kann über ein differenziertes Bankdienstleistungsprogramm die Konditionsbereitschaft der verschiedenen Segmente im Firmenkundengeschäft ausgeschöpft werden?
- Distribution:
    - Wie können Ablauf- und Aufbauorganisation optimale Konditionen in der Durchsetzung unterstützen?
    - Wie können »*Absatzmittler*« im Firmenkundengeschäft in die Konditionspolitik integriert werden?
    - Welche Bedeutung haben neuere Vertriebswege auf die Akzeptanz und Preisempfindlichkeit der Firmenkunden?
    - Welchen Einfluss haben Hierarchien in der Firmenkundenbetreuung auf die Konditionen?

– Welchen Einfluss hat die Persönlichkeitsstruktur des Firmenkundenbetreuers auf die Konditionen?
- Kommunikation:
  – Kann über die Corporate Identity/Image im Firmenkundengeschäft ein Preispremium erzielt werden?
  – Hat die Erzielung einer Brand Equity (Kreditinstitut als Marke im Firmenkundengeschäft) positive Effekte für Zusatzerträge?
  – Welche werbe-, verkaufsförderungs- und öffentlichkeitswirksame Maßnahmen unterstützen die Konditionspolitik?

3.3.4.2 Optionale multikanale und prozessuale Vertriebsstrukturen

Veränderungen in den Rahmenbedingungen des Firmenkundengeschäftes und immer noch erhebliche Mängel in der Reaktion auf geänderte Markterfordernisse lassen den Vertrieb als Instrument mit der Bedeutung eines Erfolgsfaktors wieder stärker in den Mittelpunkt rücken.

So sind die Unternehmer anspruchsvoller, kritischer und unberechenbarer geworden, die Wettbewerbsintensität im Firmenkundengeschäft um attraktive Kunden hat sich weiter verschärft, neue Banktechnologien eröffnen neue Dimensionen bei der Ausgestaltung der Vertriebswege und der Kostendruck bei sinkenden Zinsspannen ist nach wie vor erheblich.

Andererseits ist in vielen Banken der Vertrieb im Firmenkundengeschäft mehr von Improvisation als systematischer Marktbearbeitung geprägt. Schwachstellen finden sich auch in der klaren und bewussten Schnittstelle zwischen »Front-Office« und »Backoffice« sowie weiteren Fachabteilungen. Schwachstellen sind weiterhin die unklare oder fehlende Kundenzuordnung, die eindeutige und durchgängige Kundenzuordnung mit den entsprechenden Zielgruppenbetreuern und der aktiven Bearbeitung des Firmenkundenmarktes.

Immer noch kommen vier von fünf Geschäftsabschlüssen nicht aufgrund von aktiver Kundenansprache, sondern auf Kundeninitiative zustande.

Vor diesem Hintergrund hat die Bank individuell die Maßnahmen im Vertriebssystem in den folgenden Bereichen zu erörtern:
- Welche, wie viele Vertriebswege, -kanäle und wie viele Vertriebsstufen sind im Firmenkundengeschäft zu wählen, um die Potenziale des Marktes systematisch zu erschließen und auszuschöpfen?
- Welche und wie viele Vertriebsakteure stellen das umfassende Kow-how im Firmenkundengeschäft sicher, um vor Ort kompetent präsent zu sein?
- Wie müssen die Vertriebsorganisation und Struktur im Firmenkundengeschäft (Vertriebslogistik) aussehen, damit die Akquisition und die Abwicklung der Geschäftsprozesse rationell verlaufen?
- Wonach soll sich die Pflege der Vertriebskultur ausrichten, um die Mission der Bank mit Leben zu erfüllen?

1. Vertriebswege: Vom Ein-Kanal zum Mehr-Kanal

Hinsichtlich der Vertriebswege im Firmenkundengeschäft kann einerseits unterschieden werden in direkte Vertriebswege oder indirekte Vertriebswege.

Beim direkten Vertriebsweg kommen Firmenkunden und deren Betreuer seitens der Bank direkt in Kontakt und wickeln ohne Zwischenschaltung anderer Personen oder Institutionen ihre Geschäfte ab.

Beim indirekten Vertrieb geht es um die Frage, inwieweit eine Bank Absatzmittler einschaltet. Absatzmittler im Firmenkundengeschäft sind Institutionen, die im Bankdienstleistungsprozess als eigenständige Akteure eingebunden sind. Das können Unternehmensberater, Finanzvermittler, Versicherungsunternehmen oder sonstige geeignete Institutionen jeder Art sein.

Es dürfte zwar auch künftig die Bedeutung des direkten Vertriebes im Firmenkundengeschäft entweder stationär (Zentrale, Filiale) oder mobil (Außendienst) vorherrschen. Das Vordringen der neuen Informationstechnologien, das hybride Nachfrageverhalten von Firmenkunden, die Zwänge zu Neukundenakquisition und Cross-Selling sowie die gewünschte Senkung der Vertriebskosten im Absatzkanal drängen auch im Firmenkundengeschäft die Idee des »*Multi-Channel-Banking*« stärker in den Vordergrund.

Multi-Channel-Banking kann als integrierte und koordinierte Entwicklung, Gestaltung und Steuerung von Bankdienstleistungs- und Informationsflüssen über verschiedene Vertriebskanäle zur Optimierung des Vertriebsmanagements im Firmenkundengeschäft verstanden werden (nach Wirtz, B.W.).

Firmenkunden haben die Möglichkeit, simultan oder sequenziell zur Vorbereitung (Informationsbeschaffung) und Durchführung (ökonomische und psychosoziale Transaktion) ihrer Bankgeschäfte Online-Kanäle (E-Commerce) und Offline-Kanäle (stationäre Bank, Außendienst) zu nutzen. Die Abbildung 28 zeigt nach Wirtz (asw 4/2002, S. 49) die verschiedenen Nutzungsmuster der Firmenkunden hinsichtlich Single- und Multi-Channel. Aufgabe einer Bank ist es, jeweils in den Vertriebswegen eine Optimierung des Channel-Fit zu erreichen.

3.3 Sachlich-inhaltliche Schritte der Firmenkundenkonzeption

		I Multi-Channel	II Single-Channel/ Multi-Channel
INFORMATION / Online-Channel	Stationäres Internet / Mobiles Internet / T-Commerce (TV-Kanal) / Call-Center	- Information über Online-Channel (z.B.: stationäres Internet) - Nachfrage über Offline-Channel (z.B.: Filiale, Zentrale)	- Information über Online-Channel (z.B.: stationäres Internet) - Nachfrage über Online-Channel (z.B.: Call-Center)
INFORMATION / Offline-Channel	Stationäre Bank / Filiale / Außendienst / Mailing Business	**III Single-Channel/ Multi-Channel** - Information über Offline-Channel (z.B.: Filiale, Zentrale) - Nachfrage über Offline-Channel (Filiale, Zentrale)	**IV Multi-Channel** - Information über Offline-Channel (z.B.: Filiale) - Nachfrage über Online-Channel (z.B.: stationäres Internet)

Stationäre Bank	Filiale	Außendienst	Mailing Business	Stationäres Internet	Mobiles Internet	T-Commerce (TV-Kanal)	Call-Center
Offline-Channel				**Online-Channel**			
TRANSAKTION							

Abb. 28 Channel-Mix für Information und Transaktion: Verschiedene Nutzungsmuster der Firmenkunden

2. Vertriebsakteure: »Key Accounter« und Produktspezialisten

Neben den Vertriebswegen gilt es, über den Einsatz von Vertriebsakteuren zu entscheiden. Firmenkundenbetreuer (Corporate Relationship Manager bzw. »Key Accounter«, Primärbetreuer etc.), Assistenten (Backoffice-/Marktfolgemitarbeiter) und flankierende Fachberater/Produktspezialisten und Risikomanager heißen die zentralen Akteure im Firmenkundengeschäft.

Das Herzstück ist jedoch der Firmenkundenbetreuer.

Er ist die zentrale Schaltstelle im Firmenkundengeschäft. Für seine Tätigkeit ist einmal zu entscheiden, mit welcher fachlichen Kompetenz er ausgestattet sein muss.

Und zum anderen geht es darum, seine formalen **Kompetenzen** in der Entscheidung festzulegen.

Zu seinen **Verantwortungsbereichen** zählen neben der Geschäftsvolumensverantwortung die Erlösverantwortung, Risikoverantwortung und Produktivitätsverantwortung.

Seine **Aufgaben** umfassen im Wesentlichen:
- die Mitarbeit in der Jahresplanung im Firmenkundengeschäft (Zielvereinbarung, Maßnahmen, Balanced Scorecard)
- die Beobachtung des Marktes im Firmenkundengeschäft (Kunden, Nichtkunden, Konkurrenten, Branchenumfeld)
- die Betreuung der zugeordneten Firmenkunden und Nichtkunden (60–180 Kunden bzw. 6–10 Nichtkunden pro Jahr als Erfahrungswert)
- Akquisition/Neukundengewinnung
- Reklamationsbehebung, Rückgewinnung
- Pricing, Bonitäts- und Sicherheitenbewertung
- Kreditbearbeitung und Kreditentscheidung (im Rahmen der Eigenkompetenz oder der Mitkompetenz)
- Steuerung des Marktfolgebereiches und Versorgung mit Informationen
- Koordination mit den Fachabteilungen und den dortigen Fachspezialisten bzw. mit Verbundleistungen
- Überwachung der Firmenkundenengagements (Rating etc.)
- Mitwirkung bei der Betreuung notleidender Firmenkundenengagements (Kreditsonderbetreuung, Sanierung, Risikomanagement)
- öffentlichkeitswirksame Auftritte (z. B. Veranstaltungen etc.).

Alle Untersuchungen und Befragungen bei Firmenkundenbetreuern in den vergangenen Jahrzehnten zeigen, dass infolge organisatorischer Mängel, Defiziten in den Arbeitsmethoden oder einer produktivitätsmindernden, konfliktgeladenen Abteilungskultur die Zeit für die Kundenbetreuung zu kurz kommt. Tendenziell zeigen Befragungen und Untersuchungen, dass für qualifizierte Firmenkundenbetreuung, d. h. für Neukundengewinnung, Kundenbindungsaufgaben, Reklamationsbearbeitung und Kundenrückgewinnung, zwischen 5 Prozent und 20 Prozent der verfügbaren Arbeitszeit eingesetzt werden.

Um Relationship Marketing im Firmenkundengeschäft konsequent umzusetzen, werden Markfolgebereiche (Backoffice) eingerichtet. Dort nehmen Juniorbetreuer, Assistenten, Servicebereiche etc. ab einer vereinbarten Aufgabenschnittstelle die Tätigkeiten der Verwaltungs-, Abwicklungs- und Kontrolltätigkeiten im Firmenkundengeschäft auf. Diese Assistenten/Assistentinnen sind mit der notwendigen Entscheidungskompetenz auszustatten, um die Verantwortung für folgende wesentliche Aufgaben als Servicefunktion für den Marktbereich zu übernehmen:
- Analyse und Auswertung der Informationen der Firmenkundenbetreuer und deren eingebrachte Kundenunterlagen zur Geschäftsfallbearbeitung
- Erstellung der nötigen Kredit- und Sicherstellungsverträge
- Beurteilung von Sicherheiten
- Kreditwürdigkeitsanalysen

- Sicherheitenverwaltung
- EDV-Service
- Bearbeitung der kreditwirtschaftlichen internen und externen Statistiken
- Kreditüberwachung.

Produktspezialisten als flankierende Fachbetreuer

Die Vielfalt von Problemen im Firmenkundengeschäft auf der Bankenseite haben auch eine Vielfalt an sachlich, juristisch, finanzmathematisch und betriebswirtschaftlich komplexen Produkten hervorgebracht. Diese sind in der Regel vom Firmenkundenbetreuer bis ins Detail im Tagesgeschäft kaum mehr zufrieden stellend zu bearbeiten. Von daher wird es sich anbieten, Fachberater bzw. Produktspezialisten mit speziellem Experten-Know-how entweder

- außerhalb des Firmenkundenbereiches hinzuzuziehen wie z.B. den Vermögensmanager, Immobilienfachmann, Versicherungsspezialisten, Electronic-Banking-Spezialisten und den Marktfolgebereich oder
- innerhalb des Firmenkundenbereiches den Backoffice-Kreditsachbearbeiter, die Fachleute für das Auslandsgeschäft, Leasing, Consulting, Existenzgründung, Sanierung und Sonderbetreuung und Projektfinanzierung etc.

Diese Fachspezialisten haben einerseits die Funktion eines detaillierten Beraters im Firmenkundengespräch, andererseits werden sie als zusätzliche Ansprechpartner, so genannte Sekundärbetreuer, in die Firmenkundenbetreuung mit einbezogen. Der Firmenkundenbetreuer hat die Relationship-Verantwortung zum Firmenkundengeschäft. Er schlägt die Brücke zum Firmenkunden und erhält deren Tragfähigkeit. Der Spezialist übernimmt nach Abstimmung mit dem Firmenkundenbetreuer selbstständig die Beratung und wickelt die Geschäfte ab.

Risk-Manager/Kreditcontroller

Die oben genannten Vertriebsakteure fokussieren ihre Tätigkeit auf Wachstums-, Erlös- und Produktivitätsziele im Firmenkundengeschäft. Das Firmenkundengeschäft ist aber außergewöhnlich von Kreditrisiken und Zinsänderungsrisiken bzw. Liquiditätsrisiken geprägt. Risikomanager/Kreditcontroller haben die Aufgabe, bei der Entstehung von Geschäftsverbindungen, während der Geschäftsverbindung oder bei problematischen Kreditengagements dafür zu sorgen, dass zunächst Risiken (Wertberichtigungen bzw. Abschreibungen als Folge) überhaupt nicht eintreten und wenn ja, dass diese entsprechend risikomindernd betreut werden. Dafür sind diese Vertriebsakteure mit entsprechenden Kreditkompetenzen ausgestattet. Ihnen kommt auch damit eine erhebliche Verantwortung auf der Relationship-Marketing-Seite mit den Firmenkunden zu.

3. *Vertriebsorganisation/-struktur: Effiziente Prozesse und friktionsarme Schnittstellen*

Damit die Marketingziele im Relationship mit Firmenkunden und die Strategien entsprechend wirkungsvoll umgesetzt werden können, ist es auch nötig, die Aufbau- und Ablauforganisation bzw. die dazugehörigen Strukturen und Prozesse entsprechend zu gestalten.

Bewährt hat sich dabei der Grundsatz, dass die Organisation und die Strukturen den Strategien zu folgen haben (*»Structure follows Strategy«*).

Ein weiterer Grundsatz, gegen den in der Praxis zwar laufend verstoßen wird, ist der von der Übereinstimmung von Aufgabe, Kompetenz und Verantwortung.

Die Variationen der Verstöße sind vielfältig. Dementsprechend sind auch die Ergebnisse im Firmenkundengeschäft beeinträchtigt. Gleichermaßen werden auch das Betriebsklima und die Produktivität reduziert. So kommt es vor, dass Firmenkundenbetreuer zwar aggressiv in die Aufgabe der Kundenakquisition und -betreuung *»getrieben«* werden, andererseits erteilt man aber ihnen nicht die Kompetenz, rasch und flexibel zu entscheiden. Wiederum werden Firmenkundenbetreuer zur Verantwortung gezogen für Entscheidungen, für die sie weder Kompetenzen noch die Aufgabe dafür hatten. Es gibt für die Organisation, die Strukturen und die darin ablaufenden Prozesse kein Patentrezept, nach dem das Relationship Marketing im Firmenkundengeschäft erfolgen kann. Es ist jeweils organisatorisch immer vor dem Hintergrund der Situation der jeweiligen Bank, der jeweiligen Mitarbeiterpotenziale, den Marktpotenzialen und den bankbetrieblichen Zielen zu entscheiden. Dies trifft besonders für die Schnittstellenproblematik

- der Sequenz von Akquisition über Beratung, Zusage bis Abschluss und Sicherheitenbestellungen zu wie
- für die abteilungsübergreifende Zusammenarbeit.

Mögliche aufbauorganisatorische Varianten sind:
- zentrale Firmenkundenbetreuung von der Hauptstelle aus
- dezentrale Betreuung der Firmenkunden von Zweigstellen oder Filialen aus
- Mischformen in der Betreuung je nach Schnittstelle des zu bearbeitenden Bankdienstleistungsprozesses hinsichtlich zentraler und dezentraler Betreuung
    Betreuungscenter für Firmenkunden.

Eine weitere Möglichkeit der Relationship-Marketing-Orientierung in der Organisationsstruktur einer Bank ist die Unterteilung in Firmenkundenzentrum, in dem Firmenkundenbetreuer mit notwendigem Ad-hoc-Backoffice ausgestattet sind, und in Marktfolgebereich, in dem die Verwaltungsarbeit im Aktiv-, Passiv- und Dienstleistungsgeschäft sowie Risikomanagementfunktionen wie Controlling, Kreditsonderbetreuung, Sanierung, EDV, Rechnungswesen und Zahlungsverkehr abgewickelt werden.

Die Abbildung 29 zeigt eine gemischte herkömmliche Organisationsstruktur.

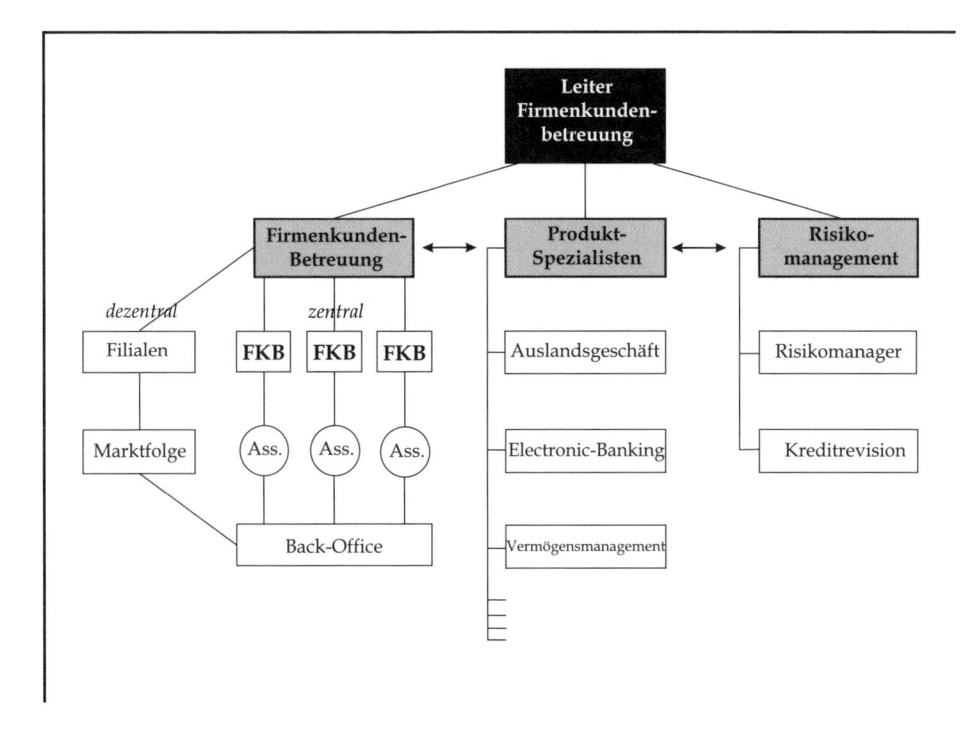

Abb. 29 Vertriebs- und Organisationsstruktur Firmenkunden

In Anlehnung an die Idee des Organigraphen von Henry Minzberg/Ludo van der Heyden (Abb. 30 Harvard Business Manager 2/2000, S. 59 ff.) können folgende Grundformen des Organisierens unterschieden werden:
- Nach der Idee der »*Set-Organisation*« operiert jede Abteilung – ob Kreditabteilung, Anlageberatung, Versicherungsabteilung, Vermögensverwaltung, Auslandsabteilung oder Zahlungsverkehr – als Teil des Ganzen (Set) und geht jeweils allein für sich auf die einzelnen Firmenkunden zu.
- Der Idee der »*Kettenorganisation*« zufolge werden die Bankdienstleistungsprozesse im Firmenkundengeschäft in einen linearen Verbindungsprozess aufgeteilt. Die Wertschöpfungskette ähnelt der einer logistischen Zulieferkette zum Firmenkunden. Bei der so genannten »*Knotenorganisation*« führen alle anderen Abteilungen auf den Firmenkundenbetreuer zu. Dieser Firmenkundenbetreuer fungiert als Knoten, d.h. als Koordinationszentrum. Von diesem Knotenpunkt Firmenkundenbetreuer aus werden jedem Kunden integrierte Problemlösungen angeboten.
- Die »*Netzorganisation*« überwindet die Firmenkundenferne der Set- und Kettenorganisation und reduziert die Komplexität des Managements der Knotenorganisation. Knoten verdeutlichen nämlich einerseits die Bewegung zum Zentralpunkt Firmenkundenbetreuer und vom Zentralpunkt

Firmenkundenbetreuer weg. Die Netzorganisation vernetzt interaktiv die einzelnen in der Set-Organisation genannten Abteilungen, impliziert die Prozesse der Wertschöpfungen auf der Kette und vertritt die Firmenkundenbetreuerphilosophie der Knotenorganisation, indem alle Bereiche in einer Filiale oder im Zentrum vernetzt, aber unabhängig voneinander auf den Firmenkunden zugehen. Diese Netze sind Bezugsraster ohne einen Mittelpunkt. Sie erlauben offene Kommunikation und eine kontinuierliche Bewegung von Menschen und Ideen aufeinander zu, um interaktiv Problemlösungsprozesse im Firmenkundengeschäft zu generieren. Im Netz stehen alle beteiligten Firmenkundenmanager zwischen allem und allen Beziehungen her und spornen die Beziehungen an. Wer gerade ein aktuelles Problem beim Firmenkunden – ob Kredit, Anlagen- oder Auslandsgeschäft – löst, ist im Mittelpunkt und agiert als Manager im Netzzentrum. Von daher sind Firmenkundenmanager in der Organisationsform des Netzes im Wechselspiel Knoten-, Set- oder Ketten-Mitglied. Netze sind geeignet, Komplexität zu händeln, der Dynamisierung zu begegnen und der Individualität des Relationship Marketing gerecht zu werden.

Die Netzwerkorganisation scheint am besten geeignet, den Ineffizienzen der Schnittstellenproblematik zu begegnen. Denn Schnittstellen als Orte, an denen die Übergabe einer teilerfüllten Aufgabe an eine andere Organisationseinheit erfolgt, werden schnell zu Bruchstellen, wenn der work flow nicht konsequent weitergeführt wird.

Die Netzorganisation ermöglicht auch eine Abkehr von der seriellen Bearbeitung von Kreditengagements hin zu einer simultanen und parallelen Behandlung
- der Kundenberatung und Abschlüsse,
- des Rating und der Dokumentation,
- des Pricing und
- der Besicherung mit Vertragsabschlüssen.

Organisatorische Integration der »Mindestanforderungen an das Kreditgeschäft« (MaK)
Der Prozess des Relationship Marketing erhält im Kreditgeschäft durch Vorgaben der Bundesanstalt für Finanzdienstleistungen (BaFin) strengere Rahmenbedingungen. In allen oben aufgeführten organisatorischen Strukturen sind seit dem 1. Juli 2004 die rechtlichen Anforderungen nach § 25 KWG hinsichtlich einer ordnungsgemäßen Geschäftsorganisation, des Risikomanagements und der Überwachung ihrer Geschäftstätigkeit zu beachten.

Die MaK greifen in die Ausgestaltung der Aufbau- und Ablauforganisation der Kreditvergabe ein, d. h.:
- Trennung in die Bereiche »Markt« und »Marktfolge«. »Markt« übernimmt demnach die originären Vertriebs- und Relationship-Aufgaben inklusive des so genannten ersten Kreditvotums. »Marktfolge« oder Backoffice hat für die

Beurteilung von Kreditengagements das **entscheidende Votum** und übernimmt nach erfolgter Kreditvergabe auch die **Überwachungsfunktion (Monitoring)**.
- Trennung des Marktfolgebereichs in
  - **dezentrale Einzelrisikosteuerung**, bei der jeder Kredit mit seinem Ausfallrisiko und seiner wahrscheinlichen Ausfallhöhe bewertet wird und
  - **zentrale Gesamtrisikosteuerung**, bei der das Ausfallrisiko und die Ausfallhöhe des gesamten Kreditportfolios bewertet werden.

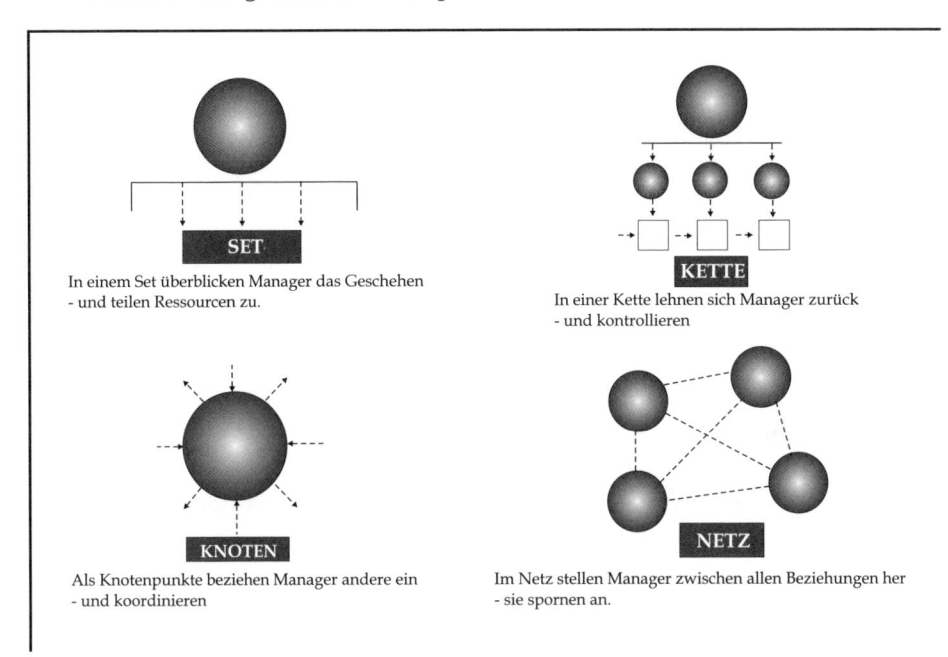

SET
In einem Set überblicken Manager das Geschehen
- und teilen Ressourcen zu.

KETTE
In einer Kette lehnen sich Manager zurück
- und kontrollieren

KNOTEN
Als Knotenpunkte beziehen Manager andere ein
- und koordinieren

NETZ
Im Netz stellen Manager zwischen allen Beziehungen her
- sie spornen an.

Abb. 30   Organisationsgrundformen für das Firmenkundengeschäft

4. Vertriebskultur

Zentrale Profilbegriffe erfolgreicher Vertriebskulturen sind totale Firmenkundenorientierung, offener Informationsaustausch, Vertrauen/Eigenverantwortung, Kooperations- und Konfliktfähigkeit.

Die Vertriebskultur ist dabei insbesondere bei Netzen ein besonders wichtiger, kaum kopierbarer Erfolgsfaktor. Vernetzte Firmenkundenbetreuungsorganisationen haben im Zentrum die Charakteristika:
- Schnelligkeit und Flexibilität:
  Netze ermöglichen, in Echtzeit Kundenprobleme anzunehmen und beweglich innerhalb des Netzes zu lösen.
- Kommunikations- und Kontaktfähigkeit, Informationstransparenz:
  Netzmitglieder müssen über ein technisches (Internet, Intranet, Extranet) und persönliches Tableau von für alle erreichbaren Informationen verfügen. Darüber hinaus ist es notwendig, dass die Partner in diesem Netz schnell miteinander in das Gespräch kommen und über ihre Fähigkeit,

Gespräche problemlösungsorientiert und nicht schuldsucheorientiert voranzutreiben, sich differenzieren.
- Kooperation statt Konkurrenz:
  Erfolgreiches Leben von Netzen zur Firmenkundenbetreuung heißt, die »Konkurrenz« in der Zusammenarbeit zwischen den Abteilungen aufzugeben. Konkurrenz der verschiedenen Abteilungen einer Bank, die das Firmenkundenpotenzial betreuen, bedeutet meist, gegen die andere Abteilung um das vorhandene Marktvolumen an Firmenkunden zu streiten. Durch Informationsvorsprung oder mangelnde Informationsweitergabe sucht eine Abteilung bessere Erfolge am Kunden zu erzielen als eine andere. Dabei verliert die Bank, der Kunde erhält eventuell nicht die optimale Problemlösung und schließlich die mit Konkurrenzgedanken handelnde Abteilung selbst. Konkurrenz zielt also immer auf Überlegenheit. Es geht um Verlierer-/Sieger-Situationen und nicht um Gewinner-/Gewinner-Situationen.

Anders dagegen die partnerschaftliche Vertriebskultur im Netzwerk. Partnerschaft heißt, das gemeinsame Engagement auf die bessere Lösung von Problemen im Firmenkundengeschäft als der Wettbewerber zu legen. Partnerschaft heißt, gemeinsam die Marktpotenziale für die eigene Bank und damit auch zum Nutzen der einzelnen Mitarbeiter auszuschöpfen. Wesentliche Schritte auf dem Weg zur Partnerschaft sind:
- mit Selbstvertrauen auch Vertrauen üben
- Zuwendung und Aufmerksamkeit geben und auch annehmen können
- auf Überlegenheit verzichten
- sozialen Mut haben in der Zusammenarbeit
- Wechsel zwischen produktivitätsfördernder Nähe und kritischer Distanz.

3.3.4.3 Personalisierte Kommunikationsmaßnahmen

Das Wesen der kommunikativen Maßnahmen, um die Beziehung zu Firmenkunden aufzubauen und zu festigen, beruht auf einer fundierten Analyse des Firmenkundenmarktes zur Erreichung der Firmenkundenmarketingziele und auf der Verfolgung der richtigen Firmenkundenmarketingstrategien.

Anforderungen an gezielte Firmenkundenansprache
Aufgabe der Kommunikationspolitik im Firmenkundengeschäft ist es, Botschaften in den Maßnahmenfeldern Werbung, Öffentlichkeitsarbeit und Verkaufsförderung
- so wirkungsvoll und kostengünstig zu gestalten (Effektivität der Kommunikationsmittel) und
- effizient unter Vermeidung von Streuverlusten durch zielgruppengerechte Kommunikationsträger zu übermitteln,

dass sie bei den aktuellen, potenziellen Firmenkunden sowie bei gestörten Geschäftsbeziehungen oder verlorenen Kunden in einer vorteilhaften Differenzierung zu konkurrierenden Banken (USP-Profilierung)
- wahrgenommen (Aufmerksamkeit, Wahrnehmung, Informationsverbesserung: kognitiv-orientierte Kommunikationsziele),
- verstanden/gemerkt (Wissen, Kenntnis, Bekanntheitsgrad, Erinnerung: kognitiv-orientierte Kommunikationsziele),
- geschätzt/präferiert (Einstellungen, Image, Sympathie, Erlebnis, Emotion, Positionierung, Gefühl: affektiv-orientierte Kommunikationsziele) und
- gewünscht/nachgefragt (Präferenzen, Verhalten, Nachfrageabsicht, Wiederholungskauf, Referenzen, Loyalität: konativ-orientierte Kommunikationsziele) werden.

»Consistency, Credibility, Continuity and Originality« lauten dabei die Leitlinien der Kommunikation gegenüber Unternehmenskunden. Die strategische optimale der Kommunikation vermittelt gleichermaßen ein hohes Maß an Problemlösungskompetenz wie Vertrauenswürdigkeit.

Der kommunikationspolitische Prozess gegenüber Firmenkunden läuft formal über die Marketingziele und die daraus abgeleiteten ökonomischen und psychosozialen Kommunikationsziele der Zielgruppe gegenüber, die Festlegung der Kommunikationsstrategien sowie die Kalkulation, Verteilung des Kommunikationsbudgets, die daraufhin folgende Festlegung des Einsatzes der Kommunikationsinstrumente (Werbung, PR, Verkaufsförderung) und die Auswahl und Gestaltung der Kommunikationsträger, -mittel und -botschaften. Die Kontrolle der Kommunikationswirkung rundet den Prozess ab.

Konsistente Werbung zur Profilierung als Firmenbank
Die Werbung im Firmenkundengeschäft findet vor extrem schwierigen Herausforderungen statt:
- kaum mehr bewältigbare Informationsüberlastung für die Entscheider auf der Firmenkundenseite (Information-Overload)
- zunehmende Resistenz und Reaktanz der Firmenkunden gegenüber Werbung
- Homogenität, d.h. Austauschbarkeit der Dienstleistungen und Konditionen
- zunehmende Rivalität unter den bestehenden Werbeträgern und Werbemitteln
- neue Werbeträger und neue Werbemittel sowie Ersatz von bestehenden Werbemedien.

Firmenkundenanzeigen müssen vor diesem Hintergrund schnell gesehen, schnell gelesen, schnell verstanden, schnell im Gedächtnis behalten werden und die Einstellung zugunsten der eigenen Bank schnell beeinflussen. Und dennoch muss eine Konsistenz zwischen der Art der Kommunikation gegenüber Firmen und dem gesamten Leistungsprogramm bestehen.

Kreativität der Gestaltung im Sinne von Abweichung von der bisherigen Anzeigennorm, die richtige Auswahl der Werbeträger und die dortige Platzierung sowie das rechtzeitige Timing sind die zentralen regionalen Herausforderungen für die Anzeige als Werbeform.

Firmenkundenbroschüren existieren bei fast allen Kreditinstituten, die in dieser Zielgruppe tätig sind. Letztlich gelingt aber den wenigsten eine Differenzierung vom Wettbewerber. Auch die inhaltliche und grafische Gestaltung ist sehr allgemein. Die Attraktivität, die Broschüren in die Hand zu nehmen, ist meist zu gering. Zudem ist der Nutzen für den Firmenkunden wegen nichts sagender austauschbarer Texte nicht ersichtlich.

Glaubwürdigkeit der Öffentlichkeitsarbeit

Kreditinstitute im Firmenkundengeschäft müssen als quasi öffentliche Institutionen glaubwürdige Öffentlichkeitsarbeit betreiben. Es ist ihnen nicht möglich, Nichtöffentlichkeitsarbeit durchzuführen. Die Balance zwischen den Kommunikationsformen »*Schweigen*« und »*Aktionismus*« hin zu einem produktiven Einbringen im Sinne eines in der Öffentlichkeit entstehenden Bildes für die Klientel ist eine vollkommen neue Herausforderung vor dem Hintergrund der Ereignisse um Basel II. Problematisch ist es, in der Öffentlichkeit sich mit bestimmten Firmenkunden als Referenzwert zu positionieren. Die Neideffekte sowie die Gefahr des Abstürzens so genannter Vorzeigekunden ist zu groß. Allgemein gilt als Leitsatz für die Firmenkunden-PR: »Wer Akzeptanz will, darf sie nicht wollen.« Gerade die auf simple Aufmerksamkeitseffekte angelegte Pressearbeit stößt Firmenkunden mehr ab.

Kontinuierliche und originelle Verkaufsförderung

Priorität bei den zentralen Verkaufsförderungsmaßnahmen, die gleichermaßen den Kunden zur Transaktion bewegen wie Firmenkundenbetreuer und Absatzmittler in den Verkaufsprozess einbeziehen, sind nach wie vor aktuelle, individuelle und nutzengerecht durchgeführte Informations-, Seminar- und Tagungsveranstaltungen.

Qualifizierte und originelle Gesprächsaufhänger und Einladungsanlässe sind Voraussetzung für Erfolg versprechende Verkaufsanbahnung. In den letzten Jahren nimmt die Zahl der Me-too-Veranstaltungen enorm zu. Sie sind austauschbar und führen zu einer negativen Kommunikationsrendite.

Allerdings gelingt es auch hier immer weniger, den Kreditinstituten eine relationshipgerechte Atmosphäre herbeizuführen. Von den zentralen, kundenfernen Marketingabteilungen inszenierte Veranstaltungen sind kontraproduktiv. Nur wenn sie unmittelbar den Firmenkundenbetreuer in seiner Vertriebsarbeit unterstützen, entfalten sie die gewünschte Wirkung.

Die effizienteste Verkaufsförderungsmaßnahme sind die Hege und Pflege der Loyalität des Firmenkundenbetreuers durch Aufmerksamkeit seitens der Führung sowie marktgerechte und zufrieden stellende Entlohnungssysteme.

4 Operative Umsetzung des Relationship Marketing im Firmenkundengeschäft

4.1 Führungs- und Mitarbeiterverhalten als Treiber des Erfolges der Implementierung

4.1.1 Beiträge der Führung und Mitarbeiter zum Erfolg

In der Konsumgüter- und Gebrauchsgüterbranche sowie teilweise in der Industriegüterbranche werden der Produktinnovationskraft und den Preisvorteilen grundlegende Wirkungen für den Unternehmenserfolg unterstellt. Im Firmenkundengeschäft als Dienstleistungssparte sind aber die Produkte und Preise weitestgehend austauschbar. Echte Inventionen bzw. Innovationen sind kaum mehr möglich. Dem Praktiker ist daher der Zusammenhang zwischen Führung und Mitarbeiterverhalten und der daher erwartete Erfolg bekannt. In ihrer Untersuchung über den Einfluss des Führungsverhaltens im Kreditbereich haben Gebert, D./Ulrich, J. den Zusammenhang zwischen Führung und ökonomischem Erfolg statistisch signifikant nachgewiesen, d.h., mehr und bessere Führung und die darüber angestoßenen Mitarbeiteraktivitäten sind positiv korreliert mit dem Erfolg im Kreditgeschäft. Übertragen auf das Firmenkundengeschäft in Banken sind diese Erkenntnisse in ihren Grundsätzen bis heute nicht widerlegt worden. Der Autor hat die den Erfolg unterstützenden Zusammenhänge auf der Wirkungskette Führen durch die Vorgesetzten, die Auswirkungen auf das erfolgsorientierte Mitarbeiten der Geführten und den darauf verursachten ökonomischen Erfolg in empirischen Beobachtungen statistisch signifikant bestätigt bekommen. Darunter befand sich eine Großbank, in der das Führungsverhalten und Mitarbeiterverhalten Ursache waren, um gegenüber 165 Unternehmen mit mehr als 50 Millionen Euro Jahresumsatz im Verhältnis zum Wettbewerb und der Marktlage außerordentliche Erfolge zu erzielen. Gleiches gilt für eine Sparkasse mit einem Markt aus 2200 kleinen und mittelständischen Unternehmen. Ein regionales Finanz- und Versicherungsinstitut mit Zielgruppe Corporate Finance und 900 Adressen war ebenso Beobachtungsfeld. Und ferner ein international agierendes Industrieunternehmen, bei dem im Business-to-Business-Bereich die Zahl der Geschäftskunden von 4000 auf knapp 12 000 ausgeweitet werden konnte. Bei allen diesen empirischen Beobachtungen und praktischen Umsetzungen lässt sich als »*Daumenregel*« (Rule of Thomb) festhalten, dass der

- ökonomische Erfolg im Firmenkundengeschäft, gemessen an den Kriterien Volumenswachstum, Erlöse, Arbeitsproduktivität, Rendite, Begrenzung der Risiken in Form von Abschreibungen und Wertberichtigungen auf Forderungen, und
- der psychosoziale Erfolg, gemessen an den Kriterien Bekanntheitsgrad, Image und Kompetenzfaktoren, Weiterempfehlung und Referenzwerte

direkt durch das Führungsverhalten und im Zusammenhang bzw. als Transmissionsriemen über das Mitarbeiterverhalten im Firmenkundengeschäft dargestellt werden kann.

Im Einzelnen kann davon ausgegangen werden, dass die Wettbewerbsvorteile im Firmenkundengeschäft sich zuallererst durch den Unterschied im Vorliegen eines geschlossenen und effektiven Firmenkundenkonzepts erklären lassen. Wobei der Konzeptionsprozess und das fällige Ergebnis zu ca. 40 Prozent der Differenzen in der Erfolgsquote einer Bank im Firmenkundengeschäft beiträgt.

Die Qualität des Relationship-Marketing-Konzepts hängt natürlich von den konzeptionellen Fähigkeiten des Managements ab und dem Grad der Qualität der Einbeziehung der betroffenen Mitarbeiter im Firmenkundengeschäft bei der Konzeptionserstellung.

Auch wenn die Führung im Firmenkundengeschäft originär über den Erfolg durch die Konzeptentscheidung bestimmt, so erklärt das isolierte Führungsverhalten in der Umsetzung allein zwischen 20 und 30 Prozent der Differenzen in der Erfolgsquote einer Bank im Firmenkundengeschäft.

Die Abbildung 31 zeigt einen funktionalen Verlauf zwischen der Führung als Relationship-Marketing-Instrument in seinen unterschiedlichen Ausprägungen der Führungsstile und den Erfolg im Firmenkundengeschäft.

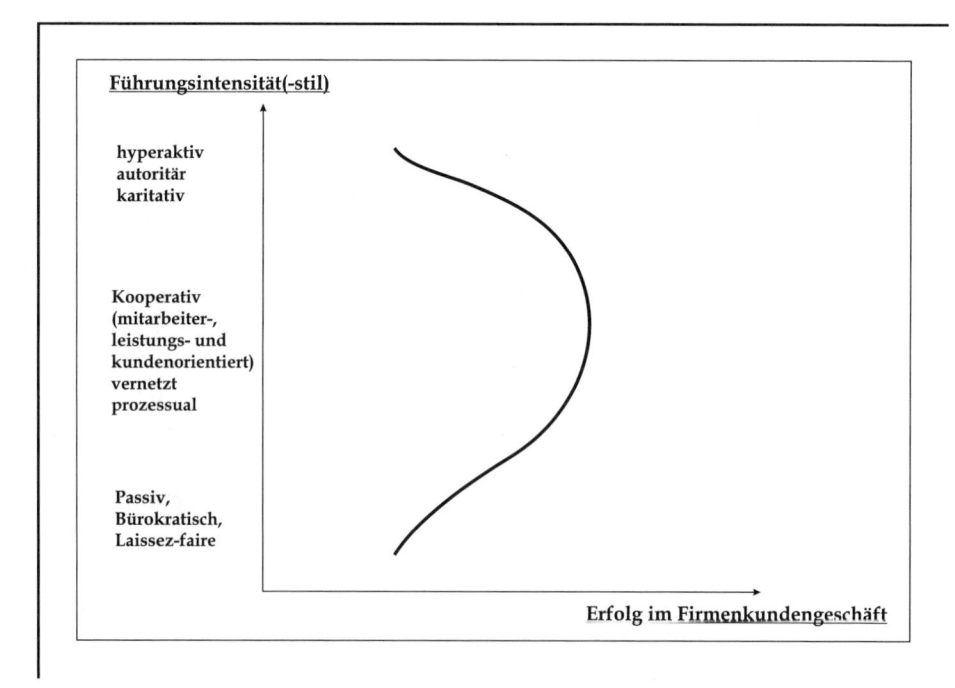

Abb. 31 Führung als Relationship-Marketing-Instrument

Andererseits erklären gar ca. 40 Prozent des Verhaltens der Firmenkundenbetreuer die Unterschiede im Erfolg des Firmenkundenmanagements.

Auch hier zeigt die Abbildung 32 den funktionalen Zusammenhang zwischen der Intensität in der Betreuung und Vorgehensweise der Firmenkunden und dem daraus sich ergebenden Erfolg.

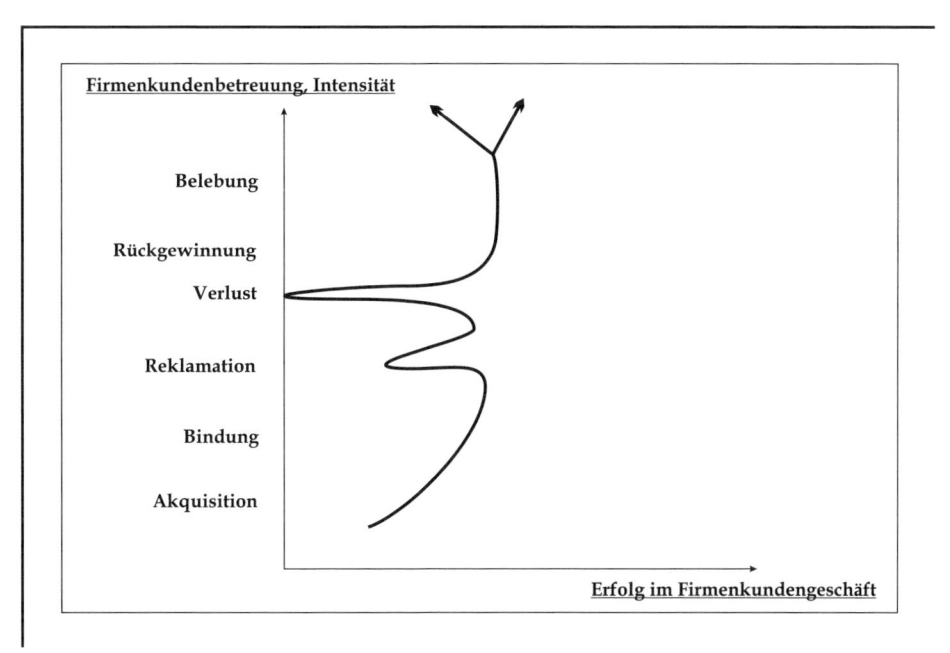

Abb. 32   Funktionaler Zusammenhang Firmenkundenbetreuung und Erfolg

4.1.2   Relationshipgerechtes Zusammenspiel von Führung und Mitarbeiter

Das relationshiporientierte Führungsverhalten und das relationshiporientierte Mitarbeiterverhalten im Firmenkundengeschäft lassen sich in Dimensionen unterteilen, die den Erfolg »verursachen« helfen (Abb. 33 Relationship marketingorientierte Führungs- und Firmenkundenbetreuerverhaltensweisen und Bankerfolgsbeitrag).

Neben Gebert/Ulrich haben auch Steyrer/Geyer 1998 in ihren Untersuchungen nachgewiesen, dass signifikante Unterschiede im Vertriebserfolg von Bankfilialen bis zu 50 Prozent auf das Führungsverhalten des Geschäftsstellenleiters zurückzuführen sind. Der Autor hat aus 17 Jahren Management-, Coaching- und Seminarerfahrung in Sparkassen und Kreditinstituten die These bis heute nicht widerlegen können, dass unter Einbezug des Firmenkundenmarketingkonzeptes (das wiederum managementbedingt ist) der Erfolg im Firmenkundengeschäft letztlich aus Führungsdimensionen hergeleitet werden kann. In vielen persönlichen Gesprächen mit Bankvorständen wird diesen Erkenntnissen grundsätzlich zugestimmt. Dennoch ist die praktische Vernachlässigung des Themas Personalmanagement umso mehr überraschend, wenn man weiß, dass der Bankerfolg im Firmenkundengeschäft durch professionelles Personalmanagement erheblich gesteigert werden kann.

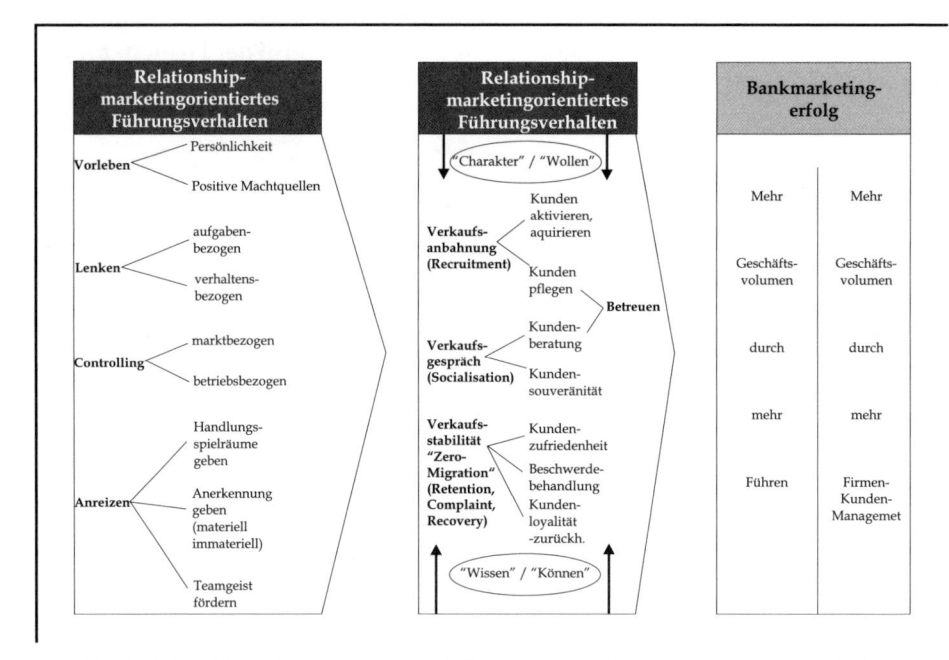

Relationship-marketingorientiertes Führungsverhalten		Relationship-marketingorientiertes Führungsverhalten		Bankmarketing-erfolg	
Vorleben	Persönlichkeit	"Charakter" / "Wollen"			
	Positive Machtquellen		Kunden aktivieren, aquirieren	Mehr	Mehr
Lenken	aufgabenbezogen	Verkaufsanbahnung (Recruitment)			
	verhaltensbezogen		Kunden pflegen	Geschäftsvolumen	Geschäftsvolumen
			Betreuen		
Controlling	marktbezogen	Verkaufsgespräch (Socialisation)	Kundenberatung	durch	durch
	betriebsbezogen		Kundensouveränität		
				mehr	mehr
Anreizen	Handlungsspielräume geben	Verkaufsstabilität "Zero-Migration" (Retention, Complaint, Recovery)	Kundenzufriedenheit		
	Anerkennung geben (materiell immateriell)		Beschwerdebehandlung	Führen	Firmen-Kunden-Managemet
			Kundenloyalität -zurückh.		
	Teamgeist fördern	"Wissen" / "Können"			

Abb. 33 Relationshipmarketingorientierte Führungs- und Firmenkundenbetreuerverhaltensweisen und Bankerfolgsbeitrag

Die Hay-Group in Boston hat 3781 Manager und ihre Mitarbeiter untersucht und dabei festgestellt, dass 70 Prozent der Stimmung in einer Abteilung vom Chef geprägt werden. Das Abteilungsklima wiederum lässt das Ergebnis der dort tätigen Menschen um 20 bis 30 Prozent um einen als Mittelwert fixierten Punkt variieren. David Goleman belegt in seinen Studien aus vielen Branchen im Wesentlichen dasselbe: Je besser die Stimmung in einer Abteilung ist, besonders auf den ersten zwei Führungsebenen einer Organisation, desto besser sind die Resultate des Unternehmens. Konstruktive integrierte zwischenmenschliche Beziehungen sind führungsinduziert im Gleichlauf mit positiven Betriebsergebnissen einer Abteilung, d.h., sie sind positiv korreliert im Sinne eines Korrelationskoeffizienten nahe plus 1.

8 von 10 Mitarbeitern aus dem Firmenkundengeschäft von Sparkassen, Genossenschaftsbanken und Großbanken geben an, dass das faktoranalytisch abgebildete »Drama-Dreieck« nach Karpman, in dem Führungskräfte als »Treiber« bzw. Initiatoren von negativen psychosozialen Spielen geordert worden sind, die Produktivität, das Geschäftsvolumenwachstum, die Deckungsbeiträge und die Imageeffekte im Firmenkundengeschäft negativ beeinflussen und die Mitarbeiterfluktuation erhöhen (Befragung von 1458 Mitarbeitern in Firmenkundenseminaren im Zeitraum 1983–1995).

Es zeigt sich immer wieder, dass Führungskräfte im Firmenkundengeschäft ihre Einflussfaktoren der Mitarbeiterleistung nicht kennen, die Personalgewinnung nicht entsprechend fachlich durchgeführt wird, hohe Personalfluktuation die Relationship-Qualität mit Firmenkunden beeinträchtigt, im Führungsstil erhebliche Defizite zu negativen Auswirkungen des Firmenkundenerfolgs führen und kaum ein systematischer Einsatz von Führungsinstrumentarien erfolgt.

Es ist offensichtlich, dass erfolgreiches Relationship Marketing im Firmenkundengeschäft nach außen sich auf ein erfolgreiches Relationshipment bzw. internes Beziehungsmarketing gründet.

Relationship Marketing beinhaltet die interne Beziehungsvariable »Führung« als Gestaltungsfeld und somit als strategisch relevanten Erfolgsfaktor. Welche Relationship-Marketing-Dimensionen bzw. Führungsinstrumente und Verhaltensweisen sind nun Voraussetzung, damit das Leistungspotenzial der Firmenkundenbetreuer zur Erzielung des Erfolges im Firmenkundengeschäft optimal ausgeschöpft werden kann?

Die Abbildung 34 »Ursache-/Wirkungs-Dimensionen« relationshipgerechten Personalmanagements zeigt, dass die Leistungen im Firmenkundengeschäft, gemessen z.B. im jeweiligen zuordenbaren Betriebsergebnis, der Risikoaufwandsquote, der Marktanteile im Firmenkundengeschäft, der Firmenkundenloyalität, der Prozess- und Produktionsvorteile, zunächst einmal beeinflusst werden direkt von

- Persönlichkeitsmerkmalen des Firmenkundenbetreuers, wie z.B. Selbstvertrauen, Kommunikations- und Kontaktfähigkeit, Empathie/Einfühlungsvermögen, Begeisternkönnen und Begeistertsein (Optimismus), Stehvermögen und Selbstkontrolle,
- dessen Sozialkompetenz, wie z.B. Freundlichkeit, Teamfähigkeit, Flexibilität, Frustrationstoleranz und Gesprächsführungsfähigkeit,
- dessen Fachkompetenz, wie z.B. Produktkenntnisse, betriebswirtschaftliche und juristische Kenntnisse, Kundenkenntnisse, Marktkenntnisse, Fähigkeit zur Selbstorganisation, Konkurrenzkenntnisse oder Veränderungsfähigkeit,
- dessen Motivation, d.h. die Fähigkeit, intrinsisch motiviert zu sein, von sich aus zu wollen, was sie sollen, und Nerven und Zeit für ihre Firmenkundenbetreuungsleistungen zu investieren,
- dessen Sozialisation, d.h., die Firmenkundenbetreuer sind orientiert, sie wissen, was sie sollen und wo sie stehen und kennen auch die Lücke zwischen Soll und Ist, sie haben Klarheit über ihre Aufgaben, Kompetenzen und Verantwortung (»Dürfen«) und
- *dessen Realisation, d.h., die Firmenkundenbetreuer setzen auf der Basis ihres Könnens (Qualifikation), Wollens (Motivation) und Dürfens (Sozialisation), auch sich selbst verpflichtend, die erforderlichen Maßnahmen um.*

Führungsdimensionen	Firmenkundenbetreuer-dimensionen	Erfolgsdimensionen
Führungs-persönlichkeit	Betreuerpersönlichkeit	Betriebsergebnis
Führungsstil	Fachkompetenz	Risikoaufwand
Personal-Recruitment	Sozialkompetenz	Kundenloyalität
Personal-Development	Motivation	Marktanteil
Personal-Controlling	Sozialisation	Prozessvorteile
Personal-Leading/Coaching (Lenken + Anreizen)	Realisation	Mitarbeiter-Produktivität
		Mitarbeiter-Loyalität

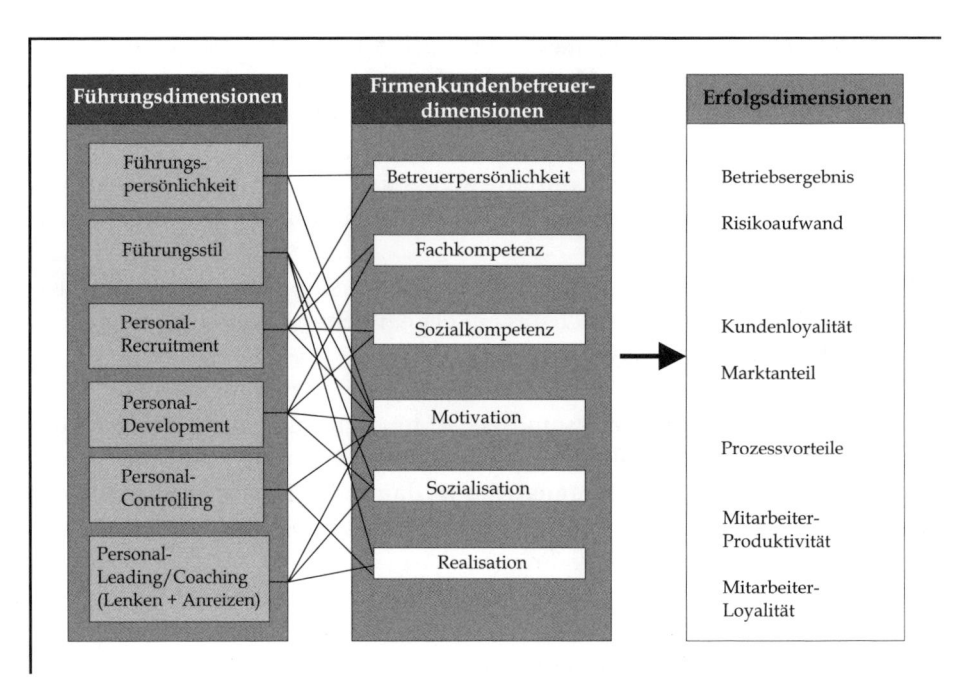

Abb. 34   Ursache-/Wirkungs-Dimensionen relationshipgerechten Personalmanagements

Diese die Erfolgsdimensionen direkt beeinflussenden Firmenkundenbetreuerdimensionen (Abb. 35) werden nun wieder mittelbar gesteuert und beeinflusst durch die verschiedenen Führungsdimensionen. Folgende Führungsinstrumente können gezielt die genannten Faktoren auf der Firmenkundenbetreuerseite erfolgswirksam stimulieren:

- Führungspersönlichkeit:

Die Firmenkundenbetreuer erwarten überwiegend eine Führungskraft, die von integren, verlässlichen Charaktereigenschaften aus wie etwa Erwachsenheit (»gesunder Menschenverstand«), fürsorglicher Schutz und Erlaubnis, motivierende Heiterkeit und Spontaneität, grenzensetzend und mit Anstand führt.

- Führungsstil:

Einer in ihrer Persönlichkeit ausbalancierten Führungskraft gelingt es am ehesten, situativ und individuell in richtiger Weise gleichermaßen die Aspekte der kundenorientierten, mitarbeiterorientierten und leistungsorientierten Dimensionen zu integrieren.

Viele Führungskräfte im Firmenkundengeschäft »vergraben sich« in ihrem Büro mit internen Verwaltungs-, Kontroll- und Organisationstätigkeiten. Die Kundenorientierung muss aber beim Chef beginnen. Die kundenorientierte Führungskraft lebt die Firmenkundenorientierung vor. Sie richtet entsprechende Handlungsmaßnahmen dafür ein.

Die Mitarbeiterorientierung ist von einem offenen zwischenmenschlichen Verhältnis zwischen der Führungskraft und den Firmenkundenbetreuern geprägt. Firmenkundenbetreuer werden in die Entscheidungsprozesse gemäß dem integrativen Marketingmodell eingebunden. Die Zusammenarbeit ist auf Vertrauen und Offenheit aufgebaut.

Die Leistungsorientierung zielt auf die starke Ausrichtung auf realistische, aber anspruchsvolle und fordernde Ziele im Firmenkundengeschäft.

Je nach Ausprägung der Leistungs- bzw. Mitarbeiterorientierung spricht man einmal vom kooperativen, autoritären, patriarchalischen oder bürokratischen Stil. Der optimale Führungsstil hängt von der individuellen Situation ab. In der Praxis herrscht eine große Diskrepanz zwischen dem vom Manager sich vorgestellten kunden-, mitarbeiter- und leistungsorientierten Führungsstil und dem bei den Firmenkundenbetreuern empfundenen Führungsstil.

- Personalrecruitment:

   In Firmenkundenseminaren wird regelmäßig darüber diskutiert, ob »*ein Gramm Personalauslese und Personalgewinnung mehr wiegt als tausend Gramm Personalentwicklung/Development*«. Unabhängig davon, dass es bei der Integration neuer Mitarbeiter in der Bank erhebliche Probleme gibt, sind sich Praktiker einig, dass die Entwicklung von Anforderungsprofilen, die zielgerechte Ansprache potenzieller Firmenkundenbetreuer und deren Auswahl nach bestimmten Personalauswahlinstrumentarien in Zukunft noch mehr an Bedeutung gewinnen wird.

- Personaldevelopment:

   Die Fachkompetenz, Sozialkompetenz, Motivation und Sozialisation können auch über gezielte Personaldevelopmentmaßnahmen gesteigert werden. Personalentwicklungsmaßnahmen ob als Trainee-Programme, Mentoring oder in Form von speziellen Seminaren und auch Vorbereitungen zum Ruhestand oder gleitenden Ruhestand tragen erheblich mit dazu bei, dass das Qualitätsniveau der Firmenkundenbetreuer gesichert wird, die Ziele im Firmenkundengeschäft transparent gemacht werden und kommuniziert werden können, die Zufriedenheit und damit das Commitment der Firmenkundenbetreuer in der eigenen Bank gesteigert wird.

- Personalcontrolling:

   Im Personalcontrolling ist es Aufgabe der Führungskraft, die Ziele im Firmenkundengeschäft (im Rahmen einer Balanced Scorecard festgehalten) durch Bereitstellung von Ressourcen, Rahmenbedingungen, Feedbacks zu erreichen. Controlling bedeutet ein quantitativ und qualitativ messgrößengestütztes, lotsenartiges Führen zu den Ergebnis- und Verhaltenszielen, um damit alle Aktivitäten auf den Firmenkundenerfolg auszurichten.

- Personalleading/Coaching:

   Damit die Mitarbeiterenergie ergebniswirksam freigesetzt wird, sind alle Formen der leistungs- und mitarbeitergerechten, monetären und nichtmonetären Anreize und Lenkungsmaßnahmen durchzuführen. Dabei beinhalten alle Aspekte des »*Lenkens*« die Absicht, dass die Bankdienstleistungen über den Firmenkundenbetreuer an den Firmenkunden über differenzierte Ziele und differenzierte Steuerungsmaßnahmen erbracht werden. Der Aspekt des »Anreizes« heißt, dass die Firmenkundenbetreuer zu ihren Tätigkeiten im Team und am Kunden motiviert werden.

```
                    "Wollen"
                   (Motivation)
              Relationship-Marketing-
                   Bereitschaft

"Können"            Verhalten,            "Dürfen"
(Realisation)       Kompetenz          (Sozialisation)
                        zu
Relationship-      Relationship-        Relationship-
Marketing-          Marketing            Marketing-
Fähigkeit                                Möglichkeit

                     "Tun"
                  (Realisation)
              Relationship-Marketing-
                  Durchführung
```

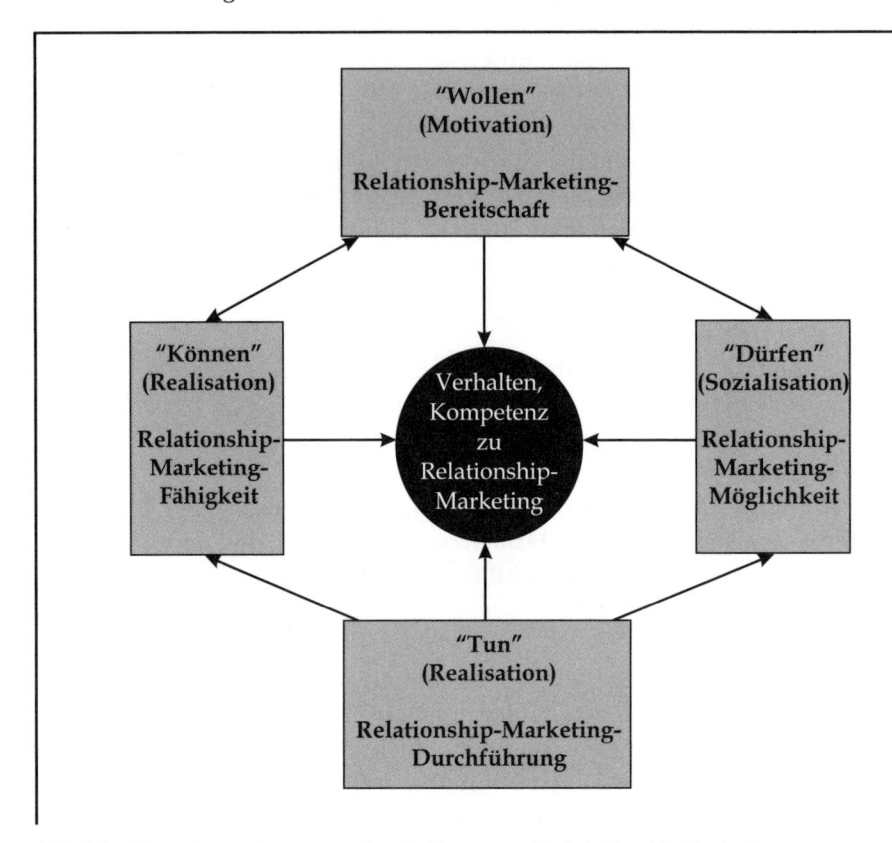

Abb. 35 Dimensionen der personalen Bedingungen für Relationship Marketing

Insgesamt trägt die Interaktion zwischen Führung im Firmenkundengeschäft und Firmenkundenbetreuung dazu bei, dass die Kultur des Relationship Marketing bei dem Firmenkunden im Zentrum des Denkens und Handelns stehen, ohne die Rentabilitätsnotwendigkeiten aus dem Blick zu verlieren, gelebt wird.

4.2 Wettbewerbsvorteile durch relationshipgerechte Führungsfähigkeiten

Auf der Grundlage der vielseits bestätigten These in Wissenschaft und Praxis, dass durch relationshipmarketingorientiertes Führen eine Profilierung im Firmenkundengeschäft und damit ein erheblicher Ergebnisbeitrag für die Gesamtbank erfolgen kann, geht es nun darum, zentrale Aspekte zu diskutieren. Zunächst wird das Dilemma eines vom Firmenkundensachbearbeiter zur Führungskraft aufgestiegenen Mitarbeiters beleuchtet.

Der Selbstwert als Führungskraft wird sodann als Basis des Relationship-Marketing-Erfolges gesehen.

Schließlich werden Führungsaspekte aufgezeigt, die für die Entwicklung des gesamten Erfolgs im Relationship Marketing des Firmenkundengeschäfts förderlich sind.

Endlich werden innerhalb dieses allgemeinen gesamterfolgsförderlichen Führens als integrierender Rahmen diejenigen Kriterien erörtert, die speziellen Relationship-Marketing-Zielen wie Volumensteigerung, Renditesteigerung, Risikobegrenzung und Produktivitätsorientierung gerecht werden.

4.2.1 Das Sachbearbeiter-/Führungsdilemma

Der Firmenkundenbetreuer oder Firmenkundensachbearbeiter erlebt und gestaltet in seiner Sozialisation im Firmenkundengeschäft die Beziehungsverhältnisse zu seinen Kunden, zu der Bewältigung seiner fachlichen Aufgaben und zu seinen Kolleginnen und Kollegen. Das Verhältnis zur Abteilungsleitung wird in der Regel von unten nach oben erlebt. Wechselt er nun in die Managementaufgabe, so steht ihm plötzlich nicht nur ein Sichtwechsel bevor, sondern eine total neue Relationship- bzw. Beziehungsaufgabe. Ohne jetzt die gängige Führungs- und Managementliteratur zu wiederholen, der zufolge Führung Ziele setzt, die Umsetzung kontrolliert oder Orientierung, Strukturierung, Aktivierung, Integration, Service und Weiterentwicklung gewährleistet, sollen Aspekte aus der Praxis und erweiterte Sichtweisen einen Einblick in die Problematik im Firmenkundengeschäft geben.

BEISPIEL Zunächst ein Beispiel aus der Praxis.

Der Vorstand einer Sparkasse und die Personalabteilung und -entwicklung waren sich einig gewesen, dass Heinz Komper als tüchtiger Firmenkundensachbearbeiter eine besonders gute Wahl für die Führung der Firmenkundenabteilung darstelle. Konnte doch der neue Abteilungsleiter für die Firmenkundenbetreuung glänzende Abschlüsse als Bankkaufmann, Sparkassenbetriebswirt und aus dem Kreditsachbearbeiterlehrgang vorlegen. Die ersten Berufsjahre fiel er durch eine gewissenhafte Bearbeitung der Geschäftsvorfälle in einer Zweigstelle auf. Sodann waren seine Leistungen als Sachbearbeiter im Kreditgeschäft sehr gut. Rasch erstellte er Beschlussvorlagen, die hinsichtlich der Kreditwürdigkeitsanalysen, der rechtlichen Betrachtungen und der finanzwirtschaftlichen Angebotserstellung besonders fundiert waren. In den drei Jahren als stellvertretender Leiter des Kreditsekretariates hatte er sich auch in der Bearbeitung schwieriger Firmenkundenengagements als Hoffnungsträger hervorgetan. Alles zusammen verfügte er über eine fundierte Ausbildung und langjährige Erfahrung in der Sachbearbeitung. Dennoch, noch kein dreiviertel Jahr nach der Berufung zum Firmenkundenabteilungsleiter waren der Vorstand und die Personalabteilung nicht mehr so begeistert. Sie diskutierten hinter vorgehaltener Hand, ob Heinz Komper die Führungsaufgabe in ihren sozialen Herausforderungen doch nicht überfordere. Komper war zwar weiterhin exzellent in der Bearbeitung der Firmenkundenengagements. Er arbeitete auch alle Vorlagen seiner Mitarbeiter kritisch und belehrend durch. Der Übergang von mehr produktionsorientiertem zu einem kundenorientierten Denken und Verhalten bereitete ihm allerdings Schwierigkeiten. Langjährige Firmenkunden lehnten im Gespräch seine bürokratische und meist schulmeisterliche Art ab. Beim Versuch, mit Neukunden ins Gespräch zu kommen und die Mitarbeiter dazu zu bewegen, scheiterte er meist. An den Kreditvorlagen der Mitarbeiter mäkelte er mehr an redaktionellen Formulierungen herum. Die Arbeitsabläufe wurden bürokratisch mit Statistiken belegt und verfolgt. Bald entstand ein ängstigendes, gedrücktes und produktivitätsminderndes Klima in der Abteilung. Negative Auswirkungen auf Volumen und Rendite waren zudem die Folge. An seinen fachlichen Fähigkeiten zweifelten zwar seine Mitarbeiter nicht. Jedoch nahmen die Krankheitstage in seiner Abteilung zu. Mitarbeiter versuchten, sich in andere Abteilungen zu bewerben. Und auffallend häufig wechselten Mitarbeiter sogar die Sparkasse. Wenn die Mitarbeiter nicht sofort auf seine Ideen einsprangen, reagierte er schnell aggressiv. Komper versuchte, durch autoritäres Verhalten die gesetzten Leistungsziele im Firmenkundengeschäft zu erreichen und »*jagte*« die Firmenkundenbetreuer zu Kunden. Er übersah dabei die Bedürfnisse und Probleme seiner Mitarbeiter, die sich mit den vorgegebenen Zielen und Arbeitsaufgaben nicht identifizieren konnten. Dabei erinnerte er sich, dass sein Vorgänger gescheitert war, weil er als Typ des »*internen Optimierers*« (Homburg, Ch./Stock, R., S. 107 ff.) zwar die Leistungs- mit der Mitarbeiterorientierung verknüpft hat, aber am Markt beim Kunden wenig erfolgreich war. Und dessen Versuch durch einen Wechsel zur hohen Kunden- bei gleichzeitiger Mitarbeiterorientierung auch gescheitert war, weil er die Leistungsziele aus dem Blick verloren hatte. Da Komper dies noch im Gedächtnis hatte und gleichzeitig spürte, dass der Vorstand mit seiner Arbeit sich durch nonverbales Verhalten nicht einverstanden fühlte und auch die Mitarbeiter seine hohen Fachkenntnisse nicht als Führungsstärke sehen wollten, wechselte er in seinem Verhalten in den Führungstypus »*Treter*«. Er legte als Vorgesetzter nun ausschließlich Wert auf die Erreichung der Leistungsziele im Firmenkundengeschäft, die auch quantitativ messbar sind. Den Softfacts wie Mitarbeiter- und Kundenorientierung gab er wenig Aufmerksamkeit. Die Kernphilosophie des Relationship Marketing ging damit verloren, und die Mitarbeiter konnten sie nicht verinnerlichen.

Die arbeitsteilige Bankenwelt, die Schwerpunkte auf Fachkenntnisse legt, hatte Komper eines kaum vermittelt: die Fähigkeiten, mit Firmenkunden zu verhandeln, die Fähigkeiten, Menschen zu führen und dadurch die Leistungsziele zu erreichen.

Um Kompers soziale Kompetenz im weitesten Sinne zu stärken, hat ihn daraufhin die Personalabteilung in ein Verhaltenstraining für Kommunikation und Führung geschickt. Dort sollten die gewünschten Verhaltensweisen eingeübt werden. Komper hatte zwar schnell die Kommunikations- und Konflikttechniken prüfungsmäßig beherrscht. Da er sie aber nicht in seiner Persönlichkeitsstruktur internalisierte, fiel er bei der nächsten Herausforderung im Tagesgeschäft schnell wieder in seine alten Verhaltensweisen zurück. Seine verstandesmäßig gelernten Techniken waren nicht krisenfest. Was Komper nach wie vor fehlte, ist Sozialkompetenz, die in seiner Persönlichkeit internalisiert ist. Aus diesem Mangel wachsen die Schwierigkeiten in der Zusammenarbeit mit Mitarbeitern, mit Firmenkunden und mit sich selber.

In einem anderen Zusammenhang spricht Patricia Pitcher in: The drama of leadership. Artists, craftsmen, and technocrats and the power struggle that shapes organisations and societies (New York, 1997). Sie unterscheidet drei Führungseigenschaften in Organisationen:
- die der Künstler,
- der Handwerker und
- der Technokraten.

Bezogen auf das Firmenkundengeschäft heißt das, der erste Typ »*Künstler*« verkörpert Management als intuitives, vernünftiges, verständnisvolles Erkennen von Problemen und Chancen im Markt, bei Mitarbeitern oder in der Gesellschaft und deren kreatives, visionäres und zielstrebiges Lösen mit erneuerten, veränderten und radikalen neuen Vorgehensweisen, ohne die Fürsorge und Verantwortung für das Ganze außer Acht zu lassen.

Den Managementtyp »*Handwerker*« kennzeichnet sie als jemanden, der solide, diszipliniert, engagiert und praxisgerecht Probleme löst und sich dabei auf Erfahrung, Können und kluges Urteilsvermögen beruft. Die Menschen im Umfeld dieses Führungsstils finden Verlässlichkeit, Ehrlichkeit, Wärme und Authentizität.

Sie arbeiten gern bei diesem Führungsstil. Die Bank hat für diesen Managertyp einen intrinsischen Wert, dient also nicht persönlichen Macht- oder Prestigezielen.

Dahingegen ist der Managementtyp »*Technokrat*« gekennzeichnet durch zwanghaftes, intellektuell brillantes Beherrschen von rationalen Managementtechniken – ohne viel Ahnung vom konkreten Problem oder Geschäft zu haben –, um kompromisslos Macht im Sinne der Kontrolle anderer (auch gegen deren Widerstand) zu erlangen bestehende Verhältnisse akribisch und kalt zu verwalten. Soziale, menschliche Argumente oder geschliffen formuliertes Verantwortungsbewusstsein für eine Bank oder die Gesellschaft sind gekonnt zweckorientierte verbalisierte Verlautbarungen ohne echte innere Verbundenheit.

Der Leser kann spontan für sich beantworten, unter welchem Managementtyp Relationship Marketing am leichtesten zum Erfolg gelangt.

BEISPIEL In Anlehnung an Patricia Pitcher soll nun dargestellt werden, wie ein aus kleinen Anfängen zum internationalen Bank- und Finanzkonzern herangewachsenes Unternehmen über Jahrzehnte hinweg dramatische Entwicklungslinien aufweist:

Die Geschichte beginnt mit James, dem »*Künstlertypus*« des Managements, einem begabten und weitsichtigen Geschäftsmann, der Mitte der 60er-Jahre ein mittelgroßes Finanzunternehmen in Großbritannien übernimmt. Von seiner Umgebung wird er fast einstimmig als fantasievoll, intuitiv und visionär beschrieben. Seine Ziele sind nicht Wachstum um des Wachstums willen. Seine Vision ist Wachstum als Voraussetzung für sozialen Fortschritt für seine Bank, seine Stadt, die Bürger seines Landes – ob als Mitarbeiter oder Kunde. Seine Unternehmenskultur setzt auf die Kreativität der Mitarbeiter. Im Zusammenhang mit der Existenzberechtigung seines Finanzinstitutes spricht James auch über

Befriedigung emotionaler Bedürfnisse, Liebe und Freundschaft. Ferner wird er von den anderen als unternehmerisch und energisch eingeschätzt. Man erlebt ihn als inspirierende Führungskraft, die den Menschen Sinn für ihre Aufgaben vermitteln kann. Er beschreibt mit beeindruckenden Metaphern, in welcher Position die Finanzgesellschaft in 20 Jahren stehen soll. Dabei bedient er sich keiner analytisch und strategisch ausgefeilten Papiere. Er redet nicht in modisch aufgesetzten anglizistischen betriebswirtschaftlichen Begriffen. Er verwendet keine Designerfolien oder perfekt ausgeführte Beamerpräsentationen. James hat seine Bank mit seinen Zahlen im Kopf. Er lebt authentisch, was er sagt.

In seinem Unternehmen hilft ihm auch die idealtypische Figur des »*Handwerkers*« als Führungskraft in ihm. Seine Umgebung, sogar seine Freunde beschreiben ihn als liebenswürdig, human, warmherzig und menschenorientiert sowie weise und ehrlich. Er setzt in seiner Umgebung in verschiedensten Abteilungen wiederum auf Handwerker, die die Brücken zu den Ufern, die er sieht, auch bauen können. »Handwerker« verfügen über praktische Erfahrung, sind loyal, klug und setzen sich verlässlich und energisch für ihre Aufgaben in der Bank ein. Sie reden nicht über »*Total quality management*«, »*Learning organisation*« oder »*Mentoring*« bzw. »*Customer Relationship Management*« etc. Sie tun es einfach so selbstverständlich wie atmen, instinktiv, intrinsisch motiviert. Teamwork, Participation, Involvement, Commitment, Lean Management, Reengineering, alles Begriffe, die die noch auftauchenden Technokraten wieder neu erfanden und damit weltweit publizistische Triumphe feierten, sind dem Handwerker ganz selbstverständlich. Sie sind sein tägliches Handwerkszeug.

Mit diesen Fähigkeiten der »*Künstler und Handwerker*« und den gelebten Werten und Normen einer innovativen, sozialen, kompetenten und pragmatisch zupackenden Unternehmenskultur baut James einen international anerkannten Finanzkonzern auf. James hatte als Autodidakt großen Respekt vor jeder Art von akademischer Bildung. Schließlich machte er Cam, einen »*Technokraten*«, der den rein kopfgesteuerten, unterwürfig-kooperativen Typus repräsentiert (zumindest bis er an die Macht kommt), zu seinem Nachfolger.

Ein kleiner, aber entscheidender Fehler.

Nicht mehr neue Märkte, neue Bankdienstleistungen, Partnerschaften oder Hinwendung zur beruflichen Aufgabe standen im Mittelpunkt, sondern Effizienz, Rationalisierung, Rentabilität und Shareholder Value hießen die neuen Schlagworte. Für den Technokraten Cam waren Kreative und Visionäre im Unternehmen gefährliche Fantasten. Die biederen Handwerker waren ihm nicht intellektuell genug, zu weich, zu wenig systematisch und vergeudeten seiner Meinung nach zu viel Zeit mit der Bewahrung guter zwischenmenschlicher Beziehungen im Unternehmen. Cam beförderte daher weitere Technokraten, bis schließlich Ende der 90er-Jahre das ganze Finanzdienstleistungsunternehmen technisch verwaltet worden ist: von Sitzung zu Sitzung, von Protokoll zu Protokoll, Vorlagen, Folien, Vorträgen und von Seminaren im Würgegriff.

Die Technokraten hatten die gerissene und kalte Fähigkeit, subtile Macht zur Erreichung ihrer vermeintlich unerfüllbaren Managementziele einzusetzen. Sie schalteten die Künstler und Handwerker in ihrem Unternehmen schnell aus. In den Zeiten von James blühendem und aufsteigendem Unternehmen waren es schließlich die Technokraten, die sich als virtuose Führungskräfte fühlten. Sie waren es aber nicht tatsächlich. Bankmanagement beherrschten sie wie »*Malen nach Zahlen*«. Malen nach Zahlen ist aber keine künstlerische Fähigkeit. Es wird nichts Neues geschaffen, Neues entwickelt, sondern Bestehendes messerscharf, seelenlos, lieblos und langweilig nachvollzogen. Malen nach Zahlen ist auch kein Handwerk, das mit Liebe und überlieferten Fähigkeiten solide Ergebnisse erzielt, sondern identitätsloses, profilloses modisches Nachvollziehen.

Der geschilderte englische Finanzkonzern hatte schließlich seine innere Dynamik verloren, verwaltete sich intrigant selbst, trocknete von innen kalt aus und war bald wirtschaftlich zerrüttet. Somit war er eine leichte Beute für Zerschlagung und Übernahme.

Die Technokraten hatten vernichtet, was Künstler geschaffen und die Handwerker bewahrten.

In den vergangenen Jahren und Zeiten der New-Economy und modischen Managementwellen in der deutschen Bank- und Finanzlandschaft hatten es zugegebenermaßen die Patentrezeptverkäufer der »*Technokraten*« leicht. Menschen mit Angst und Ohnmachtsgefühlen vertrauen leicht jemand, der einigermaßen geschliffen formuliert und mechanistische Erfolgsrezepte in Aussicht stellt. Ob in Kreditinstituten, Industrieunternehmen, Politik und Bürokratie, perfekt mit anglizistisch geprägten Fachworten um sich werfen und sogar daran glauben. »*Kollektive Dummheit*« ist technokratischen Milieus systemimmanent. Und wir sehen auch, dass Technokraten selten ihre Worte in Taten umsetzen können. Die Ergebnisse in der deutschen Finanzlandschaft mit der ihr verbundenen Firmenkundengeschäftswelt sind nicht nur ernüchternd, sondern erschütternd.

Dennoch dürfen wir die Schuld nicht allein den Technokraten geben. Denn diese sind auch durch das Fehlverhalten der Künstler und Handwerker an die Macht gekommen. Letztere haben selbst mit dazu beigetragen, dass Führungskräfte, die sie eigentlich gar nicht wollten, in ihren Organisationen das Sagen haben. Wenn unser Schicksal in der Zukunft eine Ironie kennt, so müssten wieder in den Kreditinstituten die Künstler und Handwerker fruchtbaren Boden finden. Denn die Technokraten in den Kreditinstituten müssten ihrerseits in dem Bestreben, ihre Gattung weiter zu festigen und zu erhalten, genau das erreichen, was sie nicht wollen: nämlich innovative, visionäre relationshipmarketingfähige Führungskräfte.

4.2.2 Markante Führungseigenschaften für das Relationship Marketing

Führungskräfte im Firmenkundengeschäft müssen grundlegende konstruktive Fähigkeiten entwickeln und besitzen, um sich gegenüber ihren Mitarbeitern, Kunden und weiteren Stakeholdern zu profilieren, d. h. in ihrem Aufgabenbereich Anerkennung zu finden und sich einen guten Namen zu machen.

Im Gegensatz dazu steht die Profilneurose. Profilneurotische Führungskräfte befürchten bzw. haben Angst, in ihrer Funktion zu wenig zu gelten, und versuchen, durch übergroße bzw. exzessive Bemühung sich Anerkennung zu holen und eine charakteristische, markante Prägung zu geben. Führung im

Relationship Marketing ist immer zuallererst ein persönliches Problem. Die Relationship- bzw. Beziehungsfähigkeit stecken in einem grundlegenden Zusammenhang mit Selbstwert, Selbstvertrauen, den grundlegenden Sichtweisen für Beziehungen und den Verhaltensweisen daraus sowie der problematischen Frage der Entwicklung des Umganges mit Macht.

4.2.2.1 Selbstwert als Führungskraft

Der Grad der Beziehungsqualität im Zusammenhang mit Führung von Mitarbeitern hängt eng zusammen mit dem Selbstwertgefühl der Führungsperson. Abhängig von der Situation und von gemachten Erfahrungen hat jeder Mensch ein positives oder negatives Persönlichkeitsgefühl über seinen Wert. In einer repräsentativen Umfrage unter 1172 Therapie-Klienten (»Psychologie heute«, 1982) nannten 835 Personen Selbstwertschwierigkeiten als ihr größtes psychisches Problem. Selbstwertprobleme nehmen damit mit 71 Prozent den ersten Platz unter den meistgenannten psychischen Problemen ein. Dabei zeigt sich, dass die befragten Personen überdurchschnittlich gut ausgebildet waren und auch über ein überdurchschnittlich hohes Einkommen verfügten. Neben dem hohen Einkommen und einer hoch qualifizierten Ausbildung spricht auch aus Managementseminarerfahrungen vieles dafür, dass Führungskräfte bei dieser Einschätzung keine Ausnahme bilden (eigene empirisch signifikante Beobachtungen aus 20 Jahren Führungserfahrung und Führungsseminaren im Firmenkundengeschäft und durch ähnliche Beobachtungen von Bernhard Schibalski in seinen Untersuchungen bestätigt).

Gerade die Führung von Mitarbeitern im Firmenkundengeschäft setzt Vertrauen, Offenheit, Klarheit und Eindeutigkeit voraus. Diese Fähigkeiten sind das Ergebnis eines hohen, subjektiv empfundenen Selbstwertes und gesunden Selbstvertrauens und weniger das Resultat von Trainingsprozessen (die folgenden Ausführungen resultieren aus eigenen Seminaren bei Bernhard Schibalski über 12 Jahre hinweg mit hoher Beteiligung von Bankmitarbeitern und von ihm gemachten intern zusammengeführten Ausführungen). Beziehungsfähigkeit und -kompetenz, Verantwortlichkeit, Integrität, Ehrlichkeit – alle diese Eigenschaften zeigen sich besonders bei Führungskräften, deren Selbstwert stark ist. Wenn gerade in diesem komplexen Feld des Firmenkundengeschäfts die Manager ihren »echten« und unverfälschten Wert kennen und achten, sind sie auch eher bereit, den Wert ihrer Mitarbeiter anzuerkennen und zu respektieren. Sie strahlen dann Vertrauen und Zuversicht aus. Selbstachtung ist die Fähigkeit, sich als Führungskraft wertzuschätzen und mit Achtung, Liebe und Realismus zu behandeln. Ein Manager, der sich achtet und sich geachtet fühlt, ist auch bereit für Veränderungen und nimmt Konflikte als Chance für bessere Problemlösungen an.

Wenn nun Führungskräfte in ihren Beziehungsnetzen das Gefühl haben, von einem geringeren Wert zu sein, leben sie in der Erwartung, dass das Umfeld sie betrügt und möglicherweise von oben oder auch von unten auf ihnen herumtrampelt und dass andere sie gering schätzen. Auf diese Weise geraten sie leicht in die Opferrolle. Um sich davor zu schützen, verstecken sie sich hinter einer Mauer des Misstrauens und empfinden Einsamkeit und Isolation. Angst ist eine Folge des Misstrauens und der Isolation. Angst engt Führungskräfte ein und macht sie auch teilweise in Entscheidungen blind. Angst verhindert, dass in Entscheidungen neue Arten von Problemlösungen erprobt werden können.

An diesem Punkt setzt die Entstehung und Aufrechterhaltung von überdimensioniertem Kontrollverhalten ein, ein Prozess, der im Relationship Marketing bedeutsam ist und dort besonders in den Führungsbeziehungen:

- Die erlebte Angst wird als Verlustangst erlebt und geht mit Ohnmachtsgefühlen und Misstrauen dem Mitarbeiter gegenüber einher.
- Angst und Ohnmacht führen zu einem Kontaktverlust zu sich selbst und anderen. Der Manager wird unfähig, positiv emotional zu reagieren.
- Der Kontaktverlust mit sich selbst führt zu einer getrübten Sicht der Realität (Vorurteile/Illusionen). Im anderen wird eine Bedrohung unseres Selbstwertes gesehen, dementsprechend ist die Reaktion kontrollierend und mit Umdeutungen der Realität verbunden.
- Die getrübte Sicht und die Versuche, die Mitarbeiter oder auch die Kunden zu kontrollieren, führen zu einer Beziehungslosigkeit bzw. zu einem Beziehungsverzicht mit den entsprechenden Verlustgefühlen.
- Das wiederum führt zu der am Anfang stehenden Verlustangst, und so kann der Kreislauf des Kontrollverhaltens von vorn beginnen.
- Die für alle sichtbaren Konsequenzen im Firmenkundengeschäft sind jegliche Formen der Bürokratisierung, die Einführung von gesetzlich verankerten Kontroll- und Regelungsinstanzen, die Einführung interner Absicherungsmechanismen und personeller Aufbau von Revisionsinstitutionen.

Die Psychotherapeutin Virginia Satir bringt das Selbstwertgefühl in Zusammenhang mit Menge und Qualität der erlebten Zuwendungen. Sie führt die Begriffe »*Low-Pott*« und »*High-Pott*« ein und meint damit, der Zuwendungstopf einer Person ist leer bzw. voll. Die Empfindungen aus Low-Pott und High-Pott führen zu einer Reihe von Verhaltensweisen, deren Auswirkungen auch auf den Führungsprozess im Firmenkundengeschäft leicht zu verstehen sind (Abbildungen 36 und 37 High-Pott-Empfindungen, und Low-Pott-Empfindungen entnommen von Bernhard Schibalski).

In oben genannten Führungskräfteseminaren wurde über Jahre hinweg untersucht: »*Warum handle ich als Führungskraft autoritär?*« Bei mehr als 80 Prozent der genannten Gründe konnte Angst als Ursache ermittelt werden: Angst, zu versagen, Angst, sich zu blamieren, Positionsangst, Angst, die Kontrolle zu verlieren, Angst, im Vergleich zu anderen schlecht abzuschneiden usw.

In einer anderen Untersuchung stellte Schibalski Managern die Frage: »*Welche Eigenschaften bzw. Fähigkeiten sollte Ihr Manager zeigen, damit Sie sagen können: ‚Ich fühle mich gut geführt'?*«

⬇

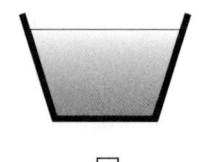

Gefühl der Zufriedenheit und Sicherheit,
dass Strokes erreichbar und genügend vorhanden sind

⬇

Selbstwahrnehmung!
Selbstachtung: Sich selbst mit Achtung, Liebe und Realismus behandeln

⬇

Wir sehen unseren Wert und sind bereit den Wert anderer anzuerkennen
und zu respektieren

⬇

Wir empfinden Vertrauen und Hoffnung,
Intelligenz und Mitmenschlichkeit lenkt unser Handeln

⬇

Integrität, Ehrlichkeit, Verantwortlichkeit, Mitgefühl, Liebe
und Kompetenz sind jetzt erreichbar

⬇

Niederschlagenheit wird als zeitlich begrenzte Krisensituation gesehen

⬇

High-Pott-Empfindungen

(B. Schibalski, 1997, 2001)

Abb. 36 High-Pott-Empfindungen (nach V. Satir)

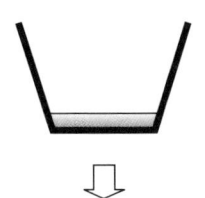

⬇

Zuwendungs-Hunger

⬇

Gefühl von Isolation und Einsamkeit

⬇

Abhängigkeit,
abhängig machen von Personen die Zuwendung
kontrollieren

⬇

Misstrauen, um sich zu schützen

⬇

Angst ist eine Folge des Misstrauens u. der Isolation

⬇

Angst hindert daran Problemlösungen zu erkennen

⬇

Versager-Empfindungen,
Leugnen der Realität und der eigenen Gefühle

⬇

Low-Pott-Empfindung

(B. Schibalski, 1995, 2001)

Abb. 37 Low-Pott-Empfindungen (nach V. Satir)

Von den 306 Nennungen beziehen sich
- 86 Prozent auf der sozialen Kompetenz zuordenbaren, gewünschten Verhaltensweisen, wie klar kommunizierend, unterstützend, überträgt Verantwortung, offen und ehrlich, vertrauend, durchsetzungsfähig, einfühlsam, anerkennend, hört zu, zuverlässig/beständig, fair, konfliktlösungsbereit
- 10,8 Prozent beziehen sich auf Verhaltensweisen, die der persönlichen Stärke zuzuordnen sind, wie entscheidungsfähig, selbstsicher, Vorbild sein
- lediglich 3,2 Prozent können der fachlichen Kompetenz zugeordnet werden, wie fachlich kompetent sein.

Da die soziale Kompetenz wie auch die persönliche Kompetenz unmittelbar an das Selbstwertgefühl gekoppelt sind, wird die Bedeutung des Selbstwerts im Führungsprozess und damit in der Fähigkeit, Relationship Marketing gegenüber Mitarbeitern und Kunden durchzuführen, offensichtlich. Gerade im Bankenbereich ist oft zu erkennen, dass viele Manager ihr Selbstwertgefühl durch Anreicherung von hohem Wissen und Überlegenheit zu stabilisieren versuchen. Da aber dieses Wissen meistens ein beruflich orientiertes Wissen ist bzw. Wissen, das wieder dazu dient, die Mitarbeiter zu kontrollieren, erleiden die Führungskräfte häufig doppelt Schiffbruch: Innerhalb ihres Sachgebietes wehren sich die »überkontrollierten« Firmenkundenbetreuer und Sachbearbeiter gegen die besserwisserischen Kontrollversuche. Dadurch kommt es zu Beziehungsproblemen in der Führung, deren Bearbeitung wiederum ein höheres Selbstwertgefühl erfordert.

Verlassen nun Führungskräfte den Bereich ihres Wissens, d.h., geht es nun um Emotionen, Beziehungen, Vertrauen und Offenheit, dann fällt ihr an die Überlegenheit gekoppeltes Selbstwertgefühl weg. Angst, den Anforderungen der Führungsposition nicht gerecht zu werden, hat stärkere Kontrollversuche zur Folge, die bei den nun kontrollierten Mitarbeitern wiederum zu mehr Widerstand führen etc.

Auch im privaten Bereich erleben hier viele Führungskräfte eine ähnliche Problematik. Der Umgang mit Partner und Familie verlangt ein Selbstwertgefühl, das eben an die persönlichen Werte wie Vertrauen, Offenheit und Liebe gekoppelt ist. Überlegenheit durch Wissen spielt eine untergeordnete Rolle bzw. wird sogar massiv abgelehnt werden. Wenn nun die Manager im privaten Bereich abermals mit leeren Händen dastehen, fühlen sie sich schnell leer und ausgebrannt, und der Weg zur Depression ist nicht weit, weil sie ihre Nutzlosigkeit erkennen. Dieser Depressionsgefahr versuchen sie nun dadurch zu entfliehen, dass sie sich stärker ihrer Arbeit in der Bank zuwenden.

Bernhard Schibalski zufolge kann es nun nicht darum gehen, noch mehr Wissen anzuhäufen und all die Stabilisierungsversuche zu verstärken. Sein Vorschlag ist, die »*High-Pott*«-Empfindungen zu erreichen. Das bedeutet, endlich Kontakt aufzunehmen mit unterdrückten Teilen des Selbst. Verdrängte Gefühle und Bedürfnisse gilt es, wieder zu entdecken, zu leben. Die Sinnfragen sind zu stellen und zu klären. Möglicherweise steht dann am Ende eines zwar mühsamen und auch schmerzvollen Integrationsprozesses innere Ruhe, eine neue Lebens- und Arbeitszufriedenheit, eben die wirkliche Beziehungsfähigkeit, die eine Führungskraft im Relationship Marketing braucht, um nachhaltige Erfolge generieren zu können. Aus langjährigen Trainingserfahrungen und auch selbst gelebten Tests lassen sich zwar einfache, aber Erfolg bringende Wege zur Verbesserung des Selbstwertgefühls festhalten. Dabei ist die Arbeit an der Verbesserung des Selbstwertgefühls Erfolg versprechender, wenn sie in der Gruppe erlebt wird.

BEISPIEL Beispielhafte Maßnahmen zur Verbesserung des Selbstwertgefühls sind:
- sich selbst anerkennen und loben, abhängig und auch unabhängig von Leistungen und guten Ergebnissen
- Lob annehmen können und sich darüber freuen
- andere loben und Anerkennung, Zuwendung geben
- andere um Zuwendung bitten
- dem eigenen Körper größtmögliche Fürsorge, Aufmerksamkeit, Übung und Liebe gewähren
- dafür sorgen, dass ich meinen Körper attraktiv finde
- die speziellen Nahrungsbedürfnisse des eigenen Körpers herausfinden und befriedigen
- den eigenen Intellekt entwickeln (Lesen, Gespräche, Lernen)
- liebevoll mit den eigenen Gefühlen umgehen, damit sie für mich und nicht gegen mich arbeiten
- Lebens- und Arbeitsort hinsichtlich Temperatur, Luftqualität, Farbe, Gemütlichkeit etc. ausstatten
- nicht abhängig machen: eigene Aufgaben verantwortlich erledigen und sich gegen Übergriffe wehren
- aufhören, sich selbst dauernd zu kritisieren, abzuwerten oder sich zu entmutigen
- sich das Recht zugestehen, Fehler zu machen, so Erfahrungen zu sammeln und etwas Neues, eventuell Besseres daraus zu machen
- statt sich mit der Vergangenheit und Zukunft zu ängstigen und zu entmutigen: die Gegenwart gestalten und genießen
- »*Nein*« sagen können bzw. üben
- anstehende Entscheidungen fällen, statt sie vor sich herzuschieben
- eigene Bedürfnisse und Ziele wichtig nehmen
- sich realistische und klar definierte Ziele setzen, große Aufgaben in handliche kleine Schritte unterteilen und die Zwischenerfolge bewusst registrieren
- auch Teilerfolge gelten lassen, anerkennen und sich darüber freuen
- Kritik als Kritik an einem speziellen Verhalten verstehen und nicht als Abwertung meiner ganzen Person, meines Wertes oder meiner Attraktivität
- von anderen lernen können, ohne mich selbst für nicht in Ordnung oder dumm zu halten
- dem natürlichen Neugierverhalten (Kind-Ich) und Spaß am Ausprobieren und Erforschen nachgeben und so viele und vielseitige Informationen aufnehmen

- viele angenehme Körperkontakte pflegen, durch Umarmen, Begrüßen, Schmusen, Raufen (freundschaftlich) etc.
- mit Leuten zusammentun, die mich mögen und die mir das auch sagen und zeigen.

Selbstwert und Selbstvertrauen sind die Grundlagen in der Persönlichkeitsstruktur einer Führungskraft, um konstruktive und wachsende Beziehungen zu Mitarbeitern und Firmenkunden aufzubauen. Von ihnen erst können erfolgsförderliche Handlungsweisen abgeleitet werden.

4.2.2.2 Grundpositionen in der Führung

Ein hohes Selbstwertgefühl und Selbstvertrauen sind die Grundlage für eine echte und authentische Beziehungsfähigkeit und für einen »*autonomen*« Führungsweg. Autonome Führungskräfte haben nach der Transaktionsanalyse (als Teil der integrativen humanistischen Psychologie)
- den Mut, die Entscheidung und die Fähigkeit zur Selbstverantwortlichkeit, d.h., sie übernehmen Verantwortung für ihr Denken, Handeln und Fühlen einschließlich ihrer Irrtümer und Fehler,
- den Mut, die Entscheidung und die Fähigkeit, die Wirklichkeit unverfälscht wahrzunehmen, d.h. zu sehen wie sie ist und nicht so, wie ich sie gerne hätte, dass sie wäre, wie ich sie im Laufe meines Lebens als Selbst- und Weltbild angenommen habe,
- den Mut, die Entscheidung und die Fähigkeit zu redlicher Mitmenschlichkeit, und das beinhaltet, dass ich ohne Voreingenommenheit den Mitarbeitern und Kunden begegne, ihre Schwächen und Abhängigkeiten nicht ausnütze, aber auch mich nicht ausnutzen lasse.

Mit den Darstellungsformen der Transaktionsanalyse nach Schibalski sind einige Problempositionen der Führung fragegeleitet aufgeführt worden. Die Abbildung 38 zeigt die Vernetzungen einzelner Anschauungen.

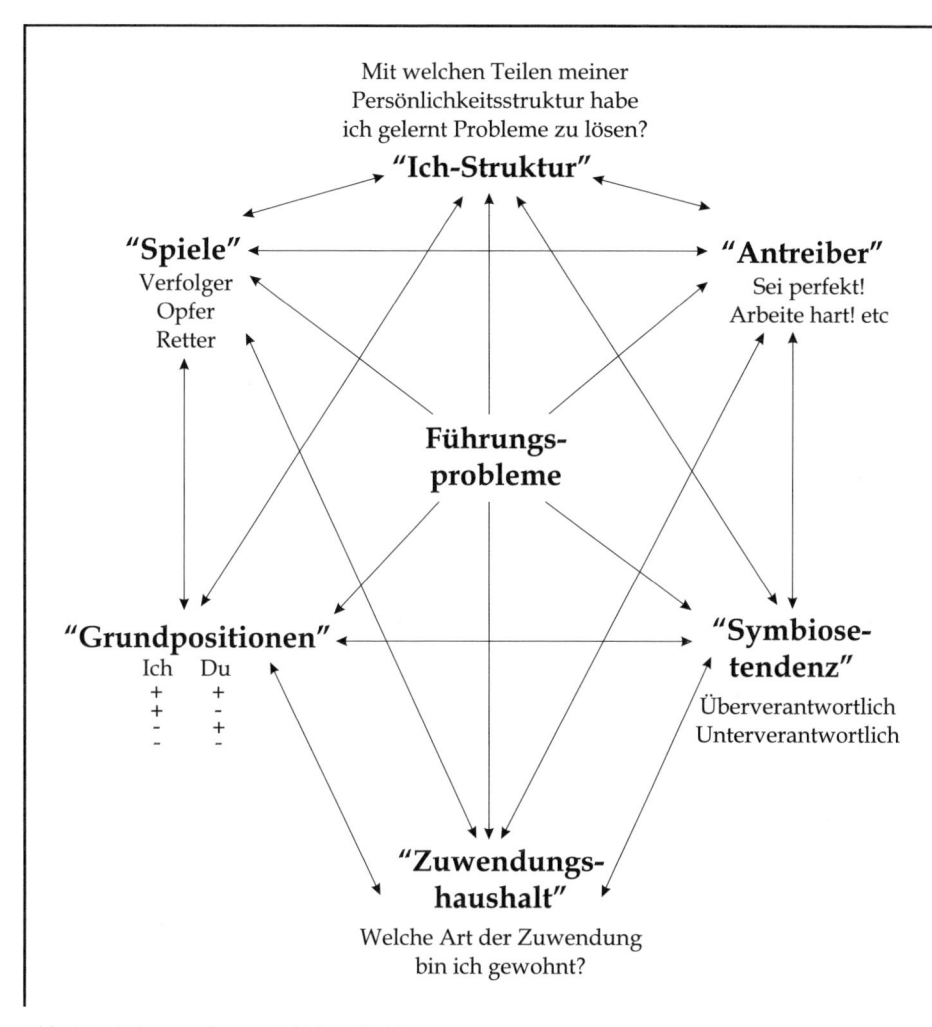

Abb. 38 Führung als persönliches Problem

Mit welchen Teilen meiner Persönlichkeitsstruktur habe ich gelernt Probleme zu lösen?

"Ich-Struktur"

"Spiele"
Verfolger
Opfer
Retter

"Antreiber"
Sei perfekt!
Arbeite hart! etc

Führungsprobleme

"Grundpositionen"
Ich Du
\+   +
\+   -
\-   +
\-   -

"Symbiosetendenz"
Überverantwortlich
Unterverantwortlich

"Zuwendungshaushalt"
Welche Art der Zuwendung bin ich gewohnt?

»Ich-Struktur«

In Anlehnung an das Ich-Zustandsmodell der TA, das das Problemlösungs- und Beziehungsverhalten eines Menschen aufgrund seiner Denkmuster, Gefühle und Verhaltensweisen in so genannten Erwachsenen-Ich-Zuständen, Eltern-Ich-Zuständen und Kind-Ich-Zuständen erläutert, kann eine Führungskraft fragen:
- Aus welchen Anteilen meiner Persönlichkeit habe ich gelernt, geübt, Probleme zu lösen und auch Beziehungen zu gestalten:
- fantasievoll, kreativ, begeistert, spontan oder ungestüm, leichtsinnig und impulsiv? (freies Kind-Ich)
- ängstlich, schnell resignierend oder kompromissfähig und rücksichtnehmend? (angepasstes Kind-Ich)

- festgefügt, autoritär, wütend, vorurteilsbehaftet und intolerant oder hohe Maßstäbe und strenge Regeln setzend? (kritisches Eltern-Ich)
- unterstützend, tröstend, aufmunternd, verständnisvoll oder anderen wenig zutrauend und selbst die Probleme anpackend, Abhängigkeiten schaffend? (fürsorgliches Eltern-Ich)
- den Ursachen auf den Grund gehend, Informationen sammelnd, Vor- und Nachteile abwägend, aktiv, offen, selbstständig oder roboterhaft, mit wenig Emotionen, langweilig? (Erwachsenen-Ich)
    oder
- alle diese Persönlichkeitsbestandteile vorfindend, auch nutzend und situativ und auf die jeweilige Person bezogen problemlösungsorientiert einsetzend? (integriertes Erwachsenen-Ich)

Psychosoziale »Spiele«
Welche Art von Beziehungsverhalten *»spiele«* ich mit den anderen vorwiegend:
- aus der Führungsrolle des *»Verfolgers«*, der die Mitarbeiter beschuldigt, kritisiert und sie anklagt?
- aus der Rolle des *»Retters«*, der den Mitarbeitern hilft, ohne dass sie danach gefragt haben, der übervorsorglich eingreift, um vor sich selbst besser bestehen zu können?
- aus der Führungsrolle des *»Opfers«*, in der sich die Führungskraft abhängig, schüchtern, kindlich, hilflos und ohnmächtig fühlt?
    oder
- da diese Art von psychosozialen *»Spielen«* die zwischenmenschlichen Interaktionsprozesse negativ beeinflusst mit den einhergehenden destruktiven Konsequenzen für Ertrag, Produktivität und Wachstum durch
    Unterlassung bzw. Vermeidung von psychosozialen *»Spielen«* im zwischenmenschlichen Kontakt zur Problemlösung?
- Unterbrechung psychosozialer *»Spiele«*, indem die Führungskraft interveniert oder aus *»Spielen«* aussteigt?

»Antreiber« auf der Führungsüberlebenstreppe
Aus welchen *»Antreibern«*, um als Führungskraft überlegen zu sein, agiere ich vorwiegend:
- Du musst immer perfekt sein?
- Du musst immer anderen gefallen und gefällig sein?
- Du musst dich immer anstrengen?
- Du musst immer stark sein?
- Du musst dich immer beeilen?
    oder
- indem du genug bist so wie du bist, dir selbst zu gefallen, offen bist und deine Wünsche ausdrückst, deine Aufgaben machst und dir auch Zeit nimmst?

»Symbiose« als Führungsanker
- Indem sich die Führungskraft symbiotisch verhält, d.h. nicht ihre Ich-Zustände in gesunder Weise aktiviert?
- Die Führungskraft handelt unterverantwortlich, d.h. die Lösung der Probleme und Befriedigung der Bedürfnisse von ihren Bezugsgruppen überlässt sie anderen oder einem ungewissen Schicksal und hofft, dass es gut geht?
- Die Führungskraft übernimmt eine überverantwortliche Haltung an, indem sie bestrebt ist, den Mitarbeitern die Verantwortung für die Befriedigung ihrer Bedürfnisse und die Lösung ihrer Probleme abzunehmen, auch wenn diese durchaus fähig wären, für sich selbst zu sorgen?
  oder
- indem die Führungskraft die Überzeugung verfolgt, dass die Mitarbeiter im Rahmen ihrer Aufgabenkompetenz selbstverantwortlich ihre Bedürfnisse in Einklang mit der Wirklichkeit bringen können und ihre Probleme lösen und dass jeder Mitarbeiter seine Bedürfnisse am besten befriedigt und seine Probleme am besten löst, wenn er autonom seinen eigenen Vorstellungen und Überlegungen folgt und sich entsprechend nach eigenem, verantwortbarem Entschluss entscheidet?

Zuwendungs-/Anerkennungsverhalten
Auf welche Art nehme ich als Führungskraft Zuwendung und Anerkennung (strokes) an und gebe sie weiter:
- positiv und bedingungslos: *»Es ist schön, dass Sie in meiner Abteilung mitarbeiten?«*
- positiv und bedingt: *»Die Kreditvorlage haben Sie aber gut aufgebaut?«*
- negativ und bedingungslos: *»Ich kann Sie nicht mehr sehen?«*
- negativ und bedingt: *»In der Kreditwürdigkeitsprüfung hätte ich gerne, dass Sie die Nachhaltigkeit des Cashflows besser begründen?«*
  oder
- indem die Führungskraft die Mitarbeiter als menschliche Existenz anerkennt und die Verhaltensweisen, Leistungen und Eigenarten bedingt und positiv anerkennt?

Führungsgrundpositionen
Aus welcher Grundposition speist sich mein Beziehungsverhältnis zu den geführten Mitarbeitern:
- Selbstvertrauen (Ich bin okay) und Vertrauen (Du bist okay)?
  Die Führungskraft mit hohem Selbstvertrauen und hohem Vertrauen in die begründeten Fähigkeiten der Mitarbeiter ist im Verhalten autonom und selbstständig sowie offen für die Anliegen anderer. Mit dieser Führungseinstellung wird eine konstruktive und positive Verfolgung der Relationship-Marketing-Ziele gewährleistet. Kreditrisiken werden umfassend ana-

lysiert, gemeinsam hinterfragt und hinsichtlich der geschäftlichen Potenziale der künftigen Firmenkundenbeziehung aufbereitet.
- Selbstvertrauen (Ich bin okay) und Misstrauen (Du bist nicht okay)?

Selbstvertrauen hat hierbei den Grundtenor der Arroganz und Überheblichkeit den Mitarbeitern gegenüber. Selbstvertrauen erhält hier oft mehr den Charakter von krankhaftem Geltungsbedürfnis. Und das Misstrauen gegenüber Mitarbeitern schwenkt bisweilen in Aggressivität um. Führungskräfte mit dieser Grundposition agieren verstärkt in der Rolle des »*Verfolgers*«, der nach Sündenböcken sucht. Besonders deutlich lassen sich die Marketingkonsequenzen bei Kreditausfällen veranschaulichen. Wird nämlich bei eingetretenen unsystematischen Kreditrisiken zunächst nach Opfern und Schuldigen gesucht, so werden die Mitarbeiter künftig verschärft aufwendigere Bonitätsanalysen durchführen. Die Deckungsbeitrags- und Wachstumsproduktivitätsziele werden dabei nicht erreicht werden. Absichernder Arbeitsstil, vermehrte Rückfragen, Notizen, Arbeitsunlust sind die Auslöser für unproduktives Arbeiten. Aus diesen Führungspositionen wird ein Klima der Angst, der Demotivation und des abnehmenden Vertrauens geschürt. Relationship-Marketing-Erfolge stellen sich nicht nachhaltig ein.
- Selbstzweifel (Ich bin nicht okay) und Vertrauen (Du bist okay)?

Von depressiv/ängstlich sich selbst gegenüber und hoffnungsvoll Warten ist ein den Mitarbeitern gegenüber geprägtes Beziehungsverhältnis in den heutigen Marktverhältnissen des Firmenkundengeschäftes eine denkbar ungünstige Position.
- Selbstzweifel (Ich bin nicht okay) und Misstrauen (Du bist nicht okay)?

Hoffnungslos den eigenen Mitarbeitern gegenüberzutreten und selber verzweifelt die Lage am Markt zu sehen, ist eine Führungsposition, die eher geeignet ist, im Ergebnis das Firmenkundengeschäft zum Wertevernichter werden zu lassen.

4.2.2.3 Führungsmacht als Motivator

Macht im Management ist ein Reizwort. Macht ist ein Phänomen mit Januskopf. Auf einen Teil der Menschen wirkt Macht faszinierend und anziehend. Andere wiederum empfinden Macht als bedrohlich oder abstoßend. Die einen wollen mächtig sein, die anderen fühlen sich ohnmächtig. Gefragt, erleben sich die Menschen mehr auf der Seite der Ohnmacht als der Macht: Ohnmächtig fühlen sich die Mitarbeiter vor dem Chef, die Firmenkundenbetreuer vor dem Kunden, der Abteilungsleiter vor dem Vorstand usw. Selbst diejenigen, die im Attraktivitätssog der Macht zu formeller Macht gelangen, verleugnen ihren tatsächlichen Machtbesitz. Und dies, obwohl Macht eine notwendige Funktion des Managers ist, um im Relationship Marketing Ergebnisse erreichen zu können. Der Machtbegriff wird als negativ besetzt empfunden. Seine ständigen Begleiter sind Begriffe wie Angst, Ohnmacht, Widerstand, Gewalt, Manipulation, Ausbeutung und Unterdrückung. Unabhängig von der jeweiligen Sicht ist Macht/Ohnmacht ein Phänomen, das ohne Beweis anerkannt wird. Hermann-

Josef Zoche spricht von einem Axiom der Macht: »*Jeder Mensch bedient sich je nach Vermögen und Fähigkeit zur Durchsetzung seiner Ziele der ihm zur Verfügung stehenden Macht*« bzw. Ohnmacht (der Verfasser). Wenn ein Axiom ein ohne Beweis anerkannter Grundsatz ist und andererseits akzeptiert wird, dass Banken im Firmenkundengeschäft sich zweckorientiert organisieren, so bedarf es der Macht der Führung, die Marketingziele und Marketingstrategien zu formulieren und die Maßnahmen zu deren Erreichung zu ergreifen.

Im Zusammen mit der Macht im Relationship Marketing geht es darum zu klären:
- Worauf gründet sich diese Macht?
- Was sind die Ursachen, die Quellen wirksamer Macht im Relationship Marketing?
- Was soll/kann Macht vor dem Hintergrund ihrer Verantwortbarkeit und Zumutbarkeit bewirken (unternehmensethischer Ansatz)?

Durch alle Wissenschaftsdisziplinen und durch die Geschichte hindurch lässt sich fokussiert um die Definition von Max Weber »*Macht*« verstehen im herkömmlichen Sinn: »*Macht ist das Bestreben bzw. die Fähigkeit von einzelnen Menschen oder Gruppen, den eigenen Willen – unter Umständen mit allen zur Verfügung stehenden Mitteln – durchzusetzen, auch wenn das gegen den Widerstand der anderen geschieht.*«

Als häufige Ursache extensiven Machtstrebens im Management werden Geltungssucht bzw. die Kompensation von Minderwertigkeitsgefühlen oder Frustration zur Erreichung sozialer Anerkennung genannt. Die in Banken, Industrieunternehmen und Gesellschaft offensichtlichen Verhaltensmuster dieses Machtparadigmas äußern sich in vielerlei Arten und Quellen von Machtspielen/Power-Play:
- Menschen streben einen Status als Direktor, Vorstand oder Abteilungsleiter an, um mit diesem »*geliehenen*« Statustitel (= es stärkt mich) andere bzw. deren Umwelt zu beeindrucken. Sie versuchen mit diesen Machtsymbolen ihr Ego zu heben, auch wenn dies meist nur ein frustrierender Versuch ist, mangelndes Selbstvertrauen zu kompensieren bzw. dies lediglich höhere Stufen des individuellen Ohnmachtsempfindens im Erleben sind.
- Führungskräfte versuchen, ihre Mitarbeiter im Firmenkundengeschäft durch Worte, Verhalten und betriebswirtschaftliche Instrumente kontrolliert zu motivieren. Ihre Macht beruht auf beherrschender Kontrolle anderer und ihrer selbst. Dabei wird unterstellt, dass den Mitarbeitern die »*Motivation*« im Sinne der Eigensteuerung (intrinsische Motivation) fehlt. Die Motivierungsinstrumente wie Überreden, Druck ausüben, »*Belohnen, Belobigen, Bestechen, Bedrohen und Bestrafen*« (Sprenger, R. K., 2002, S. 54) werden zur Manipulation bzw., wie Rolf Balling sagt, zur »*Motipulation*« der Mitarbeiter eingesetzt. Diese Kontroll- und Misstrauenskultur als Beziehungsphilosophien der Führung verhindert das Wachstum der Fach- und Personalkompetenz im Firmenkundengeschäft und demotiviert die Mitarbeiter.

- Finanzielle »*Mittel*« als Machtinstrument wirken als Incentivprogramme langfristig kontraproduktiv. Firmenkundenbetreuer arbeiten nicht mehr auf Dauer, weil sie Freude am Erfolg im Firmenkundengeschäft haben, sondern weil sie auf die Entlohnung schielen.

Die traditionellen Machtmittel im Relationship Marketing haben im Firmenkundengeschäft nicht zu den erhofften Ergebnissen geführt. Im Gegenteil, die durch Führungsmacht erfolgte »*Motivierung zerstört die Motivation*« (Springer, R.K., S. 9). Auch neuere Studien bestätigen, dass diese Machtmittel auf Dauer versagen (vgl. Kohn, A., in Harvard Business Manager 2, 1994, S. 15 und Frey, B.S./Osterloh, M. [Herausgeber]: Managing Motivation, Wiesbaden 2000). Die erstrebten Rentabilisierungsziele, Marktpositionierungsziele und Mitarbeiterziele sind über diesen Weg in der Praxis signifikant verfehlt worden.

Kurz ausgedrückt: Traditionell ausgeübte Macht in der Führung rechnet sich nicht.

Diese Erkenntnis des negativen Pay-Off der Macht steht nicht im Widerspruch dazu, dass, um Beziehungen im Firmenkundengeschäft gegenüber Mitarbeitern und Kunden zu gestalten, Macht notwendig ist. Führungskräfte brauchen Macht, um Mitarbeiter zu führen. Aber eben eine andere Seite der Macht. Eine Macht, die eine Nutzenstiftung in Richtung optimaler ökonomischer, gesellschaftlicher, sozialer und individueller Bedürfnisbefriedigung des Stakeholders unter Berücksichtigung der Verantwortbarkeit und Zumutbarkeit der Machthandlungen im Auge hat. »*Ich spreche für Selbstbehauptung und Selbsterfüllung, für Stärke, Macht – aber eben für die andere Seite dieser Macht, für ein Vermögen, über das wir selbst und unmittelbar verfügen: unser Vermögen zu lieben, zu kommunizieren und zu kooperieren und die Kraft unserer Intuition-Vermögensformen, die ich für grundlegend, greifbar, einsetzbar und wahrhaft halte. Mit diesem Vermögen können wir gut leben und arbeiten und wirklich glücklich werden*« (so Steiner, M.C. 1991, S. 12 ff.).

Macht ist demgemäß die Fähigkeit und der Wille zu »mögen und zu vermögen«.

Bezogen auf die marktorientierte relationshipgerechte Führung heißt das: Wer Relationship Marketing erfolgreich leben will, muss die Menschen und die Lösung ihrer Probleme mögen, muss effizient die psychosozialen Transaktionen gestalten können. Das ist das Kernstück des Relationship Marketing aus der Führungsseite. Dazu ist es nötig, auf der Basis der bisher genannten Betrachtung über Selbstwert/Selbstvertrauen und den Umgang mit den Grundpositionen die andere Seite der Machtquellen zu nutzen. Nach Claude M. Steiner speist sich diese problemlösungsorientierte Ausrichtung der Macht in der Führung aus sieben Quellen. Die praktische Beobachtung über zwei Jahrzehnte hinweg hat gezeigt, dass die Menschen auch ihren Eigennutz langfristig besser optimieren können, wenn sie ihre Macht mehr aus diesen sieben Quellen (vergleiche Abbildung 39) speisen. Die dort in der Abbildung 39 genannten Korre-

lationskoeffizienten zeigen den Grad der Zusammenhänge zwischen den einzelnen Machtquellen und der Stärke individueller Macht. Sie sind sporadisch gesammelte ordinale Werte, die in Führungsinterviews tendenziell festgehalten worden sind und nicht mathematisch exakt signifikant, sondern kausal signifikant zu lesen sind. Dieses Machtkonzept für die Führung soll aber nicht so verstanden werden, dass der Umgang mit diesen Machtquellen (mit ihm selbst) wiederum zur ökonomischen Größe degeneriert. Machtgeleitete Persönlichkeitsentwicklung darf nicht allein als Mittel zur Steigerung der Macht an sich werden. Das Konzept dieser Art von Macht durch Persönlichkeit ist nicht auf zweckrationale Gewinnmaximierung zu reduzieren. Produktive Macht kann nicht Ziel sein, sondern Ergebnis der richtigen Ausprägung der Machtquellen. Zunehmende Abweichungen vom Mittelweg der Macht in dieser Definition führen wieder zu den negativen Ergebnissen (siehe dazu die Tabelle 5), die traditionelle Machtausprägung bzw. die Ohnmacht nimmt dann wieder zu. Produktive Macht entsteht, wenn die »rechte Mitte« zwischen den extremen Haltungen der Tabelle 5 gelebt wird. Die in der Abbildung 39 gezeigten sieben Machtquellen korrelieren einerseits positiv mit dem Phänomen Macht und den daraus sich ergebenden Wirkungen bei den Stakeholdern. Andererseits stehen sie aber untereinander in einer Ursache-/Wirkungs-Beziehung bzw. gegenseitiger Verstärkung (Autopoiesis). So wächst z.B. aus Liebe zu einer Aufgabe eine Begeisterung, die andere begeistert und mitzieht. Ebenso ist Kommunikation notwendig, um Wissen als betriebliche Ressource nutzbar zu machen. Es gehört Verantwortung im Umgang mit seinen eigenen Gefühlen und seinem Verhalten dazu, um im Kontakt mit Kunden individuell und situativ die richtigen Worte und Lösungen zu finden. Eine kreative Idee mag an sich noch so gut sein; wenn sie nicht mit Stehvermögen und Beharren am Markt und in der Bank umgesetzt wird, kann sie ihre Machtwirkung auf unternehmerisches Wachstum und Beschäftigung nicht entfalten. Visionen können noch so faszinierend sein, sie bleiben Utopien, wenn ihnen die Bodenhaftung zur Realität fehlt. Und schließlich hat die Anerkennung eines Mitarbeiters nur dann nachhaltigen Machteffekt, wenn sie für alle Betroffenen mit Sinn erfüllt ist. Nachhaltig mächtige Führungskräfte im Relationship-Marketing-Firmenkundengeschäft zeichnen sich der Abbildung 39 zufolge aus durch:
- Liebe, Wertschätzung, Anerkennung, Zuwendung:
    Wer Relationship Marketing im Firmenkundengeschäft macht, muss die Menschen mögen, muss die Verbindungen zu Menschen steuern können und Bankdienstleistungen so an Unternehmer bringen, dass diese begeistert sind. Wir sprechen heute viel über unsere »*Beziehung*« zu Kunden und zu Mitarbeitern. Beziehung ist ein liebloser und technischer Begriff. Beziehung heißt, ich ziehe den Mitarbeiter oder den Kunden auf meine Position, nach meinen Vorstellungen hin. Was ist, wenn sie sich widersetzen und nicht ziehen lassen? Liebe dagegen geht auf die Mitarbeiter und deren Probleme und Kundenprobleme zu. Anderen und sich selber Anerkennung, Achtung,

Wertschätzung und Zuwendung zu geben, schafft Selbstvertrauen und Vertrauen.
- Kommunikations- und Kontaktfähigkeit:
  Führungserfolg ist häufig das Ergebnis geglückter zwischenmenschlicher Zusammenarbeit. Gesprächsfähigkeit ist die Bedingung, weiterführende Beziehungen zu Mitarbeitern und Kunden zu gestalten. Kommunikation muss untermauert sein vom echten Interesse am anderen Menschen (Authentizität). In jeder Situation, insbesondere in der konfliktbeladenen, ist es Aufgabe der Führung, durch Kommunikation mit sich und anderen in Kontakt bleibend problemlösungsorientiert Gespräche zu führen.
- Begeistern und begeistert sein:
  »In dir muss brennen, was du bei anderen entzünden willst«, sagte bereits Augustinus. Die Mitarbeiter spüren, wann ihre Führungskraft begeistert ist von der Aufgabe und gleichzeitig auch sie begeistern kann. Diese Quelle der Macht ist auch in der Akquisition seitens der Führung spürbar. Auch Kunden lassen sich von guter Stimmung und Optimismus anziehen und mitreißen.
- produktives Wissen, Weisheit, Intuition, Kreativität:
  Fachliche Kompetenz und unternehmerische Kreativität oder Fähigkeit, aufgrund der Kenntnisse und Informationen erkenntnisreich und weise zu entscheiden, schaffen Akzeptanz und Zustimmung bei Mitarbeitern und Kunden.
- Selbstverantwortung, -steuerung:
  Sich situativ und personenbezogen richtig und weiterführend zu verhalten, ist eine zentrale Führungsfähigkeit. Dadurch kann die Beziehung zu Mitarbeitern aufrechterhalten und gestaltet werden.
- Grounding, Standhaftigkeit, Stehvermögen:
  Gerade im Firmenkundengeschäft ist in der Führung Beharrlichkeit, Geduld und Stehvermögen in der Verfolgung der Führungsziele wichtig. Gleiches gilt auch in der Fähigkeit, beharrlich Kundenbeziehungen aufzubauen, zu entwickeln und zu gestalten. Grounding bedeutet, verwurzelt zu sein und in den stürmischen Phasen des Firmenkundengeschäftes die Ziele nicht aus den Augen zu verlieren.
- Transzendenz:
  Leitende Mitarbeiter haben Charisma auch dadurch, dass sie abgeklärt, ruhig und stimmig ihren Aufgaben nachgehen. Sie sehen ihr Leben als Teil einer Ganzheitlichkeit und legen es teleologisch an.

4.2 Wettbewerbsvorteile durch relationshipgerechte Führungsfähigkeiten

Quellen produktiver Macht	Korrelation	Macht	Wirkung (Stakeholder-Ansatz)
Liebe, Anerkennung, Wertschätzung	0,80*		**Individuum** Pers. Wachstum Autonomie, Glück Freiheit, Selbstverwirklichung
Kommunikation, Kontaktfähigkeit	0,50*	Fähigkeit und Wille zu "Mögen und Vermögen" 0,70*	**Unternehmen** - Beschäftigung - Wachstum - Shareholder-Value - Wettbewerbsfähigkeit
Begeistert, Begeistern	0,50*		
Wissen, Weisheit, Kreativität, Vision	0,60*		**Staat, Gesellschaft** - Steuern - Wertschöpfung - Ökologie, Nachhaltigkeit - Demokratiefähigkeit - Zukunftsfähigkeit
Selbstverantwortung, -steuerung	0,50*		
Grounding, Stehvermögen	0,50*		
Glaube, Transzendenz	0,40*		

*Korrelationen

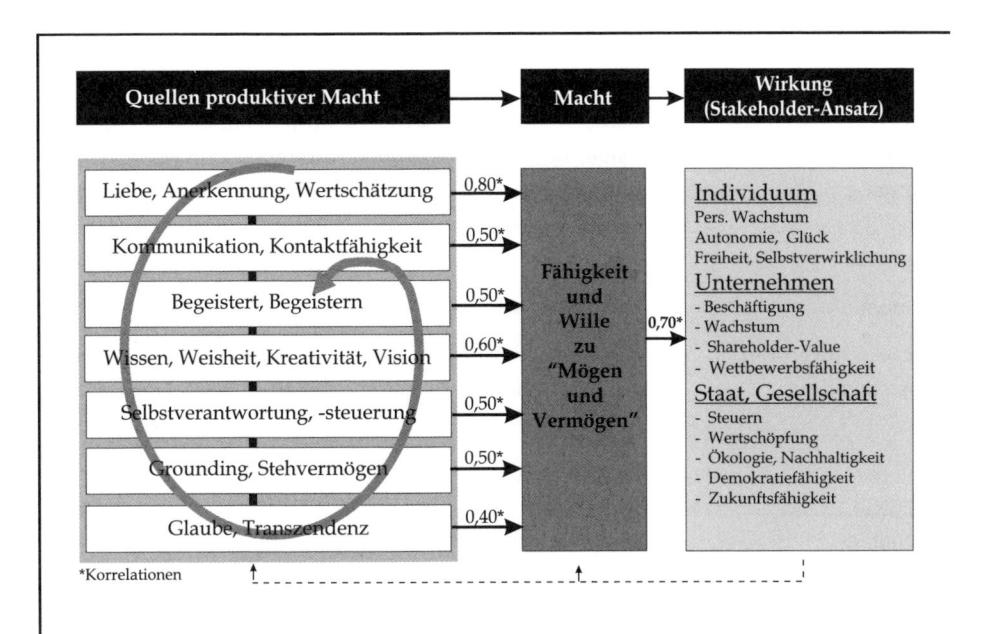

Abb. 39 Korrelationskoeffizienten der Machtquellen

Tab. 5 Fehlentwicklungen der Machtquellen

Machtquellen	Überentwickelter Machtquelleneinsatz	Unterentwickelter Machtquelleneinsatz
Zuwendung Liebe Wertschätzung Anerkennung (sich und andere)	Fühlt sich getrieben zu exzessiver Selbstaufopferung für andere und Vernachlässigung von sich selbst	Lieblos, herzlos sich selbst und anderen gegenüber, kalt, unfähig in Bezug auf Strokes
Kommunikation Kontaktfähigkeit	Redet endlos und ohne Beziehung zum Zuhörer, verwechselt Rhetorik mit Kommunikation, versucht, mit Reden zu erreichen, was nicht damit zu erreichen ist	Sprachlos, unsicher, sich auszudrücken und eine Unterhaltung aufrechtzuerhalten, unterentwickelter Sprach- und Ausdrucksschatz
Leidenschaft Begeisterung Neigung	Geritten von Leidenschaften bzw. Neigungen, Vernachlässigung anderer Bereiche seines Lebens	Gehemmt, langweilig und gelangweilt, uninteressiert

→

Machtquellen	Überentwickelter Machtquelleneinsatz	Unterentwickelter Machtquelleneinsatz
Wissen Weisheit Intuition Vision Kreativität	Exzessive Nutzung eines der Felder bei Vernachlässigung der anderen, Wissensfetischist, Experte oder Guru	Unwissend, ungebildet, uninteressiert im weitesten Sinne, d. h., Wissen, Weisheit und Intuition sind wenig ausgebildet
Autonomie Selbstverantwortung Selbststeuerung	Power Player Überkontrolle von sich, anderen und der Welt	Unkontrolliertes Verhalten, unberechenbar, wenig fähig, seine Emotionen zu artikulieren und damit adäquat auszudrücken
Grounding Stehvermögen Mut Geduld Erdverbundenheit Standhaftigkeit	Unbeweglich, stumpfsinnig, steinern, hartnäckig	Unstabil, unruhig, leicht herumzuschubsen, unsicher auf den Füßen
Transzendenz Glaube	Verliert den Kontakt mit der realen Welt, mit seinen Mitmenschen	Unfähig, sich vom Materialistischen zu entfernen, hat Schwierigkeiten, die Grenzen seiner Erfahrung zu überschreiten, auch in der Fantasie

Bernhard Schibalski, 1991, 1994 (Seminare)

4.2.3 Grundlegende erfolgsfördernde Führungsverhaltensweisen

Die bisher genannten markierenden und markanten Prägungen als Führungskraft sind die zentralen Grundlagen, um relationshipmarketinggerecht zu führen. Auch wenn der Mangel an Führungspersönlichkeiten, die die vorher genannten Persönlichkeitsbestandteile internalisiert haben und leben, signifikant rar ausgeprägt ist, so ist das Bedürfnis nach einem Beziehungsverhältnis zu derartigen Führungskräften vonseiten der Mitarbeiter ausgesprochen hoch. In zahlreichen Supervisionen, Seminaren und persönlichen Interviews ist in den vergangenen 20 Jahren immer wieder eindeutig darauf hingewiesen worden, dass allein die Persönlichkeitsstruktur den zentralen Erfolg im Relationship Marketing fundiert.

Darauf sind zudem durch allgemeine Führungsverhaltensweisen die Elemente einer Relationship-Marketing-Kultur begreifbar zu machen. Die Kultur begründet für die Mitarbeiter die Intensität ihres Involvements und stützt das »Wir-Gefühl«. Die Kultur vermittelt den Sinn des Handelns im Firmenkundengeschäft. Die Kultur im Firmenkundengeschäft ist von Werten, Normen und Artefakten geprägt, die die Verhaltensweisen der Firmenkundenbetreuer beeinflussen, Konsens stiften, einen Orientierungsrahmen geben und Motivation ermöglichen. Von daher ist es in Anlehnung an die schon erwähnte Studie von Gebert/Ulrich nötig, gesamterfolgsorientierte Führungsverhaltensweisen zu leben. Gerade weil in den vergangenen zehn Jahren in der Praxis sichtbares Verstoßen gegen die erforschten Führungsaspekte im Zusammenhang mit suboptimalen Ergebnissen im Firmenkundengeschäft stand, sind die Ergebnisse der Studie nach wie vor relevant.

Zusammenfassend sind folgende gesamterfolgsorientierte Führungsaspekte direkt mit der Entwicklung des gesamten Erfolges im Firmenkundengeschäft verknüpft:
- Je mehr die Führungskräfte die Mitarbeiter in die Entwicklung des Relationship-Marketing-Konzeptes und in den Diskurs der erzielten ökonomischen Ergebnisse während der Umsetzung einbeziehen, desto besser gestaltet sich die Entwicklung des ökonomischen Erfolges im Firmenkundengeschäft.

  Die Einbeziehung ist adäquat des integrativen Marketingmodells vorzunehmen. Und in der Umsetzung werden gute Ergebnisse erzielt, wenn sich die Firmenkundenbetreuer monatlich in so genannten Informationsmärkten »*Firmenkundengeschäft*« treffen und Erfahrungen austauschen bzw. die Ergebnisse und die Zielerreichungsgrade diskutieren.

  Auf diesem Weg wird von der Führung nicht nur Wertschätzung für die Wichtigkeit der Arbeit geäußert, sondern es ist auch die Möglichkeit gegeben, kreativ und innovativ aus den Ergebnisdaten Handlungsmaßnahmen für noch mehr Geschäftserfolg zu ziehen.

  Die Führungskraft wird vor allem als kooperativ, einfühlsam, konfliktfähig und zugänglich wahrgenommen.
- Je mehr sich die Führungskräfte aus der Sicht der Mitarbeiter mit den Entscheidungen des Vorstandes im Firmenkundengeschäft selber identifizieren und für diese marktpolitische Konzeption sichtbar eintreten, desto günstiger wirkt sich dies auf den Firmenkundenerfolg aus.

  Wichtig ist hierbei, dass sich die Führungskräfte und Abteilungsleiter im Firmenkundengeschäft glaubwürdig für die Vorstandspolitik einsetzen. Dazu müssen die Vorgesetzten selber als zufrieden wahrgenommen werden, sie müssen Signale dahin gehend erkennen lassen, dass sie die Geschäftspolitik verinnerlicht haben und insofern als ein Transmissionsriemen vom Vorstand zu den Firmenkundenbetreuern wirken.

  Führungskräfte, die die Relationship-Marketing-Ziele des Vorstandes nicht klar benennen und werbend dafür eintreten, können nicht verlangen, dass die Mitarbeiter begeistert in die Umsetzung gehen.

- Je mehr die Firmenkundenbetreuer fähigkeitsbezogen durch komplexere Problemstellungen geistig und emotional herausgefordert werden und Geschäfte selbstständig bearbeiten können, desto besser wirkt sich dies auf die Entwicklung des Firmenkundenerfolges aus.

  Gerade die gut ausgebildeten Firmenkundenbetreuer wollen auch zeigen, dass sie Experten auf ihrem Fachgebiet sind. Vorgesetzte können hier stimulierend wirken, wenn sie qualifizierten Nachwuchs an den Aufgaben reifen lassen.

- Je mehr neben der Forderung auch die Förderung erfolgt, d.h. je mehr die Gratifikationen aus der Sicht der Mitarbeiter gezielt leistungsbezogen gewährt werden und der Mitarbeiter das Gefühl hat, durch seine eigene Leistung seine berufliche Karriere beeinflussen zu können, desto günstiger entwickelt sich der Firmenkundenerfolg.

  Insofern haben also Beförderungen oder Leistungszulagen nicht sich primär am Dienstalter auszurichten, sondern am Erfolgsbeitrag. Führungskräfte werden in diesem Zusammenhang als optimistisch und innovationsfreudig von ihren Mitarbeitern wahrgenommen.

- Je mehr die Vorgesetzten negatives Feedback bzw. verstecktes und indirektes Kritisieren vermeiden und ein konkretes Feedback zum Verhalten oder den Leistungen des Mitarbeiters geben, desto besser gestaltet sich die Entwicklung des Firmenkundenerfolges.

  Die Führungskraft wird als entschlussfreudig, souverän und kooperativ erlebt. Konstruktive Feedbackarbeit begründet und festigt die Beziehungsqualität zwischen Führung und Geführtem. Der Firmenkundenbetreuer wird Orientierung, Motivation und Richtungsweisung finden.

- Je mehr die Firmenkundenbetreuer das Gefühl haben, etwas bewegen zu können, wahrgenommene Probleme anpacken zu können, Veränderungen möglich sind und zumindest prinzipiell spezifische Schwierigkeiten für eine erfolgreiche Arbeit bewältigt werden können, desto günstiger wirkt sich dies auf den Firmenkundenerfolg aus.

  Derartig innovationsfreudiges Führungskräfteauftreten stimuliert die Mitarbeiter zusätzlich.

- Je mehr die Führungskräfte aus der Sicht der Mitarbeiter überzeugend vorleben, dass sie engagierte, selbstbewusste und kreative Firmenkundenbetreuer fördern und nicht vorwiegend überangepasste Loyalität und Duckmäusertum anerkennen, desto mehr tragen sie zum ökonomischen Erfolg im Firmenkundengeschäft bei.

  Derartige Führungskräfte werden von den Mitarbeitern als souverän wahrgenommen.

- Je mehr die Führungskräfte den Firmenkundenbetreuern Handlungsspielräume beim Kunden einräumen, desto größer ist die Cross-Selling-Quote (siehe dazu Abbildung 40).

  Das Ergebnis im Firmenkundengeschäft wird auch noch davon beeinflusst, ob die Führungskraft die wichtigsten und interessanten Geschäfte immer selber macht. Ob der Vorgesetzte in die Gesprächsführung des Firmenkundenbetreuers mit dem Kunden so eingreift, dass sich der Firmenkundenbetreuer bloßgestellt und inkompetent fühlt. Ob nur das gemacht wird, was der Vorgesetzte für richtig hält. Ob er andere Mitarbeiter mit dem ausdrücklichen Hinweis auf die Kompetenz des Firmenkundenbetreuers an ihn verweist. Ob der Vorgesetzte will, dass der Firmenkundenbetreuer auch bei weniger wichtigen Entscheidungen bei ihm Rücksprache nehmen muss.

- Je mehr die Führungskraft den Teamgeist unterstützt, desto stärker ist die Geschäftserfolgsquote.

Aufgabe der Führung ist es, den Geschäftserfolg auch als Teamleistung darzustellen und zu bewerten. Über bestimmte Mindestbetriebsergebnisziele hinaus erreichte Überschüsse und Provisionen könnten auf die beteiligten Mitarbeiter im Firmenkundengeschäft umgelegt werden.

- Je intensiver die Führungskraft im Firmenkundengeschäft aufgabenbezogen lenkt, desto höher ist der Geschäftserfolg im Firmenkundengeschäft.

Dabei ist es Aufgabe der Führungskraft, die Leistungsverantwortlichkeit herauszustellen. Dem einzelnen Mitarbeiter ist dabei deutlich zu machen, dass der Firmenkundenerfolg mit dem jeweiligen Verhalten und der Anstrengungsbereitschaft zusammenhängt.

Im Rahmen der Maßnahme der verkaufsorientierten Steuerung der Führung geht es darum, seitens des Vorgesetzten mit den Mitarbeitern gesonderte Ziele quantitativer und qualitativer Art abzusprechen. Ferner sind systematische Kontrollen durchzuführen, die zeigen, dass Verbesserungen dort nötig sind, wo der einzelne Firmenkundenbetreuer Schwachpunkte hat. Es gilt nachzuhaken, wieweit die Firmenkundenbetreuung mit ihren Bemühungen vorankommt. Außerdem ist trotz aller vermehrten Verwaltungsarbeiten im Firmenkundengeschäft Wert darauf zu legen, dass die Aktivitäten am Kunden nicht zu kurz kommen.

Führungsaufgabe im Rahmen der ziel-, produkt- und verhaltensbezogenen Kommunikation ist es, regelmäßig die Ergebnisdaten/Erfolgsdaten der jeweiligen Firmenkundenabteilung zu besprechen, Schwachstellen zu analysieren und Handlungskonsequenzen abzuleiten.

Die Führung hat dafür zu sorgen, dass die Firmenkundenbetreuer von dem, was sie tun, auch überzeugt sind. Dazu zählt auch, dass der Vorgesetzte darauf drängt, dass Firmenkundenbetreuer sich aktiv rechtzeitig informieren (Information als Holschuld) und auch wechselseitig Informationen und Abstimmungen durchführen (Informationen als Bringschuld).

- Je intensiver die Führung im Firmenkundengeschäft verhaltensbezogen lenkt (Abb. 41), desto höher ist der Geschäftserfolg in diesem Geschäftsfeld.

Im Wesentlichen geht es im Rahmen einer detaillierten Rückkoppelung (Fähigkeit, Feedback zu geben und zu nehmen) darum, dem einzelnen Firmenkundenbetreuer im jeweiligen Fall zu zeigen, was er gut macht oder was er noch verbessern kann. Dabei ist die Kritik sachlich, konkret und direkt oder, wenn es notwendig ist, »durch die Blume« zu formulieren. Ein ruhiger, korrekter, sachlicher und auch fürsorglicher Ton, wenn mal etwas schief geht, fördert die verhaltensbezogenen Maßnahmen.

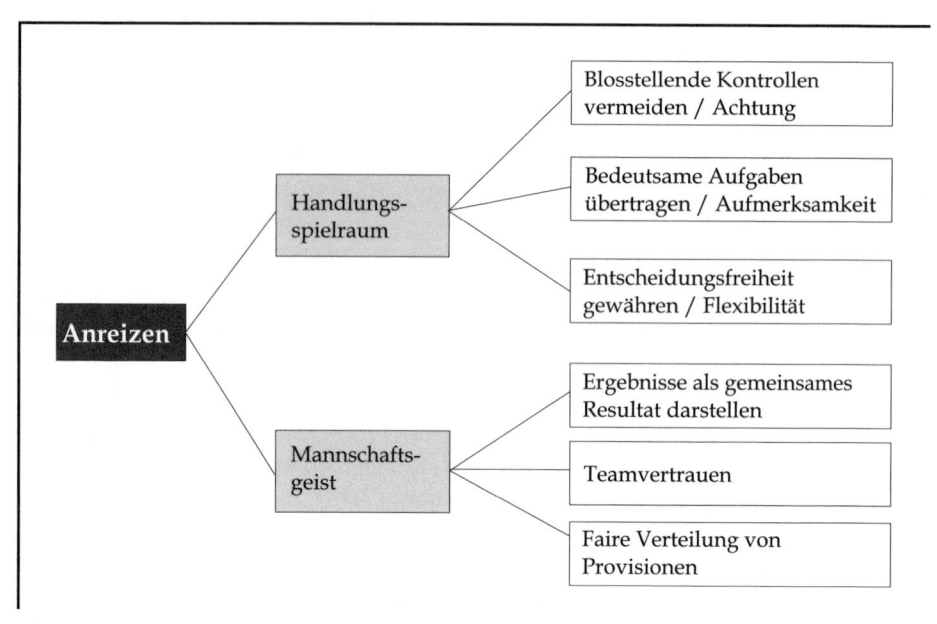

Anreizen
- Handlungsspielraum
  - Blosstellende Kontrollen vermeiden / Achtung
  - Bedeutsame Aufgaben übertragen / Aufmerksamkeit
  - Entscheidungsfreiheit gewähren / Flexibilität
- Mannschaftsgeist
  - Ergebnisse als gemeinsames Resultat darstellen
  - Teamvertrauen
  - Faire Verteilung von Provisionen

Abb. 40   Führungsdimension »Anreizen«

Lenken
- Aufgabenbezogen
  - Marketingorientierte Steuerung des einzelnen Mitarbeiters
  - Herausstellung der Leistungsverantwortlichkeit, Kompetenzen
  - Ziel-, Produkt- und Verhaltensbezogene Kommunikation
  - Forcierung aufgabenbezogener Kommunikation
- Verhaltensbezogen
  - Detaillierte Rückkoppelungen (Feedbackqualität)
  - Sachliche Kritik + Emotionales Grounding

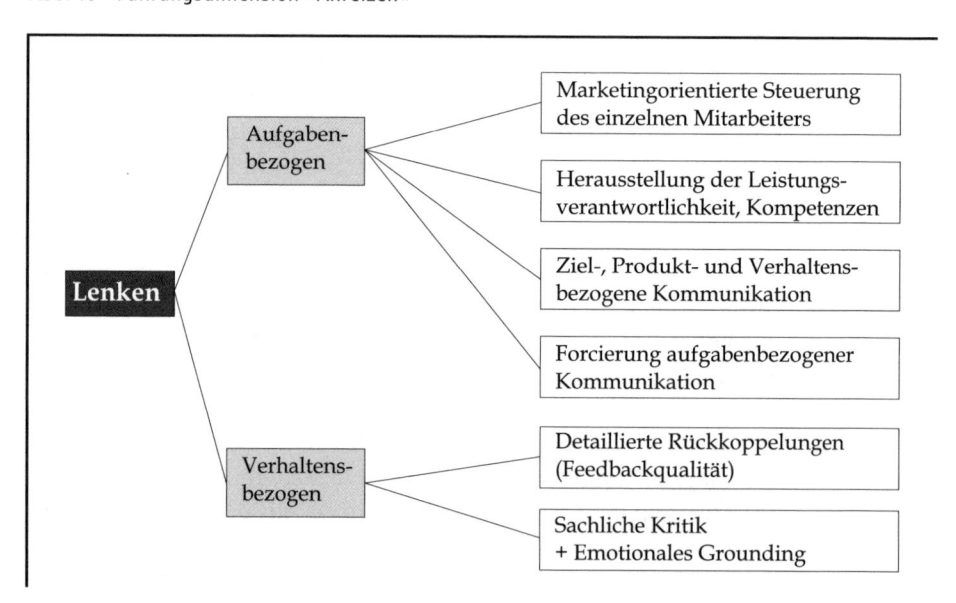

Abb. 41   Führungsdimension »Lenken«

Alle diese Relationship-Marketing-Maßnahmen nach innen dienen in grundlegender globaler Weise der Initiierung, Stabilisierung, Intensivierung und möglicherweise Wiederaufnahme von problemlösenden und tragfähigen Beziehungen zu den Mitarbeitern im Firmenkundengeschäft mit dem Ziel, durch eine gegenseitige Nutzenstiftung den Erfolg am Firmenkunden über eine gelebte Unternehmenskultur im Firmenkundengeschäft zu stabilisieren und gegen Konkurrenzsituationen zu immunisieren.

4.2.4 Speziell erfolgskonforme Führungsverhaltensweisen

Solange die Führung im Firmenkundengeschäft nicht direkt mit den einzelnen Firmenkunden in Kontakt tritt, zielen die Maßnahmen darauf ab, dass der Firmenkundenbetreuer kundenbedarfslebenszyklusgerecht und kundenbeziehungslebenszyklusgerecht die Ergebnisziele in diesem Geschäftsfeld wie Deckungsbeitrag, Risikobegrenzung, Produktivität und imagemäßige Profilierung im Blick behält.

4.2.4.1 Deckungsbeitragsförderndes Führen

Aufgabe der Führungskraft in der Umsetzung der Relationship-Marketing-Konzeption ist es, den Mitarbeitern im Firmenkundengeschäft zu helfen,
- das Volumen im Aktiv-, Passiv- und Dienstleistungsgeschäft zu erhalten bzw. besser zu steigern,
- den Konditionsbeitrag im Aktivgeschäft zu steigern bzw. zumindest
- über den vergleichbaren Kapitalmarktzinssatz zu erhalten,
- den Konditionsbeitrag im Passivgeschäft zu steigern,
- den Strukturbeitrag der Aktiva und Passiva zu festigen und zu steigern und
- auf die Erhöhung der Provisionen und Gebühren aus dem Bankdienstleistungsgeschäft hinzuwirken.

Damit Provisions- und Zinsüberschuss im Firmenkundengeschäft den Ansprüchen genügen können, haben folgende Führungsverhaltensweisen positiv korrelierende Effekte:
- Dem Firmenkundenbetreuer sind die Erlöse und Kosten im Firmenkundengeschäft transparent zu machen. Damit wird sein unternehmerisches Verständnis gefördert. Firmenkundenbetreuer haben ökonomische Orientierungspunkte.
- Es gilt, gemeinsam klare und verpflichtende Zielvorstellungen im Firmenkundengeschäft zu vereinbaren.
- Die Führungskraft hält Firmenkundenbetreuer zur Nichtkundenakquisition an. Sie erörtert auf der Grundlage von Nichtkundenanalysen die Chancen und Risiken bei der Akquisition einzelner Adressen und macht geschäftspolitisch wichtige Firmenkunden deutlich.
- Bei bestehenden Kunden wirkt die Führungskraft auf Cross-Selling hin. In bestimmten Zeitabständen und Gesprächsritualen werden die Cross-Selling-Quoten erörtert und Betreuungsmaßnahmen zum Verkauf weiterer Produkte verabschiedet.

- Im Tagesgeschäft lebt die Führungskraft vor, dass die Kundeninteressen in den Mittelpunkt zu stellen sind und nicht die Verwaltungstätigkeiten.
- Zur Durchsetzung von gewünschten Konditionen deckt die Führung dem Firmenkundenbetreuer den Rücken. Sie wirkt darauf hin, dass die Verhandlungshärte des Mitarbeiters aufgebaut und unterstützt wird.
- Die Führungskraft geht gemeinsam mit dem Firmenkundenbetreuer zu A-Kunden, um Immunisierungs- und Stabilisationsstrategien in die Praxis umzusetzen.
- Bei Firmenkundenreklamationen zieht sich die Führung nicht zurück, sondern ist Teil des Complaint Ownership. Die Führungskraft demonstriert durch ihren Beitrag zum Problemlösungs- und Reklamationsverhalten, dass es sich lohnt, Kundenbindungen zu stabilisieren.
- Die Führungskraft fordert die Firmenkundenbetreuer auf, verlorene Kunden anzusprechen, um die Wege zur Rückgewinnung zu eröffnen.

4.2.4.2 Produktivitätssteigerndes Führen

In Zeiten steigender Personal- und Sachkosten gehört es zur Führungsaufgabe, im Firmenkundengeschäft die Cost-Income-Ratio zu verbessern. Akquisition, Beratung und Sachbearbeitung im Firmenkundengeschäft sind möglichst wirtschaftlich zu lösen. Die Bedarfsspannen zur Bewältigung des Aktiv-, Passiv- und Dienstleistungsvolumens sind möglichst niedrig zu halten. Folgende Führungsverhaltensweisen sind positiv mit der Produktivitätsorientierung der Mitarbeiter im Tagesgeschäft korreliert:
- Im Rahmen der Klärung der Marketingziele gilt es, grundlegend effizientes Arbeiten im Firmenkundengeschäft in der Akquisition, im Backoffice-Bereich und in den benachbarten Verwaltungsbereichen plastisch zu machen. Allein die Transparenz fördert schon das produktivitätsorientierte Handeln in der Firmenkundenbetreuung.
- In kleinen Dingen im Alltag ist es Aufgabe der Führung, das emotionale Gefühl zu vermitteln, dass Unproduktivität dem unternehmerischen Handel im Bankbetrieb zuwiderläuft.
- Effiziente Firmenkundenbetreuungsmethoden sollen die Arbeit nach Wichtigkeit und Dringlichkeit priorisieren helfen (Arbeitszeittechniken).
- Einer der großen Bremsklötze der Produktivität ist die Bürokratie. Die bürokratische Bearbeitung von der Kreditanfrage über die Sammlung der Informationen, Auswertung zur Kreditwürdigkeitsprüfung bis zur Sicherheitenanalyse und -bewertung, Beschlussfassung und Zusage führt einerseits zu eventuellen Verlusten von Geschäftsbeziehungen oder Geschäftsabschlüssen, aber insbesondere zu einer Beeinträchtigung des Firmenkundenerfolgs durch hohe Overhead-Kosten, verloren gehende Kundenorientierung und Verlust der Flexibilität. Gerade im Firmenkundengeschäft führen die Spezialisierung, die Hierarchietiefe, die Regelungsintensität durch externe Gesetze und interne Revisionsanweisungen sowie der Hang zur Dokumentations- und Kopierflut zu einer erheblichen Beeinträchtigung der Mitarbeiter-,

Führungs- und Prozessproduktivität. Frustration/Demotivation, Jasagertum und Langsamkeit sind die Folgen. Es ist Aufgabe der Führung, diese Prozesse zu deregulieren und zu beschleunigen.
- Die oben genannten psychosozialen Opfer-, Retter- und Verfolgerspiele erzeugen erhebliche Reibungsverluste und verhindern Produktivität. Führung im Firmenkundengeschäft hat darauf zu achten, dass derartige ergebnismindernde Spiele erst gar nicht entstehen, bzw. sie rechtzeitig zu konfrontieren und zu unterbrechen.
- Ferner kann die Führung laufend in Anlehnung an die Prozesskostenrechnung Wertanalysen der innerbetrieblichen Leistungsströme durchführen. Geschäftsprozesse von Leistungen über Abteilungen hinweg werden mit allen Beteiligten dahin gehend untersucht, ob die Teilleistungen tatsächlich zur Befriedigung der Markterfordernisse im Firmenkundengeschäft nötig sind.
- Im Firmenkundengeschäft überwiegen nach wie vor auch die transaktionsorientierten Prozesse und in diesem Zusammenhang die Overheadkosten, unbaren Transaktionskosten, Informationen und Routinebetreuungen. Akquisition und Kundenbetreuung kommen mit Werten je nach Kreditinstitut von 10 bis 15 Prozent viel zu kurz. Aufgabe der Führungskraft ist es, mehr Raum für die Akquisition und Kundenbetreuung durch den Firmenkundenbetreuer zu schaffen.

4.2.4.3 Risikoaufwandminimierendes Führen

Als Erfahrungswert könnte gelten, dass im Firmenkundengeschäft die Marktrisiken (im Wesentlichen Zinsänderungsrisiken) und die operationellen Risiken zusammen etwa 25 Prozent ausmachen. Nach wie vor macht mit 75 Prozent das Kreditausfallrisiko die größten Probleme. Auch in den 80er-Jahren und den 90er-Jahren ist der positive Beitrag der Führung zu einer Senkung des Risikoaufwandes deutlich gemacht worden. Eigene Untersuchungen haben beim bundesweiten Firmenkundengeschäft eines Institutes eine positive Korrelation von 0,95 zum Führungsverhalten und Risiko deutlich gemacht:
1. Dem Firmenkundenbetreuer werden die Entstehung der Risiken und die Auswirkungen für die Bilanz und Gewinn-und-Verlust-Rechnung sowie für seinen Geschäftsbereich deutlich gemacht. Es wird ihm auch die Konsequenz für seine persönliche Karriere, aber auch für die Stabilität des Kreditinstitutes offen gelegt.
2. Die Führungskraft unterstützt und coacht den Firmenkundenbetreuer hinsichtlich der möglichen eintretenden systematischen und unsystematischen Risiken im Kreditgeschäft. Also folgt eine Supervision der Entscheidungsvorlagen. Dadurch wird die Sensibilität für mögliche Risiken im Firmenkundengeschäft bei den Betreuern entwickelt.

3. Die Führungskraft trägt dazu bei, dass dem Firmenkundenbetreuer alle zugänglichen Informationen und auch persönlichen Erfahrungswerte offen gelegt werden.
4. Die Führung braucht Geduld, um die Firmenkundenbetreuer an anspruchsvollen Kreditengagements reifen lassen können. Kredit heißt Vertrauen in die Kapitaldienstfähigkeit des Kunden, aber auch Vertrauen in die Risikosensibilitätsfähigkeit der Mitarbeiter.

4.3 Wettbewerbsvorteile durch relationshiporientierte Firmenkundenbetreuer

4.3.1 Findung von Firmenkundenbetreuern

4.3.1.1 Bankkulturgerechte Personalauswahl

Vergleichbare Bankdienstleistungen und im Wesentlichen fast gleiche Konditionen machen Bankdienstleistungsangebote austauschbar. Die Differenzierung erfolgt somit letztlich über die Qualität der Leistungserstellungs- und Vermarktungsprozesse. Diese werden letztlich wieder in den Firmenkundenbetreuern von den Firmenkunden unterschiedlich empfunden.

Es sind aber nicht nur die Firmenkundenbetreuer an der Front, sondern alle Mitarbeiter, die an der Bankdienstleistungserstellung beteiligt sind, die den Unterschied und den dauerhaften Erfolg im Firmenkundengeschäft ausmachen.

Um diesem Problem zu begegnen, wird in der Praxis eine Flut an Seminaren über Verkaufstechnik, Gesprächsführung, Verhandlungstechnik, Präsentationstechnik, Benimmregeln durchgeführt. Diese sehr aufwendigen Verkaufstrainings mögen in ihrer Durchführung noch so gut sein, sie beantworten aber häufig Fragen, die der Firmenkunde nicht stellt. Er erwartet eine integre Persönlichkeit mit Sozial- und Fachkompetenz. Daher kommt der Personalauswahl im Rahmen der Personalgewinnung oberste Bedeutung zu. Externe Personalgewinnung bietet die Möglichkeit, schnell kompetente und erfahrene Persönlichkeiten zu gewinnen. Personalfragebogen, Vorstellungsgespräch mit Interview, Gruppengespräche mit den möglichen zukünftigen Kollegen, Referenzen, formale Tests und Assessment-Center bieten eine große Bandbreite an Auswahlinstrumenten. Trotz all dieser Verfahren zur Objektivierung der Personalauswahl von außen erweist sich das gute Gefühl bei der einstellenden Bank oft als besserer Entscheidungsindikator. Zudem dürfen die Kosten vorgenannter Selektionsverfahren nicht unterschätzt werden.

Schließlich ist es bankpolitisch und für die Unternehmenskultur und das Betriebsklima förderlicher, eine systematische Personalentwicklung nach der Einstellung zu betreiben. Für die Entwicklung der Persönlichkeit und damit einhergehende Sozialkompetenz haben sich die Methoden der Transaktionsanalyse bei fundierter Anwendung sehr bewährt.

Da zwischenmenschliche Interaktionen die zentrale Voraussetzung sind, dass die Firmenkundenbetreuer in diesen komplexen Strukturen und arbeitsteiligen Prozessen Wertschöpfungen generieren können, ermöglicht es die Transaktionsanalyse, im Rahmen der Strukturanalyse die eigene menschliche Persönlichkeitsstruktur zu verstehen und die daraus sich ergebenden Folgen in der Zusammenarbeit mit Kolleginnen und Kollegen und im Umgang mit Kunden zu erklären.

Im engeren Sinne (Kommunikation) können psychosoziale Prozesse, die im Wesentlichen den Erfolg fundieren, sowohl zwischen Bank und Kunde als auch zwischen den Mitarbeitern problemlösungsgerecht gesteuert werden.

Die Spielanalyse macht schließlich offensichtlich, warum in der Kundenbeziehung oder auch in der Mitarbeiterbeziehung Störungen auftreten und wie diese unterbrochen, verhindert oder konstruktiv gestaltet werden können.

4.3.1.2 Sozialkompetenz vor Fachkompetenz?

Grundsätzlich gilt, dass die fachliche Kompetenz leichter entwickelt werden kann als die Sozialkompetenz oder Korrekturen der Defizite in der Persönlichkeitsstruktur. Dennoch ist es Aufgabe einer effektiven Führung und des Coaching durch den Vorgesetzten, alle Instrumente zur Entwicklung, Beeinflussung und Stärkung von Persönlichkeitsmerkmalen und Sozial- und Fachkompetenz zu nutzen. In der Praxis bieten sich dafür an: Verhaltenstrainings, Rollenspiele, Fallstudien und Planspiele, Mentoring/Coaching, Tagungen und Konferenzen, Seminare/Lehrgänge, Jobrotation, Workshops, Supervisionen und individuelle Feedbacks.

Bezüglich der Anforderungen an die Persönlichkeit eines Firmenkundenbetreuers gilt grundlegend Gleiches wie bei den prägenden Persönlichkeitsmerkmalen einer Führungskraft im Firmenkundengeschäft. Ausgangspunkt ist der Selbstwert des Firmenkundenbetreuers. Ein Firmenkundenbetreuer, der Selbstvertrauen in seine Fähigkeiten hat, wird leichter den schwierigen Anforderungen der Firmenkunden sachgerecht gegenübertreten. Ein hohes Selbstvertrauen/Selbstwertgefühl ist auch die optimale Grundlage, um zuversichtlich und optimistisch Kontakte mit Firmenkunden aufzubauen und einfühlend (empathisch) zu lösen.

Der empathische Firmenkundenbetreuer kann sich in die Situation des Firmenkunden hineinversetzen, sieht den Bankdienstleistungsprozess aus der Kundensicht, nimmt die Perspektive des Kunden ein und orientiert sich am Nettonutzen für den Firmenkunden.

Ein kontaktfreudiger Firmenkundenbetreuer geht von sich aus auf die Firmenkunden zu, hat Freude am Kundengespräch, er fühlt sich wohl in den Auseinandersetzungen mit den Firmenkunden und empfindet Firmenkundenbetreuung als eine angenehme Aufgabe. Ein optimistischer Charakterzug eines Firmenkundenbetreuers sieht zunächst einmal die Chancen und nicht die Probleme im Firmenkundengeschäft. Auch bei Widerständen in Verkaufssituationen bleibt er beharrlich und geduldig, setzt begeistert seine Ideen um. Ein optimistischer Charakter lässt sich durch Rückschläge nicht frustrieren, sondern steht immer wieder auf und packt ohne Angst, trotz negativer Erfahrungen, Kundengespräche wieder von neuem an.

Natürlich wünscht sich jedes Kreditinstitut starke Firmenkundenbetreuerpersönlichkeiten, die mit möglichst hoher Sozialkompetenz und gleichzeitig hoher Fachkompetenz zu Werke gehen.

Nieten in der Firmenkundenbetreuung, die weder über Persönlichkeit mit einhergehender Sozialkompetenz und Fachkompetenz verfügen, richten möglicherweise nicht nur Schaden an, sondern sie verhindern auch die Durchsetzung ertragsorientierter Politik.

Die andere Variante der Firmenkundenbetreuer, bei denen die Fachkompetenz sehr hoch ist, aber die Persönlichkeit und die Sozialkompetenz niedrig, führt dazu, dass zwar spezielle fachliche Themen exzellent bearbeitet werden, aber im Team der Firmenkundenabteilungen Reibungen in der Zusammenarbeit entstehen. Andererseits schaffen es auch diese Personen nicht, Firmenkundenkontakte aufzubauen und geschäftswirksam zu pflegen.

Im Zweifel ist es vorteilhafter, Firmenkundenbetreuer mit starker Persönlichkeit und hoher Sozialkompetenz zu haben, deren fachliche Qualitäten nicht so ausgeprägt sind. Diese Defizite können leichter durch mehr introvertierte, aber qualifizierte Mitarbeiter im Backoffice kompensiert werden.

4.3.2 Entfaltungsfelder für Firmenkundenbetreuer

In Anlehnung an Homburg/Stock, 2000 und Homburg/Schneider/Schäfer, 2001 zeigen die Tabellen 6, 7 und 8 ausgewählte Kriterien zur Einschätzung von Persönlichkeitsstrukturen, Sozial- und Fachkompetenz von Firmenkundenbetreuern. Diese dort genannten Kriterien sollen zur praxisgerechten Sensibilisierung für die Problematik dienen.

Tab. 6   Ausgewählte Kriterien zur Einschätzung von Persönlichkeitsmerkmalen

Der Firmenkundenbetreuer (FKB)	trifft voll und ganz zu	trifft im Wesentlichen zu	trifft teilweise zu	trifft in geringem Maße zu	trifft überhaupt nicht zu	keine Beurteilung möglich
Kontaktfreudigkeit/Offenheit						
... empfindet Kundenkontakt als angenehm.	O	O	O	O	O	O
... geht von selbst auf Kunden zu.	O	O	O	O	O	O

→

Der Firmenkundenbetreuer (FKB)	trifft voll und ganz zu	trifft im Wesentlichen zu	trifft teilweise zu	trifft in geringem Maße zu	trifft überhaupt nicht zu	keine Beurteilung möglich
... arbeitet gerne im Kundenkontakt.	○	○	○	○	○	○
... fühlt sich bei der Interaktion mit Kunden wohl.	○	○	○	○	○	○

Optimismus/Chance

... verliert auch in schwierigen Situationen nicht den Mut.	○	○	○	○	○	○
... verarbeitet negative Erlebnisse mit Kunden schnell.	○	○	○	○	○	○
... geht neue Kunden ohne Angst an.	○	○	○	○	○	○
... engagiert sich auch für neue Produkte, mit denen noch wenig Erfahrung besteht.	○	○	○	○	○	○
... bringt eigene Ideen und Vorschläge in das Kundengespräch ein.	○	○	○	○	○	○

Einfühlungsvermögen/Empathie

... orientiert sich beim Verkauf am Nutzen, den das Produkt für den Kunden hat.	○	○	○	○	○	○
... kann sich in den Kunden hineinversetzen.	○	○	○	○	○	○
... kennt den Kaufprozess aus Kundensicht.	○	○	○	○	○	○
... kann die Perspektive des Kunden einnehmen.	○	○	○	○	○	○

Selbstwertgefühl/Selbstvertrauen

... ist von seinen Fähigkeiten als Betreuer überzeugt.	○	○	○	○	○	○
... strahlt Kompetenz aus.	○	○	○	○	○	○
... fühlt sich in der Lage, Kunden sachgerecht beraten zu können.	○	○	○	○	○	○

→

Der Firmenkundenbetreuer (FKB)	trifft voll und ganz zu	trifft im Wesentlichen zu	trifft teilweise zu	trifft in geringem Maße zu	trifft überhaupt nicht zu	keine Beurteilung möglich
... ist sicher, den Anforderungen der Kunden gerecht zu werden.	○	○	○	○	○	○
... strahlt Vertrauen aus.	○	○	○	○	○	○

Tab. 7 Ausgewählte Kriterien zur Einschätzung von Sozialkompetenz

Der Firmenkundenbetreuer (FKB)	trifft voll und ganz zu	trifft im Wesentlichen zu	trifft teilweise zu	trifft in geringem Maße zu	trifft überhaupt nicht zu	keine Beurteilung möglich
Kommunikations- und Wahrnehmungsfähigkeit						
... achtet im Kundengespräch auf Einfachheit, Kürze und Prägnanz.	○	○	○	○	○	○
... drückt sich auch bei komplexen Sachverhalten für den Kunden verständlich aus.	○	○	○	○	○	○
... setzt im Kundengespräch verschiedene Fragetypen gezielt ein.	○	○	○	○	○	○
... wendet im Kundengespräch die Methode des aktiven Zuhörens an.	○	○	○	○	○	○
... achtet darauf, dass die Körpersprache mit seinen verbalen Aussagen konsistent ist.	○	○	○	○	○	○
... nimmt die Signale der Körpersprache des Kunden wahr.	○	○	○	○	○	○
Freundlichkeit/Athmosphäre						
... lässt den Kunden ausreden.	○	○	○	○	○	○
... schafft im Kundengespräch eine angenehme Athmosphäre.	○	○	○	○	○	○

→

Der Firmenkundenbetreuer (FKB)	trifft voll und ganz zu	trifft im Wesentlichen zu	trifft teilweise zu	trifft in geringem Maße zu	trifft überhaupt nicht zu	keine Beurteilung möglich
... spricht den Kunden häufig mit seinem Namen an.	O	O	O	O	O	O
... ist auch freundlich zu Kunden, wenn diese unhöflich oder unfreundlich sind.	O	O	O	O	O	O

Flexibilität/Schnelligkeit

... kann sich gut auf Veränderungen einstellen.	O	O	O	O	O	O
... kann sich gut auf unterschiedliche Kundentypen einstellen.	O	O	O	O	O	O
... passt sein Verhalten gegenüber den Kunden an die derzeitige Qualität der Geschäftsbeziehung an.	O	O	O	O	O	O
... achtet auf rasche Entscheidung.	O	O	O	O	O	O
... reagiert schnell.	O	O	O	O	O	O
... passt sein Verhalten der Gesprächssituation an.	O	O	O	O	O	O
... versteht es als seine Aufgabe, individuelle Problemlösungen für den Kunden zu finden.	O	O	O	O	O	O

Teamfähigkeit/Konfliktfähigkeit

... ist kritikfähig.	O	O	O	O	O	O
... hat Commitment der Gruppe gegenüber.	O	O	O	O	O	O
... kann sich in eine Gruppe integrieren.	O	O	O	O	O	O
... schätzt es, Ideen innerhalb der Gruppe weiterzuentwickeln.	O	O	O	O	O	O
... sieht Konflikte als Chance.	O	O	O	O	O	O

Tab. 8 Ausgewählte Kriterien zur Einschätzung der Fachkompetenz

Der Firmenkundenbetreuer (FKB), l	trifft voll und ganz zu	trifft im Wesentlichen zu	trifft teilweise zu	trifft in geringem Maße zu	trifft überhaupt nicht zu	keine Beurteilung möglich
Selbstorganisation/Effizienz						
... setzt klare Ziele und Prioritäten für die eigene Arbeit.	○	○	○	○	○	○
... hat eine funktionierende Termin- und Routenplanung.	○	○	○	○	○	○
... hat seinen Arbeitsplatz (Ablage, Wiedervorlage, usw.) gut organisiert.	○	○	○	○	○	○
... geht effizient und effektiv mit E-Mails um.	○	○	○	○	○	○
Produktkenntnisse/Dienstleistungen						
... überschaut das Produktspektrum der Bank.	○	○	○	○	○	○
... kennt Merkmale und Leistungsfähikeit der einzelnen Produkte.	○	○	○	○	○	○
... ist in der Lage, aus einzelnen Produkten umfassende Problemlösungen für den Kunden herbeizuführen.	○	○	○	○	○	○
... kennt sich auch mit Produkten des Wettbewerbs aus.	○	○	○	○	○	○
Kundenkenntnisse/Verhalten						
... weiß, wofür und wie der Kunde das Produkt nutzt.	○	○	○	○	○	○
... kennt den Wertschöpfungsprozess des Kunden und durchschaut, welche Bedeutung die eigenen Produkte in diesem Prozess haben.	○	○	○	○	○	○

→

4.3 Wettbewerbsvorteile durch relationshiporientierte Firmenkundenbetreuer 183

Der Firmenkundenbetreuer (FKB), I	trifft voll und ganz zu	trifft im Wesentlichen zu	trifft teilweise zu	trifft in geringem Maße zu	trifft überhaupt nicht zu	keine Beurteilung möglich
... kennt die maßgeblichen Entscheidungsträger beim Kunden sowie ihre Entscheidungskriterien.	○	○	○	○	○	○
... kennt die Märkte, auf denen der Kunde aktiv ist.	○	○	○	○	○	○
... kennt die Strategie und Ziele des Kunden.	○	○	○	○	○	○
Marktkenntnisse/Trends						
... hat ein realistisches Bild von der Marktposition der eigenen Bank.	○	○	○	○	○	○
... ist über Wettbewerbsaktivitäten gut informiert.	○	○	○	○	○	○
... überblickt marktrelevante Tendenzen und Veränderungen (z.B.: konjunktureller, technologischer und rechtlicher Art).	○	○	○	○	○	○
... beobachtet auch potentielle Märkte sorgfältig.	○	○	○	○	○	○

Der Firmenkundenbetreuer (FKB), II	trifft voll und ganz zu	trifft im Wesentlichen zu	trifft teilweise zu	trifft in geringem Maße zu	trifft überhaupt nicht zu	keine Beurteilung möglich
Betriebswirtschaftliche Kenntnisse						
... kennt die internen Kostenstrukturen der Bank.	○	○	○	○	○	○
... kann Kostenauswirkungen seines Handelns abschätzen (Risiko, Sach., Pers.).	○	○	○	○	○	○
... durchschaut die Kostenstrukturen seiner Kunden.	○	○	○	○	○	○

→

Der Firmenkundenbetreuer (FKB), II	trifft voll und ganz zu	trifft im Wesentlichen zu	trifft teilweise zu	trifft in geringem Maße zu	trifft überhaupt nicht zu	keine Beurteilung möglich
... ist in der Lage, die Wirtschaftlichkeit von Leistungsangeboten für den Kunden zu bewerten (z.B.: durch Kosten-/Nutzenrechnungen).	○	○	○	○	○	○
Interaktionsflexibilität						
... bildet gedankliche Kategorien für erlebte Verkaufssituationen.	○	○	○	○	○	○
... kann sein Wissen (z.B.: über Kunden) in logischen Hierarchien organisieren.	○	○	○	○	○	○
... sammelt systematisch Informationen über frühere Verkaufssituationen.	○	○	○	○	○	○
... nutzt seine Erfahrungen durch einen Vergleich der aktuellen Verkaufssituation mit vergangenen Verkaufssituationen.	○	○	○	○	○	○
... erkennt rechtzeitig Veränderungen in Kundenbonitäten.	○	○	○	○	○	○
... handled Risiken.	○	○	○	○	○	○

4.4 Systematisierung des operativen Relationship-Marketing-Mix

Vorwiegende Aufgabe der Führungskräfte im Firmenkundengeschäft ist es, im operativen Bereich darauf hinzuführen, dass die Strategien effizient verfolgt werden und dass das Geschäftsfeld in den gewünschten Hafen der Renditeziele, Produktivitätsziele, Imageziele und risikoprophylaktischen Ziele einläuft. Für die Mitarbeiter am Point of Sale in der Firmenkundenbetreuung geht es aber vorwiegend darum, im Tagesgeschäft diese Ziele dadurch zu realisieren, dass sie
- einerseits ihre Relationship-Marketing-Maßnahmen firmenkundenbedarfszyklusgerecht umsetzen und
- andererseits dieses wiederum im Rahmen des Beziehungslebenszyklus mit Firmenkunden vollziehen.

Zur operativen Verfolgung der in 3.3.3 angeführten Relationship-Marketing-Strategien gegenüber Firmenkunden und aufgrund 20-jähriger Erfahrungen im

Firmenkundengeschäft mit positiver Erfolgskorrelation der Vorgehensweise (wird von Bruhn, M., 2001, S. 144 ff. sehr fundiert systematisiert) haben sich folgende Schritte bewährt:
- Maßnahmen des Beziehungsaufbaus durch Neukundenakquisition
  - Durch systematische Geschäftsanbahnung mit Nochnichtfirmenkunden wird versucht, diese zu stimulieren, das Gespräch aufzunehmen,
  - schließlich soll der Nochnichtkunde von der Problemlösungsfähigkeit der eigenen Bank überzeugt werden und
  - der Nochnichtfirmenkunde durch verschiedene Eingewöhnungsmaßnahmen (Sozialisation) zu einem ersten Geschäftsabschluss bewegt werden.

- Beziehungsstabilisierung durch Maßnahmen der Kundenbindung.
  Nach der Erstkontoeröffnung geht es nun darum, im Kundenbeziehungslebenszyklus
  - eine Wachstumsphase in profitablere Höhen einzuleiten durch firmenkundenindividualisierte Bankdienstleistungen und aktives Cross-Selling
  - schließlich gilt es, in der Reifephase der Kundenbeziehung die Geschäftsverbindung dahin gehend zu intensivieren, dass einerseits durch Aufbau von Wechselbarrieren eine Immunisierung gegen Konkurrenzangebote erfolgt und andererseits die Effizienz der Zusammenarbeit gesteigert wird, sodass beiderseits Transaktionskosten gesenkt werden können. Außerdem ist darauf zu achten, dass der Gesamtdeckungsbeitrag aus der Kundenbeziehung sich einem Optimum annähert.

- Behandlung der Beziehungsstörungen durch Reklamationsmaßnahmen
  - In einer langen Kundenbeziehung gibt es verschiedene Anlässe für Konflikte, Interesse nach Abwechslung (Variety Seeking) oder einfach Reaktanzempfinden sowie Fehler seitens der Bank und zunehmende Unzufriedenheit, die zu einer Gefährdung der Geschäftsbeziehung führen können. Die Firmenkundenbetreuer müssen hier hellwach die Signale erkennen und die Reklamation als einen Kernaspekt des Marketings, nämlich der situativen Unzufriedenheit sehen und aufgetretene Fehler in der Zusammenarbeit wieder korrigieren und das alte Zufriedenheitsniveau wieder herstellen.
  - Oft bietet es sich an, begangene Fehler nicht nur zu kompensieren, sondern eine Wiedergutmachung durch darüber hinausgehende Korrekturleistungen vorzunehmen.
  - Schließlich gilt es, aus den Reklamationen Ideen für neue Problemlösungen zu entdecken.
    Für die Behandlung von Gefährdungsphasen in Firmenkundenbeziehungen hat sich ein alter Kundenparagraph als sehr wahr erwiesen: »§ 1 Der Kunde hat immer Recht. § 2 Sollte der Kunde einmal nicht Recht haben, so gilt § 1.«

- Beziehungswiederauflebung durch Kundenrückgewinnungsmaßnahmen
  Das Denken in Kundenrückgewinnung findet in der Fachliteratur erst in den letzten Jahren allmählich Einzug. Dies ist umso erstaunlicher, da aus der Psychologie belegt werden kann, wie hoch die Chancen von Rückgewinnungsmaßnahmen sind, weil die Konstrukte des »*Vergebens und Verzeihens*« hohe emotionale Rückbindungswirkung auslösen können. Die eigenen Erfahrungen im Firmenkundengeschäft zeigten, dass, je nachdem, ob ein Firmenkundenbetreuerwechsel stattgefunden hat oder der gleiche Firmenkundenbetreuer Rückgewinnungsaktionen gestartet hat und in Abhängigkeit der Zahl rückgewinnungsfähiger und -würdiger Adressen, in verschiedenen Unternehmen Rückgewinnungsquoten um die 50 Prozent erzielt werden können. Die Ansatzpunkte für den Firmenkundenbetreuer zur Rückgewinnung attraktiver Firmenkunden sind Initiierung und Aktivierung von Instrumenten zur Wiederaufnahme
  – der Kundenbeziehung
  – firmenkundenbetreuerpersönlichkeitsgestützte Stimulierung im Wiederaufnahmeverfahren der Kontakte
  – Überzeugung des Firmenkunden durch Nettonutzen-Differenzierung.

Die Abbildung 42 zeigt einen Überblick über beziehungslebenszyklusphasenbezogene Instrumente des Relationship Marketing. Die Liste der Abbildung 43 ist als Kreativitätsleitfaden zur systematischen Suche nach bankindividuellen Maßnahmen zu sehen.

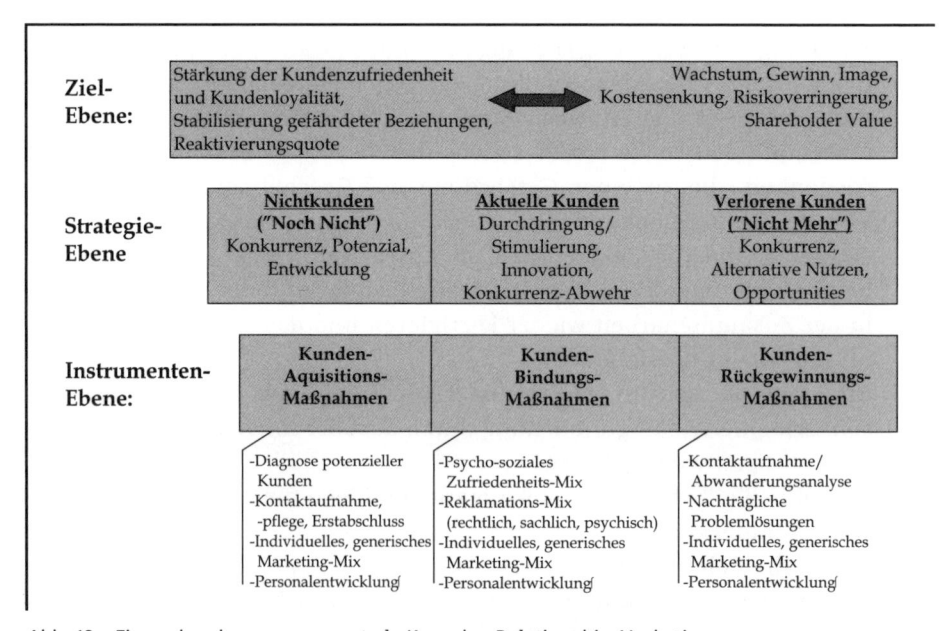

Ziel-Ebene:	Stärkung der Kundenzufriedenheit und Kundenloyalität, Stabilisierung gefährdeter Beziehungen, Reaktivierungsquote	⟷	Wachstum, Gewinn, Image, Kostensenkung, Risikoverringerung, Shareholder Value
Strategie-Ebene	**Nichtkunden** ("Noch Nicht") Konkurrenz, Potenzial, Entwicklung	**Aktuelle Kunden** Durchdringung/ Stimulierung, Innovation, Konkurrenz-Abwehr	**Verlorene Kunden** ("Nicht Mehr") Konkurrenz, Alternative Nutzen, Opportunities
Instrumenten-Ebene:	**Kunden-Aquisitions-Maßnahmen**	**Kunden-Bindungs-Maßnahmen**	**Kunden-Rückgewinnungs-Maßnahmen**
	-Diagnose potenzieller Kunden -Kontaktaufnahme, -pflege, Erstabschluss -Individuelles, generisches Marketing-Mix -Personalentwicklung	-Psycho-soziales Zufriedenheits-Mix -Reklamations-Mix (rechtlich, sachlich, psychisch) -Individuelles, generisches Marketing-Mix -Personalentwicklung	-Kontaktaufnahme/ Abwanderungsanalyse -Nachträgliche Problemlösungen -Individuelles, generisches Marketing-Mix -Personalentwicklung

Abb. 42 Firmenkundenmanagement als Kern des Relationship Marketing

Beziehungs-phase / Maßnahme-bereiche	FK-Akquisation		Loyalisierung				FK-Rückgewinnung	
			FK-Bindung		FK-Reklamation			
	Anbahnung	Sozialisation	Wachstum	Reife	Gefährdung	Auflösung	Stimulierung	Überzeugung
1.) Persönliche Relationship-leistungen								
2.) Bankdienst-leistungen								
3.) Interne Kunden-orientierte Leist-ungsprozesse (Orga)								
4.) Relationship-orientierte Unternehmenskultur								
5.) Relationship-orientierte Management-systeme								
6.) Relationship-orientierte Konditionen								
7.) Relationship-orientierte Kommunikation								
8.) Relationship-orientierte Distribution								

Abb. 43   Kreativitätsleitfaden für operatives Relationship Marketing

4.5 Erfolgsorientiertes Vorgehen in den Phasen der Beziehungslebenszyklen zu Firmenkunden

4.5.1 Akquisition werthaltiger neuer Firmenkundenbeziehungen – Corporate Customer Recruitment Management

4.5.1.1 Das Akquisitionsdilemma

Die langjährige Diskussion um die erhebliche Bedeutung des Loyalitätseffektes, d. h. des Ergebnis- und Wachstumsbeitrags zufriedener Kunden, sowie die Verschärfung der Risikosituation durch Insolvenzrekorde haben den Blick auf die Chancen der Marketingzielerreichung durch Neukundenakquisition in vielen Kreditinstituten nahezu ganz verdrängt. Natürliche Fluktuation wie Firmenschließungen oder -verlagerungen und Abwerbungen oder Hinwendung zu Konkurrenzbanken führen zu Verlusten an Firmenkunden mit Geschäftsvolumina. Durch Verfolgung der Marktentwicklungsstrategie können diese Verluste kompensiert bzw. zusätzliches Wachstum angestoßen werden: entweder zulasten der Wettbewerber oder durch systematische Akquision im Existenzgründermarkt.

Dabei eröffnen sich in rasch verändernden Marktkonstellationen Möglichkeiten, unzufriedene Kunden von Wettbewerbern zu gewinnen, Firmenkundengründungen als Einstieg zu nutzen, die eine oder andere »Rosine«, die bisher übersehen worden ist, zu picken oder vermeintlich schwer zu bewegende Nochnichtkunden zu kontaktieren.

Selbst wenn die Notwendigkeit und die Chancen der Nochnichtkunden-Akquisition erkannt worden sind, so gibt es immer noch einerseits Akzeptanzprobleme und vielerlei Widerstände in den Firmenkundenabteilungen. Andererseits stellt sich die praktische Umsetzung als frustrierend und wenig zufrieden stellend heraus. Das nährt wiederum die schon vorher gehegten Widerstände gegen die Akquiseaktivitäten.

Die zentralen Vorurteile und Widerstände die Nochnichtkundenakquisition systematisch anzugehen sind:
- Angst oder fehlende personale Möglichkeiten, werthaltige Nochnichtkunden anzusprechen
- Neukundenakquisitionen sind mühsam, zäh und benötigen hohe Frustrationstoleranz. »Zu teuer und chancenlos«, lauten die resignativen Kommentare.
- Das Marktpotenzial wird unterschätzt.
- Es wird zu wenig gesehen, dass Firmenkunden ohnehin 3 bis 4, manche auch mehr als 10 Bankverbindungen haben.
- Es wird unterstellt, der Nichtkunde empfindet die Ansprache von einer fremden Bank als Belästigung. Firmenkunden sind es aber gewohnt, dass sie eventuell täglich von bestehenden oder aber auch von neuen Lieferanten wegen der Aufnahme von Geschäftsbeziehungen oder Vertiefungen angegangen werden. Von daher kommt es in der Regel positiv an, wenn sich eine Bank aktiv um sie bemüht.
- Firmenkundenbetreuer gehen immer noch überwiegend unvorbereitet in die Neukundenakquisition.

Auch in den Akquisitionsgesprächen beherrschen die Firmenkundenbetreuer oft nicht die Techniken einer zielorientierten und abschlussorientierten Gesprächsführung. Die Vertriebsqualität stellt im Firmenkundengeschäft der deutschen Kreditinstitute nach wie vor einen Schwachpunkt dar. Trotz erheblicher Aufwendungen für Akquisitionsseminare kann am Markt keine signifikante Aktivierung der vertrieblichen Vorgehensweise erkannt werden.

Im Zeitraum von 1990–2001 beobachtete der Autor das Neukundenakquisitionsverhalten in 87 Neukundenakquisitionsversuchen bei mittelständischen Unternehmen als fiktiver und auch tatsächlicher Ansprechpartner. Darunter waren die Firmenkundenbetreuer aus dem Sparkassensektor, Volksbanken- und Raiffeisenbankenbereich, Deutsche Bank, Dresdner Bank, Commerzbank, Bayerische Hypotheken- und Wechselbank, Vereinsbank, BfG, Meryll Lynch, Castellbank, Schmidt-Bank und Bayerische Landesbank. Nur bei 8 Prozent kam es zu einer Geschäftskontaktaufnahme.

Überwiegend lag das Problem allerdings nicht bei den Firmenkunden, sondern bei den Firmenkundenbetreuern selbst. Sie waren schlecht oder nicht auf die Akquisitionsschritte vorbereitet. Die Akquisitionsanbahnung offenbarte erhebliche Mängel. In dem Erstkontaktgespräch fehlt es an Bedürfnis- und Nutzenorientierung. Die Gesprächsführung war mangelhaft zielführend, unsicher oder überangepasst. Teilweise fehlt es überhaupt an den nötigen Qualitäten in der Sozialkompetenz. Zudem fassten die Firmenkundenbetreuer fundiert nach dem Erstgespräch kaum nach. Sie zeigten auch kaum Mut, Geduld und Stehvermögen. In allen Fällen gab der Firmenkundenbetreuer nach dem zweiten Kontaktversuch auf. Auch ein Ausstieg, der für die Zukunft, nachdem aktuell tatsächlich keine geschäftlichen Ansatzmöglichkeiten vorliegen, die Türen offen hält, ist von keinem Akquisiteur genutzt worden.

Der Weg aus diesem Dilemma ist eine Vorgehensweise, wie sie Abbildung 45 übersichtlich zeigt.

4.5.1.2 Vorbereitung der Nochnichtkundenakquisition

Gute Vorbereitung für ein Akquisitionsgespräch ist der halbe Erfolg. Eine optimale Planung der Vorbereitung der Akquisition demonstriert beim Nichtkunden aufmerksames Engagement und Kompetenz. Die Wahrscheinlichkeit des Akquisitionserfolges steigt von 10 bis 20 Prozent auf über 50 Prozent.

Wesentliche Maßnahmen in der Akquisitionsvorbereitung sind:

Grobdiagnose des relevanten Marktes

Im ersten Schritt analysiert und prognostiziert der Firmenkundenbetreuer die aktuelle Situation und mögliche Entwicklungen des regionalen Marktes, in dem die Entscheidungsträger seiner potenziellen Kunden sitzen. Das grobe Bild zeichnet die Wirtschaftskraft, Branchenstruktur, externen Beziehungen und Abhängigkeiten, politischen, sozialen, ökologischen und kulturellen Verhältnisse. Das Potenzial an menschlichen (Wissen, Lernen und Entwicklung), finanziellen und kapitalmäßigen Ressourcen einer Region trägt ebenso dazu bei, die Chancen und Risiken, Stärken und Schwächen einer Region hinsichtlich ihrer Auswirkungen auf das angestrebte Firmenkundengeschäft zu klären. Dabei geht es nicht um das Ansammeln von sehr umfangreichen Informationen und Kenntnissen über das jeweilige Firmenkundengeschäftsgebiet, sondern um entscheidungsrelevante Erkenntnisse.

Aufbau, Strukturierung und Pflege einer Nochnichtkundendatei

Im Rahmen eines effizienten Database Marketing werden entscheidungsrelevante Informationen (das informationswirtschaftliche Gleichgewicht beachten) über alle in einem abgegrenzten Gebiet ansässigen Unternehmen und Selbstständigen gesammelt, nach Branchen, Firmengröße oder wie im Sparkassensektor nach Firmenkunden, Gewerbe- und Geschäftskunden unterteilt. Damit können Marktanteile nach Stückzahlen oder näherungsweise nach Geschäftsvolumen ermittelt werden. Die Kluft zwischen Marktvolumen und -potenzial lässt sich veranschaulichen.

- Informationen können aus der Tageszeitung entnommen werden, etwa über Geschäftseröffnungen, Änderungen im Handelsregister, Stadtrats- und Gemeindesitzungen, Jubiläumsveranstaltungen und Ehrungen.
- Firmenkundenbetreuer, die mit offenen Augen durch ihr Geschäftsgebiet fahren, erkennen, an welcher Stelle etwas gebaut, renoviert oder gewerblich verändert wird.
- Der Besuch von Veranstaltungen im Geschäftsgebiet gibt zahlreiche Möglichkeiten der Adressaufnahme.
- Informationen von Mitarbeitern in den verschiedenen Abteilungen im eigenen Hause können genutzt werden.
- Über Referenzkunden oder Meinungsbildner können Adressen eruiert werden.
- Ferner kann der Zahlungsverkehr als Informationsquelle für Bankverbindungen dienen.
- Schließlich kann ein Abgleich von IHK-Listen oder Telefonbüchern bzw. anderen Adresslisten wie Hoppenstedt etc. genutzt werden, um Kundenstamm und Nichtkundenstamm transparent zu machen.
- Adress- und Auskunftsdateien sind weitere Informationsquellen.

Evaluation und Selektion der Nochnichtkunden

Nicht alle Nochnichtkunden sind gleichermaßen akquisitionsfähig und/ oder akquisitionswürdig. Außerdem sind meist nur begrenzte Ressourcen an Personal und Technik frei verfügbar, die sinnvollerweise für Neukundenakquise eingesetzt werden können. Zunächst sind eine detaillierte, zielorientierte und systematische Segmentierung und Adressierung/Typologisierung der Nochnichtfirmenkunden nötig. Um die bankbetrieblichen Ressourcen effizient auf effektive Nochnichtfirmenkunden einzusetzen, können die zu akquirierenden Adressen in einem Firmenkunden-Akquisitionsportfolio hinsichtlich der Kriterien
- erwartete risikoadjustierte Rendite/Attraktivität/Firmenkundenwert
- Erfolgswahrscheinlichkeit und Kosten der Akquisition

nach dem Modell der Abbildung 67 »Recovery-Portfolio« positioniert werden. Dem Wesen nach handelt es sich dabei um ein geschätztes Vorab-Rating auf der Basis der zugänglichen Daten.

Der Grad der vermuteten Attraktivität gründet auf Ertrags-, Liquiditäts-, Finanz- und Vermögensverhältnissen. Diese sind das Resultat konsequent umgesetzter marktorientierter Unternehmenskonzepte (Geschäftsmodelle) durch das Management, engagierte und kompetente Mitarbeiter mit effizienten, qualitätsorientierten Produktionsprozessen. Davon hängen das mögliche Geschäftsvolumen und die daraus erzielbaren Erträge und die Risikosituation ab.

Ein interessantes Unternehmen wird umso schwerer von seinen bestehenden Banken wegzuziehen sein, je langfristiger und schlüssiger die vertragliche Gebundenheit (Kreditverträge, Sicherungsverträge) ist, je intensiver die emotionale Verbundenheit und je höher die Zufriedenheit, Habitualisierung und traditionelle Beziehung ist.

Zur Klassifizierung des potenziellen Firmenkundenwertes (siehe Abb. 12) dienen die im folgenden Kapitel dargestellten Analyseinstrumente. Wobei hierbei aufgrund fehlender oder ungenauer Informationen lediglich vernünftige Schätzungen sinnvoll erscheinen.

Akquisitionsverantwortlicher

Nach der Aufstellung des Ranking von zu akquirierenden Firmen übernimmt ein Firmenkundenbetreuer als vertriebliche Relationship-Figur eine jährlich neu zu vereinbarende Zahl an zu kontaktierenden Nichtkunden. Für sie ist er der zentrale Anchorman, der gegebenenfalls Spezialisten für Auslandsgeschäfte oder Vermögensberatung hinzuzieht.

Je nach internen organisatorischen Verhältnissen und Leistungsprozessen hat sich herausgestellt, dass die systematische Ansprache von 5 bis 10 Nochnichtfirmenkunden ein engagiertes Akquisitionsziel darstellt. Ebenso erhält der Gewerbekundenbetreuer und Geschäftskundenberater Verantwortung für eine Zahl von neuen Adressen.

Die Kundenakquisiteure können sich jetzt bei ihren Zieladressen um weitere Informationen bemühen. Wichtig ist vor allem, den genauen Ansprechpartner beim zu akquirierenden Unternehmen zu ermitteln. Dabei geht es um die Frage, wer ist der kompetente Entscheider und wer hat auch die formalen Kompetenzen? Sodann ist es notwendig, ein »*Dossier*« über die Situation und Entwicklung der Firma sowie ihrer Branchenverhältnisse zu erstellen. Vorteilhaft ist es, wenn konkrete Problemlagen und Bedürfnisse erforscht werden können, weil hier konkret angesetzt werden kann.

4.5.1.3 Ablauf der Firmenkundenakquisition

In jüngerer Zeit wird verschärft diskutiert, ob herkömmliche Akquisitionsvorgehensweisen vor dem Hintergrund der fortschreitenden informationstechnologischen Möglichkeiten noch opportun sind. Der im Folgenden aufgezeigte Weg wird auch immer wieder kritisiert. Das suboptimale Akquisitionsergebnis aus empirischen Beobachtungen und die verdeckten Botschaften aus der Verteidigungsdiskussion mit Firmenkundenbetreuern sowie insbesondere aber auch die signifikant positiv korrelierten Erfahrungen mit der Vorgehensweise

- Akquisitionsbrief zur Aktivierung der Aufmerksamkeit
- Akquisitionstelefonat zur Vereinbarung eines Gesprächstermins
- persönliches Akquisitionsgespräch zur Bedürfnisanalyse
- Follow-Up zur Sozialisation mit der Bank

legen es nicht nahe, von diesen vier Schritten abzuweichen.

Entscheidend für den Erfolg ist jedoch die intensive und intime Auseinandersetzung mit der Qualität der einzelnen Akquisitionsschritte. Gerade hier zeigt sich, ob eine echte Fähigkeit und Neigung zum Relationship Marketing vorhanden ist oder ob versucht wird, doch wieder heimlich über den Weg des reinen Transaktionsmarketings Geschäftserfolge über Hochdruckverkauf zu generieren.

Akquisitionsbrief

Der Akquisitionsbrief soll bei der richtigen Zielperson Interesse wecken, ein Problem aufzeigen, daraufhin die eigene Problemlösungsfähigkeit skizzieren und die nötige Vertiefung in einem persönlichen Gespräch avisieren.

In der Anbahnungsphase ist der Akquisitionsbrief ein hervorragendes Instrumentarium, um den Kunden kurzfristig zu stimulieren. Durch den Brief erhält der Firmenkundenbetreuerbesuch eine besondere Stellung und Bedeutung. Der anschließende Kontakt wird vorbereitend angekündigt. Ein direkt und gut gemachter Brief kann auch Interesse, Neugierde wecken und in Einzelfällen erste Reaktionen auslösen. Der Brief verleiht dem Geschäftsanlass seriöses und kompetentes Niveau. Und er erleichtert dem Firmenkundenbetreuer später das Akquisitionstelefonat.

AKQUISITIONSBRIEF Damit er seine Wirkung nicht verfehlt, muss der Akquisitionsbrief mindestens folgende Kriterien beachten:
- exakte Empfängeradresse
  - Ist die Adresse vollständig und richtig?
  - Ist der richtige Ansprechpartner ermittelt?
  - Wird der richtige Ansprechpartner auch richtig angesprochen?
  - türöffnende Kommunikationsform.
- Was offenbart der Brief in seiner Gestaltung über mich als Betreuer und meine Bank?
- Über welche sachlichen Inhalte will ich problemlösend informieren?
- Wie stehe ich zum bzw. was halte ich vom Empfänger?
- Wozu möchte ich den Empfänger veranlassen?
- verständliche Briefgestaltung
  - kurz, klar und zielorientiert
  - optisch und dialektisch gegliedert
  - Absenderperson mit Vor- und Zunamen und Funktion klar ersichtlich
  - konkreter Problemlösungsansatz (Nutzen).
- Ist beim Kunden ein wirksamer Mangel, Problem, Bedürfnis erkannt?
- Wird die adäquate Problemlösung angedeutet?
- Ist der potenzielle Nutzen deutlich erkennbar, d.h. marketingorientierte und nichtverkaufsorientierte Vorgehensweise?

Beispielhaft kann nach gründlicher Recherche ein Erstakquisebrief so formuliert sein:

```
Herrn
Dr.-Ing. Falk Maiwald
Geschäftsführer der
MandauLog GmbH
Isarufer 24
89764 München

                                                    22. August 2005

Sehr geehrter Herr Dr.-Ing. Falk Maiwald,

wir bewundern sehr, wie Sie Ihre traditionelle Spedition zu einem
erfolgreichen Logistikunternehmen gewandelt haben.

Als Sparkasse sind wir das führende regional verwurzelte Kreditinstitut.
Unternehmen und Selbstständige begleiten wir seit Jahrzehnten in allen
Fragen des Cash-, Finanzierungs-, Anlage- und Versicherungsmanage-
ments. Ergänzenden Service erhalten Sie durch firmenspezifische
Beratungsleistungen. Für Ihre internationalen Geschäfte finden Sie uns als
kompetenten Entscheidungsträger mit weltweiten Partnern vor Ort.

Sehr gerne stellen wir Ihnen in einem persönlichen Gespräch Ihre Vorteile
einer Zusammenarbeit mit unserem Hause vor.

Mit freundlichen Grüßen


– Unterschrift –                 – Unterschrift –
Dipl.-Bw. Rainer Mercurius       Dr. Laura-Christiane Renker
Abt.-Dir. Firmenkunden           Mitglied des Vorstandes
```

Abb. 44

Der Beitrag zur erfolgreichen Kontaktaufnahme und Geschäftsanbahnung eines Akquisitionsbriefes ist nicht deswegen relativ niedrig, weil die Rücklaufquote erfahrungsgemäß gering ist, weil die Vorgehensweise zeitaufwendig ist und vielleicht Kunden mit Broschüren, Werbepost überschüttet werden. Vielmehr liegt es daran, dass in der Praxis eklatant gegen oben genannte Kriterien optimaler individueller Briefgestaltung verstoßen wird. Die grundlegende Philosophie des Relationship Marketing sickert nicht bis in den operativen Bereich der konkreten Formulierung eines Akquisitionsbriefes durch. Eine über 5 Jahre hinweg durchgeführte Untersuchung über die Qualität von Mailing-Aktionen im Business-to-Business-Bereich (Renker, C., in acquisa 10/97, S 52 ff.) zeigt einen erschreckenden Dilettantismus in der Vorgehensweise bei der Neukundengewinnung:

- In über 90 Prozent der Fälle geht das Vertriebspersonal weitgehend ohne systematische Analyse in die Neukundenakquisition. Es sind oberflächlich gestaltete Mailings, bei denen Adressen mit einem Standardbrief verknüpft werden.

- 45 Prozent schaffen es nicht, den Adressaten richtig zu schreiben. So werden oft Firmenbezeichnungen nicht richtig wiedergegeben, in der Straßenbezeichnung sind Tippfehler, oder es wird nicht registriert, dass die Firma längst eine neue Anschrift hat.
- 75 Prozent der Kontaktanbahner schaffen es nicht, den richtigen Ansprechpartner auf Anhieb anzuschreiben. So erhält z.B. der Vertriebsleiter die neuesten Finanzierungsangebote.
- 25 Prozent sprechen den richtigen Ansprechpartner nicht richtig an. So bringen sie gleich zum Auftakt erhebliche Störungen in die Beziehungsebene. Der Gipfel waren Formulierungen im Akquisitionsschreiben wie: *»Sehr geehrter Herr Susanne Schmitt, die Philosophie unseres Kreditinstitutes ist es, Sie besonders individuell zu betreuen.«* Häufig fehlen Vornamen. Die Nachnamen werden falsch geschrieben. Titel oder Funktionen werden weggelassen. Diese Briefe landen nicht nur im Papierkorb, sondern lösen zusätzlich bei den befragten Adressaten erhebliche Verstimmungen bis Aggressionen aus.
- Nur in etwa der Hälfte der Fälle werden die Probleme, Bedürfnisse der angesprochenen Unternehmen richtig identifiziert und ein entsprechender Problemlösungsansatz skizziert.
- 48 Prozent der Akquisitionsbriefe weisen erhebliche Defizite in der Briefgestaltung auf. So sind die wenigsten kurz und zielstrebig, sondern sehr ausführlich und umständlich in der Darstellung. Und statt klarer und ästhetischer Briefgestaltung herrscht Unübersichtlichkeit und Unstrukturiertheit vor. Einprägsamkeit und Eigenständigkeit leiden dadurch. Anstatt Empfängerorientierung herrscht Senderorientierung vor.
- Infolgedessen gelingt es auch nur knapp der Hälfte der Briefschreiber, ein positives Beziehungsverhältnis zum Nichtkunden durch den Brief aufzubauen. Negativ unterstützt wird dies noch dadurch, dass der Absender unleserlich unterschreibt. Der Name wird zusätzlich nicht in Maschinenschrift und mit der Funktionsbezeichnung lesbar dargestellt. Teilweise erscheint sogar noch das *»nach Diktat verreist«*. Beim Empfänger erscheint der Eindruck, dass die Bank eigentlich kein Beziehungsinteresse hat.
- Etwa 35 Prozent offenbaren sich schon im Anschreiben als nicht gerade kompetente Bank. Sprache, Aufmachung und Gesamteindruck wirken zu wenig vertrauenserweckend. Die Neugierde schwindet.
- Bei 25 Prozent fehlt ein klar verständlicher Appell, was die Firma eigentlich will. Oder der Appell wird zu aggressiv formuliert. Über 40 Prozent der Akquisitionsansätze über den Brief enden mit der Aufforderung nach dem Motto: *»Nichtkunde, bitte melde dich«* oder *»Wir erlauben uns... «* Spontaner Gedanke des Lesers: *»Was erlauben Sie sich!«*
- Nur weniger als 10 Prozent der Briefschreiber fassen in einem Zeitraum von etwa 5 Tagen telefonisch nach. Warum schreiben sie eigentlich dann den Akquisitionsbrief?

So banal die Diskussion um einen Akquisitionsbrief klingen mag, so bedeutsam zeigt sich aber in der merkbaren Umsetzung, wie weit es mit der Relationship-Marketing-Philosophie her ist. Noch so hehre strategische Papiere im Haus über Relationship Marketing im Firmenkundengeschäft bewegen überhaupt nichts, wenn sie beim Roll-Out an Banalitäten kläglich scheitern.

Akquisitionstelefonat
Wenn der Brief im Empfängerhorizont angelangt ist, sucht der Firmenkundenbetreuer eine günstige Ansprechzeit aus, die je nach Berufsgruppe unterschiedlich sein kann, und fasst telefonisch nach. Der Brief macht ohne nachfolgendes Telefongespräch keinen Sinn. Denn er bereitet lediglich emotional das Gespräch vor. Das einzige realistische Ziel des Telefonats ist der Termin für ein persönliches Gespräch beim Unternehmen.

Lässt sich der Anrufer in ein Verkaufsgespräch verwickeln oder führt Konflikt- bzw. Überredungsgespräche, wird in der Regel die Zielgerade verlassen und das Gespräch endet ergebnislos. Daher muss der Banker die Techniken der Gesprächsführung beherrschen. Insbesondere soll er die unten aufgeführten typischen Einwände ergebnisführend behandeln können.

Telefonmarketing ist im Bankbereich heute ein wirtschaftlicher und nicht mehr wegzudenkender Weg. Rechtlich ist Telefonmarketing an bestimmte Voraussetzungen gebunden. Bei Verstoß gegen § 1 UWG besteht Anspruch auf Unterlassen. Zu unterscheiden ist zwischen Telefonwerbung im privaten und im geschäftlichen Bereich. Im privaten Bereich ist Telefonmarketing zum Schutz der Individualsphäre nur zulässig, wenn das Einverständnis der betreffenden Person vorliegt. Im geschäftlichen Bereich sind die Voraussetzungen nicht so streng: Hier muss ein Bezug zum Geschäftsbetrieb des Anrufenden bestehen. Der Anrufer muss vermuten dürfen, dass der Gesprächspartner dem Anruf positiv gegenübersteht. Das wird in der Regel bei kreditwirtschaftlichen Angeboten der Fall sein.

TELEFONGESPRÄCH Auch für das Telefongespräch gilt es, sich optimal vorzubereiten. Zur sachlichen Vorbereitung der Telefonakquise gehört, dass
- alle Unterlagen bereitgehalten werden (Brief, Terminkalender etc.)
- auf die zu erwartenden Einwände dialektische Antworten parat liegen
- eine umfassende Information über den Gesprächspartner erfolgt ist.

Zur persönlichen Vorbereitung des Telefongesprächs gehört:
- möglichst allein im Raum telefonieren, damit die Konzentration nicht beeinträchtigt wird
- sich entspannen
- kurze und bildhafte Sätze sprechen
- Optimismus, das Lächeln überträgt sich über das Telefon.

Die üblichen Einwände des Gesprächspartners an der anderen Leitung sind:
- Ich habe kein Interesse.
- Ich habe keine Zeit.
- Sie sind bereits die zweite Bank, die bei mir anruft.

- Ich habe schon drei Bankverbindungen, das genügt mir.
- Ich habe keinen Bedarf.
- Was haben Sie mir Besonderes zu bieten?
- Wenn ich etwas brauche, dann melde ich mich.
- Können wir das auch am Telefon besprechen?
- Nennen Sie mir Ihre Konditionen.
- Ich habe bereits schlechte Erfahrungen mit Ihrer Bank gemacht.

Im Wege erfolgreicher Einwandbehandlung
- gilt es, bei Vorwänden zukunftsorientierten Gesprächsausstieg zu suchen,
- ist es notwendig, das eigentliche Ziel des Telefonats nicht aus dem Auge zu verlieren.

Einziges Ziel ist es, bei dem Nochnichtfirmenkunden ein persönliches Gespräch möglichst in seinem Unternehmen zu erreichen. Verkaufsgespräche oder Debatten führen ins Abseits.

Persönliches Akquisitionsgespräch

Grundvoraussetzung für das persönliche Akquisitionsgespräch beim Firmenkunden ist, dass der Firmenkundenbetreuer vorbereitet ist. Dazu muss er sich seine Gesprächsziele festlegen:
- Informationen über die Politik, Struktur und wirtschaftlichen Verhältnisse der Firma herausfinden
- erkunden welche aktuelle Vorhaben anstehen
- Probleme, Bedarf für geschäftliche Ansätze finden
- sich selbst und die Bank vorstellen.

Der Firmenkundenbetreuer soll sich die Themen, über die er sprechen will, schriftlich notieren. Zur fachlichen Vorbereitung gehört, dass sich der Firmenkundenbetreuer konkrete Informationen über das Unternehmen, die Branche, Rechtsform, Konkurrenzbankverbindungen etc. beschafft. Zudem gilt es, sich auf den Gesprächspartner einzustellen. Dessen persönliche, familiäre Verhältnisse, Interessensgebiete, Mitarbeiterhierarchien müssen vorher erkundet werden. Für viele, gerade Anfänger, ist es notwendig, sich Ansatzpunkte für den Gesprächseinstieg festzulegen, die Argumente und Einwände durchzuspielen und eventuell Small-Talk-Themen vorzubereiten. Häufigerweise wird noch vergessen, Visitenkarten, Geschäftsberichte oder Publikationen mitzunehmen. Zu berücksichtigen ist, ob weitere Gesprächspartner mit teilnehmen, wie etwa der Finanzprokurist oder Mitarbeiter des Rechnungswesens.

Gerade bei der Gesprächseröffnung beim Nochnichtfirmenkunden geht es darum, durch die Schaffung einer positiven Atmosphäre den Einstieg in ein Beziehungsverhältnis zu stimulieren. Dabei hat der Firmenkundenbetreuer in seinem Auftreten nur einmal die Chance des ersten Eindruckes. Tagesgruß, persönliche Vorstellung, Dank für den Termin, Platz nehmen, Visitenkarten austauschen, sich persönlich vorstellen: das sind für viele Firmenkundenbetreuer bereits erhebliche Hürden, an denen sie scheitern. Oft ist der weitere Gesprächsverlauf bereits hier in seinem Ergebnis vorgezeichnet.

50 bis 75 Prozent der Kundenverluste in der Akquisition sind auf persönliche Mängel des Firmenkundenbetreuers zurückzuführen. Echte sachliche Fehler sind in diesem Stadium noch nicht der Grund. Daher ist Grundvoraussetzung ein überzeugendes Auftreten, das sich durch gute Körperhaltung, Augenkontakt, richtige äußere Erscheinung (Kleidung und angenehmes Äußeres) dokumentiert.

Der Gesprächspartner muss spüren, dass sich der Firmenkundenbetreuer um ihn bemüht und dass er begeistert von seinem eigenen Angebot ist. Wirkungsvolles Sprechen wie Natürlichkeit und Einfachheit, deutlich und frisch, wenig bis keine Modewörter und auch die Fähigkeit, die Sprache des Partners anzunehmen, sind kommunikative Stimulanzen in der Geschäftsanbahnungsphase.

Auch ein verbindliches Wesen, das sich in freundlicher Heiterkeit, Optimismus, Freude am aktiven Zupacken, Ansprechen des Namens des Partners und das offensichtliche Aufzeigen von Verständnis für dessen Probleme darstellt, fördert die Qualität der Erstkontakte.

Es wird viel darauf ankommen, inwieweit es gelingt, die »*Frage als Königin der Dialektik*« zu beherrschen. Dazu gehört auch die Technik des aktiven Zuhörens.

Fehler in der Gesprächseröffnung können sein: geheucheltes Lob, falsche Übergabe der Visitenkarten, falsche Wahl der Getränke, Fehlleitung von Gesundheits- und Hobbygesprächen und die üblichen Floskeln.

In dem sachlichen Gesprächsteil wird es viel darauf ankommen,

- dass der Firmenkundenbetreuer den Kunden von der Kompetenz seiner Person und seiner Bank überzeugen kann durch das Halten von versprochenen Leistungsgarantien während einer geschäftlichen Zusammenarbeit,
- dass eine Empfehlungsfundierung durch bestehende Leistungstests oder durch in der Öffentlichkeit bekannte Maßnahmen erfolgt und
- dass der Nochnichtkunde stimuliert wird durch rasche Lösung akut anstehender Probleme, durch eventuell vorliegende Sonderangebote oder durch die Aufnahme in bestimmten Netzwerken der eigenen Bank, die ihm helfen können.

Mit Follow-Up zur Sozialisation

Es ist nicht zu erwarten, dass nach einem Erstgespräch sofort ein Geschäftsabschluss erfolgt. Meist sind nach 3 bis 5 qualifizierten Kontakten erst die Abschlüsse zu erwarten. Dazu ist es aber umso wichtiger, aufgrund des Erstgespräches den nächsten Kontakt zu ermöglichen und zu sichern.

Der Firmenkundenbetreuer muss diesen Erstkontakt systematisch weiter vertiefen und verfolgen, um den Kunden langsam emotional und inhaltlich an die eigene Bank zu gewöhnen. Diese Sozialisationsphase kann mit Maßnahmen mit mehr oder weniger direktem und indirektem Leistungsbezug erfolgen.

Zuerst wird der Firmenkundenbetreuer seinen Besuch brieflich bestätigen und weitere Vorgehensweisen ankündigen. Wichtig ist, dass derselbe Mitarbeiter in der Bank den Kontakt zum Nichtkunden hält.

Schließlich könnte ein weiterer Besuch notwendig werden, um vielleicht einen weiteren Bankspezialisten oder eine Person aus der Führung der Bank vorzustellen.

Nach der Devise »*Steter Tropfen höhlt den Stein*« wird es darum gehen, den Kunden durch indirekte kommunikative Leistung zu begeistern. Das könnte eine Aufnahme in die VIP-Kartei der Bank sein, Zusendung von Broschüren und Zeitschriften, Einladung zu Events und verschiedenen Vortrags- und sonstigen Veranstaltungen. Beharrlichkeit, Geduld und Stehvermögen verbunden mit proaktiven Angeboten führen bei echtem Bedarf beim Unternehmen zur ersten Kontoeröffnung als Einstieg in eine expansive Bankverbindung. Die Abbildung 45 fasst den Akquisitionsprozess noch einmal zusammen.

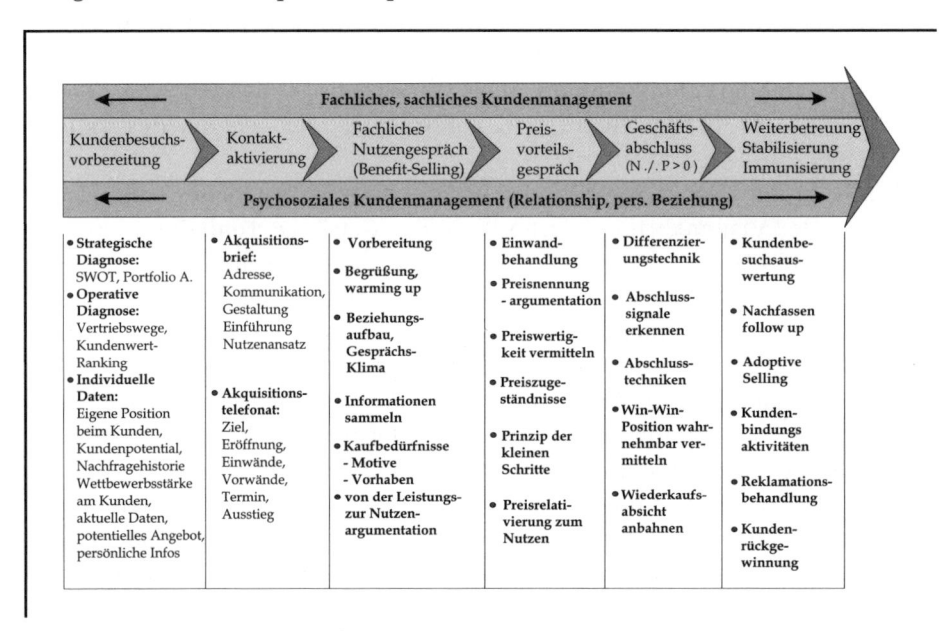

Kundenbesuchs-vorbereitung	Kontakt-aktivierung	Fachliches Nutzengespräch (Benefit-Selling)	Preis-vorteils-gespräch	Geschäfts-abschluss ($N./.P > 0$)	Weiterbetreuung Stabilisierung Immunisierung
Fachliches, sachliches Kundenmanagement					
Psychosoziales Kundenmanagement (Relationship, pers. Beziehung)					
• Strategische Diagnose: SWOT, Portfolio A. • Operative Diagnose: Vertriebswege, Kundenwert-Ranking • Individuelle Daten: Eigene Position beim Kunden, Kundenpotential, Nachfragehistorie Wettbewerbsstärke am Kunden, aktuelle Daten, potentielles Angebot, persönliche Infos	• Akquisitions-brief: Adresse, Kommunikation, Gestaltung Einführung Nutzenansatz • Akquisitions-telefonat: Ziel, Eröffnung, Einwände, Vorwände, Termin, Ausstieg	• Vorbereitung • Begrüßung, warming up • Beziehungs-aufbau, Gesprächs-Klima • Informationen sammeln • Kaufbedürfnisse - Motive - Vorhaben • von der Leistungs- zur Nutzen- argumentation	• Einwand-behandlung • Preisnennung - argumentation • Preiswertig-keit vermitteln • Preiszuge-ständnisse • Prinzip der kleinen Schritte • Preisrelati-vierung zum Nutzen	• Differenzier-ungstechnik • Abschluss-signale erkennen • Abschluss-techniken • Win-Win-Position wahr-nehmbar ver-mitteln • Wiederkaufs-absicht anbahnen	• Kundenbe-suchsaus-wertung • Nachfassen follow up • Adoptive Selling • Kunden-bindungs-aktivitäten • Reklamations-behandlung • Kunden-rückge-winnung

Abb. 45 Akquisitionsprozess im Überblick

4.5.1.4 *Erfolg und Erfolgsfaktoren in der Firmenkundenakquise*

Generell bestätigen die bekannten Untersuchungen im Relationship Marketing, dass die systematische Vorgehensweise in den Phasen »Retention« und »Reclamation« die höchsten Finanz- und Marktergebnisse zum Unternehmens-erfolg beisteuern. Recovery Management wird neuerdings eine weitere starke Bedeutung beigemessen. Letztlich hängt es von der individuellen Situation der Bank ab, ob dem Recruitment oder Recovery mehr Bedeutung beigemessen wird. Zeb/rolfes.schierenbeck.associates (die bank, 2004) sehen die vorhandenen Ertragsmöglichkeiten im Firmenkundengeschäft nur unvollkommen ausgeschöpft. Kundensegmentspezifisch sehen sie Steigerungsraten von 50 bis

120 Prozent machbar. Dazu müssten lediglich die Schwächen im vertriebsbetonten Relationship Marketing überwunden werden. In mehreren eigenen Langzeittests konnte die obige These gestützt werden. So konnten nach der zuvor geschilderten akquisitorischen Vorgehensweise in einer Geschäftsregion einer Großbank aus einem Potenzial von 165 Unternehmen mit mehr als 100 Mio. Euro Jahresumsatz innerhalb von zwei Jahren 21,2 Prozent akquiriert werden. Das neue Aktiv- und Passivgeschäftsvolumen addierte sich auf ca. 270 Mio. Euro. In einer Sparkasse konnten Zahl und Volumen innerhalb von fünf Jahren knapp verdoppelt werden. In einem anderen Fall konnten die Kundenzahl um 190 Prozent und das Geschäftsvolumen um 1120 Prozent gesteigert werden. Dabei konnten die hypothetischen Zusammenhänge wie in der Abbildung 46 (Kausalkette der Firmenkundenakquisition/Erfolgsfaktoren) bestätigt bzw. nicht falsifiziert werden. Je nach Einflussstärke aus den individuellen Dispositionen des Nochnichtfirmenkunden und der Qualität seiner bestehenden Bankverbindungen war in erster Linie die Qualität der Handlungskompetenz des Firmenkundenbetreuers ausschlaggebend für den Grad des Akquisitionserfolges. Die Steuerung des Akquisitionsvorgehens, das Angebot der Bank und die Wichtigkeit bzw. Dringlichkeit des Problems für den gewünschten Kunden folgten mit Abstand.

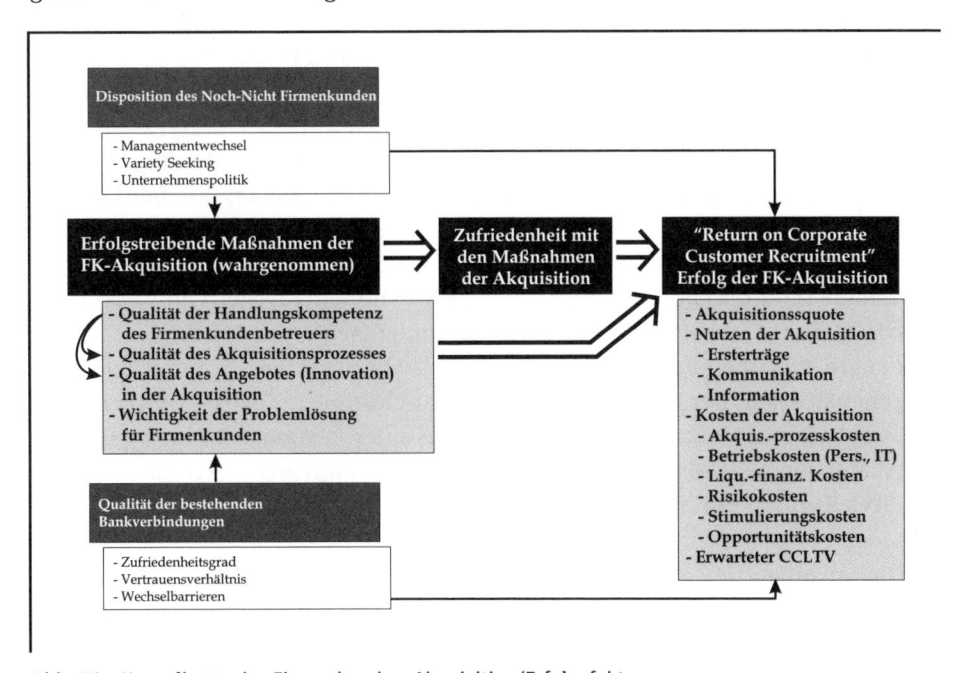

Abb. 46   Kausalkette der Firmenkunden-Akquisition/Erfolgsfaktoren

Der Return on Customer Recruitment misst sich an den Zielkategorien Erstabschlussquote, Totalnutzen der Akquise, deren Kosten und den erwarteten Corporate Customer Lifetime Value (CCLTV).

4.5.2 Stabilisierung und Immunisierung werthaltiger Firmenkundenbeziehungen gegenüber dem Wettbewerb Corporate Customer Retention Management

4.5.2.1 Ansätze und Modifizierung der Kundenloyalisierung

Aus der Kundenbindungs-, Loyalitätsforschung ist bekannt, dass neue akquirierte Kunden bzw. bestehende Kunden, die über längere Zeiträume eine stabile Geschäftsbeziehung zur Bank haben, grundlegend und nachhaltig die Rentabilitätsziele erreichen helfen. Studien von Hart/Heskett/Sasser (HBM 1/1991) belegen, dass die Bindung bestehender Kunden bei Ausschöpfung der Geschäftspotenziale bis zu sechsmal rentabler ist als die Akquisition von Nochnichtkunden.

Die zentralen Ansätze für Maßnahmen des Firmenkundenmanagements als Herzstück des Relationship Marketing sind:
- die Konzentrierung der Marketingmaßnahmen am Grad der identifizierten tatsächlichen bzw. potenziellen Wertigkeit von Firmenkunden (**Betreuungsklassifizierung**) für die eigene Bank
- der Aufbau und die Erhaltung stabiler persönlicher Beziehungen zwischen Firmenkunden, dem Firmenkundenbetreuer und dem jeweiligen Kreditinstitut durch Generierung persönlicher **Verbundenheit**. Das zielt auf die Errichtung emotionaler und psychosozialer Wechselbarrieren als Immunisierung gegen Wettbewerber und dem Verlangen nach Variety Seeking;
- die Steigerung der **Gebundenheit** der Firmenkunden an die eigene Bank durch Extensivierung und Intensivierung des Angebotes an Bankdienstleistungen, Cross-Selling, Transaktionskostenvorteile, Schaffung von Added-Values und Value-Added-Services. Kontraktliche Bindungsarten wie diverse schuldrechtliche und sachenrechtliche Verträge wirken meist langfristig und sind vom Firmenkunden kaum einseitig auflösbar;
- neuere Ansätze zur Festigung von Kundenbeziehungen können den Vorgehensweisen der Konsum- und Gebrauchsgüterindustrie in Form des Supply Chain Management, Efficient Consumer Response inklusive Category Management als Einklinken in die **Wertschöpfungskette bzw. -netze** ihrer Kunden entlehnt werden.

Die Loyalisierung von Firmenkunden ist kein Selbstzweck. Sie findet ihre Berechtigung darin, dass sie den größten Beitrag zu den Wachstums-, Ertrags-, Sicherheits- und Produktivitätsvorstellungen einer Bank leisten kann. Die zentralen Notwendigkeiten zur modifizierten Vorgehensweise werden aber in den meisten Banken noch zu wenig berücksichtigt:
- Die Retentionsphase ist der Zeitraum, in dem eine Bank für ihre erbrachten Leistungen (Value Delivery) am stärksten die Gegenleistung (Value Extraction) am einzelnen Kunden abgreifen kann. Aktives Pricing in den Verhand-

lungsgesprächen hilft, das Profitpotenzial für die eigene Bank optimal auszuschöpfen.
- Das bestehende Portfolio an Firmenkunden ist hinsichtlich der Geeignetheit zur Erreichung der Ziele laufend in seiner Struktur und im Volumen zu hinterfragen.
- Loyale Firmenkunden sind nicht per se profitabel. Die so genannten »Kletten« oder einseitig auf die Bank angewiesenen Kunden zehren am Ertrag und der Sicherheitslage. Dagegen können Kurzzeitfirmenkunden durchaus profitabel sein – auch wenn sie sich wie »Schmetterlinge« verhalten.

4.5.2.2 Identifikation werthaltiger Kunden zur Ressourcenkonzentration

Die begrenzte Arbeitszeit und die begrenzten Sachkapazitäten, die Engpässe bei qualifizierten Firmenkundenbetreuern und im Backoffice sowie die große Zahl an Firmenkunden erlaubt es nicht, die Marketingmaßnahmen quasi mit der Gießkanne gleichermaßen über die Firmenkunden zu streuen, um die gewünschten Stabilisierungseffekte zu erzielen. Zudem haben Firmenkunden verschiedene Erwartungen und Bedürfnisse. Sie haben unterschiedliche Ertragspotenziale für eine Bank und beinhalten differierende Risikoverhältnisse. Auch sind die geschäftlichen Entwicklungspotenziale bei den Unternehmen nicht gleich. Auch der Betreuungsaufwand und damit die möglicherweise zu erzielende Produktivität ist von Kunde zu Kunde verschieden.

Insgesamt bedeutet dies, dass eine »*Einheitsbehandlung*« der Firmenkunden zur Stabilisierung von Beziehungsverhältnissen nicht geeignet und möglich ist.

Andererseits führt es aber auch nicht weiter, wenn Firmenkundenbetreuer ohne hinreichenden Überblick über ihr Firmenkundenportefeuille ihre verfügbare Arbeitszeit spontan bzw. nach Gefühl investieren. Ebenso wenig werden Kundenbindungsmaßnahmen effizient eingesetzt, wenn sich der Firmenkundenbetreuer nur mit seinen »*Lieblingskunden*« oder unproblematischen Kunden beschäftigt. Von daher ist es nur plausibel, dass sich die Kundenbindungsmaßnahmen zur Stabilisierung von Firmenkundenbeziehungen auf folgende Prinzipien stützen:
- Differenzierung

    Aufbauend auf den Ergebnissen der Firmenkundensegmentierung und der Kundenstrukturanalyse muss der Firmenkundenbetreuer seine Kundenbindungsmaßnahmen differenziert auf die Ansprüche jeweiliger Firmenkundengruppen einsetzen. Dementsprechend variiert auch die Intensität der Kundenbindungsmaßnahmen.
- Fokussierung

    Der Firmenkundenbetreuer wird sich beim Einsatz seiner Kundenbindungsmaßnahmen auf die Firmenkunden konzentrieren, die hinsichtlich Wachstum, Ertrag und Risiko höchste Wertigkeitsgrade einnehmen. Die Arbeitszeit wird dort am stärksten eingesetzt, wo die höchsten Rentabilitätsbeiträge zu erreichen sind. Letztlich erhält jeder Firmenkunde die Betreuung, die er auch »*verdient*«.

- Ökonomisierung

  Schließlich wird der Firmenkundenbetreuer seine Kundenbindungsmaßnahmen hinsichtlich des Kosten-Nutzen-Verhältnisses und der personellen Produktivität effizient einsetzen.

Die Klassifizierung der Firmenkunden bzw. Kategorisierung/Priorisierung zur Beantwortung der Frage der Würdigkeit und Fähigkeit zur Beziehungsstabilisierung und damit zum effizienten Einsatz der Kundenbindungsmaßnahmen kann mit folgenden Instrumenten vorgenommen werden:

ABC-Analyse zum Basis-Ranking

Um Tendenzaussagen hinsichtlich der Profitabilität von Firmenkundenbeziehungen zu erhalten, erfreuen sich in der Praxis wegen ihrer Einfachheit ABC-Analysen immer noch großer Beliebtheit.

Die ABC-Analyse vergleicht das Geschäftsvolumen bzw. den Deckungsbeitrag zwischen verschiedenen Firmenkunden
- entweder hinsichtlich des aktuellen, tatsächlichen Jahresvolumens oder des erwarteten bzw. maximalen Volumens
- oder hinsichtlich des Volumenanteils am gesamten Firmengeschäftsvolumen bzw. des Volumenanteils der eigenen Bank am gesamten Bankgeschäftsvolumen des Firmenkunden (*»Share of Corporate Customer«*).

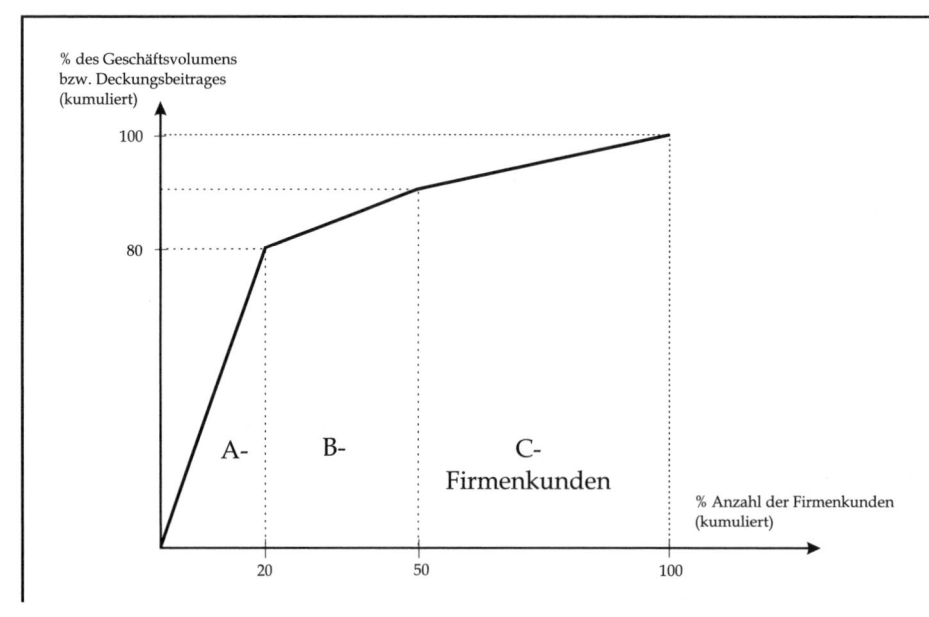

Abb. 47   ABC-Analyse im Firmenkundengeschäft zur Priorisierung von Bindungsmaßnahmen

Empirische Untersuchungen haben gezeigt, dass bezogen auf das Jahr als Geschäftsperiode 12 bis 35 Prozent der Firmenkunden 74 bis 92 Prozent des Geschäftsvolumens einer Bank ausmachen. Die Abbildung 47 zeigt die häufig

4.5 Erfolgsorientiertes Vorgehen in den Phasen der Beziehungslebenszyklen

aufgeführte 20:80-Regel. Diese besagt, dass mit 20 Prozent der Firmenkunden 80 Prozent des Firmenkundenerfolges erzielt werden. Die Abbbildungen 54 und 55 zeigen Praktikeranwendungen (hier nach Mummert Consulting AG: Der Entscheidungsschritt von der zeitpunktorientierten zur prospektiven Wertklassifizierung der Firmenkunden und die Deckungsbeitragsrechnung zum Ranking).

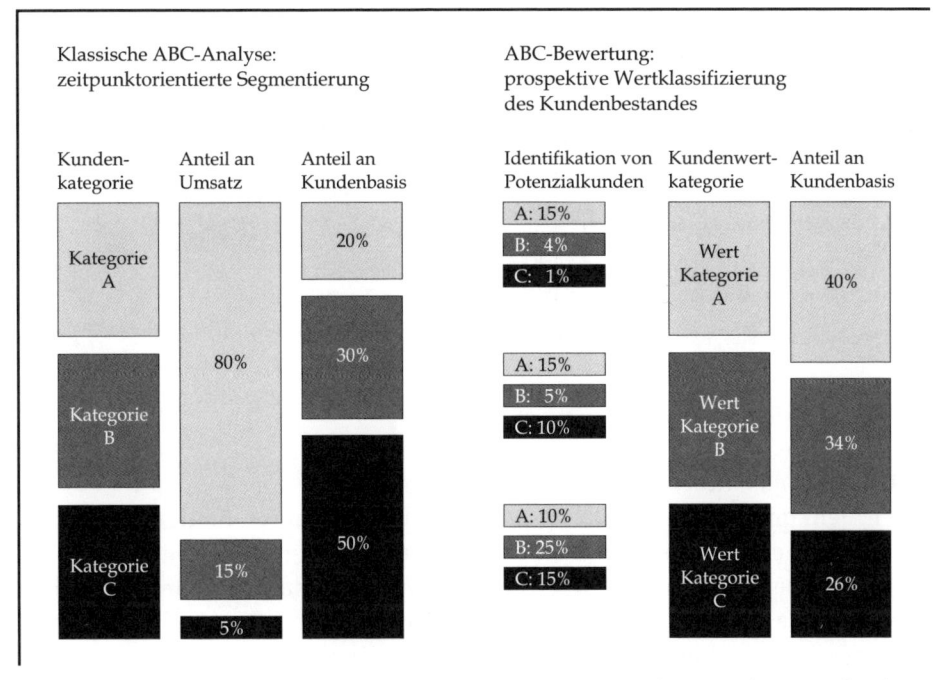

Abb. 48 Von der zeitpunktorientierten zur prospektiven Wertklassifizierung der Firmenkunden

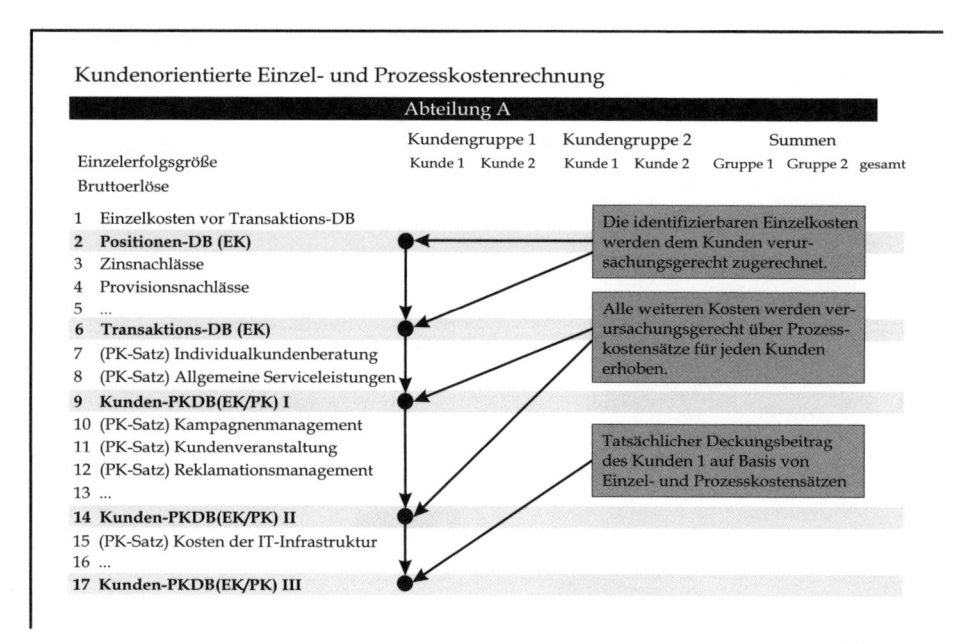

Kundenorientierte Einzel- und Prozesskostenrechnung

	Abteilung A						
	Kundengruppe 1		Kundengruppe 2		Summen		
Einzelerfolgsgröße	Kunde 1	Kunde 2	Kunde 1	Kunde 2	Gruppe 1	Gruppe 2	gesamt
Bruttoerlöse							
1 Einzelkosten vor Transaktions-DB							
2 **Positionen-DB (EK)**							
3 Zinsnachlässe							
4 Provisionsnachlässe							
5 ...							
6 **Transaktions-DB (EK)**							
7 (PK-Satz) Individualkundenberatung							
8 (PK-Satz) Allgemeine Serviceleistungen							
9 **Kunden-PKDB(EK/PK) I**							
10 (PK-Satz) Kampagnenmanagement							
11 (PK-Satz) Kundenveranstaltung							
12 (PK-Satz) Reklamationsmanagement							
13 ...							
14 **Kunden-PKDB(EK/PK) II**							
15 (PK-Satz) Kosten der IT-Infrastruktur							
16 ...							
17 **Kunden-PKDB(EK/PK) III**							

Anmerkungen zur Abbildung:
- Die identifizierbaren Einzelkosten werden dem Kunden verursachungsgerecht zugerechnet.
- Alle weiteren Kosten werden verursachungsgerecht über Prozesskostensätze für jeden Kunden erhoben.
- Tatsächlicher Deckungsbeitrag des Kunden 1 auf Basis von Einzel- und Prozesskostensätzen

Abb. 49   Deckungsbeitragsermittlung zur ABC-Analyse

Cross-Selling-Potenzial als Möglichkeitsraum

Firmenkunden, die bereits eine Produktart bei einer Bank nachgefragt haben, können dazu bewegt werden, weitere Bankdienstleistungen zu beanspruchen. Der Firmenkundenbetreuer kann dabei darauf zielen, dass der Firmenkunde überhaupt eine neue Bankleistung nutzt, oder aber Bankdienstleistungen, die bisher bei Konkurrenzinstituten nachgefragt werden, auf das eigene Institut verlagert. Die Untersuchung hinsichtlich des Cross-Selling-Potenzials stellt nicht nur auf eine Periode ab, sondern ist oft zukunftsgerichtet. Sie ist in der Steuerung und Umsetzung einfach zu handhaben. Es ist in den meisten Häusern relativ einfach, die Produktnutzungsquote der einzelnen Firmenkunden zu ermitteln und dies als Anlass zu nehmen, die Bindung über mehr Produktabsatz zu erhöhen.

Abbildung 50 modelliert die Steigerungsmöglichkeiten der Cross-Selling-Quote pro Firmenkunde (horizontal) und den Nutzungsgrad bzw. die Nachfrageintensität pro Produkt (vertikal) je Firmenkunde.

Die Leerräume zeigen den Gap zu den maximalen Geschäftsmöglichkeiten mit den Firmenkunden.

Cross-Selling-Quote pro Firmenkunde nach BDL-Kriterien

100 %

ZV | Finanzierung / Kredite | Geldanlagen | Auslandsgeschäft | Versicherungen | Dienstleistungen | Privatbereich

100 %

Nachkaufintensität pro BDL-Kategorie / Produktnutzungsgrad

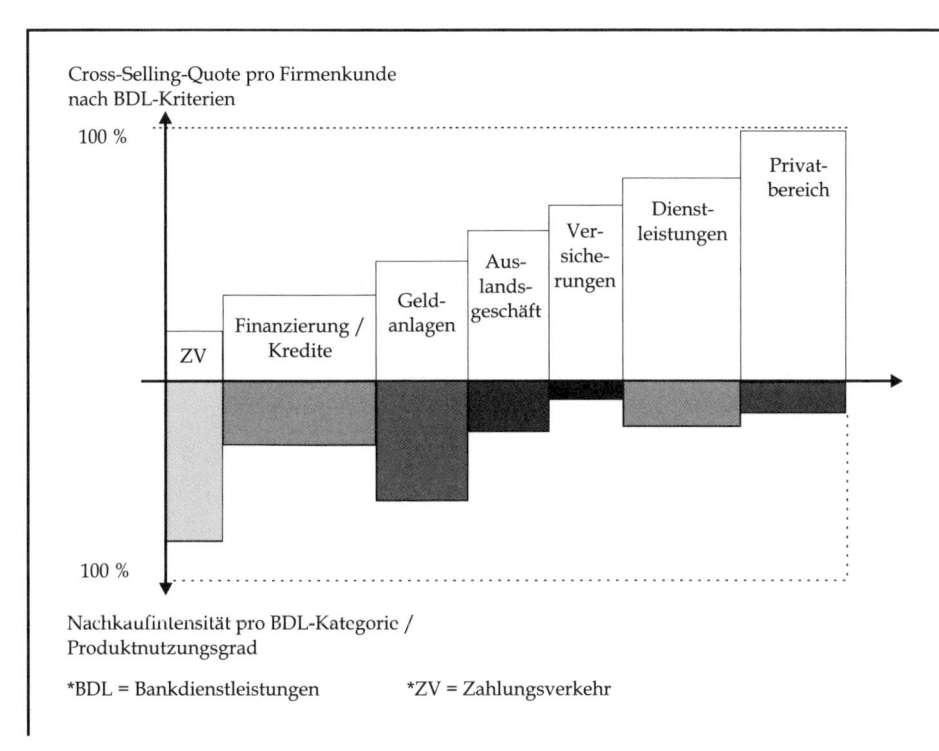

*BDL = Bankdienstleistungen   *ZV = Zahlungsverkehr

Abb. 50   Horizontales und vertikales Cross-Selling

Corporate Customer Lifetime Value als Idealwert

Aufbauend auf die Verfahren der dynamischen Investitionsrechnung können die Firmenkunden auch hinsichtlich ihrer Beziehungsprofitabilität über mehrere Perioden bzw. der gesamten Retentionsphase hinweg eingestuft werden.

Die in der Abbildung 51 dargestellte Formel zur Berechnung eines investitionstheoretischen Corporate Customer Lifetime Values/CCLV (in Anlehnung an Link, J./Hildebrandt, V.G., Ettlingen 1997, S. 165) gilt es noch zu modifizieren,
- um das Risiko des Abbruches der Firmenkundenbeziehung nach einer Periode (Kundenbindungswahrscheinlichkeit) und
- um das wahrscheinliche Kreditrisiko im Falle anteiliger Finanzierungsprodukte.

Die Abbildung 52 veranschaulicht die Zahlen nach der Barwertmethode (Mummert AG).

Diskontierter Lebenszeitwert (CCLV)

$$CCLV_r = -A_0 + \sum_{t=0}^{T} \frac{x_t \cdot (p-k) - M_t}{(1+r)^t}$$

Einfacher Lebenszeitwert (CCLV)

$$CCLV = -A_0 + \sum_{t=0}^{T} x_t \cdot (p-k) - M_t$$

Zeichenerklärung

$CCLV_r$	Barwert der zukünftigen Nettoeinnahmen vom Firmenkunden
$CCLV$	Gesamtwert der zukünftigen Nettoeinnahmen vom Firmenkunden
t	Jahr
T	voraussichtliche Zahl der Jahre, in denen der Umworbene Firmenkunde bleibt
x_t	Abnahmeprognose pro Jahr
p	(kundenindividueller) Produktpreis
k	Stückkosten
M_t	kundenspezifische Marketingaufwendungen pro Jahr t
r	Kalkulationszinsfuß
A_0	Akquisitionskosten im Zeitpunkt t = 0

Abb. 51 Berechnungsvarianten des Corporate Customer Lifetime Values

Kundenbarwert	Jahr 1 (t=0)	Jahr 2 (t=1)	Jahr 3 (t=2)	Jahr 4 (t=3)	Jahr 5 (t=4)	Summe
Akquisitionskosten	810					810
Marketing	500					500
Vertrieb	246					246
Kontoeröffnung	64					64
Risikokosten/ Forderungsausfall	-	-	-	-	-	-
Verwaltungs- und Prozesskosten	580	604	617	621	641	3.063
Transaktionskosten	32	29	44	43	40	188
Kosten der IT Infrastruktur	15	10	19	20	15	79
Filialbetreuung	143	152	140	136	173	744
Indirekte Filialkosten	356	371	373	371	369	1.840
Laufende Marketingkosten	34	42	41	51	44	212
Produktkosten	387	387	387	393	393	1.947
Produkterlöse/ -umsatz	1.166	1.241	1.217	1.149	1.396	6.169
Sonstige Erlöse (Kontoführung)	50	50	50	50	50	250
Jährlicher Einnahmenüberschuss	-561	300	263	185	412	599
Diskontierter Einnahmenüberschuss	-561	278	225	147	303	392

Abb. 52 Firmenkunden-Barwertbeispiel

Referenzwert eines Firmenkunden

Nach der Devise »*Der Kunde, dein bester Verkäufer*« war in der Praxis die Bedeutung der Weiterempfehlung eines Firmenkunden an einen weiteren Firmenkunden schon immer offensichtlich. Zuletzt hat Cornelsen, J. (1996,

1998, 2000) schlüssig und empirisch belegt auf die hohe Bedeutung des Referenzwertes von Kunden hingewiesen. Firmenkunden sind in einem erheblichen Netzwerk an Geschäftsbeziehungen eingebunden und können daher für Referenzen genutzt werden. Aus praktischen Erfahrungen sei die These gewagt, dass der Referenzwert eines mittelständischen A-Kundens, bezogen auf eine Periode, den Wert von 500 000 Euro übersteigt.

Die Abbildung 53 zeigt den Zusammenhang der Bildung des Referenzwertes eines Firmenkunden und die dazugehörenden Referenzwerttreiber. Cornelsen schlägt eine mathematische Formel der Berechnung des Referenzwertes vor. Diese dürfte aber für den Alltag im Firmenkundengeschäft zu komplex sein. Dennoch lohnt es, sich Referenzwerte nach subjektiver und qualitativer Klassifizierung vorzunehmen, um gezielte Ansprachen zu ermöglichen.

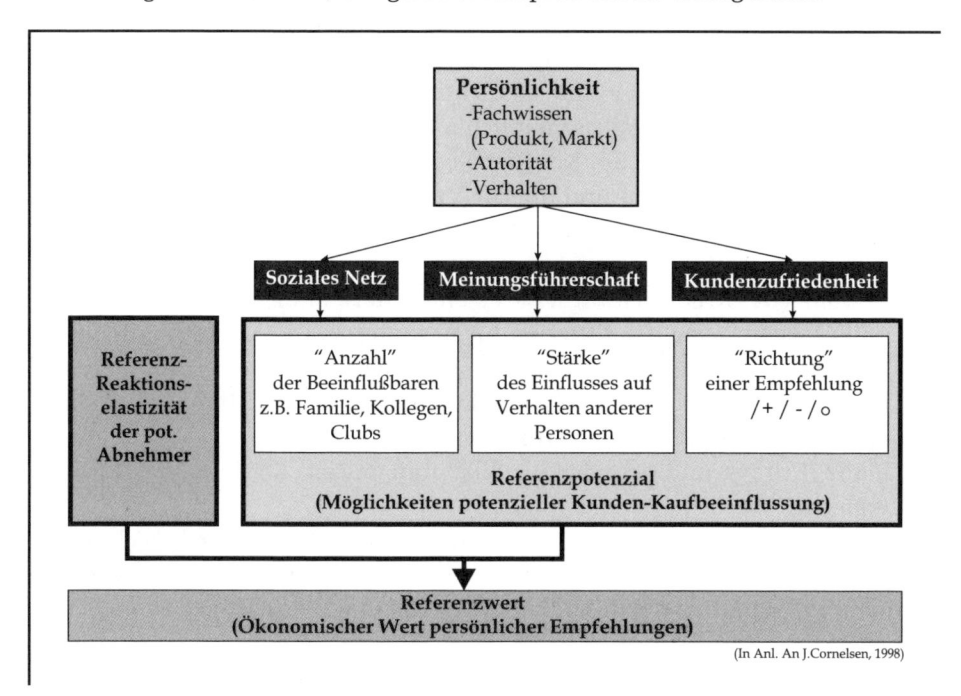

```
                    Persönlichkeit
                    -Fachwissen
                    (Produkt, Markt)
                    -Autorität
                    -Verhalten

    Soziales Netz      Meinungsführerschaft      Kundenzufriedenheit

Referenz-        "Anzahl"              "Stärke"              "Richtung"
Reaktions-       der Beeinflußbaren    des Einflusses auf   einer Empfehlung
elastizität      z.B. Familie, Kollegen, Verhalten anderer  / + / - / o
der pot.         Clubs                 Personen
Abnehmer
                        Referenzpotenzial
                (Möglichkeiten potenzieller Kunden-Kaufbeeinflussung)

                        Referenzwert
                (Ökonomischer Wert persönlicher Empfehlungen)
                                            (In Anl. An J.Cornelsen, 1998)
```

Abb. 53   Referenzwerte zur Kundenklassifizierung

Firmenkunden-Portfolio mehr als Rating

Im Zusammenhang mit Basel II werden von den Aufsichtsbehörden akzeptierte Ratingverfahren zum zentralen Bestandteil bei allen Finanzierungs- und Kapitalbeschaffungsvorgängen.

Ein »**Rating**« ist eine durch alphabetische (z.B. AAA, AA..., BBB...) oder/und numerische (z.B. 1, 2... oder Aa1, Aa2) Kennzeichnung vorgenommene Bonitätsklassifizierung von Kreditnehmeradressen, die eine fundierte, objektive und nachvollziehbare Aussage über die zukünftige Fähigkeit eines Unternehmens zur vollständigen und terminrechten Tilgung und Verzinsung seiner

Verbindlichkeiten und zum Ausmaß möglicher Forderungsausfälle aus Gläubigerperspektive (Schätzung der Ausfallwahrscheinlichkeit) darstellt.

Das Ratingergebnis beeinflusst:
- die Risikoabgeltung im Zinssatz (Höhe der Konditionen)
- die Kreditrationierung (Erhöhung, Reduzierung von Krediten)
- die Risikoneutralität (Beibehaltung von Kreditlinie und Zinssatz).

Es wird zwischen bankinternen und externen Ratingverfahren, die von Ratingagenturen mit Ratinganalysten durchgeführt werden können, unterschieden. Für deren Anerkennung hat der Basler Ausschuss für Bankenaufsicht strenge Anforderungen verlangt:
- angemessene Differenzierung des Kreditrisikos
- Glaubwürdigkeit und Vollständigkeit der Ratingzuordnung
- Überwachung der Ratingsysteme und -prozesse
- Aufstellung der Kriterien und Ausrichtung von Ratingsystemen
- Schätzung der Ausfallwahrscheinlichkeiten
- Sammlung von Daten zum Kreditengagement
- interne Ratingverfahren und interne Validierung
- Offenlegungspflicht (Marktdisziplin).

Wiewohl jedes Kreditinstitut seine eigene Kriterienbündelungen, Bewertungen und Gewichtungen der Kriterien für das interne, nicht veröffentlichungspflichtige Rating vornimmt, so lassen sie sich doch auf vier Bewertungsbereiche der Beurteilung der künftigen Firmenkundenbonität auf die 4 Ms »Money, Management, Markets, Moral« verdichten:
- Finanz-, Ertrags- und Vermögensindikatoren im Zeit-, Betriebs- und Normenvergleich:

  Aus den Daten des Jahresabschlusses und des internen Rechnungswesens werden Kennzahlen errechnet (z.B. STATBIL) mit Blick auf künftige finanzwirtschaftliche Kapitaldienstfähigkeit und Werthaltigkeit von Sicherheiten.
- qualitative Kriterien werthaltiger Unternehmensführung:

  Hierbei geht es im Wesentlichen um die Unternehmer-/Manager- und Unternehmungsführungsbeurteilung (UUB). Anhaltspunkte sind hier Alter, Ausbildung, fachliche Entwicklung und Berufserfahrung, Leistungsfähigkeit, Familienverhältnisse, Nachfolgeregelung und Führungspower.

  Des Weiteren sind die Unternehmenskonzepte, Rechtsform, Personalressourcen, Planungs-, Kalkulations- und Controllingtools, Finanz- und Rechnungswesen, Organisation, Produkte, Vertrieb, Kommunikation, F & E, Wertschöpfungsketten und Einkauf unter Prüfung.

  Insgesamt wird aus der Fähigkeit des Managements, in Zukunft nachhaltige Wertschöpfungen zu bewirken, auf die Stärken und Schwächen des Unternehmens geschlossen.

- systematische Risiken aus dem Umfeld des Unternehmens:
  Unternehmen agieren in Wertschöpfungsräumen, die für sie häufig kaum direkt beeinflussbare Chancen und Risiken enthalten. Dazu zählen die Branchen-, Markt- und Wettbewerbssituation (z.B. FERI) ebenso wie Konjunkturentwicklung, technologische, rechtliche und ökologische Einflüsse.
- historisches Finanz- und Zahlungsverhalten:
  Analysiert werden die bisherigen Kontoumsatzdaten (KONDAN) anhand von Überziehungen, Umsatzentwicklung, Zahlungsweise, Linienbeanspruchung, Zahlungsstörungen. Ferner informieren Auskünfte über Erfüllung des §18 KWG (Jahresabschlusserstellung), Skontinutzung, Zahlungsverzüge, Titel gegen das Unternehmen wie Mahnbescheide, Inkassoverfahren, Gerichtsverfahren und Scheck-/Wechselproteste über die Qualität des Unternehmens.

Grundsätzlich werden drei Ratingmethoden, die hier nicht weiter erläutert werden, unterschieden: Diskriminanzanalyse, Expertensysteme und künstliche neuronale Netzwerke wie z.B. das Baetge-Bilanz-Rating.

Das Firmenkunden-Portfolio ist ein Kundenbetreuungsinstrument, das weit über die mehr sicherheitsorientierten Analysen des Rating hinausreicht. Es berücksichtigt mit realistisch optimistischer Sicht auch die Chancen und Potenziale einer intensiven Zusammenarbeit mit dem Firmenkunden in der Zukunft. Und das Portfolio impliziert realitätsgerecht, dass das Firmenkundengeschäft unter einem starken Wettbewerb um werthaltige Kunden stattfindet.

Das Firmenkunden-Portfolio stellt das Rentabilisierungspotenzial (Firmenkundenattraktivität) eines Firmenkunden den Chancen/Risiken gegenüber, mit den eigenen Ressourcen bzw. Kernkompetenzen im Verhältnis zum besten Konkurrenzinstitut (= benchmark; relative Wettbewerbsposition) größere geschäftliche Volumina auf sich zu ziehen. Die Abbildungen 54, 55 und 56 zeigen mögliche Kriterien und Positionierungen anhand des Firmenkunden-Portfolios.

Attraktivitätswert und Wettbewerbspositionswert bestimmen als Koordinaten die Position des Firmenkunden in der Portfolio-Matrix. Für jedes Feld der Portfolio-Matrix bzw. jedes Firmenkundensegment lassen sich nun in Abhängigkeit von der Investitionswürdigkeit spezielle Maßnahmen zur Kundenbindung priorisiert ableiten. Die heute und in Zukunft profitabelsten Kunden sind die Starkunden, für die hohe Kundenbindungsinvestitionen gerechtfertigt erscheinen. Diese Firmenkunden sollen möglichst lange an die Bank gebunden werden.

Bei den Entwicklungskunden ist im Einzelfall zu prüfen, inwieweit sie durch geeignete Relationship-Marketing-Maßnahmen zum Star entwickelt werden können bzw. inwieweit die Konkurrenz doch so stark ist, dass, die eigenen Bankressourcen schonend, der Firmenkundenbetreuer lediglich einzelne Bankdienstleistungsgeschäfte »*mitnimmt*«.

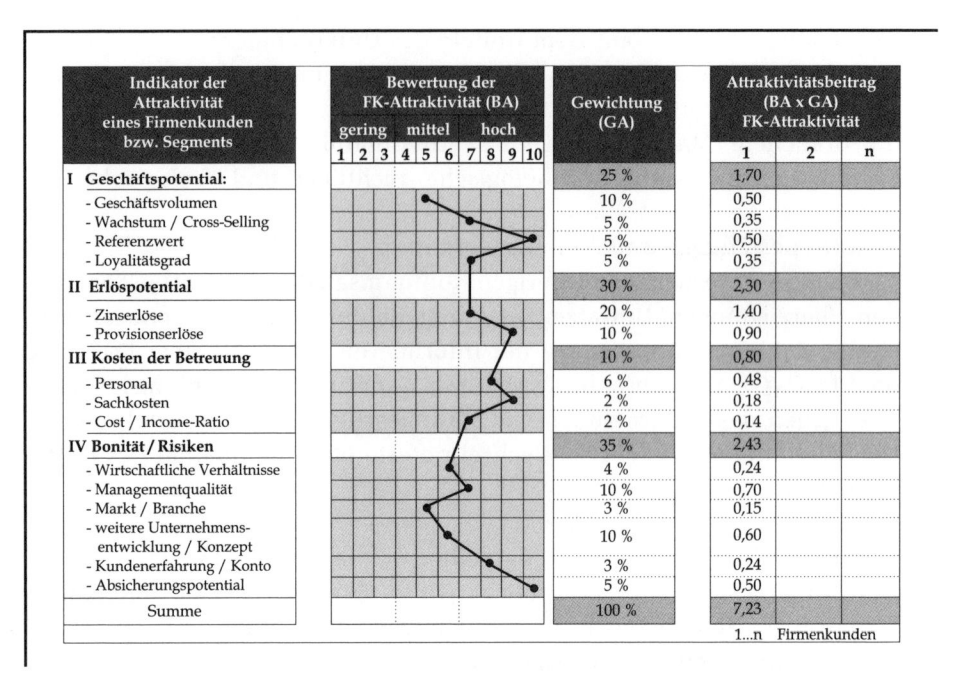

Indikator der Attraktivität eines Firmenkunden bzw. Segments	Bewertung der FK-Attraktivität (BA) gering / mittel / hoch (1–10)	Gewichtung (GA)	Attraktivitätsbeitrag (BA x GA) FK-Attraktivität 1 / 2 / n
I Geschäftspotential:		25 %	1,70
- Geschäftsvolumen		10 %	0,50
- Wachstum / Cross-Selling		5 %	0,35
- Referenzwert		5 %	0,50
- Loyalitätsgrad		5 %	0,35
II Erlöspotential		30 %	2,30
- Zinserlöse		20 %	1,40
- Provisionserlöse		10 %	0,90
III Kosten der Betreuung		10 %	0,80
- Personal		6 %	0,48
- Sachkosten		2 %	0,18
- Cost / Income-Ratio		2 %	0,14
IV Bonität / Risiken		35 %	2,43
- Wirtschaftliche Verhältnisse		4 %	0,24
- Managementqualität		10 %	0,70
- Markt / Branche		3 %	0,15
- weitere Unternehmensentwicklung / Konzept		10 %	0,60
- Kundenerfahrung / Konto		3 %	0,24
- Absicherungspotential		5 %	0,50
Summe		100 %	7,23
			1...n Firmenkunden

Abb. 54 Attraktivität der einzelnen Firmenkunden (Rentabilisierungsfaktor)

Wettbewerbsposition (Geschäftspot.)	Bewertung der Wettbewerbsposition schwach / stark (0–5)	Relative Wettbewerbsposition schwach / mittel / stark (-5 bis +5)	Gewichtung	Relative Wettbewerbsstärke
I Geschäftsvolumenanteil	△ ●	X	20 %	+ 0,60
II Bankdienstleistungserfüllungsgrad	△ ●	X	10 %	+ 0,00
III Führungsqualität	● △	X	10 %	- 0,10
IV Relationship M.-Power	△ ●	X	40 %	+ 0,80
- FK-Betreuer				
- Retention				
- Reclamation				
V Bank-Image	△ ●	X	10 %	+ 0,10
VI Eigenkapitalausst. (Basel II)	● △	X	10 %	- 0,30
u.a.				
Summe		→	100 %	1,10

● eigene Bank   △ stärkste Konkurrenzbank

Abb. 55 Relative Wettbewerbsposition am Firmenkunden (Risikofaktor)

4.5 Erfolgsorientiertes Vorgehen in den Phasen der Beziehungslebenszyklen

Marktattraktivität: hoch / mittel / niedrig

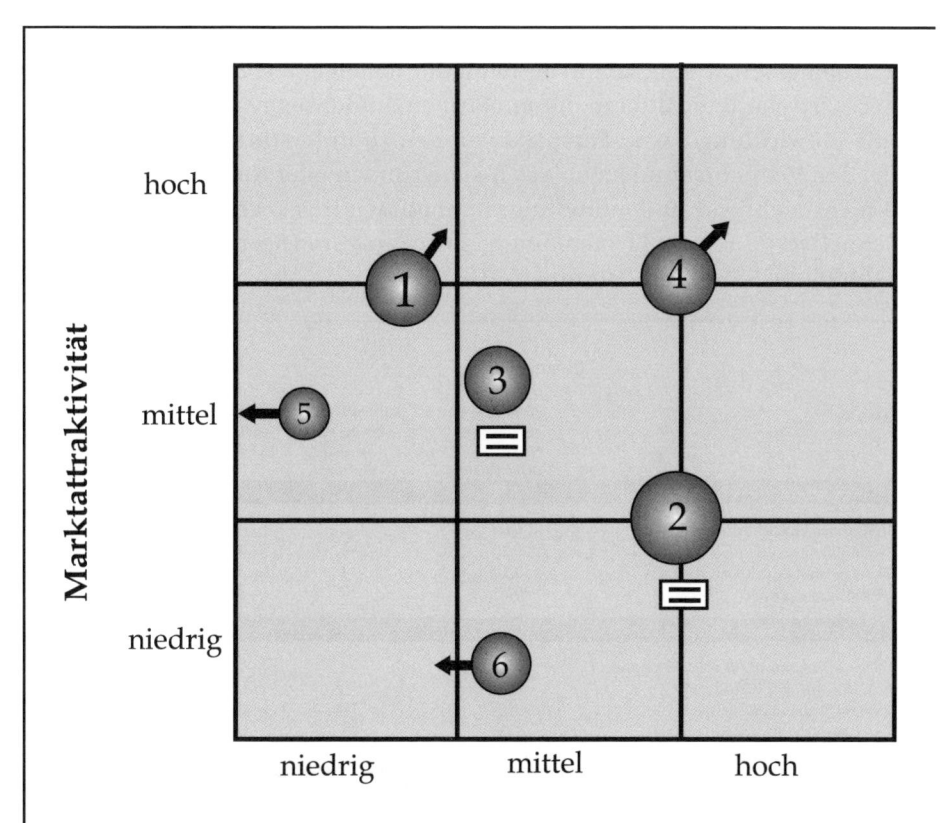

relative Wettbewerbssituation: niedrig / mittel / hoch

○ Kann Volumen, Deckungsbeitrag, etc. sein

1 Dienstleistung
2 Handel
3 Handwerk
4 mittelständische Industrie
5 Großindustrie
6 Landwirtschaft

Mögliche normstrategische Stoßrichtungen

⚌ Halten
➡ Investieren
⬅ Desinvestieren

Abb. 56 Beispiel eines Firmenkunden-Segmentportfolios mit Normstrategien

Bei den Abschöpfungskunden sind die Kundenbindungsmaßnahmen insoweit zu bemessen, wie sie für die Verteidigung der eigenen Position erforderlich sind. Erwirtschaftete Mittel in diesem Firmenkundensegment werden genutzt, um die Entwicklungs- bzw. Perspektivkunden zu unterstützen.

Bei den Verzichtskunden, ob aus Risikogründen oder Konkurrenzgründen, wird nicht mehr in Kundenbindungsmaßnahmen investiert.

Schnellverfahren zur Firmenkundeneinstufung sind Scoring-Modelle, wie in der Abbildung 57 gezeigt (Mummert AG).

	Wertgewichtung (Kategorie/ Einzeldeterminante)	Einzelbewertung (1 = niedrig, 10 = hoch)	Kategoriewert/ Einzelwert	
Kategorie Referenzpotenzial	(0,30)		Σ 0,75	* 0,3
Image des Firmenkunden	0,05	5	0,15	
Bekanntheitsgrad	0,10	1	0,10	
Branchenzugehörigkeit	0,10	3	0,30	
Mundpropaganda	0,05	4	0,20	
Kategorie Cross Selling Potenzial	(0,40)		Σ 2,00	* 0,4
Share of Corporate Wallet Potenzial	0,15	7	1,05	
Grad Leistungsportfolio	0,10	3	0,30	
Diversifikationsbedürfnis	0,10	6	0,60	
Cross-Buying in Vergangenheit	0,05	1	0,05	
Kategorie Informationspotenzial	(0,20)		Σ 0,95	* 0,2
Aktives Reklamationsverhalten	0,05	9	0,45	
Responseverhalten	0,05	4	0,20	
Finanzkompetenz	0,05	6	0,30	
BDL-Kompetenz	0,05	0	0,00	
Sonstige Potenzialfaktoren	(0,10)		Σ 0,40	* 0,1
Loyalitätspotenzial	0,05	7	0,35	
Kundenzufriedenheitsgrad	0,05	1	0,05	
Aggregierter Kundenwert (Gesamt-Score):			Σ 1,255	

Abb. 57 Firmenkundenwertorientiertes Scoring-Modell

4.5.2.3 Intensivierung der Verbundenheit

Bindung auf der Kundenbeziehungsebene festigen

Damit die mit einem ersten Geschäftsabschluss neu geworbenen Firmenkunden möglichst schnell die Phase der Sozialisation in der Akquisition durchlaufen bzw. bestehende Firmenkundenbeziehungen in der Bindungsphase in die Wachstumsphase zu profitableren Geschäftsergebnissen geführt werden, gilt es, alle Maßnahmen, die die kundenbezogene psychosoziale Bindung zum Firmenkunden betreffen, konsequent zur Verfolgung der Marktdurchdringungsstrategien, Präferenzstrategien und Konfidenz- bzw. Verbundstrategien umzusetzen.

Wächst die Firmenkundenbeziehung in ein reiferes Stadium – und die Möglichkeiten der Steigerung der Intensivierung schrumpfen – so gilt es, einerseits die Firmenkundenbeziehung so zufrieden zu stellen, dass keine Wechselabsichten aufkommen. Andererseits gilt es, in dieser Phase die Beziehung so effizient in der Zusammenarbeit zu gestalten, dass für beide Seiten die Transaktionskosten minimal gehalten werden bzw. die Erfolgspotenziale gesteigert werden können.

Ziel aller Maßnahmen ist die »personalisierte Verbundenheit« durch eine Intensivierung der kundenbezogenen Zusammenarbeit. Denn auf einer tragfähigen und vertrauensvollen Beziehungsebene zum Firmenkunden kann die unter 4.5.1.3 genannte produktbezogene Sachebene erst wirksam werden. Dann kann über den Absatz von Dienstleistungen eine Gebundenheit durch eine Extensivierung der Leistungsprozesse erfolgen.

Wie oben schon angedeutet, sind Erfolgshemmer in der Praxis, dass nach wie vor immer noch bis zu 90 Prozent die Intensivierung der Zusammenarbeit vom Kunden ausgehen (»passive Betreuung«). Natürlich bietet die passive Geschäftsintensivierung Möglichkeiten, eine Zusammenarbeit zu festigen bzw. auszubauen.

Vor dem Hintergrund der Wettbewerbssituation und der Firmenkundenwünsche sind aber überdurchschnittliche Erfolge durch eine aktive Intensivierung der geschäftlichen Zusammenarbeit zu suchen. Diese »aktive Betreuung«, die vom Firmenkundenbetreuer ausgeht, lässt sich in die unten zu erörternde produktbezogene Intensivierung der Zusammenarbeit und der kundenbezogenen Intensivierung unterteilen. Die aktive Firmenkundenbetreuung führt zu einer starken Loyalisierung des Firmenkunden zu seiner Bank in seinen Wachstums-, Reife- und eventuellen Reklamationsphasen im Kundenbeziehungslebenszyklus:

- Aktive Betreuung signalisiert die gelebte Verbundenheit zum Firmenkunden.
- Aktive Betreuung signalisiert dem Firmenkunden Anerkennung, Wertschätzung und Bedeutung.
- Aktive Betreuung schafft Zufriedenheit und Begeisterung.
- Aktive Betreuung baut Vertrauen auf, lässt offen Kritik und Konflikte zu.
- Aktive Betreuung erschließt firmenkundenbezogene Netzwerke.

Damit die Verbundenheit durch eine Intensivierung der Zusammenarbeit aufgebaut und gepflegt werden kann, ist es nötig, sich auf die wichtigen Ertrag versprechenden Firmenkundenbeziehungen zu konzentrieren. Für die Auswahl der Intensivierungsfirmenkunden bieten sich die unter 4.5.1.2 genannten Methoden an. Diese werden im Einzelfall durch einen Kundeninformationsbogen (KIB) individualisiert. Dieser Kundeninformationsbogen enthält z.B. allgemeine Kundeninformationen, wirtschaftliche Kenngrößen, Produktnutzung und Potenzialeinschätzung sowie mögliche Verkaufsansätze und Maßnahmen:

- Zusammenarbeitsintensivierung nach systematischer und strukturierter Vorgehensweise anstatt sporadisch oder zufällig
- konsequente und kontinuierliche Umsetzung der Zusammenarbeit anstatt laxem und diskontinuierlichem Vorgehen.

Intensitätsgrad der Zusammenarbeit

Nicht alle Firmenkunden können mit gleicher Intensität betreut werden. Das muss auch im Einzelfall nicht sein, ohne dass die Verbundenheit zum jeweiligen Bankinstitut leidet. Andererseits ist es auch notwendig, den Grad der Intensivierung der Zusammenarbeit in Abhängigkeit des gegenwärtigen Geschäftsergebnisses und des zukünftigen Erlöspotenziales (Geschäftschancen) zu betrachten. So sind so genannte A-Kunden, mit denen die Bank schon heute hohe Ergebnisse erzielt und deren Potenzial auch in der Zukunft außerordentlich positiv eingeschätzt wird, besonders intensiv zu pflegen. Durch nachhaltige intensive Betreuung gilt es, emotional den Firmenkunden zu festigen, zu sichern, zu verstärken und gegenüber den Wettbewerbern abzuschotten. Der Firmenkundenbetreuer ist ständig aktiv *(»Holgeschäft«)* und persönlich in die Betreuung involviert. Übliche Erfahrungswerte gehen davon aus, dass ein Firmenkundenbetreuer ca. 40 bis 60 A-Kunden im Jahr intensiv betreuen kann. Das Paket der persönlichen Zusammenarbeitsintensivierung beinhaltet dabei auf der Grundlage einer akzeptierten integrierten Erwachsenenpersönlichkeit folgende Arten und Intensitäten der Betreuung:
- zweimal im Jahr ein vom Firmenkunden initiiertes Gespräch beim Firmenkunden
- mindestens einmal jährlich eine umfassende Diskussion der gesamten Geschäftsbeziehung inklusive einer ausführlichen Betriebsbesichtigung
- laufende aktive Betreuungstelefonate, E-Mails, Briefe
- je nach Kundenverhältnis 4 bis 12 Kontakte pro Jahr
- rasche aktuelle Informationsweitergabe
- Einladung zu Geschäftsessen, eventuell unterstützt durch ein Mitglied des Vorstandes der Bank
- Einladung und Teilnahme an Fachveranstaltungen und sonstigen gesellschaftlichen Ereignissen, um die Verbundenheit zu dokumentieren.
- So genannte B1-Kunden, deren aktuelles Geschäftsergebnis mit der Bank noch niedrig ist, die aber in Zukunft hohen Ertrag versprechen, sollen durch gezielte Intensivierung *(»Holgeschäft«)* persönlich stark umworben werden, damit ihre möglicherweise Zweit- oder Drittbankverbindung zu einer Hauptbankverbindung wachsen und reifen kann. Daher ist es auf der Beziehungsebene nötig, im Jahr mindestens zweimal ein persönliches Gespräch zu suchen, das Unternehmen zu besichtigen, bei aktuellen Anlässen zu telefonieren bzw. Briefe zu schreiben, E-Mails oder Faxe zu senden sowie zu Events und Geschäftsessen einzuladen.
- Bei so genannten B2-Kunden mit einem derzeit noch hohen geschäftlichen Erfolgsbeitrag, aber mit in Zukunft erwarteter sinkender Attraktivität, kann

die Zusammenarbeit erhalten bleiben, wenn der Kunde regelmäßig beobachtet wird, ob anlassbezogen bzw. sporadisch betreut wird (vorwiegend »*Bringgeschäft*«). Hier genügen aus Kostengründen spontane Ansprachen, wenn der Kunde in der Bank ist, Standardmailings und anlassbezogene Telefonate bzw. Einladungen zu größeren Veranstaltungen.
- So genannte C-Kunden mit einem sehr niedrigen aktuellen Ergebnisbeitrag in der Firmenkundenbeziehung und auch in Zukunft unattraktiver Ergebniserwartung gilt es, ohne gezielte aktive persönliche Betreuung effizient und standardisiert mit der Bank verbunden zu halten.

Betreuungsanlässe

Es gibt in der Praxis zahlreiche Möglichkeiten, ob im Bereich der Unternehmenssphäre des Firmenkunden, dem persönlichen Bereich, wirtschaftlichen Umfeld oder Branchenbereich, die Verbundenheit des Firmenkunden auf der emotionalen Ebene wachsen und reifen zu lassen. Der Wunsch nach Checklisten ist in der Praxis sehr hoch. Und tatsächlich kursieren im Berater- und im Bankbereich sehr viele individuelle Auflistungen. Beispielhaft sei hier die von Anton Schmoll (Wiesbaden 1996, S. 205 ff., Tab. 9: Checkliste) aufgeführt.

Tab. 9   Checkliste Betreuungsanlässe bei Firmenkunden

Betreuungsanlässe	Infoquelle
1. Betriebsbezogene Anlässe	
☐ Firmenjubiläum	Regionalzeitung
☐ Diverse Firmenauszeichnungen	Zeitung
☐ Änderung der Rechtsform	Kunde, Firmenbuch
☐ Gesellschaftsrechtliche Veränderungen	Firmenbuch
☐ Änderung in der Geschäftsführung	Kunde/Medien
☐ Neue Investitionsvorhaben	
☐ Betriebserweiterung/Neubau/Umbau	
☐ Eröffnung einer Niederlassung	
☐ Firmenkauf/Fusionen	
☐ Betriebsübergabe	Kunde
☐ Standortverlegung	
☐ Neue Produkte	
☐ Bilanzfertigstellung	
☐ Hausmesse, Tag der offenen Tür	Einladung

→

Betreuungsanlässe	Infoquelle
☐ Nichtausnützung von Skonti	
☐ Auslandsgeschäft	Bilanz
☐ WP-Deckung für Abfertigungsansprüche	
☐ Kapitalerhöhung	
2. Umfeldbezogene Anlässe	
☐ Gesetzliche Änderung	Rechtsbüro/Rundschreiben
☐ Umweltschutzauflagen	Medien i.w.S
☐ Kommunale Änderungen (z.B. U-Bahn-Bau)	Presse/öffentliche Ausschreibung
☐ Bezirksfeste	Bezirkszeitung
☐ Fachmessen/Ausstellungen	Fachzeitschriften/Messekalender
☐ Neue Fördergebiete	Rundschreiben/Medien
☐ Aktuelle Branchenentwicklung	Wirtschaftsdienste
☐ Normänderungen (z.B. ISO 9000)	Fachzeitschriften/Wirtschaftsdaten
☐ Neue Flächenwidmungen	Gemeinde/Zeitung
☐ Neue Konkurrenten	Eigene Beobachtungen
☐ Diverse wirtschaftspolitische Maßnahmen	Medien
☐ Veränderungen der Geld-, Kapital-, Devisenmärkte	Wirtschaftsmedien/Rundschreiben
3. (Bank-) Produktbezogene Anlässe	
☐ Abreifende Produkte (z.B. Sparverträge)	Bankinterne EDV-Liste
☐ Neue Produkte	Produktmanagement
☐ Neue Förderungen (Sonderkredite)	Verbandsrundschreiben
☐ Änderungen von Förderrichtlinien	Verbandsrundschreiben
☐ Konditionsveränderungen	Produktmanagement
☐ Prolongationen	automatische EDV-Info
☐ Kontoschließung	Kunde
☐ Neue Dienstleistungen	Interne Rundschreiben
☐ Neue Zahlungsverkehrformen/Techniken	Produktmanagement
☐ Gesetzliche/steuerliche Änderungen	
☐ Zurückgezahlte Kredite	
☐ Wertpapier-Tilgungen	

→

Betreuungsanlässe	Infoquelle
4. Personenbezogene Anlässe	
☐ Geburtstag	Kundendatei
☐ Hochzeit	Kunde
☐ Geburt von Kindern	Kunde
☐ Weihnachten	
☐ Berufsjubiläum	Kundengespräch
☐ Titelverleihung	
☐ Öffentliche Ehrungen/Auszeichnungen	Bezirksjournal, diverse Medien
☐ Diverse Prüfungen (Meisterprüfung, Promotion)	Wirtschaftskammer-Mitteilung
☐ Beförderung, Ernennung	Lokalpresse
☐ Übernahme öffentlicher Funktionen	Bezirksjournal, diverse Medien
☐ Wohnungskauf, -einrichtung	
☐ Hausbaus/Umbau, Umzug	
☐ Kontojubiläum	Kundendatei
5. Bonitäts- und ertragsbezogene Anlässe	
☐ Merklicher Rückgang beim Kontoumsatz	Kontoabfragen
☐ Starke Ausweitung beim Kontoumsatz	Kontoabfragen
☐ Geringen Inanspruchnahme des Kreditrahmens	Kontoabfragen
☐ Laufende Überziehungen	Überziehungsliste
☐ Bonitätsverschlechterung	Interne Frühwarnliste
☐ Wechselprolongationen	
☐ Wechselprotest, fehlende Bilanzen	
☐ Auskünfte fremder Banken	Bankinterne Listen
☐ Zessionsstandmeldungen	
☐ Überhöhte Privatentnahmen	Bilanz/Konto
☐ Bilanzvorlage	Terminevidenz
☐ Zahlungsschwierigkeiten	Auskünfte
☐ Mitarbeiterentlassungen/Kurzarbeit	Presse/Betriebsrat
☐ Tilgungs-, Zinsrückstände	EDV-Auswertungen
☐ Hohe Eingänge	Kontobeobachtungen
☐ Deckungsbeitragsverschlechterungen	Kundenkalkulation

→

Betreuungsanlässe	Infoquelle
6. Filialbezogene Anlässe	
☐ Filialveranstaltungen	
☐ (Kundenveranstaltungen/Ausstellungen)	
☐ Einladung Weltspartag	
☐ Filialeröffnung	
☐ Filialumbau	
☐ Neue Geräte/technische Ausstattung	
☐ Filialjubiläum	Bankinterne Infos
☐ Neuer Filial-Leiter	
☐ Neuer Kundenbetreuer	
☐ Erscheinen des Geschäftsberichtes der Bank	
☐ Erscheinen der Firmenkundenzeitschrift	
☐ Neue Publikationen/Broschüren	
7. Saisonbezogene Anlässe	
☐ Saisonaler Betriebsmittelbedarf	Erfahrungswerte
☐ (z. B. Finanzierung Weihnachtsgeschäft)	
☐ Überbrückungsfinanzierung	Branchenmedien
☐ (z. B. Baubranche/Fremdenverkehr)	
☐ Schlußverkauf	Presse
☐ Erntefinanzierungen	Brancheninfos
☐ Traditionsfeste	Lokale Presse
☐ Jahreswechsel	Kalender
☐ Neue Modetrends	Messen
☐ Urlaub des Kunden	Kundengespräch
☐ Urlaub des Kundenbetreuers	Firmenkundenbetreuer

Formen der Intensivierung der Zusammenarbeit

Die Verbundenheit eines Firmenkunden zur Bank kann mit den Möglichkeiten
- des Direktmarketings wie schriftlich über Briefverkehr, telefonisch oder über E-Mail erfolgen sowie
- durch das persönliche Gespräch in der jeweiligen Bank, Geschäftsstelle oder durch den mobilen Vertrieb in Form des Kundenbesuches.

Die wirtschaftliche und wirkungsvolle Kombination dieser Arten der Kontaktpflege sichert auf Dauer einen hohen Verbundenheitsgrad.

Zur effizienten Durchführung von Direkt-Mail-Aktionen und Telefonmarketing gibt es zahlreiche Seminare innerhalb der Banken. Die wichtigste Form der Kundenbetreuung im Firmenkundengeschäft bleibt nach wie vor das persönliche Kundengespräch. Vertrauensempfindlichkeit, Erklärungsbedürftigkeit und Abstraktheit der Bankdienstleistungen erfordern die persönliche zwischenmenschliche Kommunikation und Gesprächsführung und begrenzen andererseits die Wirkung verschiedener Direktmarketingmaßnahmen.

Voraussetzung für eine erfolgreiche Gesprächsführung sind:
- die oben bereits erwähnte Persönlichkeitsstruktur des Firmenkundenbetreuers, der Kompetenz und Akzeptanz transportieren kann und damit Beziehungsverhältnisse begründen kann
- das Vorliegen aller Formen von Handlungskompetenz im Firmenkundengeschäft
- die gründliche und gezielte Vorbereitung auf ein Gespräch
- die Umsetzung der Techniken der Gesprächsführung wie Einstellung, Gesprächsumfeld, Gesprächseröffnung, kundenorientierte Sprachführung, Gesprächssteuerung und Abschlussorientierung.

Eine besondere Individualisierung und Integration findet in der Gesprächsführung im Rahmen des so genannten Unternehmerjahresgespräches statt. Die einzelnen Komponenten dieses Unternehmerjahresgespräches zeigen vielfältige Möglichkeiten, die Verbundenheit zu dokumentieren:
- Im Gesprächseinstieg werden bereits der Zufriedenheitsgrad, die positive Atmosphäre und die Kontaktintensität ersichtlich und abgefragt.
- Im Rahmen einer Betriebsbesichtigung kann der Firmenkundenbetreuer einerseits sein hohes Interesse an der Arbeit und dem Prozess des Unternehmens zeigen. Er bekommt einen Überblick über den betrieblichen Zustand und die Ausstattung und kann außerdem vielfältige Möglichkeiten an Intensivierungschancen, aber auch Hinweise auf die Bonität erkennen.
- In der Bilanzbesprechung kann an den einzelnen Bilanzpositionen die bisherige Entwicklung vertrauensvoll analysiert werden, offene Fragen können geklärt werden, und vor allem lassen sich zahlreiche Ansätze zur weiteren Intensivierung ableiten.
- Im unternehmenskonzeptionellen Gespräch kann sehr diskret und einfühlend auf die Stärken/Schwächen, Chancen und Risiken des Unternehmens eingegangen werden, die Unternehmensziele, Strategien und Maßnahmenansätze können offen gelegt werden. Auch dadurch entsteht wiederum ein Bündel an Intensivierungsansätzen. Im Rahmen der Entwicklung des Bedarfes für weitere Möglichkeiten der Zusammenarbeit geben sich erste Hinweise für eine weitere Bindung durch eine Leistungsextensivierung, durch Offenlegung des Bedarfes nach weiteren Bankdienstleistungen.
- Das daraufhin folgende firmenkundenspezifische Angebot lässt sich situationsgerecht maßschneidern.

- In einem offenen Feedback können verschiedene Kritikpunkte, offene Fragen der Zusammenarbeit offen gelegt werden und schließlich mögliche Abschlussinitiativen eingeleitet werden.
- Damit die Verbundenheit weiterhin gesichert wird, werden im Small-Talk die persönliche Bindung verstärkt und in der Verabschiedung zukunftsorientierte Maßnahmen angedeutet.
- Schließlich wird das Gespräch nachbereitet durch Brief, internen Gesprächsbericht und interne Informationsweitergaben sowie die Avisierung neuer Kontakte.

4.5.2.4 Extensivierung der Gebundenheit

Während die vorherigen Maßnahmen in erster Linie auf eine emotionale Verbundenheit und Stabilisierung der langfristigen Zusammenarbeit hinwirken, geht es nun darum, über die Sachebene mehr produktbezogen möglichst individuelle und damit nicht austauschbare Bankdienstleistungen sowie möglichst viele Bankdienstleistungen beim Firmenkunden abzusetzen. Damit die Kundenbindung wächst und auch zu einer hohen Reife geführt werden kann, sind die zentralen Ansatzpunkte:

- Die Individualisierung der Bankdienstleistungen

    Aus einer Standardbankdienstleistung werden für den Firmenkunden kaum kopierbare Leistungsarten differenziert entwickelt, die den Firmenkunden sachlich langfristig an die Bank binden.
- Durchführung von Cross-Selling-Maßnahmen

    Nach dem ersten Geschäftsabschluss werden konkrete Maßnahmen ergriffen, die den Firmenkunden zur Inanspruchnahme mindestens einer weiteren Bankdienstleistung bewegen. Die Gebundenheit der Firmenkundenbeziehung wächst in profitablere Bereiche, bis schließlich ein Reifepunkt erreicht ist, ab dem kaum mehr Steigerungen im Sinne der »*Abgreifung von Zahlungsbereitschaften*« möglich sind.
- Steigerung der Effizienz in der Zusammenarbeit

    Hier beginnt nun die Aufgabe, in einer reifen Kundenbeziehung die Transaktionskostenvorteile durch Steigerung der Effizienz in der Zusammenarbeit für beide Seiten wirksam werden zu lassen. Nachdem der Kunde hinreichende Bankerfahrung hat, werden die Bankdienstleistungen wirtschaftlicher erstellt. Auch die Akquisitions- und Betreuungskosten fallen. Zudem sieht der Firmenkunde durch einen reibungslosen sachlichen Ablauf mehr Nutzen als in der Kundenanfangsphase.
- sachliche Wechselbarrieren

    Schließlich gilt es, durch verschiedene sachlich-inhaltliche Barrieren einen raschen Wechsel zu einer anderen Bank zu verhindern.

Möglichkeiten, durch Individualisierung von Bankdienstleistungsprodukten den Firmenkunden stärker an die Bank zu binden, ergeben sich zum einen durch eine starke Integration des Firmenkunden in spezielle Dienstleistungsarten, durch Anbieten von Zusatznutzen, von Kernleistung (Added-Values) oder durch weitere Dienstleistungen und Serviceleistungen um die Kerndienstleistung (Value-Added-Services).

Ein Beispiel für eine umfassende Form der Individualisierung wäre die mit dem Kunden gemeinsam erarbeitete Einräumung eines S-Kreditrahmens, der auf die individuellen Produktions-, Beschaffungs- und Absatzprozesse des Firmenkunden abzielt. In diesem Kreditrahmen ist nicht nur das Kernprodukt eines Betriebsmittelkredites mit hoher Flexibilität in der Konditionsanpassung enthalten, sondern darüber hinaus die Möglichkeit, wahlweise weitere Finanzierungsfazilitäten wie Avale, Termin- und Eurokredite, Mobiliarkredite unter individueller variabler Hinzuziehung eines maßgeschneiderten Sicherheitenpools in Anspruch zu nehmen.

Des Weiteren können immaterielle Zusatzleistungen mit Aufpreis, wie z.B. spezielle Versicherungen, eingebunden sein oder auch immaterielle Zusatzleistungen ohne Aufpreis, wie Beratung in der Liquiditäts- und Finanzplanung.

An materiellen Zusatzleistungen ohne Aufpreis kann die Teilnahme an Fachseminaren für Firmenkunden enthalten sein, und an materiellen Zusatzleistungen mit Aufpreis können subventionierte Unternehmensberatungsleistungen zur Verfügung gestellt werden.

Alles in allem hat die Individualisierung den Vorteil, durch Exklusivität in der Vertiefung der Leistungsextensivierung den Firmenkunden nachhaltig zu binden.

Value-Added-Services haben sich als ein hervorragendes Instrument zur Profilierung im Bankenwettbewerb erwiesen. Hinsichtlich der Formen von Value-Added-Services kann (nach Laakmann, K., Frankfurt 1995, S. 19) unterschieden werden hinsichtlich der Affinität zur Kernbankdienstleistung und der Erwartungshaltung des Firmenkunden hinsichtlich Muss-Serviceleistung, Soll-Serviceleistung und Kann-Serviceleistung.

Individualisierung von Bankdienstleistungen soll auch eine sachliche Bindung der Firmenkunden durch wiederholte Nachfrage der gleichen Leistungen erschließen.

Nach der vertiefenden Bindung des Firmenkunden an die Bank durch individualisierte Leistungen macht es die Wachstums- bzw. die Reifephase des Kunden erforderlich, Cross-Selling als natürliche Maßnahme durchzuführen. Cross-Selling bedeutet einerseits, dass über ein zentrales Produkt hinaus die weitere Range der Bankdienstleistungen bedürfnisorientiert am Firmenkunden abgesetzt wird. Und im Weiteren heißt es, dass bestehende, bisher nachgefragte Bankdienstleistungen in ihrer Frequenz der Nachfrage gesteigert werden. Beide Sichtweisen führen dazu, dass die Ertragspotenziale weiter ausgeschöpft werden und der Kunde durch ein Vielzahl von abgenommenen Leistungen in eine konstruktive Abhängigkeit zur Bank gelangt. Die Abbildung 58 zeigt die Grundidee des Cross-Selling. Der Firmenkunde kann dabei über die überzeugende Qualitätsleistung und/oder über die Preisleistung zu den verschiedenen Arten des Cross-Selling bewegt werden.

Ausgangsprodukt \ Folgeprodukt	GK	TG	BK	EXP
Girokonto (GK)	■	+	+	++
Termingeld (TG)	++	■	-	+
Betriebsmittelkredit (BK)	++	-	■	++
Exportgeschäft (EXP)	++	+	+	■

Wahrscheinlichkeit der Nachfrage nach einem weiteren Produkt; ++ = hoch + = mittel - = gering

Abb. 58 Cross-Selling im Finanzdienstleistungsbereich

Die stärkste Gebundenheit und damit die höchsten Hürden, zu einem anderen Bankinstitut zu wechseln, sind diejenigen vertraglicher Art, technisch-funktionaler Art und ökonomischer Art.

Schließt ein Firmenkunde für eine gewerbliche Immobilienfinanzierung eine Zinsbindung über 10 Jahre ab, so verpflichtet er sich, über diesen Zeitraum mit der Bank für die Bedienung des Kapitaldienstes in Verbindung zu bleiben. Darüber hinaus sind dann eventuelle sachenrechtliche Sicherheiten weitere Bindungskonstrukte.

Eng damit zusammen hängt auch die wirtschaftliche Bindung. Kündigt der Firmenkunde hier außerordentlich, so gehen ihm entsprechende wirtschaftliche Vorteile durch Vorfälligkeitsentschädigung verloren. Auch der grundbuchmäßige und notariell beurkundete Wechsel von Sicherheiten ist mit ökonomischem und finanziellem Aufwand verbunden. Zudem können die Konditionen und ökonomischen Unterstützungen dazu beitragen, dass die Firmenkundengeschäftsbeziehung eine Abwanderung ökonomisch für wenig vorteilhaft erscheinen lässt. Im Bereich der technisch-funktionalen Maßnahmen sind bestimmte Wege des elektronischen Zahlungsverkehrs klassische Bindungsmöglichkeiten durch Leistungsextensivierung.

Eine weitere Gebundenheit ergibt sich insbesondere in der Reifephase der Kundenbeziehung dadurch, dass durch die Leistungsextensivierung für Bank und Firmenkunde verschiedene Arten der Kostensenkung durch Standardisierung oder auch Stückkostensenkung zur Absatzsteigerung und damit Effizienzsteigerung führen. Diese Effizienz führt einerseits dazu, dass der Firmenkundenbetreuer Preisunempfindlichkeitsschwellen aufbauen kann und andererseits der Firmenkunde selbst Bequemlichkeitsvorteile erzielt.

Immer noch finden sich in Kreditinstituten in den Firmenkundenabteilungen kaum oder wenn, dann zu schwach, gezielte Maßnahmen zur Entwicklung von Ideen, Firmenkunden durch Leistungsextensivierung stärker an die eigene Bank zu binden und dadurch Ertragspotenziale, Risikosenkungen und Produktivitätsvorteile zu generieren. Ansatzpunkte der Ideenfindung sind die Unternehmensstruktur und die Branche, die Produktnutzung und Produktkalkulation, die absatz- und expansionsorientierte Jahresabschlussanalyse sowie der gesamte Privatbereich.

4.5.2.5 Verwurzelung in den Wertschöpfungsnetzen der Firmenkunden

Bei den Firmenkunden kann deren betriebliche Wertschöpfungskette vereinfacht in die Teilbereiche Beschaffung, F & E, Produktentwicklung, Produktion, Finanzen, Marketing/Vertrieb, Logistik und Controlling unterteilt werden. Traditionell sind Kreditinstitute ein Partner im Glied »liquiditätsmäßig-finanzieller« Bereich. Dort soll auch die Kernkompetenz zur Nettonutzendifferenzierung bleiben. Dennoch vergibt der Firmenkundenbetreuer Chancen für eine noch stärkere Bindung des Kunden und Abschottung gegenüber den Bemühungen der Wettbewerber, wenn er sich noch weiter in die Wertschöpfungskette des Kunden einhakt. Die Übernahme des Cash-Managements ist ein erster Ansatz, um über Zahlungsverkehrleistungen hinaus mehr Einfluss auf den Firmenkunden zu erlangen. Für den Einkauf des Kunden sind Kontakte und Informationen zu Beschaffungsquellen nützlich. Aus den Netzwerken und Researchabteilungen der Bank können für den Forschungsbereich Hinweise zu möglichen Partnerschaften dargestellt werden. Der IT-Bereich bietet viele Möglichkeiten des überbetrieblichen Erfahrungsaustausches. Für den Vertrieb der Firmenkunden sind Anregungen zu Vertriebs- oder Logistikkooperationen hilfreich. Brachliegende Gewerbeimmobilien können durch gemeinsame Initiativen neue Verwendung finden. Auch Management auf Zeit im Unternehmen des Kunden ist denkbar. Schließlich ermöglicht die Mitarbeit an regionalwirtschaftlichen Initiativen von Kommunen (z. B. WIR-Wirtschaftsregion Bamberg-Forchheim oder »Schweinfurt freundlich und attraktiv«), Wirtschaftsjunioren, kollektiven Vermarktungskampagnen in Handel, Handwerk oder bei Zulieferern vielfältige Möglichkeiten, Netzwerke zu gestalten und in die Wertschöpfungsketten der Firmenkunden einzusteigen.

4.5.2.6 Value Extraction für werthaltige Bankdienstleistungen

Gerade die Wachstums- und Reifephasen des Kundenbedarfslebenszyklus sind bei simultaner Loyalisierungsphase besonders geeignet, für die Werte, die die eigene Bank dem Firmenkunden in ihren Bankdienstleistungen liefert (»Value Delivery«), auch die angemessenen, gerechtfertigt und möglichen Gegenwerte als Ernte (»Value Extraction«) einzufahren. Dazu muss der Firmenkundenbetreuer in dieser Phase besonders konsequent die Gewinntreiberhebel bedienen:

Besseres Marktergebnis durch intelligente Preisdurchsetzung
Die Zusammenführung von aktivischen und passivischen Firmenkundenkonditionsbeiträgen und Strukturbeiträgen (aus der Fristentransformation) nach der Marktzinsmethode ergibt zusammen mit dem Provisionsergebnis das Marktergebnis des strategischen Geschäftsfeldes. Die Marge aus der Fristentransformation wird zentral verantwortet. Alle anderen Größen können dezentral vom Firmenkundenbetreuer beeinflusst und verantwortet werden.

Durch seine Nähe zum Firmenkunden ist es dem Betreuer möglich – wenn auch subjektiv –, aus den verschiedenen Verhaltensdaten und einzelnen Preisreaktionen die ungefähre Konditionselastizität des Firmenkunden einzuschätzen. Je besser der Firmenkundenbetreuer die Konditionsempfindlichkeit kennt, desto fundierter lassen sich optimale Zins- und Provisionssätze ermitteln. Um diesen optimalen Zielzins bzw. die Zielprovision (Target Price) zu finden, kann er mittels der Conjoint Measurement-Methode den aggregierten Gesamtnutzen aus der Bankdienstleistung für den Firmenkunden eruieren. Dieser Target Price verbindet Aspekte des Firmenkundennutzens mit den Opportunitätskosten (Target Costs) alternativer Anlagen am Geld-/Kapitalmarkt (Kreditgeschäft) bzw. alternativer Geldaufnahmen am Geld-/Kapitalmarkt (Einlagengeschäft) und den Angeboten des Wettbewerbs. Das Ziel von Target Pricing bzw. Target Costing ist es, die Bankdienstleistung so zu gestalten, dass der Abstand zwischen Kundennutzen – alimentiert im Target Price – und Kosten der Opportunität maximiert wird. Die Pricing-Kunst besteht also darin, nicht die Bankleistung zu maximieren – das ist zu kostenintensiv – oder nach der Cost-Plus-Methode mit dem Geschäft nicht zum Zuge zu kommen oder zu niedrige Konditionen zu verlangen, sondern sie relativ zu den Target Costs zu optimieren.

Dieses erfordert ein Abwenden der bürokratischen Anwendung von starren Konditionstableaus. Der Firmenkundenbetreuer braucht die aktuellen aktivischen und passivischen Geld-/Kapitalmarktsätze, Bandbreiten an Vorstellungen von Target Profit-Margen, Risikoklassen für die preisliche Abgeltung höherer Kredit- und Sicherheitenrisiken und kreativ kalkulierte preistaktische Verhaltensmuster zuzüglich Verhandlungsgeschick für den beiderseits zufriedenstellenden Abgleich von Firmenkundennutzen und dessen Zahlungsbereitschaft. Conjoint Measurement (hier nicht weiter vertieft) kann Aufschluss über wichtige Pricing-Fragen geben.

Für ein höheres Marktpreisergebnis bieten sich folgende preistaktische Verhaltensmuster für den Firmenkundenbetreuer an:
- Mehrertrag durch Produktbündelungen
- aktives, gezieltes Cross-Selling durch den Firmenkundenbetreuer, auch durch Mitnahmen von Kollegen anderer Produktsparten
- stärkere, aktive Nutzenargumentation

- Preiszuschläge für Risikoklassen
- vorwiegende Betreuung von A-Kunden
- mehr Stehvermögen im Konditionsgespräch
- Umsetzung der Preisdifferenzierungsmöglichkeiten
- Nutzung dezentraler Preiskompetenz innerhalb von Richtpreisen
- »Prinzip der kleinen Mittel« (nach Krümmel, H.) argumentativ realisieren. Dabei wird der Preis bestimmter Bankleistungen in möglichst viele Teilpreise, hinter denen Leistungsäquivalente stehen, zerlegt. Diese Teilpreise sind Gegenstand einzelner Verhandlungsschritte. Die Teilpreise sind auf unterschiedliche Preisbezugsbasen bezogen und verwenden unterschiedliche Preisvariablen. In der Konditionsverhandlung kann der Firmenkundenbetreuer durch kleine Zugeständnisse dem Firmenkunden Verhandlungserfolge ermöglichen (Befriedigung des Dominanzmotives) und seine Verhandlungsenergie gleichzeitig abnutzen.
- Die Begriffe »Gebühren, Kostenersatz etc.« erwecken den Eindruck nicht verhandelbarer Entgelte.
- Konditionelle Gleitklauseln (»Prinzip der gleitenden Preisanpassung«) ermöglichen eine konfliktarme Anpassung der Konditionen. Gleichzeitig kann dadurch der Strukturbeitrag angepasst werden und weiteren Marktpreisrisiken begegnet werden.
- Anwendung von Preisbündelungen
- Nutzung kurzfristiger Preisaktionen zur Überleitung in langfristig tragfähige Preisbindungen (Konditions- und Struktureffekt)
- schnelle Preiserhöhung zu rechtfertigungsfähigen Zeitpunkten wie z.B. Zentralbankentscheidungen
- zeit-, segmentspezifische und produktspezifische Preisvariationen
- Ablegung der Passivität des Firmenkundenbetreuers und aktive Kundenansprache
- laufende emotional Fundierung der Kundenbeziehung.

Besseres Risikoergebnis durch operatives Risikoverhalten

Risiken sind wesentlich im Firmenkundengeschäft. Die Übernahme von Risiken muss aber dem Rentabilitäts- inklusive Sicherheitsdenken konsequent untergeordnet sein. Der Bank muss bei der Übernahme von Risiken – wie beispielhaft in der Abbildung 59 dargestellt – das jeweilige Ausmaß der Risiken bewusst sein. Risikotragfähigkeitsanalysen sind ebenso zu erstellen wie auch Risikobegrenzungsmaßnahmen prophylaktisch vorzuhalten sind. Im Einzelnen sei hier auf die Risikosteuerung und das Risikocontrolling bei Schierenbeck, H., 7. Auflage, 2001, Band 2 verwiesen sowie auf die Praxis des Risikomanagements bei Dörner, D./Horvath, P. und Kagermann, H. (Hrsg., Stuttgart 2000). Ferner wird unterstellt, dass der Firmenkundenbetreuer die verschiedenen Werkzeuge der risikogerechten Firmenkundenbetreuung wie z.B. Ratingverfahren, Portfolioanalysen, neuronale Netze oder Einstufung der Werthaltigkeit von Sicherheiten beherrscht.

Aus der Relationship-Marketing-Betrachtung soll trotzdem auf einige Punkte hingewiesen werden:
- Der Firmenkundenbetreuer muss die bankbetrieblichen Risiken im Tagesgeschäft internalisieren (Abbildung 59, Systematisierung der Risiken nach Rolfes, P./Kirmße, S., Seite 628, in: Dörner, B. et alii., s. o.). In der Betreuungstätigkeit verinnerlicht er eine risikoadjustierte Verkaufspolitik.
- Insbesondere bei den Gegenparteirisiken sind fundierte Vorstellungen der »*Expected Lossess*« als Kostenfaktor zu berücksichtigen. Die Nähe zum Kunden muss genutzt werden, um laufend aktuelle Informationen zur Sicherheitenlage realistisch beurteilen zu können.
- Bei der Kreditvergabe darf die »*innere*« Stimme für weiche Krisensignale nicht überhört werden. Insbesondere muss der Bewertung der Geschäfte ein zukunftsorientiertes Bonitätsverständnis zugrunde liegen, der Alltag ist immer noch zu stark von Ex post-Betrachtungen geprägt.
- Mit einer Art Scala Mobile können die Konditionen auf die Kreditlimite von Adressen, Branchen oder Länder abgestimmt werden.
- Die Firmenbetreuung konzentriert sich auf erstklassige Risikoadressen und wachsende Firmen.
- Schließlich müssen bei Geschäftsabschlüssen die Auswirkungen auf Zinsänderungs- oder Währungsrisiken berücksichtigt werden. In der Verkaufsargumentation können die Bankdienstleistungen so modifiziert werden, dass der Bank daraus kaum Risiken entstehen, ohne dass der Kunde eine Vorteilsschmälerung hat.

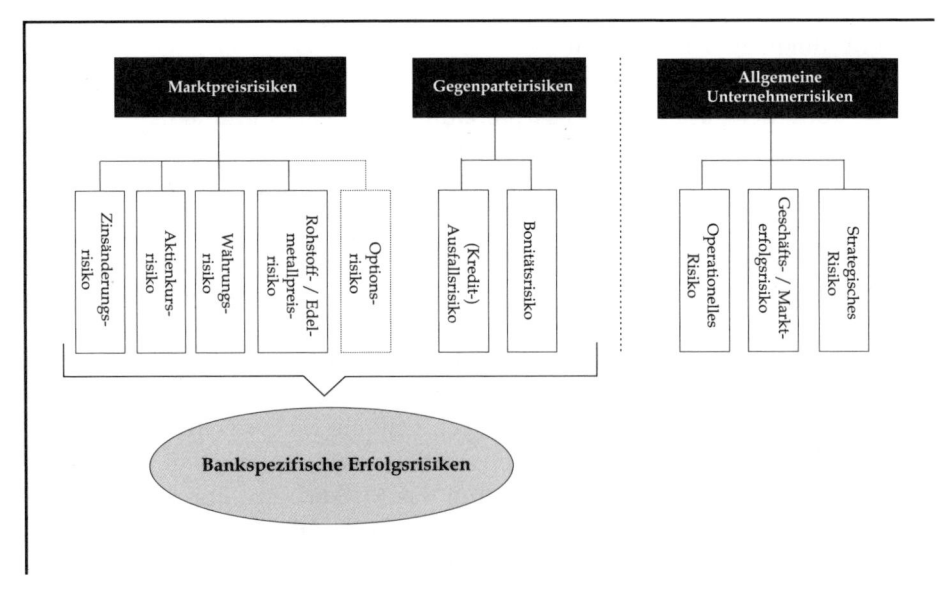

Abb. 59 Systematisierung der bankbetrieblichen Risiken

Besseres Produktivitätsergebnis durch effizientere Firmenkundenbetreuung
Die Produktivität im Firmenkundengeschäft kann gesteigert werden einerseits durch die Steigerung des Geschäftsvolumens bei angenommenen Renditekennziffern und bei gegebenem Personal- und Sacheinsatz oder alternativ durch die Bewältigung des bestehenden Geschäftsvolumens durch niedrigeren Personal- und Sacheinsatz.

Im Alltag kann in der Firmenkundenbetreuung die Produktivität erhöht werden durch:

- Einführung von Arbeits- und Zeitplantechniken
- eine höhere fachliche Qualifikation, damit mehr fehlerlose Eigenständigkeit entsteht
- die Vermeidung von psychosozialen Spielen, die das Betriebsklima und damit die Arbeitsfreude beeinträchtigen
- wertanalytische Überprüfung der Arbeitsabläufe von Akquisition über Beratung, Beschlussfassung, Zusagen und Backoffice etc.
- eine verbesserte interne Kommunikation und Übergabe an Schnittstellen
- Abbau von Hierarchiestufen, Regelungsintensität, Dokumentierungsintensität oder Spezialisierungstiefe
- eigeninitiierte Aktivitäten am Kunden in Leerzeiten.

4.5.2.7 Erfolgsfaktoren loyaler Firmenkundenverhältnisse

Return on Customer Recovery Retention kann periodisch gemessen werden am Marktergebnis, im Wesentlichen am Zins- und Provisionsergebnis, dem Risikoergebnis (Abschreibungen und diverse Wertberichtigungen auf Forderungen) und dem Produktivitätsergebnis (zuordenbare und verursachte Betriebskosten).

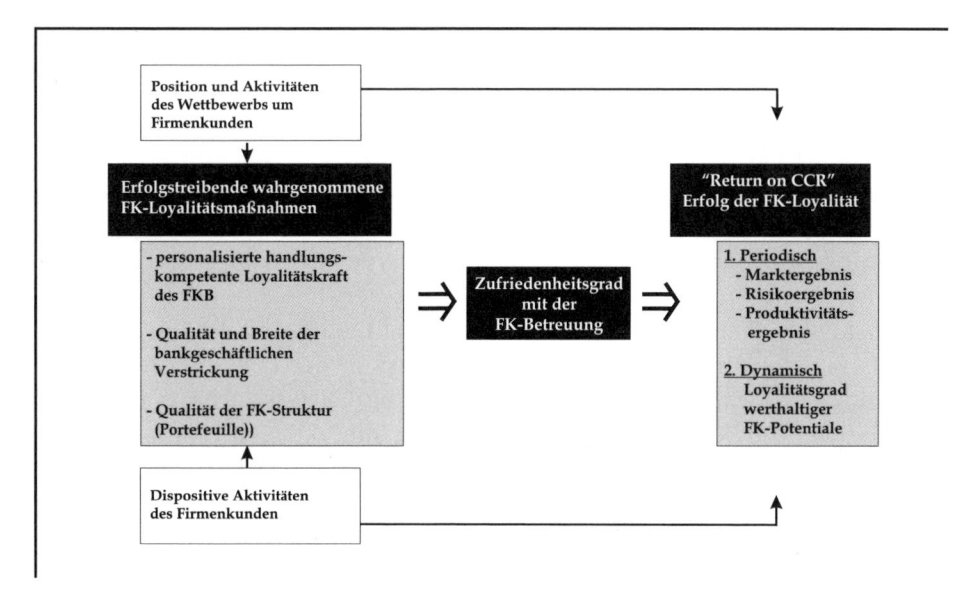

Abb. 60   Kausalkette der Firmenkundenloyalität, Erfolgsfaktoren

Unter dynamischer Betrachtung muss auch noch der Loyalitätsgrad werthaltiger Firmenkundenpotenziale, der auf den Zufriedenheitsgrad der Firmenkunden aufbaut, als Erfolgswert einfließen. Denn aus ihm speist sich mit bestimmter Wahrscheinlichkeit das künftige periodische Ergebnis.

Die Abbildung 60 zeigt ein hypothetisches Modell, das den Zusammenhang von den Bindungserfolg verursachenden Faktoren über die Zwischenzielgröße Zufriedenheitsgrad mit der Firmenkundenbetreuung darstellt.

Aus eigenen empirischen Beobachtungen und Erfahrungen im Firmenkundengeschäft erscheinen folgende vom Firmenkunden auch wahrgenommene Maßnahmen signifikant als Treiber der Firmenkundenloyalität:
- Wichtigster Erfolgsfaktor ist die im Firmenkundenbetreuer personalisierte Handlungskompetenz zur Loyalisierung. Dabei wird ein im Firmenkundengeschäft übliches Angebot der Bank unterstellt.
- Die produktgestützte Qualität und Breite der Zusammenarbeit ist ein festes Band, das weder vom Kunden selbst noch von der Konkurrenz ohne erhebliche Transaktionskosten gelöst werden kann.
- Schließlich wirkt die Qualität der Struktur der Firmenkunden erheblich auf den Geschäftserfolg. Die Selektion der richtigen Kunden nach den oben genannten Vorgehensweisen erleichtert grundlegend die Erreichung zufrieden stellender Ergebnisse.

4.5.3 Reklamationsbehandlung zur Vitalisierung gefährdeter werthaltiger Firmenkundenbeziehungen – Corporate Customer Reclamation Management

Störungen, Gefährdungen, Konflikte bis zur Auflösung sind reale Bestandteile einer Geschäftsbeziehung. Systematisches und aktives Reklamationsmanagement führen zu einer Belebung (Vitalisierung) der Firmenkundenbeziehung, die der Bankloyalität förderlich sein kann.

4.5.3.1 Wesen, Arten und Risiken von Firmenkundenreklamationen

Das eingangs dargestellte Konfirmations-/Diskonfirmationsparadigma (C/D) bezeichnet das Ausmaß an Firmenkundenzufriedenheit als Ergebnis eines Bewertungsprozesses des Firmenkunden, der die von der Bank erbrachte Sach- und Beziehungsleistung (Ist-Komponente) seiner Erwartungshaltung (Anspruchsniveau, Soll-Komponente) gegenüberstellt. Aufgrund der Besonderheiten der Bankleistungen und der Tatsache, dass in der Bankdienstleistungserstellung der Firmenkunde in hohem Grade im Leistungsprozess integriert (Interaktion, Individualisierung) ist, haben die Interaktionen in allen Phasen des Kontaktes Firmenkunde mit Bank fundamentale Auswirkungen auf den Zufriedenheitsgrad (Begeisterung, Zufriedenheit, Unzufriedenheit). Wegen der Subjektivität des Zufriedenheitsempfindens kann ein aus der Sicht einer Bank gleiches Dienstleistungsniveau bei den einzelnen Firmenkunden zu unterschiedlichen Wahrnehmungen in der Qualität und damit zu unterschiedlichen Zufriedenheitsniveaus führen.

Kommt es in diesen Interaktionen mit dem Firmenkunden zu negativen Diskonfirmationen, so sind aktive und passive Reklamationen die Folge. Unter **aktiven Reklamationen** wird verstanden, dass der Kunde aufgrund seiner Unzufriedenheit sich äußert und Handlungen ableitet. Unter **passiver Reklamation** wird verstanden, dass der Kunde sich nicht äußert, aber dennoch Handlungen vornimmt bzw. sich nicht äußert und seine Unzufriedenheit ohne Handlung registriert.

Unter dem Begriff Reklamation wird hier lediglich verstanden, dass jemand *»seinen Anspruch geltend macht«*. Reklamation ist vom lateinischen Begriff reclamatio kommend ein *»Gegenschrei«*. Die Reklamation muss nicht immer eine Beschwerde sein oder eine Beschwerde auslösen. Reklamationen sind konstruktive Kritiken zu einem bestimmten Diskonfirmationsniveau. Sie sind zunächst keine Beschwerden. Es können aber daraus Beschwerden erwachsen.

Reklamationen i.w.S. sind also verbale oder nonverbale Artikulationen jeglicher Art von tatsächlichen, latenten oder künftig möglichen Unzufriedenheiten von Reklamationsführern, die auf subjektiv oder objektiv empfundenen Anlässen hin auf Diskonformationen mit der Bank hinweisen sowie meistens eine Änderung der nicht zufrieden stellenden Leistung bzw. des Verhaltens bewirken wollen, eine Wiedergutmachung für erlebte Untererfüllung (Gewährleistung, Kulanz) einfordern und/oder darüber hinaus eine zusätzliche Entschädigung bzw. Entschuldigung für ihre Reklamationsmühen erwarten.

Begründet auf verschiedenen Diskonfirmationsgraden (Unzufriedenheitsgrad, Begeisterungsgrad) lassen sich im Firmenkundengeschäft mehrere Arten von Reklamationen (siehe Abbildung 61) differenzieren, die als Treiber der Gefährdung von Geschäftsbeziehungen mit Firmenkunden betrachtet werden können.

Gefährdungen entstehen aus Reklamationen der Wettbewerbsbanken, aus Reklamationen der eigenen Bank und aus Reklamationen der Firmenkunden.

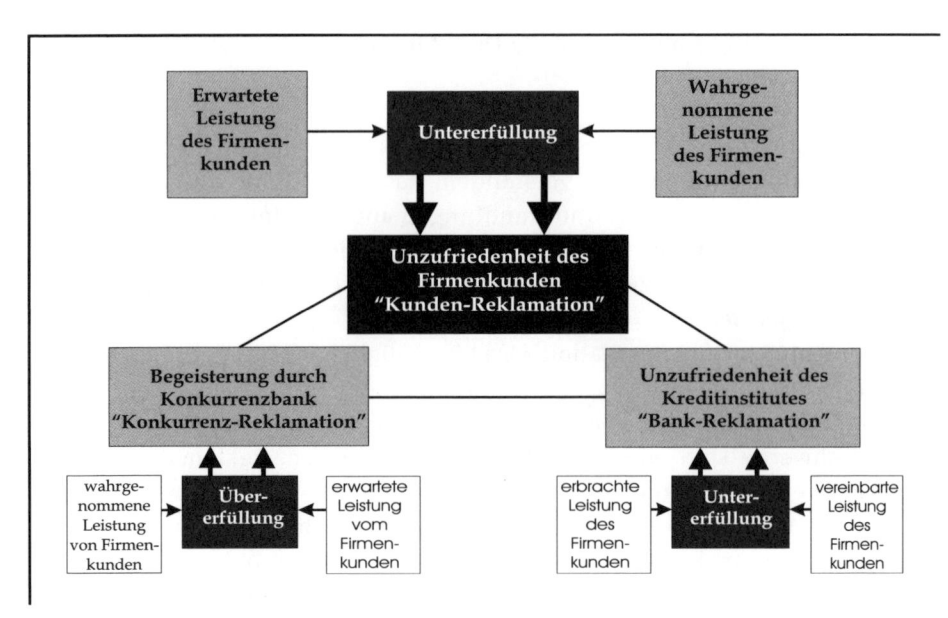

Abb. 61 Reklamationstreiber

Konkurrenzreklamation (pulled-away-threats)

Konkurrenzbanken im Firmenkundengeschäft reklamieren nach verschiedenen Arten über zentrale Werbung, über deren Firmenkundenbetreuer oder über Referenzen, dass sie die bessere Bank für den umworbenen Firmenkunden sind. Ihr »*Gegenschrei*« soll durch Kommunikation und Leistung den umworbenen Firmenkunden begeistern. Sie wollen durch ihre Darstellung die Forderung aufstellen, dass sie mehr, als der Firmenkunde erwartet, leisten können. Sie »*widersprechen laut*« (reclamare), dass die bestehende Hauptbankverbindung für den Firmenkunden das Richtige wäre.

Konkurrenzreklamation fördert also insofern die Abwanderungsgefahr, dass die anderen Banken für sich in Anspruch nehmen, der richtige Ansprechpartner zu sein. Hierzu stellt sich die Frage, welche Antworten die Haupt- bzw. Hausbank geben muss, dass nach Überschreitung einer gewissen Toleranzhemmschwelle die Firmenkundenbeziehung nicht gefährdet oder sogar aufgelöst wird.

Bankreklamationen (Broken-away-threats)

Eine ganz andere Gefährdung der Firmenkundenbeziehung liegt im Verhältnis Firmenkunde zum jeweiligen Kreditinstitut. Hier kommt es zu Unzufriedenheit aufgrund der Untererfüllung der vereinbarten Leistungen bzw. der vom Firmenkunden erbrachten Leistung gegenüber der Bank. In diesem Falle wird es eine Reklamation (einen Gegenschrei) in Form von Einspruchserheben, Widerruf, Beanstandungen, Protest seitens der Bank kommen. Gefährdet sind Firmenkundenengagements dann, wenn sich die Bonität des Firmenkunden verschlechtert, wenn sich die Sicherheitenlage zuungunsten der Bank entwickelt, wenn bei Krediten die Kapitaldienstleistungen nicht vereinbarungsgemäß erfüllt werden oder wenn allgemein das zwischenmenschliche Verhältnis zwischen den interagierenden Partnern gestört ist und letztlich die Vertrauensfrage gestellt wird.

Gerade in den letzten Jahren haben sich aufgrund sich rasch ändernder struktureller und konjunktureller Situationen mit einhergehenden Managementfehlern zahlreiche Auslöser für Reklamationen bezüglich Unzufriedenheit in Zusammenarbeit mit den Firmenkunden ergeben. Auch hier stellt sich die Frage für den Firmenkundenbetreuer, wie er mit der Gefährdung der Firmenkundenbeziehung umgeht, damit es im positiven Fall nicht zu einer Auflösung der Firmenkundenbeziehung mit oft verheerenden Auswirkungen auf die Ertrags- und Risikoaufwandslage kommt.

Firmenkundenreklamation (Pushed-away-threats)
Der für das Relationship Marketing im Firmenkundengeschäft bedeutsame Fall ist der der Unzufriedenheit des Firmenkundens in der Zusammenarbeit mit seiner Bank. Nicht alle Firmenkunden reklamieren, wenn die wahrgenommene Leistung nicht mit der erwarteten Leistung der Bank übereinstimmt. So geht die Direct Selling Education Foundation in ihren Untersuchungen davon aus, dass sich nur etwa 4 Prozent der Kunden bei einem Anbieter beschweren, d.h., 96 Prozent aller Kunden reklamieren nicht bei ihrem Anbieter (dafür eventuell anderswo). Andere Untersuchungen kommen zu Reklamationsquoten von 10 bis 20 Prozent. Adamson, C. (Evolving Complaint Procedures, 1993, S. 441) spricht von einem Anteil von Unvoiced Complaints in amerikanischen Finanzdienstleistungsunternehmen von 39 Prozent. Auch wenn Unternehmer sich stärker für ihre Interessen einsetzen als Privatkunden, so dürften diese nicht bei jeder Unzufriedenheit bei ihrer Bank reklamieren. Kleinere Probleme sind im normalen Firmenkundengespräch integriert. Dennoch dürfen niedrige schriftliche oder mündliche Reklamationsquoten nicht zu der Meinung verführen, dass der Zufriedenheitsgrad des Firmenkunden mit seiner Bank hoch ist.

Die Ursachen für Reklamationen von Firmenkunden sind individuell und daher vielfältig. Sieht man einmal von den Äußerungen von Nörglern, Querulanten und Dauerruhestörern ab, so liegt jeder Reklamation (inklusive Beschwerde) eines Firmenkunden ein Mangel an Zufriedenstellung mit der Bank zugrunde.

Die Gründe für die Unzufriedenheit können einmal liegen in dem Auftritt der Bank als Ganzes: ihrer Erscheinung in der Öffentlichkeit, ihrem gesellschafts- und wirtschaftspolitischem Engagement, dem Auftritt ihrer Führungskräfte. In diesem Fall wird von einer Makro-Unzufriedenheit und generellen Reklamation gegenüber einer Bank im Firmenkundengeschäft gesprochen.

Weitaus häufiger jedoch sind die Reklamationen, die sich auf ganz konkrete beziehungsmäßige und sachliche Leistungsmängel (Mikro-Unzufriedenheit) zurückführen lassen. Im Wesentlichen sind dies:

- mangelndes Einfühlungsvermögen in die Problematik des Firmenkunden (*»Empathy«*)

    Die Firmenkundenbetreuer widmen jedem ihrer Kunden individuell zu wenig ihre Aufmerksamkeit. Sie stehen ihnen nicht zur Verfügung, wenn der Kunde gerade Zeit hat. Der Firmenkunde spürt nicht, dass die Sorgen des Unternehmens ihm besonders am Herzen liegen und dass er seine Aktivitäten entsprechend darauf einstellt. Der Firmenkundenbetreuer geht zu wenig auf die Beschwerden ein und ist zu unflexibel im Verhalten. Es mangelt an kundenorientiertem Verhalten.

- mangelnde Leistungskompetenz in der Firmenkundenbetreuung (*»Assurance«*)

    Der Firmenkundenbetreuer berät zu wenig von sich aus über den Nutzen der Bankprodukte und über dessen Chancen. Zudem mangelt es ihm an fachlichen Kompetenzen im Firmenkundengeschäft. Der Firmenkundenbetreuer bemüht sich zu wenig um alternative Angebote, die sich konditionell positiv auswirken. In der Behandlung der sachlichen Finanzlösungen wird zuwenig Vertrauen aufgebaut.

- Mängel in der Einsatzbereitschaft und Reaktionsfähigkeit (*»Responsiveness«*)

    Der Firmenkundenbetreuer ist nur schlecht erreichbar. Das Leistungstempo ist zu langsam und die Entscheidungen kommen nicht immer prompt. Der Firmenkunde spürt zu wenig die Leistungsbereitschaft für seine Anliegen. Er bemängelt das Informationsverhalten.

- Mängel in der Verlässlichkeit des Firmenkundenbetreuers (*»Reliability«*)

    Der Firmenkundenbetreuer hält sich nicht an Absprachen, Termine und sonstige Vereinbarungen. In den Unterlagen sind Unstimmigkeiten, es werden falsche Konditionen angegeben oder Zinssenkungen zu spät weitergegeben. Der Zahlungsverkehr ist zu umständlich und zu teuer. Der Firmenkundenbetreuer erfüllt wiederholt seine Aufgaben nicht gleich beim ersten Mal richtig. Der Firmenkunde kann sich nicht auf den ordentlichen Umgang mit Sicherheiten verlassen. Diskrete Daten des Unternehmens werden leichtfertig weitergegeben. Die Geschäftspraktiken werden als unfair empfunden. Der Firmenkunde kann sich auf den Betreuer nicht verlassen.

- Mängel im physischen Umfeld (*»Tangibles«*)

Die Formulare der Bank sind umständlich und unattraktiv gestaltet. Das äußere Erscheinungsbild des Firmenkundenbetreuers ist ungepflegt und wenig ansprechend. Sein Interaktionsverhalten ist unfreundlich und mit mangelnder Hilfsbereitschaft gekennzeichnet. Die Büroräume des Firmenkundenbetreuers sind einer angenehmen Atmosphäre abträglich. Die technisch-organisatorische Ausstattung ist unzureichend.

In der Praxis zeigt sich, dass die tatsächlichen Auslöser bzw. Gründe für Reklamationen der Firmenkunden im personellen Bereich der Firmenkundenbetreuung liegen und weniger im konditionellen oder Produktbereich.

Firmenkundenreklamationen haben **riskante Auswirkungen**:
- Direkt gegenüber dem Kreditinstitut geäußerte Reklamationen führen zu entsprechenden direkt zuordenbaren Kosten der Reklamationsbeseitigung und zu Opportunitätskosten.
- Reklamationen, die über Dritte über die Unzufriedenheit eines Firmenkunden informieren, führen zu psychosozialer Verärgerung mit einhergehender Produktivitätsbeeinträchtigung und qualitativen Kosten.
- Unzufriedene Firmenkunden äußern ihre Reklamationen Dritten gegenüber. Damit entwickelt sich eine negative Mund-zu-Mund-Propaganda. Je größer das Netzwerk ist, in dem der Firmenkunde eingebunden ist, desto größer ist der Propagandawirbel. Die Direct Selling Education Foundation spricht davon, dass ein verärgerter Kunde sein Negativerlebnis mit 10 bis 12 weiteren Partnern kommuniziert, während hingegen nur 3 Ansprechpartner von einem zufriedenen Kunden angesprochen werden. Aus dem österreichischen Bankenbereich ergibt eine Studie (Zinnagl, E., 1994, S. 25 ff.), dass 88 Prozent aller unzufriedenen Kunden negative Mund-zu-Mund-Propaganda betreiben und 17 Prozent mit mindestens 17 Personen Kontakt aufnehmen. Hinzu kommt, dass Firmenkunden sich in Vereinigungen wie Wirtschaftsjunioren, Marketingclubs, IHKs und sonstige Gremien engagieren, sodass von daher das Gewicht und die Zahl der negativen Mund-zu-Mund-Propaganda potenziell zunehmen. Insofern entsteht durch aus Unzufriedenheit ausgelösten Reklamationen ein nicht nur additiv, sondern multiplikativ bzw. potenziell sich negativ vermehrendes Referenzwertvolumen.
- Reklamierende Firmenkunden wandern mit ihrer Geschäftsbeziehung partiell zu anderen Banken ab. Dies geschieht, indem sie aktiv Geschäfte verlagern oder bei Neugeschäften die bestehende Bank nicht mehr in Anspruch nehmen.
- Firmenkunden reklamieren ihre Unzufriedenheit in der Leistungs- bzw. Beziehungsqualität dadurch, dass sie mit ihrer gesamten Geschäftsverbindung das Kreditinstitut wechseln.

Wenn insbesondere A-Firmenkunden die Bank verlassen, weil die Firmenkundenbetreuung nicht gleich aus der Firmenkundenperspektive das Richtige zur Stärkung der Beziehung getan hat (»*Doing it right the first time!*«), und es fernerhin vernachlässigt wird, die Reklamation zufrieden stellend zu behandeln im Sinne, es beim zweiten Mal besonders richtig zu bewerkstelligen (»*Doing it absolutly right the second time!*«), so hat es erhebliche Auswirkungen auf die Gewinn- und Risikosituation der Bank. Denn entsprechend der aufgeführten Erkenntnisse von Reichheld/Sasser können Unternehmen ihre Gewinne um 100 Prozent steigern, wenn sie die Rate der Abwanderung ihrer Kunden um 5 Prozent senken können. Unzufriedene Firmenkunden, die keine Reklamationshandlungen vornehmen und stattdessen das Firmenkundenbetreuerverhalten akzeptieren, ohne dass Lösungsversuche vorgenommen werden, bzw. ihr Erwartungs- und Anspruchsniveau reduzieren, sind deswegen nicht ohne negative Wirkungen für die Bank. Einerseits werden sie auch bei anstehendem Bedarf ihr Aktivitätsniveau nicht erhöhen. Andererseits könnte es sein, dass dahinter Probleme schwelen, die sich später in einem erhöhtem Risikoaufwand äußern.

4.5.3.2 Die Firmenkundenreklamationen als Chance

Anstatt das verletzte ursprüngliche Bedürfnis beim Firmenkunden direkt zu behandeln und Reklamationen als Ursprung des Marketings zu sehen, werden in der Praxis des Firmenkundengeschäftes verschiedene Abwehrmechanismen im Umgang mit Reklamationen bewusst oder unbewusst angewandt:

- Durch Verdrängung werden die frustrierenden Situationen der Reklamationen oder Details versucht, in ihrer Existenz zu streichen.
- Durch regressives Verhalten wird der Reklamation gegenüber begegnet, wie es in einem früheren Entwicklungsstadium bei Problemen gehandhabt worden ist. Firmenkundenbetreuer fühlen sich persönlich angegriffen, in die Ecke gedrängt und möchten am liebsten sich rechtfertigen und die Kritik wegschieben. Durch Rationalisierung der Reklamationen wird eine nachträgliche Erklärung gefunden.
- Durch Verschiebung wird versucht, den Misserfolg der Reklamation auf ein Ersatzziel oder -motiv zu verlagern. Durch Projektion nimmt man die durch Reklamation ausgelöste Frustration als Firmenkundenbetreuer bei anderen Personen und Kollegen wahr.
- Alle diese Abwehrmechanismen auf Reklamationen hin können zwar kurzfristig den Druck und die Spannung im Kundenverhältnis reduzieren, sie beseitigen aber nicht die Ursachen.

Darüber hinaus existieren in der bankbetrieblichen Praxis zahlreiche Vorurteile über Reklamationen (siehe dazu auch Stauss, B./Seidel, W., München 1996, S. 30 ff.) und die daraus folgenden Handlungen, die den Blick für die Chancen verbauen:

»Die reklamierenden Firmenkunden seien zu einem Großteil Querulanten, Hitzköpfe und Nörgler.«

Firmenkunden bringen zunächst ein aus ihrer Sicht berechtigtes Kundenanliegen vor. Sie machen sich die Mühe, ihren Ärger zu artikulieren. Jedes Anliegen ist daher auch eine Chance für neue Ideen und Innovationen in der eigenen Bank. Von den untersuchten Kreditinstituten im Firmenkundengeschäft zeigt es sich, dass sich die ungerechtfertigten Reklamationen als zu klärender Irrtum im Inhalt erwiesen, die wütenden Kundenreklamationen weniger als 2,5 Prozent betrugen und die unverschämten Reklamationen nicht signifikante Ausnahmen darstellten.

»Firmenkunden, die reklamieren, seien Gegner der eigenen Bank.«

Aufgrund dieser Denkhaltung kommt es meistens zur Abwehrhaltung. Dabei sind aber Firmenkunden Partner. Und dies zeigen sie auch durch die Reklamation.

4.5 Erfolgsorientiertes Vorgehen in den Phasen der Beziehungslebenszyklen

»*Eine Bank dürfe ihren Firmenkunden keinen Anlass für Beschwerden geben.*«
Das ist eine aus dem Perfektantreiber geäußerte Einstellung, die zum Frust führen muss, weil es ein utopisches Ziel ist.

»*Die Reklamationsquote sei zu minimieren.*«
Vernünftig ist es tatsächlich, den Anteil unzufriedener Kunden, die bereit sind zu reklamieren, zu erhöhen. Und die Zahl der unzufriedenen Firmenkunden ist zurückzufahren.

»*Unsere Reklamationsquote ist extrem niedrig. Daher haben wir zufriedene Firmenkunden.*«
Eine geringe Anzahl von Reklamationen sagt relativ wenig über die Firmenkundenzufriedenheit aus. Da, wie oben schon angeführt worden ist, sich die meisten Firmenkunden nicht beschweren, ist es eher Aufgabe, zu Reklamationen aufzufordern. »*Reklamationsbearbeitung führt zu erheblichen Kosten.*«
Den Kosten für die Bearbeitung von Reklamationen sind auch die Nettonutzen-Effekte gegenüberzustellen. Erfolgreich behandelte Reklamationen führen zu einer Verbesserung der Gewinn- und Risikosituation im Firmenkundengeschäft. Nicht behandelte Reklamationen führen zu tatsächlichen bzw. zu Opportunitätskosten, aber nie zu Zins- und Provisionserlösen.

Der letzte Punkt deutet schon an, dass ein systematisches Reklamationsmanagement mehr ist als eine bloße Wiedergutmachung oder Fehlerkorrektur, sondern dass sie einerseits einen aktiven Beitrag zur Stabilisierung der Firmenkundenbeziehung leistet, aber, wie in der Wissenschaft vielerorts nachgewiesen worden ist, darüber hinaus zu einer Vitalisierung der Firmenkundenbeziehung (siehe dazu Abb. 62) beiträgt.

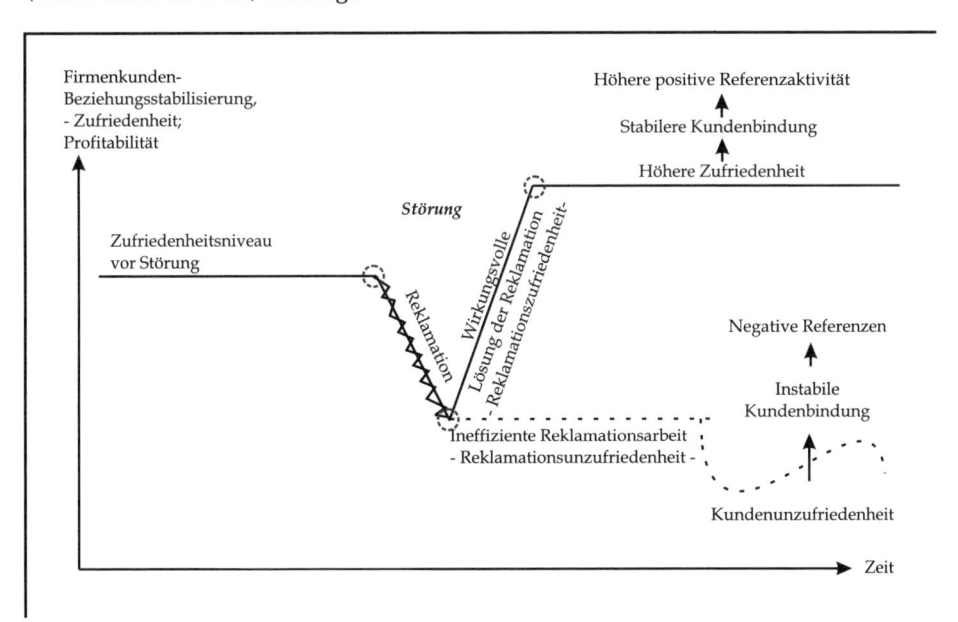

Abb. 62 Wirkungsvolles Reklamationsmanagement als Beziehungsvitalisierung

Auswertungen im Firmenkundengeschäft in den 80er- und 90er-Jahren in Bankunternehmen, die in lokalen Märkten (Sparkasse), regionalen Märkten (Großbank) und auf nationalem Markt (Spezialunternehmen) tätig waren und aktives Reklamationsmanagement betrieben – in einem Fall organisatorisch verankert durch eine eigene Stelle, die als zentrales Prinzip das »*Complaint Ownership*« wahrnahm –, zeigten zusammengefasst tendenziell folgende Ergebnisse:

- 7 (73 Prozent) von 10 zufriedenen Firmenkunden fragten weiterhin Dienstleistungen bei ihrer Bank nach.
- Dahingegen fragten 9 (94 Prozent) von 10 Firmenkunden, deren Reklamationen zufrieden stellend bearbeitet worden sind, weiterhin bei ihrer Bank nach.
- 5 (53 Prozent) von 10 zufriedenen Firmenkunden waren referenzbereit bzw. empfehlen ihre Bank weiter.
- Dahingegen empfehlen 9 (87 Prozent) von 10 Firmenkunden, deren Reklamation zufrieden stellend bearbeitet worden ist, ihre Bank weiter.

Bei nicht zufrieden gestellten Reklamationen gehen die Wiederkaufbereitschaft und Referenzbereitschaft signifikant nach unten.

Die Direct Selling Education Foundation geht davon aus, dass 82 Prozent an unzufriedenen Kunden, deren Reklamation umgehend beantwortet wird, gehalten werden können. Auch beim deutschen Kundenbarometer (Meyer, A./ Dornach, F., 1997) ist in allen Branchen eindeutig nachgewiesen worden, dass die Unternehmensloyalität und Referenzbereitschaft bei Kunden, deren Beschwerde zufrieden stellend bearbeitet worden ist, signifikant höher ist als bei denjenigen Kunden, die bisher zufrieden und ohne Beschwerden mit ihrem Unternehmen zusammengearbeitet haben. Gleiche Ergebnisse zeigen amerikanische Studien im Bankensektor. Denen zufolge wurde auch reklamierenden Bankkunden, nachdem deren Beschwerde zufrieden stellend bearbeitet worden war, eine engere Verbindung zur Bank nachgewiesen. Ein Marktforschungsinstitut aus London stellt ebenfalls fest, dass bei einem sensiblen und adäquaten Umgang mit Reklamationen 74 Prozent dieser Kunden ihrer Bank treu bleiben.

ZUSAMMENGEFASST gilt es festzuhalten, dass ein aktives Reklamationsmanagement die Erschließung umfangreicher Chancen für die Bank im Firmenkundengeschäft ermöglicht:

- Das Image als firmenkundenorientierte Bank wird gefestigt und ausgebaut.
- Das Vertrauen in die Geschäftsbeziehung mit der eigenen Bank wird gestärkt.
- Die Abwanderung von Firmenkunden wird vermieden, und das Geschäftsvolumen bzw. die Deckungsbeiträge pro Periode können erhalten bzw. gesteigert werden.
- Die Kosten für die Wiedergewinnung attraktiver und verlorener Firmenkunden entfallen.
- Der in der Reklamation zufrieden gestellte Firmenkunde ist bereit für eine positive Mund-zu-Mund-Propaganda und ist daher ein potenzieller Akquisiteur.

- Durch die Verhinderung der Abwanderung eines attraktiven Firmenkunden infolge einer Beziehungsstörung wird auch die negative Mund-zu-Mund-Propagandaspirale verhindert.
- Durch die Reklamation können Ideen für neue Produkte, neue Qualitäten in der Zusammenarbeit ermittelt werden.
- Aktives Reklamationsmanagement ist eine konstruktive Investition in eine tragfähige langfristige Firmenkundenbeziehung.

Ein systematisch durchgeführtes aktives Reklamationsmanagement bringt einen erheblichen Return on Complaint. Der **Return on Complaint** ermittelt die Rentabilität des Reklamationsmanagements. Er ist das Verhältnis des Nutzens des Reklamationsmanagements zu den Kosten und Investitionen in das Reklamationsmanagement. Der Return on Complaint ist dann positiv, wenn die Erlöse aus der effizienten Reklamationsbearbeitung in Form von Kundenbindung mit Nachkauf von Bankleistungen, Cross-Selling-Potenziale, Referenzrate und Vermeidung von Opportunitätskosten die Gesamtkosten der Reklamationsbearbeitung für Personal, Wiedergutmachung, Fehlerkorrektur und Sachkosten übersteigen.

4.5.3.3 Handlungsschritte des Reklamationsmanagements

Nachdem ein Problem, eine Unzufriedenheit, die zur Reklamation seitens des Firmenkunden Anlass gibt, aufgetreten ist, vom Firmenkunden auch bei der Bank artikuliert worden ist und dieser in Erwartung einer zufrieden stellenden Lösung seines Reklamationsproblems verharrt, ist es erst die Aufgabe im Firmenkundengeschäft, den Prozess des Reklamationsmanagements dahin gehend zu gestalten, dass

- die Firmenkunden zufrieden bzw. begeistert sind mit der Art und Weise, wie mit ihrer Reklamation konstruktiv umgegangen wird, und dadurch wieder das alte Firmenkundenzufriedenheits- bzw. Begeisterungsniveau erreicht wird. Also schnelle, unbürokratische und großzügige Lösung der Reklamation als oberste Maxime. Gewissenhafte Korrektur gemachter Fehler seitens der Bank und sichtbare Wiedergutmachung der Fehler verdeutlichen gegenüber den Firmenkunden, aber auch gegenüber den Mitarbeitern im Hause eine konsequente Umsetzung relationshiporientierter Firmenkundenstrategien.
- Eine Verhinderung bzw. Minimierung möglicher negativer Effekte der der Reklamation zugrunde liegenden Unzufriedenheit des Firmenkunden geschieht. Sei es also zur Verhinderung von Abwanderung bzw. negativer Mundkommunikation oder Umwandlung in zusätzliche akquisitorische Effekte durch die Beeinflussung zu einer positiven Mundkommunikation.
- Eine Nutzung der Erkenntnisse aus der Reklamation für die Reduzierung interner Fehlerquellen und der Findung neuer Ideen für Qualitätsverbesserungen bzw. neue Produkt- und Bankdienstleistungsinnovationen erfolgt.

Die einzelnen Maßnahmen zur Behandlung des Phänomens Reklamationen können in Anlehnung von Stauss, B./Seidel, W. (Beschwerdemanagement, München/Wien 1996) in folgende aufeinander abgestimmten Teile gegliedert werden.

Zielsetzungen des Reklamationsmanagements
Mögliche begründete Ziele können sein:
- Wiederherstellung der Firmenkundenzufriedenheit bzw. Abbau von Unzufriedenheit
- Umsetzung der Relationship-Orientierung
- Herstellung von Reklamationszufriedenheit
- positive Imagebildung und Mundpropaganda
- Erhaltung des Geschäftsvolumens, Vermeidung von Opportunitätskosten
- Reduzierung interner Prozessineffizienzen
- Anstöße für Produkt-, Prozessinnovationen
- Reduzierung der Reklamationskosten.

Stimulierung des Firmenkunden zur Reklamationsäußerung
Reklamationsstimulierung soll die Firmenkunden dazu veranlassen, nicht nur ihre juristisch durchsetzbaren Unzufriedenheiten zu äußern, sondern Unzufriedenheit jeder Art in allen leistungs- und beziehungsbezogenen Problemen zeitgerecht und adressatengerecht vorzutragen. Durch Reklamationsstimulierung soll der Großteil unzufriedener Firmenkunden, die ihre Reklamation nicht aussprechen, minimiert werden bzw. der Anteil der Reklamationen unzufriedener Firmenkunden erhöht werden, um die Gesamtzufriedenheit im Firmenkundengeschäft zu erhöhen.

Natürlich bieten sich auch im Firmenkundengeschäft die verschiedenen klassischen Wege zur Stimulierung von Reklamationen schriftlicher, mündlicher oder telefonischer Art an. »Meinungskarten« (»Comment Cards«) und die Bekanntmachung der verschiedenen Möglichkeiten der Reklamationswege über die Kommunikation durch Prospekte und Zeitungsanzeigen etc. sind eine Grundlage. In der hierbei gemachten Erfahrung im Firmenkundengeschäft stoßen aber diese Art von amerikanistisch gefärbten Stimulierungsmaßnahmen eher auf eine abwehrende Haltung. Der Firmenkunde fühlt sich in der Möglichkeit, Unmut zu äußern, wie in der Konsumgüterindustrie üblich, nicht ernst genommen. Es wird die Aufgabe des Firmenkundenbetreuers sein, sich aktiv nach den Problemen und möglicherweise Unzufriedenheiten des Firmenkunden zu erkundigen.

Anstatt auf die Reaktionen der Firmenkunden zu warten, ist es notwendig, die Sensibilität für mögliche Unzufriedenheiten zu entwickeln und darüber hinaus die dialektische Fähigkeit für das Aufspüren von verdeckten Unzufriedenheiten.

Annahmeprozess der Reklamation des Firmenkunden

Gelangt nun – auf welchem Wege auch immer, ob aktiv oder passiv stimuliert – die Reklamation des Firmenkunden an die Bank, so geht es im Rahmen der Phase der Reklamationsannahme um die Fragen des Verhaltens bei der Reklamationsannahme, der Zuständigkeiten für diese Reklamation (»Complaint Ownership« bzw. »Eigentümer dieser Reklamation«) und der Erkennung und Erfassung der Inhalte der Reklamation.

Reklamationsannahmeverhalten

Die Annahme einer Reklamation seitens eines Firmenkunden ist eine besondere Form der persönlichen Konfrontation. Diese erfordert ein hohes Maß an sozialen und fachlichen Fähigkeiten wie Einfühlungsvermögen und Fingerspitzengefühl (Sensibilität), Belastbarkeit für diese psychologische Stresssituation, die Fähigkeit, mit Kritik umgehen zu können, Glaubwürdigkeit und Kompetenz in der Kommunikation, Offenheit und Kontaktfähigkeit sowie Selbstbeherrschung in kritischen Gesprächssituationen und Eigenverantwortung in der Problemlösungseinleitung.

Gerade der erste Kontakt mit einem unzufriedenen Firmenkunden entscheidet maßgeblich über den weiteren Verlauf der Kundenbeziehung: Die Behandlung der Beziehungsstörung führt zu einem weiter sinkenden Zufriedenheitsniveau oder aber zu einer Reklamationszufriedenheit mit einem späteren höheren Kundenzufriedenheitsniveau und stärkerer Stabilisierung.

Viele Firmenkunden werden erst durch den Verlauf der Reklamationsannahme zusätzlich verärgert. Mitarbeiter der Bank verhalten sich hilflos, abweisend bis vertröstend. Sie zeigen sich auch teilweise überfordert bis inkompetent, mit der Reklamation umzugehen. Ferner erweisen sie sich oft als nicht zuständig, entscheidungsinkompetent oder hoffen auf eine vorübergehende Reklamation.

Der Mitarbeiter, der in der Bank von einem Firmenkunden als Erster über die Reklamation informiert wird, muss sich sofort wie ein »Eigentümer dieser Reklamation« (»Complaint Ownership«) verhalten, auf der psychosozialen Ebene Verständnis für die Problematik zeigen und offensiv die Reklamationsaufgabe annehmen. Erst daraufhin ist es auf der sachlich-inhaltlichen Ebene möglich, in die Informationsphase einzusteigen, um das tatsächliche Problem zu eruieren und zu diagnostizieren.

Verständnis, aktives Zuhören, Entschuldigen, Bedanken, Zuhören und anteilnehmendes Notieren lauten die Schlüsselverhaltensweisen während der Phase der Reklamationsannahme.

Reklamationsinhaltserfassung

Nachdem auf der emotionalen Ebene eine tragfähige Brücke für die Reklamationsbearbeitung geschaffen worden ist, geht es nun darum,
- die nötigen Informationen zur genauen Erfassung des Reklamationsproblems zu erhalten,

- Informationen über die Person des Reklamationsführers und deren Bedeutung für die Bank bzw. dessen möglichen Firmenkundenwerts einzuholen,
- Informationen über die Finanzdienstleistungen oder andere Probleme, mit denen der Firmenkunde nicht zurecht kommt, zu erlangen und
- Informationen über den weiteren Ablauf der Bearbeitung der Reklamation bis zur Lösung zu erforschen.

Organisatorischer Ablauf der Bearbeitung der Reklamation

Nach der Annahme einer Reklamation und ihrer Prüfung hinsichtlich der sachlichen, juristischen und emotionalen Richtigkeit bzw. Gerechtfertigtheit oder Ungerechtfertigtheit ist zu prüfen, welche Personen bzw. Bereiche die Reklamation zu behandeln haben (Aufbauorganisation) und wie die Prozesse der Bearbeitung verlaufen (Ablauforganisation).

Aufbauorganisatorische Betrachtungen

Die Entscheidung über die Aufbauorganisation des Reklamationsmanagements hängt von der Situation des einzelnen Kreditinstitutes und auch deren persönlicher Ausstattung ab. In jüngster Zeit haben sich eigene Reklamationsmanagementabteilungen bewährt.

Grundsätzlich gilt, dass Reklamationen von Firmenkunden dort, wo sie anfallen, auch angenommen, erfasst, bearbeitet und gelöst werden. Dazu müssen die entsprechenden Personen im Firmenkundengeschäft dem Kunden auch bekannt sein, und der Ansprechpartner muss jederzeit erreichbar sein sowie schnell, flexibel aufgrund einer fundierten fachlichen und sozialen Kompetenz die Kundenreklamation zufrieden stellend für alle Beteiligten behandeln.

Je nach Organisationsform des einzelnen Kreditinstitutes kann aktive Reklamationsbehandlung
- zentral in der Firmenkundenabteilung erfolgen,
- dezentral auf einzelne Filialen und Zweigstellen vor Ort übertragen werden oder
- in einem dualen Reklamationssystem erfolgen.

Insbesondere bei komplexen Firmenprodukten und zentraler sowie dezentraler Firmenkundenbetreuung bietet es sich an, eine Lösung zu finden, der zufolge Reklamationsmanagement im Einzelfall zentral, dezentral oder kooperativ erfolgt.

Ablauforganisatorische Betrachtungen

Hinsichtlich der ablauforganisatorischen Gestaltung der Prozesse des Reklamationsmanagements im Firmenkundengeschäft geht es darum, die Verantwortlichkeit für die Reklamationslösung festzulegen, die Differenzierung der entsprechenden Aufgaben in der Bearbeitung und die Kompetenzverteilung auf einzelne Mitarbeiter bzw. Produkte zu klären.

Damit Reklamationen schnell, termingerecht und vollständig zufrieden stellend gelöst werden können, haben sich (nach Stauss/Seidel, S. 138 ff.) folgende Prozessverantwortlichkeiten herauskristallisiert:
- Der Firmenkundenbetreuer ist für den gesamten Reklamationsmanagementprozess (»*Process Owner*«) verantwortlich. Damit nimmt der Firmenkundenbetreuer die Reklamation an und steuert horizontal und vertikal in der Bank die entsprechenden Problemlösungsprozesse. Er nimmt Zeit und Energie auf sich, um die arbeitsteiligen Konflikte »geräuschlos« zu bewältigen.
- Der Firmenkundenbetreuer übernimmt die Verantwortung für die Einzelfallbearbeitung von Reklamationen (»*Complaint Owner*«). Dabei übernimmt der Firmenkundenbetreuer die Aufgabe, das Reklamationsproblem unmittelbar zu lösen, solange es in seinen Kompetenzbereich fällt. Wenn er in seinem Bereich die Reklamationslösung herbeigeführt hat und weitere Abteilungen noch betroffen sind, so sorgt er dafür, dass die Bearbeitung sichergestellt wird, indem er den Reklamationsvorgang an den Kollegen oder die Kollegin in einem vorher definierten Sinn weitergibt. Letztere führen den Fall weiter.
- Der Firmenkundenbetreuer ist für die einzelne Bearbeitungsstufe (»*Task Owner*«) verantwortlich. Dabei fungiert der Firmenkundenbetreuer als Mitarbeiter, der für die Ausführung von einzelnen Aufgabenstellungen während des Reklamationsbearbeitungsprozesses befasst ist.

Feedback, Reaktion, Lösung der Reklamation
Reklamationen sind Interventionen in Form von Störungen, denen im Tagesgeschäft Vorrang zu geben ist.

Nicht behandelte Reklamationen starten eine Negativspirale mit Auswirkungen auf Ertrag, Produktivität und auf die Stabilität der Firmenkundenbeziehung. Ein negatives Ergebnis in Form der Firmenkundeneskalation wäre der Abbruch der Beziehung. Von daher ist es notwendig, zunächst aktiv den Kontakt mit dem Firmenkunden aufzunehmen. Dadurch wird dem Firmenkunden die Wichtigkeit seines Anliegens signalisiert, es wird ihm Aufmerksamkeit geschenkt und sein Problem wird anerkannt. Damit sind zwei Drittel der Grundlage für eine effiziente Reklamationslösung gelegt. Dies allein genügt aber nicht, wenn die Reklamation nicht schnell und im Rahmen der vereinbarten Termine bearbeitet und gelöst wird. Dabei gilt der Grundsatz, dass jede Firmenkundenreklamation individuell und vollständig gelöst wird. Ansonsten gibt es Folgereklamationen.

Bei begründeten Reklamationen und teilweise auch bei unbegründeten Reklamationen, und wenn die Firmenkundenbeziehung eine hohe Bedeutsamkeit hat, wird es im Wesentlichen darum gehen, finanziell, materiell oder immateriell den vorgefallenen Fehler zu korrigieren oder durch entsprechende Kompensationen wieder gutzumachen.

Die Reklamationszufriedenheit ist dann sehr hoch, wenn der Firmenkundenbetreuer sich für tatsächlich erfolgte Fehler der Bank entschuldigt, unter Berücksichtigung des Einzelfalles mit Verständnis den Problemlösungsprozess angeht und der Firmenkunde eine Leistungsnachbesserung als Fehlerkorrektur und eine Ersatzleistung als Wiedergutmachung erhält. So kann bei einem zu knapp bemessenen Kontokorrentrahmen das Ärgernis »*Überziehungszins*« dadurch geändert werden, dass der Kontokorrentrahmen bei gegebener Bonität erhöht wird (Fehlerkorrektur durch Leistungsnachbesserung). Bis die Beschlüsse gefasst sind, kann dem Firmenkunden zur Wiedergutmachung die Ersatzleistung eines Terminkredites für die zu überbrückende Zeit eingeräumt werden.

Ein Firmenkunde kann mit einer geringeren Reklamationszufriedenheit verbleiben, wenn zwar eine materielle Fehlerkorrektur erfolgt, aber dies ohne geäußerte Entschuldigung und Verständnis für die Situation des Firmenkunden geschieht. Kommt der Exportsachbearbeiter eines Firmenkunden mit den schwierigen bürokratischen Reglementierungen und Formalitäten nicht zurecht und es passieren daher Fehler, die dem Firmenkunden zusätzliche Kosten verursachen, so ist es zwar eine notwendige Leistung, wenn die Bank nachträglich eine Schulung zur effizienten Nutzung der Auslandsgeschäftsabwicklung anbietet. Hinreichend wäre es aber, wenn noch der Firmenkundenbetreuer den frustrierten Exportsachbearbeiter im Unternehmen zu einem versöhnlichen Abendessen einlädt.

Die Reklamationsunzufriedenheit beim Firmenkunden ist sehr hoch, wenn der Firmenkundenbetreuer die vorgetragene Problemsituation übergeht, kein Verständnis dafür zeigt und auch keine Anzeichen der Entschuldigung verlautbaren lässt. Werden z.B. nach deutlicher Geldmarktzinserhöhung die kurzfristigen Geldanlagen bei der Prolongation, ohne den Firmenkunden zu konsultieren, zu Standardkonditionen und noch dazu verspätet verlängert, so führt es zu einer sehr hohen Reklamationsunzufriedenheit, wenn der Firmenkunde lapidar mit der Antwort abgefertigt wird, dass das Konditionstableau immer nur zum Quartalsende angepasst wird. Vorteilhafter wäre es gewesen, wenn der Firmenkundenbetreuer die Konditionssituation marktgerecht korrigiert und zusätzlich bei einem eventuell weiteren Geschäft, z.B. einer Auslandsüberweisung, in einem vertretbaren Verhältnis die Überweisungsgebühren reduziert hätte.

Die Reklamationsunzufriedenheit ist immer noch da, wenn der Firmenkundenbetreuer zwar Verständnis für den Ärger eines Firmenkunden in einem speziellen Fall hat, aber sich dafür nicht entschuldigt und Korrekturmaßnahmen einleitet. So könnten im Falle wichtiger Finanzinformationen für den Firmenkunden, die zu lange in der Zentrale gelegen sind und nicht an die im Detailgeschäft direkt betreuende Filiale weitergegeben worden sind, zur Fehlerkorrektur neue Vertriebswege bei der Übergabe einer Leistung vereinbart werden (Fehlerkorrektur) und zur Wiedergutmachung einen Monat Freiversand von Kontoauszügen erfolgen.

Bei der schnellen Bearbeitung von berechtigten Reklamationen geht es immer für den Marketer darum, unter Berücksichtigung des Einzelfalles eine optimale Kombination der Bankdienstleistungen, Konditionen, Kommunikation, Distribution dahin gehend vorzunehmen, dass der aufgetretene Fehler verständnisvoll korrigiert und möglicherweise Wiedergutmachung durchgeführt wird.

Reklamationsauswertung und Konsequenzen
Schließlich reicht es nicht allein, erfolgreich mit den Reklamationen direkt am Kunden umzugehen. Vielmehr ist es noch notwendig, aus strategischer Sicht die Informationen aus den Reklamationen dahin gehend zu nutzen, um
- die innerbetrieblichen Prozesse wirtschaftlicher und effizienter zu gestalten,
- die Qualität im Relationship Marketing zu erhöhen,
- die Informationen für die Erstellung neuer Bankdienstleistungen
  oder die Verfolgung neuer Strategien zu nutzen,
- das Kosten-Nutzen-Verhältnis der Reklamationsbearbeitung im Auge zu behalten und
- eventuell personalpolitische Konsequenzen hinsichtlich der Entwicklung von kundenorientiertem Problemlösungsverhalten, Sozialkompetenz und Teamentwicklung vorzunehmen.

4.5.3.4 *Erfolgsfaktoren des Reklamationsmanagements*

Die bisherigen Erläuterungen weisen schon auf ein hypothetisches Modell der Ursache-//Wirkungs-Zusammenhänge im Reklamationsmanagement hin. Über die Zwischenzielvariable »Grad der Reklamationszufriedenheit« sind in der Abbildung 63 allgemein akzeptierte Erfolgsgrößen ihren zentralen Verursachern gegenübergestellt. Das Ranking der Erfolgsfaktoren ist aus praktischen langjährigen Erfahrungen und Einzelinterviews entstanden.

An erster Stelle werden die Schnelligkeit und die Art und Weise der Registrierung und Annahme von Reklamationen genannt. Damit kann ein beziehungsmäßiger Flächenbrand verhindert werden. Dicht darauf folgt die schnelle, unbürokratische und begeisternde Lösung der mehr oder weniger begründeten Anliegen der Firmenkunden.

Die Art der Wiedergutmachung über den eventuellen Schaden hinaus verliert den ersten beiden Kriterien gegenüber schon erheblich an Bedeutung.

Grundlegend ist auch eine gelebte Relationship-Marketing-Kultur, die eine stimulierende, selbstvertrauende Offenheit Reklamationspotenzialen gegenüber kommuniziert.

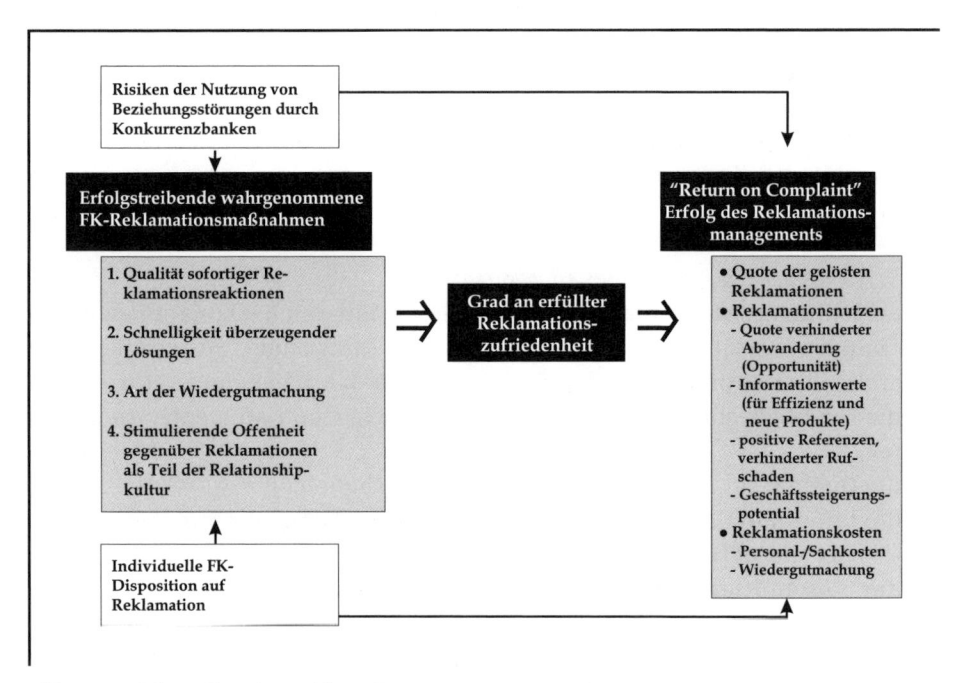

Abb. 63   Erfolgstreiber des Reklamationsmanagements

4.5.4 Rückgewinnung verlorener werthaltiger Firmenkundenbeziehungen – Corporate Customer Recovery Management

4.5.4.1 Abwanderung von Firmenkunden als Wertverlust und -chance

Die Abwanderung von Unternehmenskunden, d.h. Corporate Migration, kann für eine Bank erhebliche finanzielle, imagemäßige, informationswirtschaftliche und marktpositionelle Schäden bewirken. Erhebliche Chancen bestehen für ein Kreditinstitut, wenn durch Rückgewinnungsmanagement von werthaltigen Firmenkunden wieder der »Zero-Migration«-Zustand hergestellt werden kann. Aus verlorenen Kunden resultieren andererseits Chancen, wenn diese Unternehmen sich nachhaltig als Wertvernichter erwiesen haben bzw. sich diese künftig als solche zu entwickeln drohen.

Ursachen und Wirkungen der Verluste von Firmenkunden

Loyale Firmenkunden liefern infolge niedrigerer Transaktionskosten, mehr Transparenz über ihre Risikosituation und verlässlicher kalkulierbarer Zins- und Provisionsüberschüsse aus direkten und empfohlenen Geschäftsvolumina den höchsten Rentabilitätsbeitrag im strategischen Geschäftsfeld »Firmenkunden«. Diese Vorteile gehen durch den Verlust von werthaltigen Firmenkunden verloren.

Innerhalb nahezu aller Branchen wird über eine zunehmende Illoyalität der Kunden geklagt. Migrationsquoten von ca. 20 Prozent sind in vielen Unternehmen zu identifizieren. Zwischen 4,3 Prozent und 9,7 Prozent jährlich wurden vom Autor in Banken im Zeitraum 1983 bis 2001 beobachtet. Tendenziell führt diese Quote zu einer signifikanten Beeinträchtigung der Ergebnisse aus diesem Geschäftsfeld. Die Notwendigkeit der Auseinandersetzung mit Rückgewinnungsmanagement (Corporate Customer Recovery Management) findet darin bereits hinreichende Bestätigung. Ausgangspunkt einer effizienten Recovery-Politik ist die Analyse der Ursachen der Abwanderung von Firmenkunden von ihrer bisherigen Bank. Die Gründe dafür, warum Firmenkunden ihre Geschäftsbeziehung mit einer Bank ganz auflösen, nur teilweise auf neue bzw. bestehende andere Banken verlagern oder sich in der Geschäftsbeziehung über lange Zeit abstinent verhalten, sind sehr vielfältig:

- Zentrale Gründe für einen Bankwechsel im Firmenkundengeschäft sind Mängel in der persönlichen Betreuungsqualität mit einhergehendem Vertrauensverlust in die Bank. Etwa 30 bis 40 Prozent können daraus erklärt werden. Unzufriedenheit mit dem Freundlichkeitsgrad, Mängel an aktivem Service und zu geringe Aufmerksamkeit seitens der Betreuer gegenüber den Bedürfnissen, Problemen und Ansprüchen der Firmenkunden spielen hierbei die Hauptrolle. Lediglich etwa 20 Prozent sind auf grundlegende Unzufriedenheit mit den Konditionen zurückzuführen. In den vergangenen Jahren hat die Tendenz zu Bankenfusionen zu einem verstärkten Firmenkundenverlust geführt. In Befragungen während Firmenkundenseminaren gründen darauf 10 bis 30 Prozent der Abwanderungen.
- Nichtbeachtung und unzureichende Vorgehensweise in der Behandlung von Reklamationen (Reklamationsunzufriedenheit) führen ebenso zu Firmenkundenverlusten.
- Darüber hinaus ist das aktive und gezielte Akquiseverhalten der Konkurrenzbanken, denen es gelingt, eine Nettonutzen-Differenzierung überzeugend und emotional begründet darzustellen, ein Grund für den Bankwechsel. In Geschäftsgebieten, in denen Firmenkundenbetreuer qualifiziert und aktiv, konsequent Neukundenakquise betreiben, ist mit Kundenverlusten zwischen 25 und 35 Prozent in einem Zeitraum von 3 bis 5 Jahren zu rechnen.
- Variety Seeking, also die Suche nach Abwechslung, ist neuerdings auch ein Grund, die Bank zu wechseln. Dieses Phänomen war bisher vorwiegend im Konsumgüter- und Gebrauchsgüterbereich zu beobachten.
- In jüngster Zeit ist auch hybrides Firmenkundenverhalten zu erkennen. Selbst zufriedene Kunden sind bereit, ohne Gründe ihre Bank zu wechseln. Für den Bankenbereich hat Zollner G. (Kundennähe in Dienstleistungsunternehmen, Wiesbaden 1995, S. 184 f.) festgestellt, dass 37 Prozent überwiegend zufriedener Kunden ihre Bankverbindung kündigen.
- Zunehmende Informiertheit über das Bankgeschäft, neues Selbstverständnis, Mobilitätsbereitschaft, verbunden mit der Austauschbarkeit von Bankdienstleistungen, sind weitere Abwanderungstreiber.
- Überhöhte Wechselbereitschaft kann bei Management- bzw. Generationswechsel ausgelöst werden.

- Schließlich gibt es auch Migrationen, die insbesondere aus mangelndem begründetem Vertrauen in die Bonität und Kapitaldienstfähigkeit des Firmenkunden herrühren. Die Bank bricht dann die Geschäftsbeziehung ab.

Zusammenfassend gilt: Die Abwanderungen von Firmenkunden können bankverursacht/bonitätsverursacht, firmenkundenverursacht, bankbetreuerverursacht und/oder wettbewerbsverursacht sein. Die »wahren« Ursachen der Trennung im individuellen Fall lassen sich mit sog. »Root-Cause«-Analysen darstellen. In mehrstufigen Befragungen können zunächst geäußerte Vorwände bzw. Einwände, die vordergründig zur Auflösung von Geschäften führten, aufgedeckt und hinter den Kulissen die tatsächlichen Motive für Recovery-Ansätze eruiert werden. Die Abbildung 64 zeigt die Abwanderungsursachen am Beispiel einer Sparkasse.

Verschiedene Ansätze sprechen bereits von Abbrecher bzw. Bankwechsler, wenn sie nur in einem oder mehreren Produkten das Kreditinstitut wechseln, ohne die gesamte Verbindung aufzukündigen. Dann dürften natürlich auch Kündigungsquoten von mehr als 30 Prozent Praxis sein.

1. Sparkassenbezogene Abwanderungsursachen

- Gestörtes Verhältnis zum Firmenkundenbetreuer	6,5
- Passives Betreuungsverhalten	5,8
- Zinsen, Konditionen zu hoch	4,2
- Kreditabsage, überhöhte Sicherheiten	2,8

2. Wettbewerbsbezogene Ursachen

- Relativ aktiveres Akquisitionsverhalten	7,5
- Besserer Marktauftritt, CI, Image	5,4
- Aggressive Konditionen (Konditionsvorteil)	4,8

3. Firmenkundenbezogene Ursachen

- Firmenschließungen	8,4
- Generations-, Führungswechsel	6,6
- Standortwechsel	4,8
- Variety Seeking	4,0

1 = rel. unwichtig bis 10 = rel. wichtig

Abb. 64 Abwanderungsursachen

Geht man aber davon aus, dass eine Auflösung der Geschäftsbeziehung als eine Gesamtauflösung der Verbindung betrachtet wird, so sind die Wechslerquoten niedriger. Dennoch konnten in den Beobachtungen des Autors im Firmenkundengeschäft Totalkündigungsquoten zwischen 4,3 und 9,7 Prozent ermittelt werden. Diese Höhe nimmt Ausmaße an, die durchaus eine kritische Größe für signifikante Gewinneinbrüche im Geschäftsfeld Firmenkunden sein können. Es hat sich auch gezeigt, dass drohende Äußerungen und Absichtserklärungen zum Bankwechsel sich dann doch nicht mit dem tatsächlichen Wechsel deckten. Auch ist in schwierigen Zeiten die Wechselbereitschaft der Firmenkunden sinkend. Dies mag mit dem Bestreben nach Verlässlichkeit eines Finanzpartners zu tun haben.

Betrachtet man die Untersuchungen zur Frage der Zero-Migration und deren erhebliche Auswirkung auf den Gewinn im Firmenkundengeschäft, so müsste eigentlich bei den Verantwortlichen eine Alarmglocke läuten. Tatsächlich ist es in der Praxis nicht so. Viele Firmenkundenbetreuer haben die Notwendigkeit und auch die Chancen aus der Rückgewinnung von Firmenkunden noch nicht erkannt oder internalisiert. Von 620 im Jahr 2003 befragten Kreditinstituten gaben nur 2 der 61 antwortenden Banken an, die Rückgewinnung von abgebrochenen Geschäftsbeziehungen systematisch anzustreben. Bei den anderen Instituten fehlt es an der Bewusstheit der Problematik und Methodenkenntnissen.

Außerdem tun sie sich enorm schwer, verlorene Kunden zurückzugewinnen. Die meisten Firmenkundenbetreuer scheuen die Auseinandersetzung mit verlorenen Firmenkunden. Sie fürchten Kritik, die ihre Eitelkeit verletzen könnte, oder sehen dies als Eingeständnis von vorausgegangenen Fehlern. Dennoch durchgeführte Rückgewinnungsmaßnahmen gründen meist auf zu geringe personale und kommunikative Kompetenzen. Auch fehlt es an Zielorientierung und Systematik in der Vorgehensweise, sodass die Maßnahmen beim Kunden eher noch schlechter ankommen.

Dabei gibt es inzwischen auch in der Wissenschaft fundiert bestätigte Gründe, die Beziehungswiederbelebung durch Kundenrückgewinnungsmaßnahmen systematisch zu verfolgen.

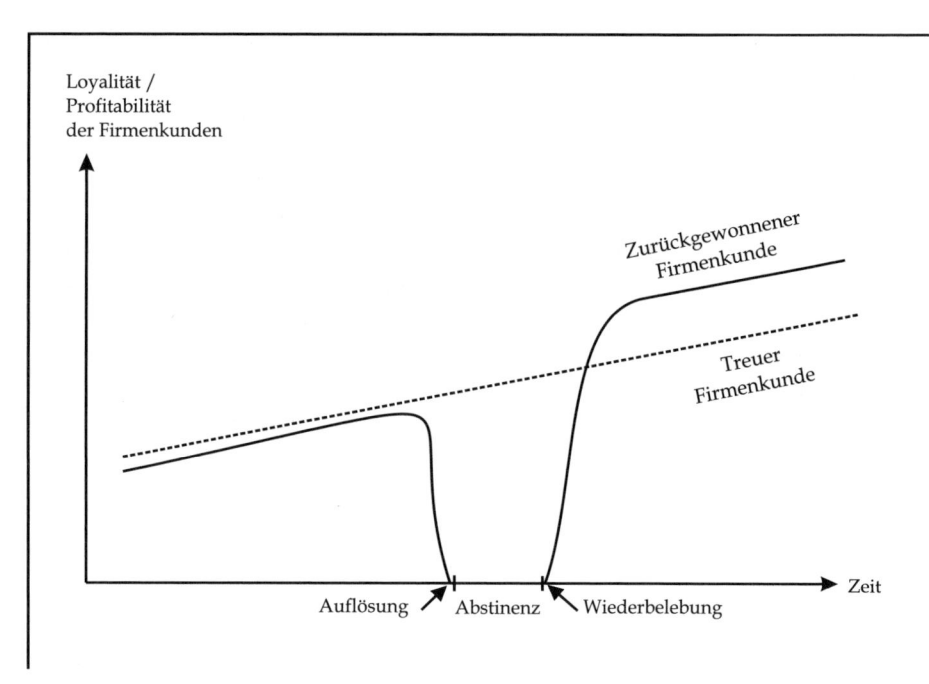

Abb. 65   Profitabilität und Loyalität zurückgewonnener und treuer Firmenkunden

Erfolgsbeitrag zurückgewonnener Firmenkunden

Grundsätzlich ist die Bindung werthaltiger Firmenkunden rentabler als deren Zurückgewinnung und noch profitabler als die Gewinnung neuer, werthaltiger Kunden. Andererseits kann in Anlehnung der Erkenntnisse aus dem Reklamationsmanagement empirisch bestätigt werden, dass die Loyalität und die Profitabilität zurückgewonnener Firmenkunden sogar höher sein können als die laufend treuer Firmenkunden (siehe Abb. 65 Profitabilität und Loyalität zurückgewonnener und treuer Firmenkunden). Der Firmenkunde braucht nämlich zur Rechtfertigung seiner revidierten Entscheidung eine wesentlich stärkere Bestätigung für die Wiederaufnahme der Bankbeziehung und tätigt daher nach Rückkehr intensivere Geschäftsvolumina als vor dem Abbruch.

Auch die Bindungsdauer zurückgewonnener Firmenkunden ist tendenziell nicht niedriger als der Durchschnitt der Stammkunden. Sauerbrey, Ch./Henning, R. (Kundenrückgewinnung, München 2000, S. 17) gehen in ihrer Befragung sogar davon aus, dass bei ca. 4 von 10 zurückgewonnenen Kunden die Bindungsdauer höher war als die der Stammkunden. Loyalität und Profitabilität zurückgekehrter Firmenkunden können tatsächlich höher sein, als hätte der Abbruch nicht stattgefunden (Renker, C./Kähne, M., 2003).

Viele Firmenkundenbetreuer scheuen sich auch deshalb, verlorene Kunden anzugehen, weil sie Angst vor Misserfolg haben. Tatsächlich zeigt sich, dass auf der Grundlage einer relationshipmarketinggerechten Firmenkundenbetreuerpersönlichkeit und der daraus abgeleiteten systematischen Kundenrückgewinnungshandlungen sehr hohe Erfolgsquoten möglich sind. Die Erfolgsquote der

Kundenrückgewinnung wird definiert als das Verhältnis der Anzahl der zurückgewonnenen Firmenkunden zur Anzahl der erreichten Firmenkunden. Je nach Schwierigkeitsgrad der Marktverhältnisse erzielte der Autor Erfolgsquoten in der Firmenkundenrückgewinnung zwischen 43 und 92 Prozent. Sauerbrey/Henning berichten in ihrer Untersuchung davon, dass bezogen auf die erreichten Zielkunden zwei Drittel der Befragten zwischen 11 und 40 Prozent der Kunden zur Rücknahme ihrer Kündigung bewegen konnten. 20 Prozent werden von Praktikern als zufrieden stellendes Ergebnis eingestuft. Also von daher wird tendenziell bestätigt, dass systematisches Rückgewinnungsmanagement zum Erfolg führt.

Die Kosten für die Rückgewinnung eines Firmenkunden bzw. Cost Per Order (CPO-Wert) sind niedriger als die Kosten der Neukundenakquisition. Sauerbrey/Henning gehen in ihren Untersuchungen davon aus, dass die Kosten der Kundenrückgewinnung etwa halb so hoch sind wie die der Neukundenakquisition und dreimal so hoch wie die Kundenbindungskosten. Für das Firmenkundengeschäft in Banken fehlen genaue Untersuchungen. Denn sowohl Neukundenakquisition als auch Kundenrückgewinnung ziehen sich je nach Einzelfall und Widerständen über einen längeren Zeitraum hin.

Alles zusammengenommen spricht vieles dafür, dass für Firmenkundenbetreuer, die mit Systematik in der Vorgehensweise, starker Motivations- und hoher Frustrationstoleranz und gestützt auf systematischer datenorientierter Vorbereitung ihre verlorenen Firmenkunden angehen, der Return on Corporate Customer Recovery (RoCCR), also die Rentabilität der Kundenrückgewinnung als Differenz der zusätzlich zu erzielenden Erlöse und den gegenüberstehenden Rückgewinnungskosten, signifikant positiv ist. Homburg, C. ermittelte im IMU der Universität Mannheim (2003) Rückgewinnungsrenditen von 41 bis 103 Prozent für Dienstleistungsunternehmen inklusive Finanzdienstleister. Dabei errechnet sich dessen Renditezahl aus dem Verhältnis von Gewinn und Kosten der Rückgewinnung. Eigene untersuchte Einzelfälle im Firmenkundengeschäft ergaben vorteilhafte Cost-Income-Ratios von 22 bis 54 Prozent. An einem banalen Beispiel lassen sich die Chancen der Rückgewinnung zeigen: Ein zurückgeholter Kontokorrentkredit über 200 000 Euro mit einem Konditionsbeitrag von 3 Prozent und einem Strukturbeitrag von 0,5 Prozent erwirtschaftet einen Zinsüberschuss von 7000 Euro. Bei Personal- und Sachkosten von 4000 Euro kann eine Rückgewinnungsrendite von 75 Prozent p. a. erzielt werden. Der RoCCR reicht aber weit über die kurz gegriffenen, direkten Gewinn-Kosten-Relationen hinaus (siehe Abb. 66).

Zuerst kann der Erfolg von Rückgewinnungsaktionen an der Zahl der wiedergewonnenen, risikoadjustierten und deckungsbeitragbringenden Firmenkunden im Verhältnis zu den verlustigen wertigen Firmenkunden gemessen werden (Rückgewinnungsquote).

Sodann gilt es, den Nutzen aus zurückgeholten Unternehmen zu kalkulieren. Dessen Kern ist der wirtschaftliche Gewinn als die periodisch zu erwartenden Deckungsbeiträge (s. o.) und die Opportunitätskosten aus dem möglich gewesenen endgültigen Verlust des Firmenkunden (Finanznutzen). Schließlich verbreiten wieder zurückgeholte Firmenkunden keine negativen Referenzen. Neben diesen Kommunikationsnutzen ermöglichen die Analysen der Antworten über individuelle Abwanderungsursachen die Chance der Entwicklung von Reaktionsalternativen, um künftig Fehler, die Abwanderungen auslösen können, zu vermeiden (Informationsnutzen).

Diesen Nutzenpotenzialen stehen zunächst fixe und variable Interaktionskosten für die kommunikativen Maßnahmen und persönlichen Aktivitäten der Firmenkundenbetreuer gegenüber. Dabei ist das emotionale Involvement meist höher als der finanzwirksame Kostenanteil. Stärker schlagen die Angebotskosten für die Lösung und Kompensation der Fehler, die den Abbruch verursachten, zu Buche. Dazu zählen individuelle finanzielle, materielle oder immaterielle Rückkehranreize und nötige Wiedergutmachungen über Entschuldigungen hinaus.

In Summa ist aber der Kapitalwert des künftigen Wiederfirmenkundenwertes (Corporate Customer Lifetime Value) über die neue Werthaltigkeit über die Bindungsdauer hinweg relevant.

Insgesamt spricht diese Reihe von genannten Gründen dafür, dass vor dem Hintergrund der Konkurrenz und Risikosituation im Firmenkundengeschäft die Aufgabe der systematischen Beziehungswiederbelebung durch Kundenrückgewinnungsmaßnahmen ein erhebliches Gewicht für die Firmenkundenbetreuer im Relationship Marketing in Zukunft einnehmen wird.

4.5.4.2 Erfolgsfaktoren der Rückgewinnung von Firmenkunden

Welche Maßnahmen im Einzelnen den Rückgewinnungserfolg generieren, ist letztlich nur in Abhängigkeit der Verhältnisse der jeweiligen Bank und der individuellen Umstände des wieder gewünschten werthaltigen Firmenkunden zu entscheiden. Die Ursachen des konkreten Geschäftsabbruches und die Qualität der Geschäftsverbindung bis dahin sind besonders mit zu berücksichtigen. Diese Qualität wird bestimmt von der vergangenen Dauer der Geschäftsbeziehung, deren Umfang, des Involvements bzw. der Integration des Kunden in den Prozess der Bankdienstleistungen sowie dem Grad und der Struktur der Kundenzufriedenheit. Des Weiteren sind die Ursachen der Abwanderung ob, bankbezogen, konkurrenzbezogen oder kundenbezogen, zu berücksichtigen.

Denn es ist nur hinreichend wirksam, nicht irgendwelche, sondern die jeweils spezifischen handlungsnotwendigen und/oder wettbewerbsrelevanten, sich vorteilhaft unterscheidenden Recovery-Aktivitäten herauszufiltern. Die in 4.5.4.4 induktiv hergeleiteten Erfolgsfaktoren des Recovery Management zeigen differenzierte Antworten. Diese Lösungen widersprechen allerdings nicht der deduktiven Ableitung der Erfolgsfaktoren zur Rückgewinnung von Firmenkunden.

Der Grad des Erfolges der Rückgewinnungsaktivitäten wird wiederum vom Grad der rückwirkenden Wiederherstellung der Firmenkundenzufriedenheit bestimmt.

Aus der Spezifika der Bankdienstleistungen wie Vertrauensempfindlichkeit/Erklärungsbedürftigkeit und Individualität/interaktive Integration des Kunden in den Leistungsprozess, der psychosozialen Konstellationen (Bedürfnis nach Zuwendung, Aufmerksamkeit, Anerkennung; Wut, Trauer, Freude) und der Wiederherstellung von Austauschgerechtigkeit (Equity-Theorie) lassen sich die folgenden. Erfolgsfaktoren ableiten (siehe dazu Abb. 66 Kausalkette der Firmenkundenrückgewinnung und Hypothesenprüfung bei Homburg/Sieben/Stock, 2004, S. 35):

- Qualität der Interaktion der Rückgewinnung

    Ausgehend vom Charakter einer integrierten Erwachsenenpersönlichkeit des Firmenkundenbetreuers bestimmen in erster Linie dessen Verhaltensqualität in der Gestaltung zwischenmenschlicher Beziehungen den Erfolg des Rückgewinnungsverlaufs. Soziale Kompetenzen wie Empathie, Vertrauen, Offenheit, Höflichkeit, problemlösungsorientierte nonverbale und verbale Gesprächsführung in Konflikten gehören hier ebenso dazu wie Fach- und Entscheidungskompetenz sowie intrinsische Motivation, Kontaktstärke und Spontaneität in der Kundenansprache und vom Kunden erlebbares Commitment.

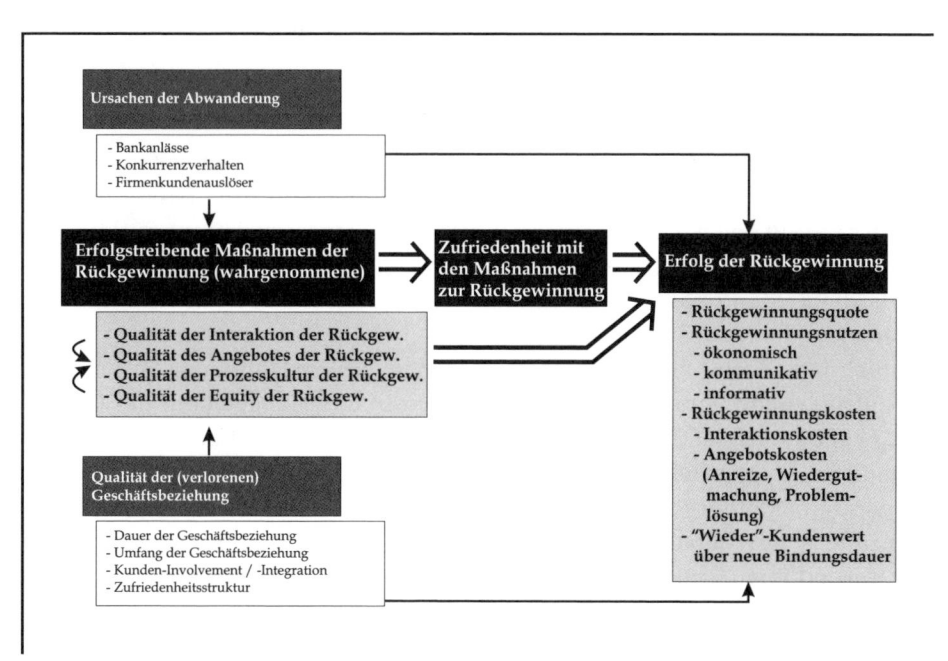

Abb. 66 Kausalkette der Firmenkundenrückgewinnung

- Qualität des Angebotes der Rückgewinnung
  Das Rückgewinnungsangebot als individualisiertes Bündel von Produkten und Konditionen wird bei Dienstleistungen erst in der spezifischen Interaktion innerhalb der akzeptierten Bankkultur erlebbar und vorteilhaft differenzierbar. Im Wesentlichen geht es hier um Leistungsprozesse zur Lösung von Problemen, angemessene und attraktive Preis-Leistungs-Verhältnisse als Re-Welcome-Package und individuelle Arten von Wiedergutmachung.
- Qualität der Prozesskultur der Wiedergutmachung
  Glaubwürdiges Recovery Management wurzelt in internalisierten Wertvorstellungen, Normen, Ritualen und Artefakten der Mitarbeiter als Teil gelebter Unternehmenskultur. Dazu zählen Treiber wie Aufmerksamkeit, Klarheit und Reaktionsschnelligkeit. Anreiz-, Steuerungs- und Informationssysteme, vertikale und horizontale Feedbackkultur mit Blick auf die Anliegen der Kunden. Letztlich muss das Management glaubwürdig die Rückgewinnungspolitik initiieren und sichtbar vertreten. Entsprechende Methodenkompetenz ist notwendiger Teil der Kultur.
- Qualität der Equity der Rückgewinnung
  Die individuelle Übereinstimmung des Input-Outcome-Verhältnisses zwischen verlorenen Firmenkunden und der Bank muss schließlich wiederhergestellt werden. Für das Firmenkundengeschäft impliziert dies die kalkulierte Auswahl der »richtigen« Rückholkunden mit den »richtigen« Leistungsäquivalenten.

4.5.4.3 Prozessschritte des Rückgewinnungsmanagements

Reichheld/Sasser haben, wie schon erwähnt, die Aufmerksamkeit unter dem Schlagwort »*Zero-Migration*« (Kundenabwanderungsrate bzw. Migrationsrate gleich null) auf den nachhaltigen Ergebnisbeitrag von langfristig produktiv und zufrieden stellenden Kundenverbindungen gelenkt.

Da die Kosten qualifizierter Firmenkundenverluste zu hoch sind und andererseits die Kosten für eine systematische Akquisition von Neukunden deutlich höher sind als die rückwirkende Wiederherstellung der Firmenkundenzufriedenheit, lohnt es sich, systematisch in das Management der Gewinnung abgewanderter Firmenkunden zu investieren. Dazu ist aber nicht Aktionismus angesagt, sondern eine systematische Vorgehensweise im Sinne eines Corporate Customer Recovery Management. Dessen Philosophie ist die rückwirkende Wiederherstellung von zufrieden stellenden Geschäftsbeziehungen mit werthaltigen Firmenkunden. Die einzelnen Schritte dazu sind:

Unternehmenskulturelle Verankerung der Firmenkundenrückgewinnung und Abwanderungsprävention
Der Umgang mit abgesprungenen Firmenkunden fällt den Bankfachleuten immer noch sehr schwer. Daher müssen zuallererst die emotionalen bzw. psychosozialen Hürden der Kundenrückgewinnung grundlegend abgebaut

werden. Insofern ist es vordringlich, dass in der Unternehmensphilosophie und deren Ausformulierung in den Unternehmensgrundsätzen die Bedeutung zurückgeholter Kunden für die Rentabilisierungs- und Imagepolitik der Bank klar verankert wird. Auf der Grundlage dieser Philosophie ist es Aufgabe der Führungskräfte, die Unternehmenskultur im Alltag entsprechend recoveryfreundlich zu gestalten und zu bewegen. Die Führung muss einen Rückhalt dafür geben, dass alle betrieblichen Maßnahmen, auch Mitarbeiterschulungen und kundenorientierte Anreizsysteme, Firmenkundenrückgewinnung gewährleisten helfen. Zero-Migration im Verhältnis zu qualifizierten Firmenkunden gilt es unternehmenskulturell zu internalisieren. Zur Unternehmenskultur gehört auch ein Umgang mit der Firmenkundenkritik, der geprägt ist von Angstfreiheit, Selbstkritik und Selbstvertrauen. Falsche Eitelkeiten bzw. gepflegte Gekränktheit aufgrund der Abwanderung eines Firmenkunden haben keinen Platz in einer relationshipgerechten Unternehmenskultur.

Noch wichtiger ist aber die Schärfung des Bewusstseins für Signale, die auf eine Abwanderung hinweisen, die rechtzeitige Wahrnehmung von Gefährdungen von Geschäftsbeziehungen (Data Mining), um präventiv zuerst Maßnahmen zur zufrieden stellenden Behandlung von Reklamationen durchzuführen.

Identifikation und Differenzierung von Lost Orders und Lost Corporate Customers
Nach der Bewusstmachung der Problematik der Firmenkundenrückgewinnung geht es nun im zweiten Schritt darum,
- zu erkennen, dass und wann ein Firmenkunde eine Geschäftsart (z. B. das Auslandsgeschäft) auf eine andere Bank verlagert und es sich so für die eigene Bank um eine »*Lost Order*« handelt. Denn Unternehmen und Selbstständige verfügen über durchschnittlich drei Bankverbindungen. Sie können ihre Bankgeschäfte auf bestehende oder neue Verbindungen verlagern. Damit sinkt der »Share of Customer« der eigenen Bank am Noch-Firmenkunden.
  Erst wenn diese Abwanderung in einer Geschäftsart zu einem vollkommenen Abbruch sich ausweitet, wird der Firmenkunde definitiv zu einem »*Lost Customer*«;
- zu identifizieren, ab welchem Punkt – ob »*schon bei Lost Order*« oder erst bei einem totalen Kundenverlust – von einem »*kritischen Verlorenheitsgrad*« gesprochen wird. Nötig wird es aber sein, bei einem bestimmten zu definierenden kritischen Geschäftsvolumenabgang von einem verlorenen Kunden zu sprechen.
- Nach der Definition, was ein verlorener Firmenkunde ist, können die Firmenkundendatenbanken, Befragungen von Firmenkundenbetreuern oder externe Firmenkundenbefragungen dazu beitragen, einen Überblick über die Identifikation verlorener Kunden zu gewinnen.

In diesem Zusammenhang wird im Rahmen der Identifikation des Grades an Kundenverlusten auch von der Notwendigkeit des **Churn-Management** gesprochen (Churn ist ein Kunstwort aus Change and Turn, siehe Türling, A.: Präventive Kunden-Rückgewinnung auf Basis von Date Mining, S. 150, in: Sauerbrey/Henning, München 2000). Der Firmenkundenbetreuer soll frühzeitig abwanderungsgefährdete Firmenkunden erkennen und Maßnahmen ergreifen, um präventiv einem Verlust entgegenzuwirken.

Segmentierung und Selektierung der Recovery-Zielfirmenkunden
Nach der Identifizierung der verlorenen Firmenkunden sind nun diejenigen Firmenkunden, bei denen Kundenrückgewinnungsprozesse in Gang gesetzt werden sollen, auszuwählen. Die Attraktivität verlorener Kunden i.S. von nachhaltig erwarteter Werthaltigkeit und der Grad an Wahrscheinlichkeit, verlorene Kunden zurückzugewinnen, sind die portfolioanalytischen Auswahl- und Einstufungsachsen:
- Rückgewinnungsattraktivität verlorener Firmenkunden
  Die Attraktivität eines Firmenkunden ergibt sich nun in Analogie zu den Betrachtungen bei der Neukundenakquisition und Kundenbindung aufgrund des gesamten nachhaltigen Wertes, den ein verlorener Firmenkunde für die Bank darstellt.

Darin gehen die künftig erwarteten ökonomischen Wertpotenziale wie Geschäftsvolumen, Zinsspanne, Provisionserlöse, Personalaufwand und Risikograde (Rating) ein.
Andererseits sind auch das Cross-Selling-Potenzial, das mögliche Wachstum mit dem Kunden, der Exklusivitätsgrad unter den Bankverbindungen, der Informations- und Kommunikationswert und die Referenzpotenziale mit zu berücksichtigen.
Auch die bisherige Bindungsdauer an die Bank und der Kundenlebenszykluswert in Zukunft (Corporate Customer-Lifetime-Value) fließen in die Bewertung ein. Den möglichen Erlösen sind auch die Kosten der Kundenrückgewinnung gegenüberzustellen.
Bewertungsinstrumente sind unter anderem die bereits oben genannten Verfahren wie ABC-Analyse, Kundendeckungsbeitragsanalyse, Referenzwert, Firmenkunden-Portfolioanalyse etc.
- Rückgewinnungswahrscheinlichkeit, -risiko und -aufwand
  Die Überwindung eventueller Rückkehrbarrieren bzw. die Wahrscheinlichkeit für die Wiederaufnahme einer Geschäftsbeziehung mit der ehemaligen Bank hängt unter anderem davon ab,
- wie lange die Restlaufzeit eines Kreditvertrages mit einer anderen Bank noch ist (rechtliche Barrieren),
- wie eng bereits die Bindung zu einem konkurrierenden Firmenkundenbetreuer ist (psychosoziale Barrieren),
- wie hoch der Vertrauensverlust in die Bankdienstleistungsfähigkeit der ursprünglichen Bank ist (emotionale Vertrauensbarrieren),

- inwieweit die neue Bank mit Kampfpreisen den Wettbewerb gestaltet (konditionelle Barrieren),
- inwieweit die neue Bank Spezialleistungen anbietet (Bankdienstleistungsprogrammbarrieren),
- inwieweit der Referenzwert an der neuen Bank bindend ist (soziale Barrieren),
- inwieweit die neue Bank den Firmenkunden zu weiteren Erfolgspotenzialen verhilft (Geschäftsbarrieren)
- oder aber auch individueller Art, weil z.B. das Unternehmen geschlossen wurde.

Auf der Grundlage der Segmentierung können die zurückzuholenden Firmenkunden priorisiert werden von mit hoher Wichtigkeit und Dringlichkeit zurückzuholenden Kunden bis zur Aufgabe der Kundenrückgewinnungsabsichten und -maßnahmen am einzelnen Kunden.

Die Abbildung 67 veranschaulicht ein Portfolio zur Segmentierung und Priorisierung verlorener Firmenkunden.

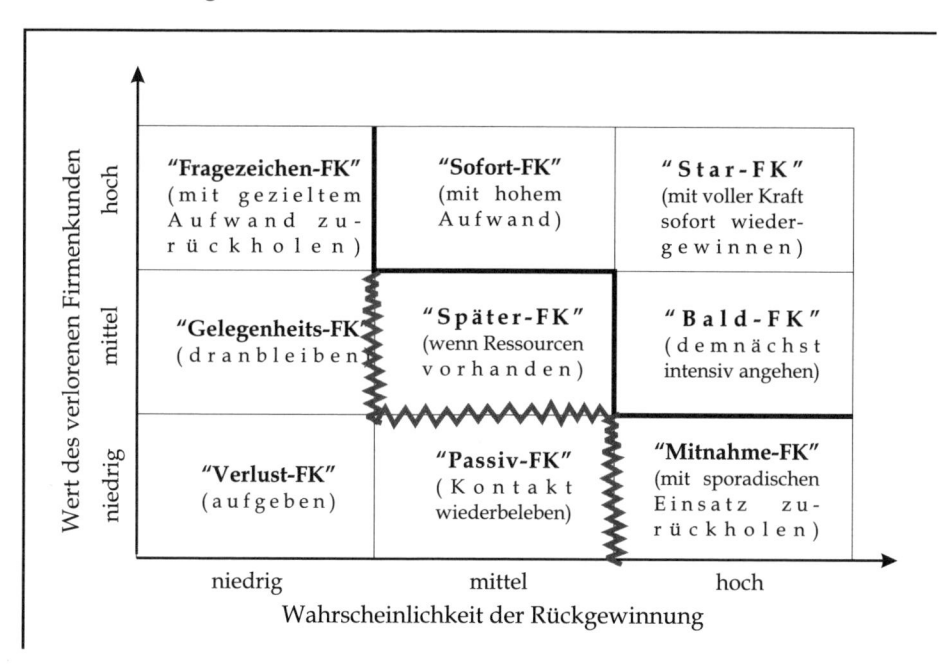

	niedrig	mittel	hoch
hoch	"Fragezeichen-FK" (mit gezieltem Aufwand zurückholen)	"Sofort-FK" (mit hohem Aufwand)	"Star-FK" (mit voller Kraft sofort wiedergewinnen)
mittel	"Gelegenheits-FK" (dranbleiben)	"Später-FK" (wenn Ressourcen vorhanden)	"Bald-FK" (demnächst intensiv angehen)
niedrig	"Verlust-FK" (aufgeben)	"Passiv-FK" (Kontakt wiederbeleben)	"Mitnahme-FK" (mit sporadischem Einsatz zurückholen)

Wert des verlorenen Firmenkunden (y-Achse) / Wahrscheinlichkeit der Rückgewinnung (x-Achse)

Abb. 67 Portfolio zur Segmentierung und Priorisierung verlorener Firmenkunden

Analyse der Ursachen der Migration von Firmenkunden

Die Analyse der Ursachen für die teilweise oder totale Abwanderung von Firmenkunden ist nötig, um einerseits die Maßnahmen gezielt und wirtschaftlich einzusetzen und andererseits daraus zu lernen, um sich abzeichnende Abwanderungen präventiv zu verhindern. Kategorisierend lassen sich die Ursachen für Firmenkundenabwanderungen wie folgt einteilen:

- Die Geschäftsbeziehung wird abgebrochen, weil die Bank die Beziehung gekündigt hat, das Geschäft aufgegeben bzw. die Firma verkauft worden ist.
- Der Firmenkunde sucht Abwechslung (Variety Seeking), nimmt weitere Bankverbindungen aus Vergleichbarkeitsgründen auf oder das Wettbewerbsangebot erscheint so attraktiv, dass trotz der Firmenkundenzufriedenheit von der bestehenden Bank Migrationsbewegungen stattfinden.
- Der Firmenkunde wandert ab, weil er mit der Bank insgesamt oder mit bestimmten Einzelleistungen wie der Qualität der Interaktion zwischen Firmenkunden und Firmenkundenbetreuer Verärgerungen erfahren hat oder die Firmenkundenbetreuung zu passiv war, die Preis- und Konditionspolitik nicht gefallen hat, die Beschwerdebehandlung zu einer noch größeren Unzufriedenheit geführt hat.
- Oft werden sachlich-inhaltliche Probleme wie zu hohe Kreditzinsen oder zu niedrige Einlagenzinsen vorgegeben, um den eigentlichen darunter liegenden Dissens auf der psychosozialen Ebene zu verdecken. Um die wahren Ursachen aufzudecken, können einerseits Kundenzufriedenheitsmessungen durchgeführt werden, andererseits kann aber auch ein geschicktes dialektisches Verhalten der Firmenkundenbetreuer genutzt werden.
- Im Firmenkundengeschäft liegen die zentralen Gründe für einen Bankwechsel in Beziehungsproblemen zwischen Firmenkundenbetreuer und Firmenkunde. Dies wird von den betroffenen Firmenkundenbetreuern in der Regel offiziell nicht zugegeben. Sie geben gerne ihre Bank insgesamt bzw. die nicht konkurrenzfähigen Marketingaktionen vorwandig als Abwanderungsgrund an.

Behebung der zentralen bzw. wichtigen Ursachen für die Firmenkundenabwanderung

Die Identifikation der Abwanderungsursachen dient der Behebung der Probleme in für den Firmenkunden bedeutsamen Leistungsverletzungen. Im Wesentlichen geht es für die Bank darum, die Schwächen der innerbetrieblichen Leistungserstellung und der Leistungsverwertung am Kunden auszumerzen.

Ziele der Firmenkundenzurückgewinnung

Im Wesentlichen lassen sich folgende Zielbereiche begründet und realisierbar für die Wiedergewinnung angeben:
- Rückgewinnungsquotenziel

    Die Bank strebt eine bestimmte Rückgewinnungsquote als Verhältnis aus der gewünschten Anzahl zurückzuholender Kunden zu der gesamten Anzahl als rückgewinnungswürdig und -fähig eingestufter, verlorener Firmenkunden an.
- Return-on-Recovery-Ziel

    Das ökonomisch vorwiegend zu verfolgende Ziel der Firmenkundenrückgewinnung ist es, durch die Erreichung einer entsprechenden Rückgewinnungsquote und Bearbeitungsquote zurückgewonnener Firmenkunden den Saldo aus den Erlösen aus den Neugeschäftsabschlüssen, Cross-Selling, Referenz- und Informationspotenzial und Opportunitätsgewinnen im Verhältnis zu den verloren gegangenen Firmenkundenwerten und den Kosten für die Rückgewinnungsmaßnahmen (Angebots-, Kommunikations-, Wiedergutmachungs- und Personalkosten) positiv zu halten bzw. zu steigern. Zudem können durch die ertragsstarken und bonitätsgerechten Firmenkunden das Kunden- und Kreditportfolio verbessert, der Solvabilitätskoeffizient entlastet und insgesamt der Unternehmenswert einer Bank gesteigert werden.

- Opportunitätsschadensziel

  Verloren gegangene Firmenkunden verursachen nicht nur einen direkten Rückgang der Deckungsbeiträge, sie richten noch zusätzlich Schaden an durch ihren negativ geltend gemachten Referenzwert. Dieser Opportunitätsschaden ist noch größer, je stärker das Gewicht des verloren gegangenen Firmenkunden ist, je höher sein Referenzpotenzial ist und je mehr von den negativen Erfahrungen durch den Firmenkunden andere Unternehmen beeinflusst werden. So kann ein abgewanderter, werthaltiger Firmenkunde durch die Verbreitung seiner schlechten Erfahrungen durchschnittlich 1,5 bis 2,5 weitere Abwanderungen verursachen.

- Migrationsprophylaxeziel

  Die Verfolgung der Analyse von Ursachen der Firmenkundenabwanderung und die Beschäftigung mit der Thematik überhaupt führen zu einer gewissen Hellhörigkeit im Firmenkundengeschäft, die als Frühwarnsignal vorbeugend wirken und damit auch bereits Abwanderungsbewegungen im Keim ersticken sollen. Bankbetriebliche Schwächen werden aufgedeckt. Neue Mitarbeiterverhaltensweisen können eingeübt werden.

Strategien der Firmenkundenrückgewinnung

Im Wesentlichen können die folgenden »gedanklichen Wege« als Strategien zur Rückgewinnung von Firmenkunden verfolgt werden:
- Konzentration und Intensivierung auf Starrückgewinnungsfirmenkunden
- Stimulierungs- und Aktivierungsstrategie
- Wiederaufnahmeüberzeugungsstrategie
- Timing-Strategie bezüglich des Zeitpunktes der Ansprache verlorener Firmenkunden.

Festlegung von Maßnahmenpaketen zur Rückgewinnung von Firmenkunden

Die wesentlichen Kategorien von Relationship-Marketing-Instrumenten zur Firmenkundenrückgewinnung sind:
- Auswahl und Schulung geeigneter Firmenkundenbetreuer
- rückgewinnungsunterstützende Führungsmaßnahmen
- Implementierung des Kundenrückgewinnungsmanagements in die Geschäftsprozesse

- Schaffung von bankdienstleistungsbezogenen Added-Values
- Schaffung von konditionellen Added-Values
- Zurverfügungstellung von vertriebsbezogenen Added-Values
- Einsatz von kommunikationsbezogenen Added-Values.

Rasche Kontaktaufnahme mit verloren gegangenen Firmenkunden
Nachdem in den Punkten 1 bis 8 die grundlegenden Stufen der Kundenrückgewinnung vorbereitet worden sind, geht es nun darum, mit den ausgewählten Firmenkunden den Kontakt zur Rückgewinnung aufzunehmen. Dies muss zeitnah zur Abwanderung erfolgen. Somit kann zumindest die negative Referenzspirale eingedämmt werden.

An Kontaktmedien bieten sich Telefon, E-Mail, Fax, Brief und persönliches Gespräch an. In der vom Autor vorliegenden Praxis haben situativ und individuell richtig durchgeführte Kontaktanbahnungswege zu hohen Erfolgen geführt. Insofern gibt es kein Patentrezept, sondern nur tendenzielle Erfahrungen. Dies bedeutet im Firmenkundengeschäft, dass ähnlich wie bei der Neukundenakquisition ein in Form, Sprache und Intention gut verfasster Rückgewinnungsbrief eine Brücke für das zu erfolgende persönliche Gespräch emotional fundiert errichten kann. Letztlich hängt es aber im Firmenkundengeschäft von der Qualität und der Fähigkeit ab, ein persönliches Versöhnungsgespräch zu führen, oder ob ein Firmenkunde stimuliert und überzeugt werden kann, zu seiner früheren Bank teilweise oder ganz zurückzukehren. Die technischen Kommunikationsmedien spielen im Firmenkundengeschäft eine dienende und sehr untergeordnete Bedeutung.

Je nach Priorisierung der verlorenen Firmenkunden in der Segmentierung können natürlich aus wirtschaftlichen Gründen und aus Gründen der Erfolgswahrscheinlichkeit die Grade der Intensität der Kontaktwiederaufnahme mit mehr medialen Instrumenten geführt werden.

Dennoch bleibt der Grundsatz, Rückgewinnung ist zunächst einmal eine persönliche Firmenkundenbetreueraufgabe.

Betreuung der zurückgewonnenen Firmenkunden
Wieder zurückgewonnene Firmenkunden haben meistens das Bedürfnis nach Wiedergutmachung: psychologisch nach Entschuldigung und materiell nach Entschädigung. Das bedeutet für den Firmenkundenbetreuer im Anfangsstadium – bis die persönliche Beziehung sich wieder eingependelt hat – einen erhöhten Kontakt- und Betreuungsaufwand. Bis das alte Zufriedenheitsniveau wieder hergestellt bzw. übertroffen worden ist, ist ein längerer Zeitraum von erfahrungsgemäß 1 bis 3 Jahren anzusetzen, innerhalb dessen der Betreuungsaufwand mehr Energie, Engagement und Einsatz von nervlicher Belastung bedeutet. In dieser Phase ist es schwer, die Balance zwischen Überfürsorglichkeit und Unterfürsorglichkeit zu halten. Der Autor hat in seinen Firmenkundenrückgewinnungsaktionen bei über 40 Prozent der Unternehmen festgestellt, dass der Firmenkunde mehr erwartet, immer wieder auf die alten

Fehler hinweist und seine zwischenzeitlich benutzte Bank übergebührend hoch lobt. Es ist häufig ein verstecktes oder offenes Potenzial an Drohung in den Gesprächen spürbar.

Der Firmenkundenbetreuer muss erwachsen, sachlich und kreativ die wiedergewonnene Beziehung pflegen. Aber auch da passiert es immer wieder bei 10 bis 30 Prozent der zurückgewonnenen Firmenkunden, dass sie zu einer höheren Störungsanfälligkeit neigen und wieder abwanderungsgefährdet sind. Deswegen muss der Firmenkundenbetreuer die zwischenmenschliche und sachliche Ebene kontinuierlich pflegen, damit die Rückgewinnung zum Erfolg wird.

4.5.4.4 Zentrale Treiber des Return on Recovery

Zu den wichtigsten Maßnahmenbereichen zur Rückgewinnung von Firmenkunden zählen die Qualifikation und Auswahl der Firmenkundenbetreuer, entsprechende Führungsverhaltensweisen, die Anpassung von Geschäftsprozessen sowie die Anpassung von Marketinginstrumenten im Bankdienstleistungsbereich, im konditionellen Bereich, in der Vertriebsart und in der Kommunikation.

Die oben genannten, wenigen komplexen Einflussfaktoren sind im Sinne einer Faktorenanalyse aus der Vielzahl von Kriterien, die Firmenkunden als wichtig empfinden, um zu einer Bank mit ihren Geschäftsverbindungen zurückzukehren, reduktiv ausgewählt.

In einer deutschlandweiten eigenen Untersuchung wurden 43 nach der oben genannten Diagnose und Segmentierung verloren gegangene Kunden als rückgewinnungsfähig und rückgewinnungswürdig eingestuft.

Durch konsequente Umsetzung der oben genannten Prozessstufen des Rückgewinnungsmanagements konnten innerhalb eines Zeitraumes von 2 Jahren 33 verloren gegangene Firmenkunden (= 76,7 Prozent) zurückgewonnen werden. Als zurückgewonnen galt das Kriterium, dass mindestens eine Bankdienstleistungskategorie nachgefragt worden ist, nachdem vorher die Geschäftsbeziehung vollkommen abgebrochen war oder die Geschäftsbeziehung innerhalb eines Jahres um mehr als 80 Prozent zurückging. Das auffallend gute Resultat dürfte auf die selten hohe Qualität und Einsatzbereitschaft der Firmenkundenbetreuer zurückzuführen sein. Supervisionen und Umfragen in Firmenkundenseminaren sehen Rückgewinnungsquoten von 20 bis 40 Prozent als zufrieden stellend an.

Nach der Wiederaufnahme der Geschäftsbeziehung mit der Bank wurden die Firmenkunden von neutralen Personen befragt, um dem Kriterium der Objektivität möglichst nahe zu kommen. Außerdem wurde versucht, den Kriterien der Reliabilität und der Validität der Untersuchung gerecht zu werden.

Dabei nannten die zurückgeholten Firmenkunden die folgenden 7 Kriterien als Ursachen für die Wiederaufnahme der Geschäftsbeziehung und setzten diese Kriterien in eine Rangfolge dahin gehend, welches Merkmal ihnen am

wichtigsten, zweitwichtigsten usw. für die Wiederaufnahme der Geschäftsverbindung war (siehe Abb. 68 Erfolgstreiber der Firmenkundenrückgewinnung):
- Als wichtigster Erfolgsfaktor für die Geschäftskündigerrückgewinnung ist die »*Art und Weise und die Qualität des Firmenkundenbetreuers*« genannt worden. Mit Rang 1,9 erklärt das Verhalten das Firmenkundenbetreuers zu 23,9 Prozent die Rückkehr bzw. Wiederaufnahme der Geschäftsbeziehung mit der früheren Bank.

Wie bereits deduktiv eingangs unter 2.1 dargestellt, erweist auch die induktive Vorgehensweise in der schwierigen Phase der Kundenrückgewinnung, dass der Firmenkundenbetreuer zentraler Erfolgsfaktor im Relationship Marketing ist.

Da ist die Personalpolitik in Banken besonders gefragt. Rückgewinnungsmanager sind zunächst einmal auszuwählen und im Weiteren auch durch Personalentwicklungsmaßnahmen zu bilden. Entscheidend für die Akzeptanz bei verlorenen Firmenkunden ist die integrierte Persönlichkeit des Firmenkundenbetreuers. Sympathie und Kompetenz wurden immer wieder bei den geführten Interviews aufseiten der Firmenkunden genannt.

Des Weiteren ist positiv vermerkt worden, dass trotz der abgebrochenen bzw. extrem reduzierten Geschäftsbeziehung der Firmenkundenbetreuer aktiv auf den Firmenkunden zukommt. Viele hätten das nicht erwartet. Es wurde positiv anerkannt, dass die Bank sich nicht beleidigt ins »*Schneckenhaus*« zurückzieht.

Auch das Eingeständnis (möglicher) gemachter Fehler seitens der Bank und das ehrliche Bemühen, diese nicht nur wieder gutzumachen, sondern Verbesserungen im Unternehmen darzustellen, werden bei den Firmenkunden akzeptiert.

Zum Fehlereingeständnis gehört auch die Entschuldigung für gemachte Fehler.

Wichtig ist, dass der wiederzugewinnende Firmenkunde ein authentisches Interesse an der Fortsetzung alter Geschäftsbeziehungen spürt.

Neben der von einer realistischen, positiv denkenden und handelnden, offenen und partnerorientierten Persönlichkeitsstruktur hilft es, wenn der Firmenkundenbetreuer bestimmte Fähigkeiten zur optimalen Gestaltung von Kundenrückgewinnungsgesprächen beherrscht. Die vom Autor in den vergangenen 2 Jahrzehnten betriebene Rückgewinnungspolitik von Kunden fußt nicht auf rasch angelernten und effekthascherischen Techniken, wie sie oft in Verkäuferschulungen propagiert werden. Diese zielen meist darauf ab, rasch und überfallartig die Probleme des Firmenkundenbetreuers nach Verkaufsabschluss zu lösen. Sie vernachlässigen aber, dass Relationship Marketing primär auf der Zufriedenstellung von unbefriedigten Bedürfnissen gründet. Von daher ist hier mehr der verhaltenswissenschaftliche Ansatz der Transaktionsanalyse im Trainingsprogramm verfolgt worden. Dort geht es darum, ethisch begründete, kommunikative und problemlösende Fähigkeiten beim Firmenkundenbetreuer sukzessive zu internalisieren. Die in den letzten Jahren aufkommende Technik der neurolinguistischen Programmierung (NLP) bietet einerseits rasches Verständnis und Aneignung von Techniken, um verloren gegangene Firmenkunden besser verstehen zu können (»*Rapport*«), mit ihnen Gemeinsamkeiten aufzubauen (»*Pacing*«), um sie schließlich in die gewünschte Richtung zu führen (»*Leading*«), um dann über ein »*Ankern*« den Wiederabschluss zu gestalten. Letztlich hat sich aber in der Praxis oft gezeigt, dass die Firmenkundenbetreuer zu technikfokussiert sind im Abschluss und dabei das grundsätzliche Problem aus den Augen verlieren. Damit besteht die Gefahr, dass die versuchte Geschäftswiederaufnahme endgültig scheitert.

	Ranking Note	Erklärungsbeitrag zur Rückkehr (%)
1. Qualität und Verhalten des FK-Rückgewinners (FK-Betreuer)	1,9	23,9
2. Rückgewinnungsorientiertes Lenkungsverhalten der Führung (Rückgew.-Kultur)	2,6	20,5
3. Konditionelle Anreize	3,2	17,7
4. Verbesserte Firmenkundenorientierte Strukturen, Prozesse, IuK	3,4	14,7
5. Verbessertes Bankdienstleistungsprogramm	4,6	11,1
6. Neue Vertriebskanäle	5,5	6,8
7. Aktive zentrale Kommunikation	6,3	3,3
	Ränge 1-7	

Abb. 68   Erfolgstreiber Firmenkundenrückgewinnung

- Mit dem durchschnittlichen Rangwert von 2,6 bzw. eines Erklärungsbeitrages von 20,5 Prozent zur Wiederaufnahme der Geschäftsbeziehung trägt die »*Führung im Firmenkundengeschäft*« einen erheblichen Anteil zum Erfolg bei.

Dabei zeigt sich erfolgsbegründend, dass die Führung im Firmenkundengeschäft, beginnend vom Vorstand über Abteilungsleitung, zuallererst ganz klare Vorgaben und Vorgehensweisen für die Rückgewinnungsphase erstellt. Auf dieser Bewusstheit und Klarheit der Vorgehensweise für die Firmenkundenbetreuer ist es aber zentral bedeutsam, dass Führungskräfte nicht nur vorgeben, sondern auch vorleben. Vorleben heißt, dass die Führungskraft mit zum verloren gegangenen Firmenkunden geht. Damit wird dem Firmenkunden eine entsprechende Aufmerksamkeit und Referenz erwiesen. Andererseits erlebt der Firmenkundenbetreuer die Wichtigkeit der Firmenkundenrückgewinnung und hat den gleichen Erfahrungsschatz wie sein Vorgesetzter. Es hat sich dabei gezeigt, dass es aber nur erfolgreich ist, wenn auch die Führungspersönlichkeit als eine integrierte Persönlichkeit wahrgenommen wird. Sehr häufig zeigt es sich in anderen Fällen, dass Führungskräfte sich als sehr ungeeignet in ihren Verhaltensweisen zeigen, Firmenkunden zurückzugewinnen. Im hier untersuchten Fall hat die Bank Führungspersönlichkeiten, die die Kompetenz nicht erfüllen, durch subtile Verfahren von der Tätigkeit zurückgehalten. Ansonsten haben die Erfahrungen gezeigt, dass die Führungskräfte bezüglich der Firmenkundenrückgewinnung sich zum einen zu passiv verhalten und zum anderem kaum über die kommunikativen und sozialen Fähigkeiten verfügen, diese erschwerte Tätigkeit erfolgreich auszuführen.

Schließlich gibt es neben dem Vorgeben und Vorleben auch das noch Voranbewegen als Aufgabe der Führungskraft. Die Firmenkundenbetreuer müssen im Tagesgeschäft erleben, dass es der Führung wichtig ist, diese Aufgaben konsequent zu erfüllen.

- Schließlich ist mit Rang 3,2 bzw. 17,7 Prozent die Wiederaufnahme über »*konditionelle Anreize*« begründet. Die Bank sucht über konditionelle Anreize Mehrwert (Added-Value) zu bieten, um einerseits den Firmenkunden zu stimulieren und andererseits durch ein besseres Preis-Leistungs-Verhältnis dahin gehend zu überzeugen, dass es sich lohnt, wieder zur Bank zurückzukehren.

Der Preis zeigt sich aber als ein sehr scharfes und zweischneidiges Instrument in der Kundenrückgewinnung. Einerseits besteht die Gefahr, durch einen niedrigen Zins z. B. im Kreditgeschäft die Rentabilisierungsziele zu gefährden, den Kunden zu verwöhnen und reine Preiskäufer anzuziehen, die ohnehin bei der nächsten Gelegenheit wieder wechseln.

Da die Bankkonditionen nicht das zentrale ausschlaggebende Kriterium darstellen, ist es vorteilhaft, die Nutzenargumentation den Konditionen gegenüberzustellen. Zum oben angeführten wiedergewonnenen persönlichen Vertrauen in der Firmenkundenbeziehung kann ein Konditionsvorteil nur im Sinne eines »*Sahnehäubchens*« zitiert werden. Aus taktischen Gründen reicht es auch meist, bei kurzfristigen Aktiv- oder Passivgeschäften Konditionszugeständnisse zu machen. Diese können bei Änderung der Geld- und Kapitalmarktzinsen wieder entsprechend sukzessive dem Marktbild angepasst werden.

- Mit Rang 3,4 oder zu 14,7 Prozent wird die Rückgewinnung aus den »erheblichen Verbesserungen der technisch-organisatorischen Geschäftsprozesse« erklärt.

Schnellere und unbürokratischere Entscheidungsverfahren sowie die Unterstützung durch moderne Informations- und Kommunikationstechnologien sind ein weiterer Anreiz, im mehr immateriellen Bereich wieder Geschäftsbeziehungen stärker aufzubauen. Hier machen viele Firmenkunden die Erfahrung, dass Kreditinstitute gerade in der Informations- und Kommunikationstechnik, aber auch in Techniken der Zahlungsverkehrabwicklung, mehr versprechen als sie halten können. Aus diesem Grunde gibt es hier konkrete Ansätze, durch Erfüllung der Firmenkundenvorstellungen Rückgewinnungserfolge zu begründen.

- Mit Rang 4,6 oder 11,1 Prozent werden Rückgewinnungserfolge über das »*Bankdienstleistungsprogramm*« erklärt.

  Der Abstand zu den anderen Kriterien ist bereits sehr hoch. Dies liegt auch daran, dass Firmenkunden oft noch davon ausgehen, dass Banken ohnehin alle das gleiche Bankdienstleistungsprogramm anbieten. Durch für den Firmenkunden neue Bankdienstleistungen oder auch qualitative Verbesserungen bestehender Bankdienstleistungen kann dem Firmenkunden ein leistungsbezogener Mehrwert (Added-Value bzw. Value-Added-Services) geboten werden. So sind es bisweilen Kleinigkeiten wie das Mitbringen der Kontoauszüge durch den Firmenkundenbetreuer während seiner Heimfahrt, die den Firmenkunden stimulieren und dann schließlich in der Zusammenarbeit mit weiteren Produkten überzeugen, dass es richtig ist, wieder zurückzukehren.

- Mit Rang 5,5 und einem Erklärungsbeitrag von 6,8 Prozent für die Kundenwiederaufnahme fällt das Thema »*Vertrieb im Firmenkundengeschäft*« schon weiter ab.

  Multi-Channel-Ansätze greifen in der Firmenkundenrückgewinnung nur bedingt. Es ist relativ schwer, sich über vertriebsbezogene Mehrwerte in der Rückgewinnungsphase zu profilieren. Der Firmenkunde setzt auf den Firmenkundenbetreuer als den zentralen Distributionsakteur. Überhaupt sind vorgeschobene Mitarbeiter über Filialen, die nicht über die Kompetenz und die Persönlichkeit verfügen, ungeeignet, um über die Distributionsschiene besondere Erfolge zu erzielen.

- Mit dem Wert 6,3 und einem Beitrag von 3,3 Prozent bewegen die »*zentralen Kommunikationsmaßnahmen*« über Zeitungsanzeigen, Prospekte, Pressetexte oder Fernsehspots relativ wenig.

  Dass diese Art, über kommunikative Mehrwerte Stimulanzen und Überzeugungsarbeit zu leisten, überhaupt noch registriert worden ist, liegt daran, dass die Versuche, verloren gegangene Firmenkunden zu Veranstaltungen einzuladen, schon wahrgenommen werden. Andererseits bedeutet Kommunikation im Firmenkundengeschäft Face-to-Face-Communication. Und diese wird geleistet im persönlichen Gespräch der Firmenkundenbetreuer bzw. der mithinzugezogenen Führungskraft für diesen Geschäftsbereich.

5 Controlling des Relationship Marketing als kritischer Implemetierungsnavigator

5.1 Mit Controlling im Relationship Marketing vom Chaos zur Ordnung

5.1.1 Steuerung jenseits rechnerischer Wirkungskontrollen

Weder für den Begriff »*Controlling*« noch für die spezifizierte Variante »*Marketingcontrolling*« gibt es in Praxis und Schrifttum eine einheitliche Auffassung.

Für das Relationship Marketing im Firmenkundengeschäft findet sich im Schrifttum noch kein geschlossenes Controllingsystem. Tendenziell gilt diese Aussage aber für das gesamte Relationship Marketing auch bezogen auf andere Branchen. Manfred Bruhn spricht in seinem Standardwerk Relationship Marketing (München 2001, S. 199 ff.) von der Kontrollphase des Relationship Marketing. In diesem Zusammenhang fordert er für das Relationship Marketing allgemein eine kontinuierliche Kontrolle der Aktivitäten und deren Wirkungen.

Insofern betrifft für ihn die Kontrolle des Relationship Marketing zuallererst seine Wirkungen.

Zu der von Manfred Bruhn genannten »*vorökonomischen Wirkungskontrolle*« zählen die Merkmals-, Ereignis- und Problemmessungen in Bezug auf die Qualität von Produkten und Dienstleistungen, den wahrgenommenen Wert der Beziehungsqualität, die Kundenzufriedenheit, das Commitment von Kunden zu einem Unternehmen und die Kundenbindung mit den Auswirkungen auf die Wiederkaufabsicht, Cross-Buying und Referenzabsicht.

Bei der »*ökonomischen Wirkungskontrolle*« zieht Bruhn die jährlichen Kundenumsätze, Kundendeckungsbeiträge und den Vergleich der Entwicklung der verschiedenen Kunden über ABC-Analysen in Erwägung. Außerdem verweist er auf die mehrperiodige Kontrolle von Kundenbeziehungen in Anlehnung an die Philosophie des Kundenwertes über den »*Customer Lifetime Value*« hinweg. Die Kontrollinstrumente sind dabei die investitionstheoretischen Kundenlebenszykluswerte mit und ohne Berücksichtigung der Wahrscheinlichkeiten ihres Eintrittes und der Einbeziehung ihres Referenzwertes.

Zur Verknüpfung der vorökonomischen und ökonomischen Wirkungskontrollinstrumente und zur Ableitung der Interdependenzen zwischen beiden nennt Bruhn Scoringtabellen und Kundenportfolios sowie die komplexeren und vertiefenden mehrdimensionalen Verfahren wie Durchführung von Kundenparameter, Balanced Scorecard, das European Foundation for Quality Management-Modell (EFQM–Modell), das die Zusammenhänge zwischen Führung, Mitarbeiterorientierungsstrategie, Ressourcen und Prozesse als Befähigter im Verhältnis zu den Ergebnissen wie Mitarbeiterzufriedenheit, Kundenzufriedenheit, gesellschaftliche Verantwortung und Geschäftsergebnis abbildet. Die genannten Instrumentarien sind bereits in den vorherigen Kapiteln jeweils situationsgerecht für die Entwicklung und Umsetzung des Relationship Marketing im Firmenkundengeschäft adaptiert.

Zudem darf der Begriff Controlling nicht einfach mit Kontrolle übersetzt werden.

Controlling ist nicht Kontrolle des Relationship Marketing. Der englische Terminus »*to control*« umfasst weit mehr. Er lässt sich übersetzen mit Lenken, Steuern, Navigieren, Überwachen und Regulieren. Es handelt sich also nicht um revisionsgeprägtes »*Fahren mit dem Rückspiegel*«, sondern auch der Benutzung der Frontscheibe und Seitenscheiben sowie der Wahrnehmung der Motorgeräusche und Armatursignale, den Blick auf die Verhaltensweisen der Insassen, die Schau auf Gegen- und überholenden Verkehr, Straßen- und Witterungsverhältnisse.

Controlling im Relationship Marketing kann sich auch nicht allein konzentrieren auf

- die Koordination der Bereitstellung von Informationen für den Planungsprozess zur Führung der Mitarbeiter, für die Anforderungen verschiedener organisatorischer Einheiten, der Feedforward-Überwachung der Zieleinhaltung (»*Audits*«) (wie z.B. Köhler, R: Marketing-Controlling, in: Reinecke, S./Tomczak, T./Geis, G. [Hrsg.]: Marketing-Controlling 1998, S. 10 ff.)

    oder

- die isolierten Teilfunktionen einer marktorientierten Bankführung, die eine zielorientierte Steuerung der Bank begleitet,

    oder

- die Teile der Zusammenführung bankbetrieblicher Managementfunktionen wie Planung (Willensbildung), Umsetzung (Willensausführung) und Kontrolle (Willenserfüllung).

Für den Banker im Relationship Marketing im Firmenkundengeschäft stellt sich ein besonderer Spagat und eine besondere Aufgabe. Einerseits ist er es gewohnt, rechnerisch exakte kausale Logik im Sinne der mathematischen Axiome von Peano anzuwenden. Die Welt der Banker folgt deterministischen Gesetzmäßigkeiten im Sinne kausaler Vorbestimmtheit allen Wirkens, ob es sich um die Berechnung von Zinsen und Renditen nach verschiedenen finanzmathematischen Methoden handelt, die Durchführung von Bilanzanalysen oder die Wertschätzung von immobiliaren Sicherheiten. Der Banker sucht Geregeltes wie Marktzinsmethoden und Deckungsbeitragsrechnungen. Dies findet er aber im Relationship Marketing weniger. Im Relationship Marketing hat das Controlling nicht mit statischen, sondern mit dynamischen, komplexen, individuell sich permanent verändernden sozialen Gebilden zu tun. Sein Wesen ist Nichtlinearität und Selbstorganisation. Soziale Verhaltensweisen lassen sich auch schwer prognostizieren. Psychosoziale Phänomene verhalten sich innerhalb der sozialen Systeme Bankunternehmen und Firmenkunde nicht nach deterministischen Gesetzmäßigkeiten, nach finanzmathematisch und juristisch Geregeltem. Wesen des Relationship Marketing im

Firmenkundengeschäft ist allenfalls die psychologische Kausalität (und nicht rechnerische Kausalität) im Chaos von Emotionen, Gefühlen, Einmaligem, Intuitivem und bisweilen auch Zufälligem. Zwischen dem steuernden Grad der Interventionen der Führung innerhalb einer Bank und der Zusammenarbeit mit Firmenkunden und deren Wirkung besteht kein linearer Zusammenhang im Sinne von linearen Regressionsfunktionen, sondern allenfalls im Sinne von positiven oder negativen Korrelationen. Gerade so genannte »*schwache Signale*« im Sinne von sehr kleinen Maßnahmen können große Ursachen entfalten mit einer unglaublich sich selbst organisierenden Eigendynamik und großen Wirkungen. Um diese Balance von Ordnung und Chaos psychosozialer Beziehungen im Relationship Marketing rentabilitäts-, wachstums-, risiko- und produktivitätsorientiert zu steuern, genügen reine mechanistische betriebswirtschaftliche Controllinginstrumente nicht. In der Praxis haben sich Ansätze der Organisationsentwicklung, diverse Interventions- und Feedbacktechniken, transaktionsanalytische und systemische Ansätze bewährt.

5.1.2 Controlling als permanentes Hinterfragen des Marketings

Insofern wird hier Relationship-Marketing-Controlling im Firmenkundengeschäft verstanden als eine interaktive, diskursiv reflexive und intuitiv verfolgte Konsensualisierung des dynamischen integrativen Marketingmanagementmodells
- zur Sicherung der Rationalität (effektive und effiziente Zweck-Mittel-Beziehung) einer relationshipmarketingorientierten Vorgehensweise im Firmenkundengeschäft (vergleiche dazu auch Weber, J./Scheffer, U.: Marketing-Controlling: Die Herstellung der Rationalität in einer marktorientierten Unternehmensführung, in Reinecke, S./Tomczak, T./Geis, G. [Hrsg.]: Handbuch Marketing-Controlling, Frankfurt/Wien 2001, S. 32 ff.)
- ohne sich nicht in das Unerwartete, Zufällige, Kontingente des Chaos und der Autopoiesis sozialer Systeme mit Offenheit und Vertrauen einzulassen.

MERKE Unter den speziellen Verhältnissen und Anforderungen des Bankcontrollings sind folgende Mindestanforderungen zu erfüllen (nach Schierenbeck, H.: Ertragsorientiertes Bankmanagement, Band 1, 7. Auflage, Wiesbaden 2001, S. 5 ff.):
- adäquate Infra- und Organisationsstruktur im Relationship-Marketing-Controlling
  Die wesentlichen Bausteine sind die nicht nur als Lippenbekenntnis, sondern als tragendes Fundament vereinbarte rentabilitäts- und kundenorientierte Bankunternehmensphilosophie für das Firmenkundengeschäft,
  - die organisatorische Abgrenzung hinsichtlich Aufgabe, Kompetenz, Verantwortung und Schnittstellen von den firmenkundenorientierten Profitcentern zu den zentralen Fachressorts, für die Bilanzstruktursteuerung (Asset-Liability-Committee), die weiteren Stabsabteilungen sowie die zentralen Service- und Abwicklungsabteilungen des Marktfolgebereiches, ein institutionalisierter Controllingprozess im Sinne »*des*

Gegenstromverfahren« bzw. ein Feedbacksystem nach den Prinzipien des *»Self-Controlling«*. Konzentrierte Informationsaufbereitung hinsichtlich der Entwicklung der Soll- bzw. Ist-Betriebsergebnisse im Firmenkundengeschäft und deren einzelne Ergebniskomponenten.

- spezifische bankbetriebliche Steuerungsprozessfunktionen im Relationship-Marketing-Controlling
Dazu gehört ein revolvierender und permanenter, inhaltlicher, rückkoppelnder, innerlicher Prozess der Informationsbeschaffung, Verarbeitung, Übermittlung, Verwertung und Speicherung, um Probleme, Ziele, Entscheidungsvorlagen, Abweichungsanalysen und Reaktionsalternativen in einem revolvierenden Prozess vollziehen zu können.
- gesamtbankintegriertes Relationship-Marketing-Controlling
Das Firmenkundengeschäft ist permanent zu hinterfragen vor dem Hintergrund der Portfolio-Managemententscheidungen, d.h. erfüllt auch in Zukunft dieses Geschäftsfeld die Anforderungen, hinsichtlich Attraktivität/Rendite sowie Sicherheit (Risiken) und Chancen. Die Gestaltung der Geschäfte ist nur vor dem Hintergrund des Bilanzstruktur-Managements zu sehen. Innerhalb des Firmenkundengeschäftes sind bestimmte Budgets vorzugeben und zu verantworten.

5.2 Ansätze und Abläufe im Controlling des Relationship Marketing

5.2.1 Vernetztes Self-Controlling versus Supercontroller

Relationship Marketing als *»Konzeption der Gestaltung von Kundenbeziehungen, von den individuell geprägten situativen Phasen der jeweiligen Firmenkunden her«* bedarf der navigierenden Lotsenfunktion, von den *»marktmäßigen und ökonomischen Ergebnissen her«* im Sinne von Gewährleistung der Einhaltung des Rentabilisierungskurses, bei gleichzeitiger Ausschau auf Erfolgspotenziale.

Die dabei kontinuierlich nötigen Rückkoppelungen (Feedbackprinzip) innerhalb der Marketing-Controlling-Funktionen wie z.B. Informationsversorgung, Planung, Kontrolle und Koordination sowie die zukunftsorientierte bzw. frühwarnsystemgerechte Steuerung (Feed-Forward-Prinzip) können nicht allein in einer organisatorisch verselbstständigten Stabsstelle geleistet werden. Diese Art von Relationship-Marketing-*»Supercontroller«* dürfte nicht nur auf erhebliche Widerstände in den Linienabteilungen stoßen, er ist auch in der Regel fachlich überfordert und wird der Komplexität und Dynamisierung der Relationship-Marketing-Situation im Firmenkundengeschäft nicht gerecht. Relationship-Marketing-Controlling ähnelt eher einer Jam-Session: Die Jazzband spielt gemeinsam eine vereinbarte Leitmelodie, aber jeder Musiker hat die Möglichkeit, sofort zu reagieren, sein Solo zu improvisieren, und der Controller zeigt mit seinem Instrument ab und zu, wo die Melodie bzw. Symphonie steht, und nimmt innerorchestrale Zeichen und Reaktionen des Publikums auf, um auf den weiteren Melodieverlauf hinzuweisen oder neue melodische Chancen zu eröffnen.

Damit das Relationship-Marketing-Konzept im Firmenkundengeschäft wirkungsvoll umgesetzt wird und nachhaltig auf den gewünschten Erfolgspfaden sich entwickeln kann, bietet sich die Vorgehensweise, wie im Abbildung 14 des integrativen Relationship-Marketing-Modells dargestellt, an. In allen in der Praxis durchgeführten Firmenkundenmodellen hat es sich als sehr vorteilhaft erwiesen, wenn der Controllingprozess im Relationship Marketing des Firmenkundengeschäftes
- auf der sachlich-inhaltlichen Ebene die einzelnen Schritte der Nutzung der Planungs- und Steuerungsinstrumente zur Information, Kontrolle und Koordination
- ablauf- und aufbauorganisatorisch bei allen Betroffenen im Firmenkundengeschäft verankert wird und
- die psychosoziale und kulturgestaltende Ebene simultan in einem interaktiven Prozess miteinander verwebt wird.

Der Prozesssteuerer des Relationship Marketing agiert schwerpunktmäßig als Marketingcontroller.

5.2.2 Sachlich-inhaltliches Controlling

Auf der sachlich-inhaltlichen Ebene des Relationship-Marketing-Controllings geht es einerseits um die Durchführung von Kontrollrechnungen, die eine Mittlerrolle zwischen dem Rechnungswesen und dem Marketing darstellen. In diesem Zusammenhang soll transparent gemacht werden, inwieweit die durchgeführten Relationship-Maßnahmen wirkungsvoll und wirtschaftlich sind. Dabei können (nach Köhler, R.) Wirkungskontrollen für Kommunikationsmaßnahmen erstellt, die Firmenkundenbetreuungsabteilungen hinsichtlich ihres Ergebnisses als Profitcenter transparent gemacht oder die absatzwirtschaftliche Wirkung von Bankdienstleistungen und Konditionen untersucht werden. Im Wesentlichen werden hier Soll-Ist-Abweichungen überwacht.

Andererseits geht es bei der Durchführung von den mehr zukunftsorientiert angelegten Marketingaudits um die Fragen, wie Erfolgspotenziale genutzt werden bzw. wie heute schon Voraussetzungen geschaffen werden für die künftige Nutzung von sich abzeichnenden Erfolgspotenzialen (Feed-Forward-Charakter). Diese Audits für den Relationship-Marketing-Bereich lassen sich in folgende Gebiete und dazugehörige Aufgaben unterteilen:
- Relationship-Marketing-Zielaudit
  Hierbei kann untersucht werden, ob die Marketingziele im Firmenkundengeschäft noch den Potenzialen des Marktes und der Bank gerecht werden, ob die Unternehmensphilosophie im Firmenkundengeschäft überdacht werden muss oder ob Zielhorizonte neu bewertet werden müssen.
- Relationship-Marketing-Strategieaudit
  In diesem Zusammenhang kann hinterfragt werden, ob die angeschlagenen Strategien noch zeitgemäß sind, ob sie wirkungsvoll aufeinander

abgestimmt sind oder ob die Rahmendaten für die Strategien in Zukunft noch die gleichen sind und gegebenenfalls Strategiealternativen entwickelt werden müssen und notwendig sind.
- Relationship-Marketing-Maßnahmenaudit
   Hierbei wird hinterfragt, ob die Auswahl, der Einsatz, die Eignung, Wirksamkeit und Wirtschaftlichkeit der eingesetzten generellen Relationship-Marketing-Maßnahmen bezüglich des Bankdienstleistungsprogramms, der Konditionen, des Vertriebes und der Kommunikation mit den strategischen Profilen und den Zielen vereinbar sind. Des Weiteren ist zu fragen, ob sie in ihrer wechselseitigen Abstimmung auch künftig noch helfen, Erfolgspotenziale zu verteidigen oder zu erobern.
- Relationship-Marketing-Zyklusaudit
- Hierbei wird unter anderem hinterfragt, inwieweit die Ressourcen, gemessen an der Abgreifung von Erfolgspotenzialen, im Firmenkundengeschäft effizient in den Phasen Kundenakquisition, Kundenbindung, Kundenreklamation und Kundenrückgewinnung eingesetzt werden. Unterschiedliche konjunkturelle, strukturelle und regionalwirtschaftliche Veränderungen erfordern ein permanentes Überdenken der Schwerpunkte der Maßnahmen.
- Relationship-Marketing-Organisationsaudit
   Dabei geht es um die Prüfung der aufgabengerechten Aufbau- und Ablauforganisationsform, des Sinns von Koordinationsregelungen und der hinreichenden Relationship-Marketing-Orientiertheit.
- Relationship-Marketing-Verfahrensaudit
   Im Wesentlichen kommen in diesem Bereich die verschiedenen Arten und Weisen der Informationsbeschaffung, Aufbereitung und Versorgung, der implementierten Kontrollverfahren und Planungsverfahren auf den Prüfstand.
- Relationship-Marketing-Führungsaudit
   Hierbei geht es um die Überprüfung, inwieweit die Verhaltensweisen der Führung überhaupt die Umsetzung des Marketingkonzeptes im Firmenkundengeschäft in Gang halten. Im Detail wird auch zu fragen sein, inwieweit Führungskräfte tatsächlich wirkungsvoll deckungsbeitragsorientiert, produktivitätsorientiert und risikomindernd führen. Auch das gesamte Personalmanagement gilt es laufend zu überprüfen hinsichtlich seiner Zukunftstauglichkeit.
- Relationship-Marketing-Firmenkundenbetreueraudit
   Aufgabe der Überprüfung ist hier die konsequente und aktive Umsetzung der Firmenkundenbetreuer in den Bereichen Akquisition, Kundenbindung, Reklamation und Kundenrückgewinnung. Was die Auswahl von Relationship-Marketing-Controllinginstrumenten anbelangt, so gibt es innerhalb der Banken und auch darüber hinaus eine große Zahl an Maßnahmenmöglichkeiten und Gliederungen. Hier sei beispielhaft eine Auswahl von Controllinginstrumenten in Anlehnung an die gängige Unterteilung in strategische und operative Instrumente des Marketingcontrollings vorgenommen.

Instrumente für das strategisch Relationship-Marketing-Controlling
Jährliche Durchführung von Portfolioanalysen für einzelne Segmente des Firmenkundengeschäftes:
- Überarbeitung einer Balanced-Scorecard-Stärken-Schwächen-Analyse für Firmenkunden
- Chancen-Risiken-Analysen Einsatz von Szenariotechnik
- Durchführung von Benchmarking
- Bilanzstruktur-Management zur risikopolitischen »*Optimierung*« der Geschäftsstruktur im Firmenkundengeschäft und zur Planung der aus dem Firmenkundengeschäft erzielbaren Rentabilitätsvorgaben für die Gesamtbank
- Erstellung von Langfrist-Budgets
- Anwendung von Risiko- und Potenzialfrüherkennungssystemen bzw. Trendanalysen
- Zinsstrukturbeitragsanalysen aus der Fristentransformation
- Zinskonditionsbeitragsanalysen
- strukturelle Mindestgewinn- bzw. Mindestrentabilitätsanalysen
- Einhaltung aufsichtsrechtlicher Strukturvorgaben für die Bilanzen
- globale Kreditstrukturanalysen.

Operative Relationship-Controllinginstrumente
- Marktergebnisrechnungen für das Firmenkundengeschäft
- Risikoergebnisrechnungen für das Firmenkundengeschäft
- Produktivitätsergebnisrechnungen für das Firmenkundengeschäft
- Risikoperformance- und Risikotragfähigkeitsanalysen (Value at Risk und Financial Mobility at Risk bzw. Liquidity at Risk).

Differenzierte Marktzinsmethodenanwendung
- Return on Invest-Analysen
- Bankdienstleistungsqualitätsanalysen
- Kosteneffizienzanalysen (Cost-Income-Ratio)
- steuerungsbezogene Anwendung der oben nach Bruhn, M. genannten Instrumente der ökonomischen und vorökonomischen Wirkungskontrolle
- kurzfristige Budgetierungen
- Target Costing
- Provisionssysteme.

5.2.3 Strukturen des projektierten Controllings

Die organisatorische Implementierung des Relationship-Marketing-Controlling hängt unter anderem von der Größe des einzelnen Kreditinstitutes und der dortigen Kultur, mit Controlling umzugehen, ab. Unabhängig, ob das Controlling eine solitäre Stabsstelle ist, dem Marketing zugeordnet ist oder aber eine Teilfunktion des Rechnungswesens darstellt, wird es notwendig sein, dass für das Relationship-Marketing das Controlling eine Art Servicefunktion für die genannten Aufgaben- und Instrumentenumsetzung erfüllen muss. Wirksam wird das Ganze aber erst, wenn das Marketingcontrolling eingebettet ist in Teamstrukturen und Prozesse im Tagesablauf, die helfen, das Firmenkundengeschäft effektiv und effizient zu lenken.

In der Praxis haben sich so genannte Marketingcontrollingkreise oder auch Informationsmärkte für Controlling im Firmenkundengeschäft in der Form von Projektorganisation gut bewährt.

Ihr Grundsatz ist die Einbindung und Mitwirkung der Fach- und Führungsebene bei der Entwicklung und Erörterung gemeinsam getragener Controllingerkenntnisse und Maßnahmen. Damit tragen sie auch zu einer höheren Akzeptanz der Controllingphilosophie bei den Mitarbeitern bei. Die Aufgabe dieser Controllingkreise ist die Unterstützung des Vorstandes in den geschäftspolitischen Fragen des Firmenkundengeschäftes. In der Realisierungsphase des Firmenkundenmarketings findet eine Art Self-Controlling oder Self-Koordination statt.

Dazu gibt es in jeder Bank eine Reihe von geborenen und gekorenen Mitgliedern des Controllingkreises.

Der Grundsatz lautet: So viele Marktabteilungsmitarbeiter wie möglich und so viele Stabsabteilungsmitarbeiter wie nötig.

Die Moderation wird von einem berufenen Controllingprozesssteuerer durchgeführt. In der Regel ist es der Leiter der Betriebswirtschaft oder Controllingabteilung.

Die Zusammenkunft sollte monatlich stattfinden bzw. zusätzlich bedarfsweise. Die Abbildung 69 zeigt idealtypischerweise die Zusammensetzung eines derartigen Controllingkreises.

Eine andere Möglichkeit dezentraler Controllingprojektorganisation ist eine Unterteilung in:
- Lenkungsausschuss, der viermal im Jahr zusammentritt und als Entscheidungsgremium den Relationship-Marketing-Fortschritt steuert. Mitglieder sind der Vorstand und Führungskräfte des Firmenkundengeschäftes
- Controllingleitung, die fallweise mit berufenen Kollegen zusammenfindet, um die Gesamtsicht für den Lenkungsausschuss vorzubereiten
- Controllingkernteams, die regelmäßig zusammenkommen und themenbezogen mit verschiedenen internen und externen Fach- und Führungskräften besetzt sind. Die einzelnen Controllingteams können sich mit Risikomanagement, Kreditorganisation, Kreditprozessen, Vertriebssteuerung oder Produkten beschäftigen.

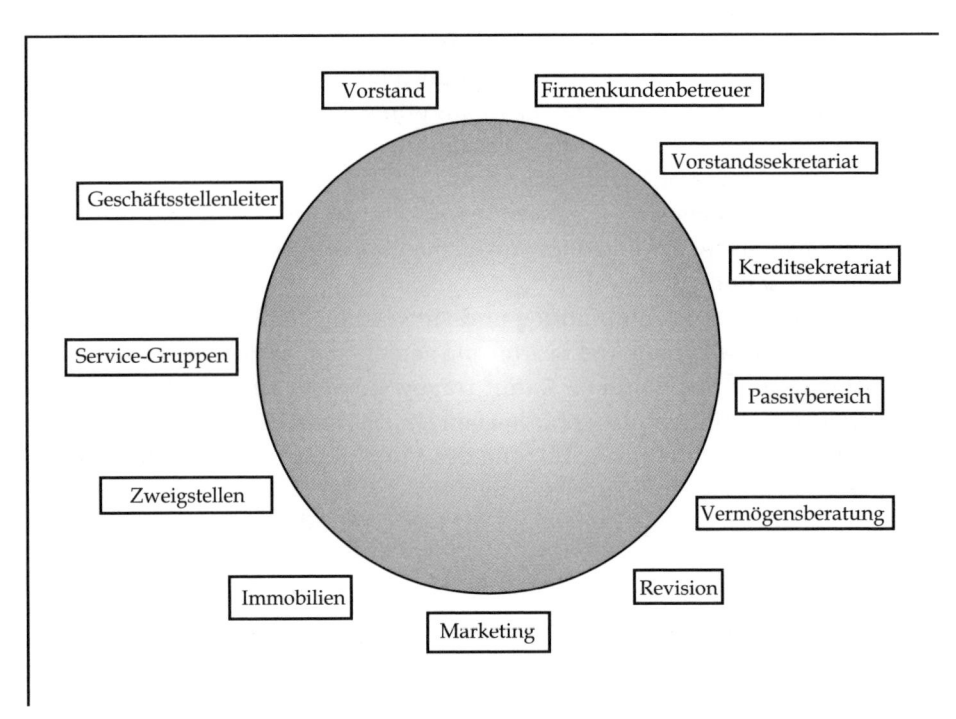

Abb. 69   Steuerungskreis Relationship-Marketing-Controlling

5.2.4   Informierender Dialog als Kern der psychosozialen Controllingebene

Selbst wenn der sachlich-inhaltliche Teil und der organisatorische Teil mit den entsprechenden Prozessen eine hohe Funktionsfähigkeit aufweisen sollte, so wird der Engpass im Controllingerfolg auf der psychosozialen Ebene liegen. Wenn es dort nicht gelingt, die emotionalen Prozesse, Konflikte in der Zusammenarbeit verschiedener Abteilungen und die Gruppendynamik zu steuern, so wird auf der internen Beziehungsebene das Ergebnis auf der Sachebene konterkariert bzw. zunichte gemacht.

Relationship-Marketing-Controlling erfordert eine hohe Sensibilität, Einfühlungsvermögen, Frustrationstoleranz und Moderationsqualität, um das Firmenkundenschiff auf dem gewünschten Kurs zu halten.

Die hohe Problematik der Informationsverarbeitung und die Notwendigkeit zur Teamarbeit im Controllingarbeitskreis machen es sinnvoll, dass zumindest der Prozesssteuerer über die wichtigsten Grundregeln der Moderation verfügt. In diesem Zusammenhang geht es auch um das Beherrschen von Gesprächsführung und Fragetechnik, die Festlegung zielführender Diskussionsregeln, die Vermeidung von endlosen Diskussionen und die Offenheit für die Probleme auf der Sach- und Beziehungsebene zwischen den Beteiligten.

Besonders bedeutsam ist die Konfliktbewältigung in der Führung des Controllingkreises. Der Moderator entscheidet, ob Konflikte resultatfachliche Auseinandersetzungen sind oder Sand im Getriebe der zwischenmenschlichen

Kommunikation. Meist spielt sich hinter den sachbezogenen Meinungsverschiedenheiten im Controlling ein unsichtbarer Nervenkrieg auf emotionaler Ebene ab. Die Controllingprozessmoderation muss daher ein beziehungsorientiertes Führungsmodell vermitteln. Psychologische Fallen gilt es zu erkennen, um kein Opfer von Manipulationen zu werden. Es wird auch darum gehen, die sinnlosen Machtkämpfe und Intrigen konstruktiv anzunehmen und zu lösen. Nebenkriegsschauplätze gilt es zu vermeiden und auf unfaire Angriffe richtig zu reagieren.

Bisweilen wird es nötig sein, Coaching im Controlling als einen individuellen Beratungsprozess zu sehen, der die persönliche Entwicklung und Optimierung der Leistung einzelner Mitarbeiter betrachtet. Insofern wird Relationship-Marketing-Controlling auch ein Instrument über die Förderung des Selbstmanagements hinaus zur Veränderung der Organisationsstruktur und der Kultur im Firmenkundengeschäft sein.

Literatur/Quellenverweise

Die Ausführungen der vorliegenden Schrift stützen sich auf 20 Jahre Erfahrung in der Entwicklung und Umsetzung des Relationship Marketing in Bank-, Industrie-, Handels-, Dienstleistungs- und Non-Profit-Unternehmen. In Fach- und Führungsverantwortung, in Stabs- und Linienabteilungen sind in lokal tätigen Sparkassen, überregional und bundesweit tätigen Großbanken und Spezialinstituten Marketingkonzepte im Firmenkundengeschäft nach der hier vorgestellten Weise entwickelt und über Jahre hinweg konsequent umgesetzt worden. Dabei wurden umfangreiche Erkenntnisse bei der Entwicklung und Umsetzung der »4 Rs« des Relationship Marketing im Firmenkundengeschäft durch bankinterne Untersuchungen und Auswertungen, beauftragte Marktforschungsinstitute und der Betreuung zahlreicher Diplomarbeiten gewonnen. Darüber hinaus wurden zahlreiche Innovationen und deren Tests in anderen Finanzdienstleistungsunternehmen durchgeführt.

Die Erfahrungen aus der Implementierung des Relationship Marketing für Bankdienstleistungen im Firmenkundengeschäft als besondere Leistungsart hat der Autor für zahlreiche Transfers für das Relationship Marketing bzw. Business-to-Business-Marketing in anderen Branchen genutzt. Bundesweit und in der Zusammenarbeit mit Unternehmen aus 43 Ländern konnten spezifische Erfahrungen und Auswirkungen des Relationship Marketing zu Firmenkunden bezüglich der erfolgreichen Vorgehensweise in den Beziehungslebenszyklusphasen der Neukundenakquisition, der Kundenbindung, der Behandlung von Reklamationen und der Kundenrückgewinnung gewonnen werden. Die jeweilige Vorgehensweise und Ergebnisse wurden in zahlreichen Vorträgen in den 90er-Jahren vorgestellt. Sie wurden unter anderem im Zusammenhang mit der Auszeichnung zum »Entrepreneur des Jahres 2000« gewürdigt.

Bereits 1983 ist der Autor zum Lehrbeauftragten am Lehrstuhl »Betriebswirtschaftslehre, Bank- und Kreditwirtschaft« der Universität Würzburg für das Gebiet Firmenkunden-Marketing und Relationship Marketing im Firmenkundengeschäft berufen worden. Von 1985 bis 1994 nahm er einen Lehrauftrag u.a. für Bankmarketing gegenüber Firmenkunden an der Fachhochschule Würzburg wahr. Von 1985 bis 1990 lehrte er Kreditgeschäft an der Bankakademie. Und zwischen 1990 und 1995 führte er Führungs- und Fachseminare für Bankmarketing gegenüber Firmenkunden an der Nürnberger Akademie für Absatzwirtschaft durch. Die in diesen Veranstaltungen veröffentlichten Unterlagen, Diskurse und Diagnosen finden Eingang in diesem Buch.

Seit 1994 ist Relationship Marketing fester Bestandteil der Lehre und Prüfung im Betriebswirtschaftsstudium der Hochschule Zittau/Görlitz.

In den letzten Jahren ist eine große Zahl an Publikationen zur Thematik des Relationship Management bzw. Relationship Marketing erschienen. Zentrale Titel, die hier zur allgemeinen Systematisierung mit berücksichtigt sind, werden zur Vertiefung empfohlen.

Backhaus, Klaus;
  Industriegütermarketing, 6. Aufl., München 1999
Beck, Hans;
  Schlüsselqualifikationen. Bildung im Wandel, Darmstadt 1993
Belz, Christian u. a.;
  Management von Geschäftsbeziehungen, St. Gallen/Wien 1998
Bruhn, Manfred (Hrsg.);
  Internes Marketing, 2. Aufl., Wiesbaden 1999
Bruhn, Manfred;
  Relationship Marketing, München 2001 (besonders wegen der Systematik zu empfehlen)
Bruhn, Manfred;
  Kundenorientierung, München 1999
Bruhn, Manfred/Homburg, Christian (Hrsg.);
  Handbuch Kundenbindungsmanagement, Wiesbaden 1998
Büdel, Sabine;
  Aktives Beschwerdemanagement in Banken, Frankfurt 1997
Deppe, Hans-Dieter (Hrsg.);
  Bankbetriebliches Lesebuch, Stuttgart 1978
Diller, Hermann;
  Beziehungsmarketing, GIM–Marketing Newsletter und Tagungen, Nürnberg 1991–2001
Gebert, Diether/Ulrich, Joachim G.;
  Erfolgreiches Führen im Kreditbereich, Stuttgart 1990 (nach wie vor zeitgemäße fundamentale Erkenntnisse)
Häusel, Hans-Georg;
  Brainscript, Freiburg 2004
Homburg, Christian (Hrsg.);
  Kundenzufriedenheit, 4. Aufl., Wiesbaden 2001 (zu empfehlendes Standardwerk zu dieser Thematik)
Homburg, Christian/Stock, Ruth;
  Der kundenorientierte Mitarbeiter, Wiesbaden 2000
Homburg, Christian/Schneider, Janna/Schäfer, Heiko;
  Sales Excellence, Wiesbaden 2001
Juncker, Klaus/Priewasser, Erich;
  Handbuch Firmenkundengeschäft, Frankfurt 1993
Juncker, Klaus/Priewasser, Erich;
  Handbuch Firmenkundengeschäft, 2. Aufl., Frankfurt 2002
Kaplan, Robert S./Norton, David P.;
  Balanced Scorecard, Stuttgart 1997
Kary, Horst (Hrsg.);
  Strategische Neuausrichtung einer Sparkasse, 2. Aufl., Stuttgart 2001
Krümmel, Hans J./Rudolf, Bernd;
  Innovationen im Kreditmanagement, Frankfurt 1985
Lentes, Thomas;
  Die Kalkulation von Preisuntergrenzen im langfristigen festkonditionierten Unternehmenskreditgeschäft der Banken, Stuttgart 1997
Luhman, Niklas;
  Vertrauen, 3. Aufl., Stuttgart 1989
Meffert, Heribert/Bruhn, Manfred;
  Dienstleistungsmarketing, 2. Aufl., Wiesbaden 1997
Meyer, Anton;
  Dienstleistungsmarketing, Augsburg 1994
Oliver, R. L.;
  Satisfaction: A Behavioral Perspective on the Consumer, New York 1997

Pande, P. S./Neumann, R. P./Cavangh, R. R.;
The Six Sigma Way, New York 2000
Rapp, Reinhold/Payne, Adrian;
Handbuch Relationship Marketing, München 1999
Reichheld Frederick F.;
The Loyalty Effect, Boston/Massachusetts 1996
Reinecke, Sven/Tomczak, Thorsten/Geis, Gerold (Hrsg.);
Handbuch Marketing-Controlling, Frankfurt/Wien 2001
Renker, Clemens;
Firmenkundenmarketing. Erfolg im Bankmarketing gegenüber Unternehmen und Selbstständigen, Stuttgart 1993
Renker, Clemens;
Logik und Methodologie integrativen Marketings im Kontext von Transformationen, Aachen 2001
Renker, Clemens;
Die Firmenkundenkonzeption im Rahmen des gesamten Bank-Unternehmenskonzeptes, in: Leitlinien zum Firmenkundengeschäft 1990, Deutscher Sparkassen- und Giroverband, (Hrsg.), Bonn 1989, S. 77–79
Renker, Clemens;
Integratives Beziehungsmarketing, in: Handelsblatt (Hrsg.): Beziehungsmarketing, München 1997, Teil 5, S. 1–17
Renker, Clemens;
Vom Herrschen zum Ver-Mögen: Paradigmawechsel des Machtbegriffes, in: Waldkirch, R./Wagner, A. U. A.: Wirtschaftsethik, Stuttgart 1999, S. 209–221
Renker, Clemens;
Integratives Marketing und Komplexität, in Meffert, Heribert/Bagiev, Georgie, L.: Marketing und Globalisierung. Ausgewählte Probleme aus europäischer Sicht, Sankt Petersburg/Bernburg/Münster/Zittau 2002, S. 7–13
Renker, Clemens;
Zur externen Analyse der bankbetrieblichen Erfolgsstruktur, in: Zeitschrift für betriebswirtschaftliche Forschung (zfbf), Heft 10/1983, S. 917–927
Renker, Clemens;
Steuerung des Zinsänderungsrisikos in: Die Praxis, Heft 6/1986, S. 29–34
Renker, Clemens;
Integration-Marketing, in: Gabler's Magazin. Betriebswirtschaft für Manager, Nr. 6/1989, S. 37–41
Renker, Clemens;
Operatives Eigenanlagen-Management, in: Betriebswirtschaftliche Blätter, 12/1989, S. 544–548
Renker, Clemens;
Schritte zum Erfolg im Firmenkundengeschäft, in: S-Markt, Nr. 2, 1993
Renker, Clemens;
Marketing-Konzept für das Firmenkundengeschäft, in: Kredit-Praxis Nr. 5, 1993, S. 2124
Renker, Clemens;
Erfolgsblockaden im Firmenkundengeschäft, in: Beratungs-Marketing für die Bankpraxis, Dingeldein/Kaeppel (Hrsg.), Stattbergen 1995, S. 41–48
Renker, Clemens;
Erwartungen der Unternehmen und Selbstständigen an einen Firmenkundenberater, in: Beratungs-Marketing für die Bankpraxis, 1995, Dingeldein/Kaeppel, S. 49–55, a. a. O.
Renker, Clemens;
Die Erfolgsfaktoren im Firmenkundengeschäft, in: Beratungs-Marketing für die Bankpraxis, 1995, Dingeldein/Kaeppel S. 57–64, a. a. O.

Renker, Clemens;
: Integratives Beziehungs-Marketing. Ziehen oder Zuwenden?, in: Relationship Marketing, Absatzwirtschaft. Zeitschrift für Marketing, Sondernummer 10/1996, S. 54–60

Renker, Clemens;
: Firmenkundenkonzeption. Relationship Marketing. Akquisition und Firmenkundenbetreuung. Vorlesungs-, Seminar- und Vortragsunterlagen, Universität Würzburg, 1983/1984/Fachhochschule Würzburg,1985–1994/Bankakademie Frankfurt 1985–1990/Sparkassenakademie Landshut 1988–1990/Nürnberger Akademie für Absatzwirtschaft 1990–1995 und bankinterne Projekte bis 2003

Renker, Clemens;
: Vertrauen als Erfolgsfaktor im Marketing, in: Das Unternehmertum in Russland und Deutschland, Band 1, Sankt Petersburg 2004

Renker, Clemens;
: Rückgewinnung verlorener Firmenkunden als Erfolgstreiber, in: Kredit & Rating Praxis, Nr. 5, St. Gallen 2004, S. 20–23

Renker, Clemens;
: Kompetenz und Handlungsfreiheit im Firmenkundengeschäft, in: Bankmagazin, Nr. 11, Wiesbaden 2004, S. 58, 59

Rudolph, Bernd;
: Zielkostenmanagement in Kreditinstituten, Stuttgart 1998

Sauerbrey, Christa/Henning, Rolf;
: Kundenrückgewinnung, München 2000

Scheibe, Madlen;
: Empirische Analyse zur Rückgewinnung von Firmenkunden in Banken, Zittau 2003 (Diplomarbeit)

Schierenbeck, Henner;
: Ertragsorientiertes Bankmanagement, Band 1–3, 7. Aufl., Wiesbaden 2001 (State of the Art im Bank-Controlling)

Schmoll, Anton;
: Firmenkunden aktiv und erfolgreich betreuen, Wiesbaden 1996

Simon, Hermann/Dolan, Robert J.: Profit durch Power Pricing, Frankfurt/New York 1997

Stauss, Bernd/Seidel, Wolfgang;
: Beschwerdemanagement, München/Wien 1996

Ulrich, Peter/Fluri, Edgar;
: Management, 7. Aufl., Bern etc. 1995

Zeithaml, V.A./Berry, L.L./Parasuraman, A.;
: Communication and Control Processes in the Delivery of Service Quality, in: Journal of Marketing, No. 4, 1988, S. 35–48

Autor

Prof. Dr. rer. pol. Clemens Renker
geboren 1955 in Bamberg/Bayern
Studium der Volks- und Betriebswirtschaft, Philosophie und Psychologie an den Universitäten Würzburg (Diplom-Volkswirt), Münster (Marketing Executive Program), Hagen und Sankt Petersburg.

20 Jahre Erfahrung im erfolgreichen Management führender national bzw. international tätiger Bank-, Industrie- und Dienstleistungsunternehmen (als Direktor, Geschäftsführer, Vorsitzender des Vorstandes und Aufsichtsratsvorsitzender), u.a. Leiter Industriekredite in einer Großbank.

Ausgezeichnet für die unternehmerischen Leistungen und den Wissenschafts-Praxistransfer mit den Titeln Sieger »*Entrepreneur des Jahres*« Deutschland, Award Recipient für Entrepreneurship in den USA, »*TOP 100*« Innovative Bayern, »*JOB-STAR*« für die Schaffung von Arbeitsplätzen und »*TOP 50*« Wachstumsstärkste Unternehmen Bayerns.

Seit 1983 Lehrbeauftragter an den Universitäten/Hochschulen Würzburg, Bamberg und an der Bank- und Sparkassenakademie.

Seit 1994 Professor für Marketing, Handels- und Banklehre an der Hochschule Zittau/Görlitz sowie Gastprofessor am MBA-Studiengang der NORDAKADEMIE-Hochschule der Wirtschaft, Elmshorn, dem Internationalen Hochschulinstitut Zittau und der Staatlichen Universität für Wirtschaft und Finanzen, Sankt Petersburg.

Seit 2000 Geschäftsführender Gesellschafter der 3a Portfolio-Management GmbH, einem umsetzenden Beratungsunternehmen für Banken, Industrie und Handel.

Anlage

Marktforschung: Anforderungen von Unternehmen und Selbstständigen an Kreditinstitute

A. Deskriptiver Teil

I. Struktur der Bank-/Kundenverbindung

1. Welche Bankverbindungen haben Sie?

Stadtsparkasse	72 %
Kreissparkasse	48 %
Deutsche Bank	15 %
Dresdner Bank	24 %
Commerzbank	21 %
Hypo Vereinsbank	40 %
Raiffeisen	18 %
Volksbank	38 %
Sonstige	0 %

   85 % haben mindestens 3 Bankverbindungen

2. Welche von diesen Banken bezeichnen Sie (Unternehmen) als Ihre Hauptbank?

   61 % Sparkasse

3. Entstehung der Hauptbankverbindung

   3.1 Wie entstand Ihre Hauptbankverbindung?

Eigene Initiative	12 %
Initiative der Bank	8 %
Empfehlung	15 %
Tradition	35 %

   3.2 Wie lange besteht Ihre Hausbankverbindung?

1-10 Jahre	23 %
11-20 Jahre	19 %
21-30 Jahre	23 %
31-40 Jahre	22 %
über 40 Jahre	Rest

II. Nutzung des Bankleistungsangebotes seitens des Unternehmens.
Welche der folgenden Leistungen nehmen Sie für Ihr Unternehmen in Anspruch?

	Hauptbank	andere Banken
1. Giro- und Zahlungsverkehr	100 %	90 %
2. Geldanlagen		
Tages- bzw. Termingeld	48 %	29 %
Einlagen	20 %	9 %
Festverzinsliche Wertpapiere/Aktien	15 %	8 %
3. Kreditgeschäft		
Kontokorrent	95 %	8 %
Wechsel	22 %	11 %
Investitionsdarlehen	74 %	32 %
Öffentliche Förderprogramme	56 %	15 %
Avale	32 %	17 %
Factoring	4 %	1 %
Leasing	6 %	10 %
Eurokredite	12 %	8 %
4. Auslandsgeschäft	22 %	18 %

III. Nutzung des Bankleistungsangebots als Privatmann

		Hauptbank
1.	Private Geld- und Vermögensanlagen	42 %
2.	Private Finanzierungen (z. B. Haus)	33 %

Mehr als jeder zweite Unternehmer trennt zwischen privater und geschäftlicher Bankbeziehung. Wenn nicht warum nicht?

– Konditionsunterschied	26 %
– Gezielte Trennung Privat/Geschäft	34 %
– Indiskretion in der Bank	28 %

64 % der Unternehmer sind der Meinung Hausbank fasst nicht nach.

IV. Fragen zu Ihrem Unternehmen
    1. Betriebstyp
        a) Industrie   O
        b) Handwerk   O
        c) Handel   O
        d) Freiberufler   O
        e) Steuer- und wirtschaftsberatende Berufe   O
        f) ...   O
    2. Anzahl der Beschäftigten/Umsatz?   O
    3. Wer verhandelt, entscheidet in Ihrem Unternehmen mit Banken/über Geldgeschäfte?

	verhandelt	entscheidet
Geschäftsführer/Inhaber	94 %	98 %
Finanzbuchhalter	O	O
Sonstige (wer?)	O	O

B. Image, Kompetenz, Akzeptanz

I. Welches Kreditinstitut hat Ihrer Meinung nach im Raum X allgemein den besten Ruf bei Unternehmen?

Nr. 1 Sparkassen	62 %
Nr. 2 Hypo Vereinsbank	14 %
Nr. 3 Volksbank/Raffeisenbank	12 %

II. Welches für Unternehmen geeignete Kreditinstitut würden Sie allgemein (Plätze 1-3 gewichtet) einem guten (Unternehmer-) Freund empfehlen?

Nr. 1 Sparkassen	56 %
Nr. 2 Regionalbanken	17 %
Nr. 3 Großbanken	5 %

III. Man spricht heute von Corporate Identity oder Unternehmensidentität als absatzunterstützendes Instrument. Bei welchem Kreditinstitut in X sind Ihrer Meinung nach Erscheinungsbild, Verhalten und Kommunikation besonders geschlossen und deutlich erkennbar?

Unterschiede werden signifikant erkannt

1.	Sparkassen	25 %
2.	Regionalbanken	7 %

Beeinflusst Sie dies in Ihren Entscheidungen? (Legen Sie Wert auf CI?)
34 % sagen »ja«.

IV. Problemlösungskompetenz
    1. Reihen Sie die Kreditinstitute in X hinsichtlich ihrer fachlichen Beratungsqualität für Unternehmen d. h. Problemlöser für Unternehmen in

Finanzierungsfragen		Geldanlagen	
1. Sparkassen	45 %	1. Großbanken	29 %
2. Regionalbanken	21 %	2. Regionalbanken	28 %
3. Großbanken	15 %	3. Sparkassen	27 %

V. Vertrauenswürdigkeit
Reihen Sie Kreditinstitute in X hinsichtlich ihrer Vertrauenswürdigkeit in der geschäftlichen Zusammenarbeit:

1. Sparkassen 45 %
2. Regionalbanken 22 %
3. Großbanken 14 %

VI. Wie stark gewichten Sie die Kriterien Problemlösungskompetenz zu Vertrauenswürdigkeit bei der Entscheidung über die Zusammenarbeit mit einer Bank?

50:50 40 %
70:30 14 %
30:70 46 %

Vertrauensvolle Beziehungsqualität dominiert.

VII. Welches Kreditinstitut hat Ihrer Meinung nach den höchsten Marktanteil im Raum X und gilt eventuell als die Mittelstandsbank?

Sparkassen 46 %
(Marktanteil 34 %)

VIII. Fällt Ihnen eine Bank ein, die sich in jüngster Zeit besonders um den Mittelstand bemüht?

Systematische Relationship Marketingaktivitäten werden signifikant wahrgenommen und der jeweils aktiven Bank zugeordnet.

C. Marketing-Mix

I. Erwartungen der Unternehmen

1. Worauf legen Sie in der Zusammenarbeit mit Banken und Sparkassen besonderen Wert? (Rangfolge)

   Antworten:
   1.1 Beratende und einfühlsame Betreuung 54 %
   1.2 Persönlicher Kontakt, Vertrauen/Offenheit 43 %
   1.3 Gute Konditionen 42 %
   1.4 Schnelle, flexible Abwicklung 27 %

2. Was könnten oder sollten Banken und Sparkassen in der Zusammenarbeit mit den Firmenkunden verbessern?

   Antworten:
   2.1 Intensivere persönliche Beratung 34 %
   2.2 Bessere Information, Kommunikation 27 %
   2.3 Schnellere Wertstellung und Zinssenkung, Konditionstransparenz 35 %
   2.4 Höhere Kompetenzen 8 %
   2.5 Nichts 20 %

II. Beurteilung

1. Wie beurteilen Sie Ihre Hausbank (Noten 1-6) im Hinblick auf die
   1.1 Höhe der Zinsen für Geldanlagen 2,5
   1.2 Höhe der Zinsen für Kredite 2,3
   1.3 Höhe der Gebühren 2,7
   1.4 Schnelligkeit im Zahlungsverkehr 2,8
   1.5 persönliche menschliche Betreuung 1,9
   1.6 Entscheidungskompetenz Ihrer Gesprächspartner 2,1
   1.7 Qualität der fachlichen Betreuung (Fachkenntnisse der Mitarbeiter) 2,1
   1.8 Qualität der Beratung in geschäftlichen Anlage- und Vermögensfragen 2,6
   1.9 Bereitschaft, von sich aus auf Sie zuzugehen 3,1
   1.10 Flexibilität und Schnelligkeit in der Abwicklung von Finanzierungen 2,1
   1.11 Leistungsfähigkeit im Auslandsgeschäft 2,5
   1.12 Zusammenarbeit insgesamt 2,0

2. Beratung und Betreuung durch Hausbank

2.1 Zu wem haben Sie bei Ihrer Hausbank Kontakt? (Mehrfachnennungen)
- Abteilungsleiter aus der Zentrale   62 %
- Geschäftsleitung bzw. Vorstand   27 %
- Leiter der Zweigstelle   14 %
- Spezialisten für einzelne Bereiche   58 %
- Allround-Kundenberater   2 %

2.2 Welche Betreuung wünschen Sie sich?
Persönlicher und individueller (weniger als 20 % äußern sich dahingehend zufrieden)

2.3 Halten Sie es für notwendig, dass sich die höhere Führungsebene Ihrer Hausbank stärker um Sie kümmert?
Ja   28 %

2.4 Führt Ihr Betreuer mindestens einmal im Jahr ein offenes Gespräch über die wirtschaftliche Situation Ihres Unternehmens? Wünschen Sie das?

	Gespräch	Wunsch
Ja	9 %	56 %
Nein	91 %	44 %

2.5 Bonität und Haftungsumfänge
Fühlen Sie sich von Ihrer Bank bonitätsmäßig richtig eingeschätzt?
Ja   76 %

2.6 Interessiert sich Ihre Bank zu sehr für Ihre Sicherheiten und zu wenig für Ihr Finanzprojekt?
Ja   22 %

3. Zufriedenheitsgrad Hauptbank
- Begeistert   18 %
- Zufrieden   60 %
- Unzufrieden   22 %

III. Leistungsprogramm

1. Sind Sie mit dem angebotenen Leistungsprogramm (Finanzierungsangebote, Anlagemöglichkeiten) für Unternehmen und Selbständige zufrieden?
   - 1.1 Hauptbank   85 %
   - 1.2 Zweitbank   72 %

2. Welche Leistungen sollten Kreditinstitute für Unternehmen noch anbieten?
   - Marktanalysen   60 %
   - Erfolgs- und Finanzplanung   55 %
   - Unternehmensorganisation und -führung   20 %
   - Technische Entwicklungen   28 %
   - Persönliche Zukunftsvorsorge   74 %
   - Steuerberatung   62 %

   Würden Sie für die gewünschten Beratungsleistungen auch einen marktgerechten Preis bezahlen?
   Ja   64 %

3. Unterscheiden sich Ihrer Meinung nach Kreditinstitute in X in Ihrem Leistungsprogramm für Unternehmen und Selbständige?
   - Sehr   28 %
   - Weniger   65 %
   - Kaum   7 %
   - Gar nicht
   - Welche Banken?   o

4. Wechseln Sie eine Bankverbindung wegen des Leistungsprogrammes?
   54 % würden dies tun, wenn persönliche Bindung zu gering ist.
   32 % ja (ohne Bedingung).

IV. Konditionen
1. Was ist Ihre Meinung zu den Konditionen
    1.1 Kreditinstitute

	allgemein	Hauptbank
– Marktgerecht	38 %	52 %
– Verhandlungssache	39 %	33 %
– Überzogen zu hoch	23 %	15 %
– Besser als Wettbewerber	25 %	34 %

2. Welche Verbesserungsvorschläge haben Sie dazu?
    - Keine   20 %
    - Bessere Wertstellung   22 %
    - Schnellere Zinsanpassung   27 %
    - Gebührensenkung   15 %

3. Wann haben Sie in letzter Zeit die Konditionen verschiedener Kreditinstitute ganz genau miteinander verglichen? (Hauptbank)
    - Ständig   9 %
    - Vor 1-4 Wochen   8 %
    - Bis vor einem Jahr   76 %
    - Nie   7 %

4. Welches Kreditinstitut ist Ihrer Meinung nach in den Konditionen am günstigsten?

    Hohes Image/Vertrauen/Marktanteil korrelieren positiv mit günstigen Konditionen, obwohl in Wirklichkeit die jeweilige Konditionsstellung anders ist.

5. Wird Ihrer Meinung zufolge Kreditrationierung betrieben?
    5.1 Verweigerung bei Krediten mit hohen Risiken

Ja	95 %
Welche Banken in X besonders?	Hauptbank

    5.2 Höhere Konditionen durch Risikozuschläge

Ja	78 %
Möglich	15 %

6. Bankwechsel
    6.1 Bleiben Sie bei Ihrer Hausbank, auch wenn die Konditionen einmal nur geringfügig schlechter sind als bei der Konkurrenz?
    Wenn ja, warum?

    98 % ja, weil

    - Banktreue, Vertrauen   54 %
    - Gute Beratung   29 %
    - Bequemlichkeit/Habitualisierung 19 %
    - Gegengeschäfte   12 %

    6.2 Ab welchem Zinsunterschied würden Sie wechseln?
    Im Zahlungsverkehr (Gebührenunterschied)
    Bei Geldanlagen   0,82 %
    Bei Krediten
    - KK   0,85 %
    - Investitionskredit   0,48 %

    Relativ hohe Zinsunempfindlichkeit bei Bankloyalität
    (kein signifikant rationales Handeln)

    6.3 Verlagern Sie Ihre Geschäfte bei größeren Zinsunterschieden kurzfristig auch von einer bestehenden Bankverbindung zu einer anderen bestehenden Bankverbindung?
    43 % schichten nicht um

7. Gibt es bestimmte Konditionen, die Sie nicht für gerechtfertigt halten?
   - Girokonten zu niedrig verzinst   36 %
   - Überziehungszins ärgerlich   38 %
   - Kontoführungsgebühren zu hoch   20 %
   - Keine Konditionen   34 %

8. Sind Ihrer Meinung nach Konditionen von der Höhe des nachgefragten Volumens abhängig?

   88 % sagen ja

9. Beeinflusst die Höhe der Marktzinsen Ihre Investitionsbereitschaft?
   - Bei Neuinvestitionen sagen knapp 57 % ja
   - Bei Ersatzinvestitionen wird kaum ein Einfluss gesehen

V. Kommunikationsmix

1. Welches Kreditinstitut fällt Ihnen hinsichtlich Informationen, Werbung, Öffentlichkeitsarbeit etc. in X auf?

   1. Hauptbank   67 %
   2. Andere   1 %–18 %

2. Wie groß ist Ihr Interesse, von Ihrer Bank Informationen zu bekommen, die über das übliche Geschäft hinausreichen?

   Sehr groß   52 %
   Gering   28 %
   Kein Interesse   20 %

3. Welche Informationen interessieren Sie besonders?
   - Prognosen/Trends   41 %
   - Zinssätze/-entwicklungen   26 %
   - Branchenvergleiche   28 %
   - Steuertipps   18 %

4. Auf welche Art würden Sie am liebsten informiert werden? Bitte Rangfolge bilden

   5 Prospekte, Broschüren
   3 Persönliches Schreiben
   2 Telefonanruf
   4 Vortrags- und Seminarveranstaltung
   1 In persönlichen Gesprächen

5. Beeinflussen kleine Aufmerksamkeiten (Geschenke etc.) Ihre Zusammenarbeit mit Ihrer Hausbank?

   Positiv   22 %
   Egal   75 %
   Negativ   3 %

   Aber: Einzelne Kunden, die sich egal/negativ äußerten, zeigten sich verärgert als sie (testweise) nicht beschenkt wurden.

VI. Vertriebswege

1. Welches Kreditinstitut im Raum X fällt Ihnen in der Art seines Verkaufsverhaltens auf?

a) Rangfolge bilden	b) in welcher Form	c) Sagt Ihnen das zu?
1. Hauptbank	Vorträge	ja
2. Hauptbank	Werbung	ja
3. Hauptbank	Seminare	ja

2. Welche Form der Betreuung bevorzugen Sie? Bilden Sie eine Rangfolge (Note 1-6)

   2.1 Im Kreditinstitut   2,2
   2.2 Bei Ihnen   1,9
   2.3 Telefon   2,6
   2.4 Brieflich   3,4

3. Gespräche mit Ihrer Hauptbank
   3.1 In welchem Rhythmus finden Gespräche statt?

	tatsächlich	Wunsch
Jährlich	35 %	42 %
Spontan	15 %	17 %
Nach Bedarf	85 %	85 %
Regelmäßig	15 %	16 %

   3.2 Wer ergreift die Initiative?
Unternehmen	45 %
Bank	4 %

   3.3 Was ist der wesentliche Gesprächsinhalt?
– Konditionen	80 %
– Unternehmensentwicklung	58 %
– Finanzierung	52 %
– Investitionsplan	19 %
– Branchenvergleiche	10 %
– Probleme	18 %

4. Stufen Sie einmal die Verhandlungsqualität Ihres Beraters ein!
   Bewertung in Noten 1-6:

	Hauptbank
4.1 persönlich/menschlich	
Sehr gut	28 %
Gut	58 %
Befriedigend gut	9 %
Unbefriedigend	5 %
4.2 fachliche Qualität	
Sehr gut	17 %
Gut	60 %
Befriedigend	16 %
Unbefriedigend	7 %

VII. Sach- und Beziehungsebene

Fragen Sie sich einmal ehrlich: Wenn die Angebote der Kreditinstitute markt- bzw. leistungsgerecht sind, welche Teile beeinflussen Sie in Ihrer Entscheidung am stärksten (Summe ergibt 100 %)?

1. Persönliche/fachliche Qualität des FKB	58 %
2. Produktprogramm incl. Konditionen	42 %

D Beziehungsgefährdungen

I. Absprigerpotenzial

1. Warum arbeiten Sie neben Ihrer Hauptbank noch mit weiteren Kreditinstituten zusammen?

– Unabhängigkeit Streuung	45 %
– Bessere Verhandlungsmacht	30 %
– Gegengeschäfte	21 %
– Lange Verbindung	12 %

2. Was müsste passieren, damit Sie Ihre Hauptbankverbindung ganz auf ein anderes Kreditinstitut verlagern?

– Überhöhte Sicherheiten	12 %
– Gestörtes Vertrauen/gestörte Betreuung	65 %
– Wesentlich bessere Konditionen	42 %
– Kreditverweigerung	18 %

3. Was müsste Ihre Hauptbank in Zukunft noch verbessern, um bei Ihnen stärker ins Geschäft zu kommen?'

– 63 % sind zufrieden	
– Mehr persönlicher Kontakt wünschen	14 %
– Bessere Konditionen	22 %

II. Was passt Ihnen an der Betreuung der Kreditinstitute allgemein nicht?
- Verzögerte Wertstellung
- Zu wenig persönliche Betreuung
- Fehlende Flexibilität und unternehmerisches Denken
- Gebühren
- Interne Kompetenzverteilung

E Rückgewinnung

I. Wie viele Firmen haben Hauptbankverbindung abgebrochen?
18 %

II. Wie viele kamen wieder zurück?
68 %